**THEODOR FONTANE**
L'Adultera

Berlin in den siebziger Jahren des 19. Jahrhunderts. Der reiche Kommerzienrat van der Straaten ist mit der um fünfundzwanzig Jahre jüngeren Melanie, der Tochter einer verarmten Adelsfamilie, verheiratet; seine ironische, oft taktlose, ja zynische Art stößt seine Frau mehr und mehr ab. Er nimmt den Sohn eines Frankfurter Geschäftsfreundes, den jungen Ebenezer Rubehn, als Logiergast in sein Haus auf. Bei einer Bootsfahrt zu zweien gelegentlich eines Familienausflugs kommen sich Melanie und Rubehn näher, und bald werden sie ein Paar. Melanie verläßt ihren Mann und ihre beiden Töchter, wird geschieden und heiratet in Rom ihren Liebhaber. Nach einem Aufenthalt in Italien, wo ihnen ein Kind geboren wird, kehren sie über die Schweiz nach Berlin zurück. Als sie frühere gesellschaftliche Beziehungen aufnehmen wollen, fühlen sie sich überall geächtet. Doch ihre Liebe ist stark genug, alle Widrigkeiten zu ertragen, und hält auch, als Rubehn ohne eigene Schuld sein Vermögen verliert. Durch ihre Tüchtigkeit erringen sie sich wieder Achtung und Ehre.

Mit dieser 1882 erschienenen Ehebruchsgeschichte aus der Berliner Bourgeoisie verließ Fontane das Gebiet der historischen Erzählung und wandte sich der dichterischen Gestaltung seiner Um- und Mitwelt zu. In Melanie, der Heldin des Romans, tritt dem Leser eine junge Frau entgegen, die, als sie zum erstenmal liebt und die innere Leere ihrer konventionellen Ehe erkennt, sich in einer freien sittlichen Entscheidung außerhalb der bürgerlichen Gesellschaft stellt: »Ich will fort, nicht aus Schuld, sondern aus Stolz, und ich will fort, um mich vor mir selber wiederherzustellen.«

Dr. phil. Dirk Mende, der Verfasser des Anhangs zu dieser Ausgabe von »L'Adultera«, ist Mitarbeiter am Institut für Literaturwissenschaft der Universität Stuttgart.

Außer »L'Adultera« sind von Theodor Fontane als
Goldmann-Taschenbücher mit Erläuterungen erschienen:

Effi Briest. Roman (7575)
Frau Jenny Treibel. Roman (7522)
Grete Minde. Nach einer altmärkischen Chronik (7656)
Irrungen, Wirrungen. Roman (7521)
Der Stechlin. Roman (7525)

# THEODOR FONTANE
# L'ADULTERA

ROMAN

Mit einem Nachwort,
einer Zeittafel zu Fontane,
Anmerkungen und bibliographischen
Hinweisen von Dirk Mende

GOLDMANN

Vollständige Ausgabe von »L'Adultera«
nach dem Wortlaut der Erstausgabe (Berlin 1882)

Umschlagbild:
Dunkelhaarige Schönheit.
Ölgemälde von William Adolphe Bouguereau
(1898, Ausschnitt)

*Umwelthinweis:*
Alle bedruckten Materialien dieses Taschenbuches
sind chlorfrei und umweltschonend.

Der Goldmann Verlag
ist ein Unternehmen der Verlagsgruppe Bertelsmann

Made in Germany · 1. Auflage · 4/97
Alle Rechte vorbehalten
Umschlagentwurf: Design Team München
Umschlagfoto: Christie's / Artothek, Peißenberg
Satz: IBV Satz- und Datentechnik GmbH, Berlin
Druck: Presse-Druck Augsburg
Verlagsnummer: 7657
Lektorat: Martin Vosseler
Herstellung: Sebastian Strohmaier
ISBN 3-442-07657-9

# Inhalt

L'Adultera . . . . . . . . . . . . . . . . . . . . . . . . .   7

Nachwort . . . . . . . . . . . . . . . . . . . . . . . . . .  162
Zeittafel zu Fontane . . . . . . . . . . . . . . . . . .  261
Anmerkungen . . . . . . . . . . . . . . . . . . . . . . .  268
Bibliographische Hinweise . . . . . . . . . . . . .  334

# I

## KOMMERZIENRAT VAN DER STRAATEN

Der Kommerzienrat van der Straaten, Große Petristraße 4, war einer der vollgiltigsten Finanziers der Hauptstadt, eine Tatsache, die dadurch wenig alteriert wurde, daß er mehr eines geschäftlichen als eines persönlichen Ansehens genoß. An der Börse galt er bedingungslos, in der Gesellschaft nur bedingungsweise. Es hatte dies, wenn man herumhorchte, seinen Grund zu sehr wesentlichem Teile darin, daß er zu wenig »draußen« gewesen war und die Gelegenheit versäumt hatte, sich einen allgemein giltigen Weltschliff oder auch nur die seiner Lebensstellung entsprechenden Allüren anzueignen. Einige neuerdings erst unternommene Reisen nach Paris und Italien, die übrigens niemals über ein paar Wochen hinaus ausgedehnt worden waren, hatten an diesem Tatbestande nichts Erhebliches ändern können und ihm jedenfalls ebenso seinen spezifisch lokalen Stempel wie seine Vorliebe für drastische Sprüchwörter und heimische »geflügelte Worte« von der derberen Observanz gelassen. Er pflegte, um ihn selber mit einer seiner Lieblingswendungen einzuführen, »aus seinem Herzen keine Mördergrube zu machen« und hatte sich, als reicher Leute Kind, von Jugend auf daran gewöhnt, alles zu tun und zu sagen, was zu tun und zu sagen er lustig war. Er haßte zweierlei: sich zu genieren und sich zu ändern. Nicht als ob er sich in der Theorie für besserungsunbedürftig gehalten hätte, keineswegs, er bestritt nur in der Praxis eine besondere Benötigung dazu. Die meisten Menschen, so hieß es dann wohl in seinen jederzeit gern gegebenen Auseinandersetzungen, seien einfach erbärmlich und so grundschlecht, daß er, verglichen mit ihnen, an einer wahren Engelgrenze stehe. Er sähe mithin nicht ein, warum er an sich arbeiten und sich Unbequemlichkeiten machen solle. Zudem könne man jeden Tag an jedem beliebigen Konventikler oder Predigtamtskandidaten erkennen, daß es *doch* zu nichts führe. Es sei eben immer die alte Geschichte, und um den Teufel auszutreiben, werde Beelzebub zitiert. Er zög' es deshalb vor, alles beim alten zu belassen. Und wenn er so gesprochen, sah er sich selbstzufrieden um und schloß behaglich und gebildet: »O rühret, rühret nicht daran«, denn er liebte das Einstreuen lyrischer Stellen, ganz besonders solcher, die seinem echt-berlinischen Hange zum bequem Gefühlvollen einen Ausdruck gaben. Daß er eben diesen Hang auch wieder ironisierte, versteht sich von selbst.

Van der Straaten, wie hiernach zu bemessen, war eine sentimental-humoristische Natur, deren Berolinismen und Zynismen nichts weiter waren als etwas wilde Schößlinge seines Unabhängigkeitsgefühls und einer immer ungetrübten Laune. Und in der Tat, es gab nichts in der Welt, zu dem er allezeit so beständig aufgelegt gewesen wäre wie zu Bonmots und scherzhaften Repartis, ein Zug seines Wesens, der sich schon bei Vorstellungen in der Gesellschaft zu zeigen pflegte. Denn die bei diesen und ähnlichen Gelegenheiten nie ausbleibende Frage nach seinen näheren oder ferneren Beziehungen zu dem Gutzkowschen Vanderstraaten ward er nicht müde, prompt und beinahe paragraphenweise dahin zu beantworten, daß er jede Verwandtschaft mit dem von der Bühne her so bekannt gewordenen Manasse Vanderstraaten ablehnen müsse, erstens weil er seinen Namen nicht einwortig, sondern dreiwortig schreibe, zweitens weil er trotz seines Vornamens Ezechiel nicht bloß überhaupt getauft worden sei, sondern auch das nicht jedem Preußen zuteil werdende Glück gehabt habe, durch einen evangelischen Bischof, und zwar durch den alten Bischof Roß, in die christliche

Gemeinschaft aufgenommen zu sein, und drittens und letztens, weil er seit längerer Zeit des Vorzugs genieße, die Honneurs seines Hauses nicht durch eine Judith, sondern durch eine Melanie machen lassen zu können, durch eine Melanie, die, zu weiterem Unterschiede, nicht seine Tochter, sondern seine »Gemahlin« sei. Und dies Wort sprach er dann mit einer gewissen Feierlichkeit, in der Scherz und Ernst geschickt zusammenklangen.

Aber der Ernst überwog, wenigstens in seinem Herzen. Und es konnte nicht anders sein, denn die junge Frau war fast noch mehr sein Stolz als sein Glück. Älteste Tochter Jean de Caparoux', eines Adligen aus der französischen Schweiz, der als Generalkonsul eine lange Reihe von Jahren in der norddeutschen Hauptstadt gelebt hatte, war sie ganz und gar als das verwöhnte Kind eines reichen und vornehmen Hauses großgezogen und in all ihren Anlagen aufs glücklichste herangebildet worden. Ihre heitere Grazie war fast noch größer als ihr Esprit, und ihre Liebenswürdigkeit noch größer als beides. Alle Vorzüge französischen Wesens erschienen in ihr vereinigt. Ob auch die Schwächen? Es verlautete nichts darüber. Ihr Vater starb früh, und statt eines gemutmaßten großen Vermögens fanden sich nur Debets über Debets. Und um diese Zeit war es denn auch, daß der zweiundvierzigjährige van der Straaten um die siebzehnjährige Melanie warb und ihre Hand erhielt. Einige Freunde beider Häuser ermangelten selbstverständlich nicht, allerhand Trübes zu prophezeien. Aber sie schienen im Unrecht bleiben zu sollen. Zehn glückliche Jahre, glücklich für beide Teile, waren seitdem vergangen, Melanie lebte wie die Prinzeß im Märchen, und van der Straaten seinerseits trug mit freudiger Ergebung seinen Necknamen »Ezel«, in den die junge Frau den langatmigen und etwas suspekten »Ezechiel« umgewandelt hatte. Nichts fehlte. Auch Kinder waren da: zwei Töchter, die jüngere des Vaters, die ältere der Mutter Ebenbild, groß und schlank und mit herabfallendem, dunklem Haar. Aber während die Augen der Mutter immer lachten, waren die der Tochter ernst und schwermütig, als sähen sie in die Zukunft.

2

L'ADULTERA

Die Wintermonate pflegten die van der Straatens in ihrer Stadtwohnung zuzubringen, die, trotzdem sie altmodisch war, doch an Komfort nichts vermissen ließ. Jedenfalls aber bot sie für das gesellschaftliche Treiben der Saison eine größere Bequemlichkeit als die spreeabwärts am Nordwestrande des Tiergartens gelegene Villa.

Der erste Subskriptionsball war gewesen, vor zwei Tagen, und van der Straaten und Frau nahmen wie gewöhnlich in dem hochpaneelierten Wohn- und Arbeitszimmer des ersteren ihr gemeinschaftliches Frühstück ein. Von dem beinah unmittelbar vor ihrem Fenster aufragenden Petrikirchturme herab schlug es eben neun, und die kleine französische Stutzuhr sekundierte pünktlich, lief aber in ihrer Hast und Eile den dumpfen und langsamen Schlägen, die von draußen her laut wurden, weit voraus. Alles atmete Behagen, am meisten der Hausherr selbst, der, in einen Schaukelstuhl gelehnt und die Morgenzeitung in der Hand, abwechselnd seinen Kaffee und den Subskriptionsballbericht einschlürfte. Nur dann und wann ließ er seine Hand mit der Zeitung sinken und lachte.

»Was lachst du wieder, Ezel«, sagte Melanie, während sie mit ihrem linken Morgenschuh kokettisch hin- und herklappte. »Was lachst du wieder? Ich wette die Robe, die du mir heute noch kaufen wirst, gegen dein häßliches, rotes und mir zum Tort wieder schief umgeknotetes Halstuch, daß du nichts gefunden hast als ein paar Zweideutigkeiten.«

»Er schreibt *zu* gut«, antwortete van der Straaten, ohne den hingeworfenen Fehdehandschuh aufzunehmen. »Und was mich am meisten freut, sie nimmt es alles für Ernst.«

»Wer denn?«

»Nun, wer! Die Maywald, deine Rivalin. Und nun höre. Oder lies es selbst.«

»Nein, ich mag nicht. Ich liebe nicht diese Berichte mit ausgeschnittenen Kleidern und Anfangsbuchstaben.«

»Und warum nicht? Weil du noch nicht an der Reihe warst. Ja, Lanni, er geht stolz an dir vorüber.«

»Ich würd' es mir auch verbitten.«

»Verbitten! Was heißt verbitten? Ich verstehe dich nicht. Oder glaubst du vielleicht, daß gewesene Generalkonsulstöchter in vestalisch-priesterlicher Unnahbarkeit durchs Leben schreiten oder sakrosankt sind wie Botschafter und Ambassaden! Ich will dir ein Sprüchwort sagen, das ihr in Genf nicht haben werdet...«

»Und das wäre?«

»Sieht doch die Katz' den Kaiser an. Und ich sage dir, Lanni, was man ansehen darf, das darf man auch beschreiben. Oder verlangst du, daß ich ihn fordern sollte? Pistolen und zehn Schritt Barriere?«

Melanie lachte. »Nein, Ezel, ich stürbe, wenn du mir totgeschossen würdest.«

»Höre, dies solltest du dir doch überlegen. Das Beste, was einer jungen Frau wie dir passieren kann, ist doch immer die Witwenschaft, oder ›le Veuvage‹, wie meine Pariser Wirtin mir ein Mal über das andere zu versichern pflegte. Beiläufig, meine beste Reiseerinnerung. Und dabei hättest du sie sehen sollen, die kleine, korpulente, schwarze Madame...«

»Ich sehne mich nicht danach. Ich will lieber wissen, wie alt sie war.«

»Fünfzig. Die Liebe fällt nicht immer auf ein Rosenblatt...«
»Nun, da mag es dir und ihr verziehen sein.«

Und dabei stand Melanie von ihrem hochlehnigen Stuhl auf, legte den Kanevas beiseite, an dem sie gestickt hatte, und trat an das große Mittelfenster.

Unten bewegte sich das bunte Treiben eines Markttages, dem die junge Frau gern zuzusehen pflegte. Was sie daran am meisten fesselte, waren die Gegensätze. Dicht an der Kirchentür, an einem kleinen, niedrigen Tische, saß ein Mütterchen, das ausgelassenen Honig in großen und kleinen Gläsern verkaufte, die mit ausgezacktem Papier und einem roten Wollfaden zugebunden waren. Ihr zunächst erhob sich eine Wildhändlerbude, deren sechs aufgehängte Hasen mit traurigen Gesichtern zu Melanie hinübersahen, während in Front der Bude (das erfrorene Gesicht in einer Kapuze) ein kleines Mädchen auf und ab lief und ihre Schäfchen, wie zur Weihnachtszeit, an die Vorübergehenden feilbot. Über dem Ganzen aber lag ein grauer Himmel, und ein paar Flocken federten und tanzten, und wenn sie niederfielen, wurden sie vom Luftzuge neu gefaßt und wieder in die Höhe gewirbelt.

Etwas wie Sehnsucht überkam Melanie beim Anblick dieses Flockentanzes, als müsse es schön sein, so zu steigen und zu fallen und dann wieder zu steigen, und eben wollte sie sich vom Fenster her ins Zimmer zurückwenden, um in leichtem Scherze, ganz wie sie's liebte, sich und ihre Sehnsuchtsanwandlung zu persiflieren, als sie, von der Brüderstraße her, eines jener langen und auf niedrigen Rädern gehenden Gefährte vorfahren sah, die die hauptstädtischen Bewohner Rollwagen nennen. Es konnte das Exemplar, das eben hielt, als ein Musterstück seiner Gattung gelten, denn nichts fehlte. Nach hinten zu war der zum Abladen dienende Doppelbaum in vorschriftsmäßigem rechten Winkel aufgerichtet, vorn stand der Kutscher mit Vollbart und Lederschurz, und in der Mitte lief ein kleiner Bastard von Spitz und Rattenfänger hin und her und bellte jeden an, der nur irgendwie Miene machte, sich auf fünf Schritte dem Wagen zu nähern. Er hatte kaum noch ein Recht zu diesen Äußerungen übertriebener Wachsamkeit, denn auf dem ganzen langen Wagenbrette lag nur noch ein einziges Kolli, das der Rollkutscher jetzt zwischen seine zwei Riesenhände nahm und in den Hausflur hineintrug, als ob es eine Pappschachtel wäre.

Van der Straaten hatte mittlerweile seine Lektüre beendet und war an ein unmittelbar neben dem Eckfenster stehendes Pult getreten, an dem er zu schreiben pflegte.

»Wie schön diese Leute sind«, sagte Melanie. »Und so stark. Und dieser wundervolle Bart! So denk' ich mir Simson.«

»Ich nicht«, entgegnete van der Straaten trocken.

»Oder Wieland den Schmied.«

»Schon eher. Und über kurz oder lang, denk' ich, wird diese Sache spruchreif sein. Denn ich wette zehn gegen eins, daß ihn der ›Meister‹ in irgend etwas Zukünftigem bereits unterm Hammer hat. Oder sagen wir auf dem Amboß. Es klingt etwas vornehmer.«

»Ich muß dich bitten, Ezel ... Du weißt...«

Aber ehe sie schließen konnte, wurde geklopft, und einer der jungen Kontoristen erschien in der Tür, um seinem Chef, unter gleichzeitiger Verbeugung gegen Melanie, einen Frachtbrief einzuhändigen, auf dem in großen Buchstaben und in italienischer Sprache vermerkt war: »Zu eigenen Händen des Empfängers.«

Van der Straaten las und war sofort wie elektrisiert. »Ah, von Salviati!... Das ist hübsch, das ist schön... Gleich die Kiste heraufschaffen!... Und du bleibst, Melanie... Hat er doch Wort gehalten... Freut mich, freut mich wirklich. Und dich wird es auch freuen. Etwas Venezianisches, Lanni... Du warst so gern in Venedig.«

Und während er in derartig kurzen Sätzen immer weiter perorierte, hatte er aus einem Kasten seines Arbeitstisches ein Stemmeisen herausgenommen und hantierte damit, als die Kiste hereingebracht worden war, so vertraut und so geschickt, als ob es ein Korkzieher oder irgendein anderes Werkzeug alltäglicher Benutzung gewesen wäre. Mit Leichtigkeit hob er den Deckel ab und setzte das daran angeschraubte Bild auf ein großes, staffeleiartiges Gestell, das er schon vorher aus einer der Zimmerecken ans Fenster geschoben hatte. Der junge Kommis hatte sich inzwischen wieder entfernt, van der Straaten aber, während er Melanie mit einer gewissen Feierlichkeit vor das Bild führte, sagte: »Nun, Lanni, wie findest du's?... Ich will dir übrigens zu Hilfe kommen... Ein Tintoretto.«

»Kopie?«

»Freilich«, stotterte van der Straaten etwas verlegen. »Originale werden nicht hergegeben. Und würden auch meine Mittel übersteigen. Dennoch dächt' ich...«

Melanie hatte mittlerweile die Hauptfiguren des Bildes mit ihrem Lorgnon gemustert und sagte jetzt: »Ah, l'Adultera!... Jetzt erkenn' ich's. Aber daß du gerade *das* wählen mußtest! Es ist eigentlich ein gefährliches Bild, fast so gefährlich wie der Spruch... Wie heißt er doch?«

»›Wer unter euch ohne Sünde ist...‹«

»Richtig. Und ich kann mir nicht helfen, es liegt so was Ermutigendes darin. Und dieser Schelm von Tintoretto hat es auch ganz in diesem Sinne genommen. Sieh nur!... Geweint hat sie... Gewiß... Aber warum? Weil man ihr immer wieder und wieder gesagt hat, wie schlecht sie sei. Und nun glaubt sie's auch, oder *will* es wenigstens glauben. Aber ihr Herz wehrt sich dagegen und kann es nicht finden... Und daß ich dir's gestehe, sie wirkt eigentlich rührend auf mich. Es ist so viel Unschuld in ihrer Schuld... Und alles wie vorherbestimmt.«

Melanie, während sie so sprach, war ernster geworden und von dem Bilde zurückgetreten. Nun aber fragte sie: »Hast du schon einen Platz dafür?«

»Ja, hier.« Und er wies auf eine Wandstelle neben seinem Schreibpult.

»Ich dachte«, fuhr Melanie fort, »du würdest es in die Galerie schicken. Und offen gestanden, es wird sich an diesem Pfeiler etwas sonderbar ausnehmen. Es wird...«

»Unterbrich dich nicht.«

»Es wird den Witz herausfordern und die Bosheit, und ich höre schon Reiff und Duquede medisieren, vielleicht auf deine Kosten und gewiß auf meine.«

Van der Straaten hatte seinen Arm auf das Pult gelehnt und lächelte.

»Du lächelst, und sonst lachst du doch, mehr, als gut ist, und namentlich lauter, als gut ist. Es steckt etwas dahinter. Sage, was hast du gegen mich? Ich weiß recht gut, du bist nicht so harmlos, wie du dich stellst. Und ich weiß auch, daß es wunderliche Gemütlichkeiten gibt. Ich habe mal von einem russischen Fürsten gelesen, ich glaube, Suboff war sein Name. Eigentlich waren es zwei, zwei Brüder. Die spielten Karten, und dann ermordeten sie den Kaiser Paul, und dann spielten sie wieder Karten. Ich glaube beinah, du könntest auch so was! Und alles mit gutem Gewissen und gutem Schlaf.«

»Also *darum* König Ezel!« lachte van der Straaten.

»O nein. Nicht darum. Als ich dich so hieß, war ich noch ein halbes Kind. Und ich kannte dich damals noch nicht. Jetzt aber kenn' ich dich und weiß nur nicht, ob es etwas sehr Gutes oder etwas sehr Schlimmes ist, was in dir steckt... Aber nun komm. Unser Kaffee ist kalt geworden.«

Und sie gab ihren Platz am Fenster auf, setzte sich wieder auf ihren hochlehnigen Stuhl und nahm Nadel und Kanevas und tat ein paar rasche Stiche. Zugleich aber ließ sie kein Auge von ihm, denn sie wollte wissen, was in seiner Seele vorging.

Und er wollt' es auch nicht länger verbergen. War er doch ohnehin, aller Freundschaft unerachtet, ohne Freund und Vertrauten, und so trieb es ihn denn, angesichts dieses Bildes einmal aus sich herauszugehn.

»Ich habe dich nie mit Eifersucht gequält, Lanni.«

»Und ich habe dir nie Veranlassung dazu gegeben.«

»Nein. Aber heute rot und morgen tot. Das heißt, alles wechselt im Leben. Und sieh, als wir letzten Sommer in Venedig waren und ich dies Bild sah, da stand es auf einmal alles deutlich vor mir. Und da war es denn auch, daß ich Salviati bat, mir das Bild kopieren zu lassen. Ich will es vor Augen haben, so als Memento mori, wie die Kapuziner, die sonst nicht mein Geschmack sind. Denn sieh, Lanni, auch in ihrer Furcht unterscheiden sich die Menschen. Da sind welche, die halten es mit dem Vogel Strauß und stecken den Kopf in den Sand und wollen nichts wissen. Aber andere haben eine Neigung, ihr Geschick immer vor sich zu sehen und sich mit ihm einzuleben. Sie wissen genau, den und den Tag sterb' ich, und sie lassen sich einen Sarg machen und betrachten ihn fleißig. Und die beständige Vorstellung des Todes nimmt auch dem Tode schließlich seine Schrecken. Und sieh, Lanni, so will ich es auch machen, und das Bild soll mir dazu helfen... Denn es ist erblich in unserm Haus... und so gewiß dieser Zeiger...«

»Aber Ezel«, unterbrach ihn Melanie, »was hast du nur? Ich bitte dich, wo soll das hinaus? Wenn du die Dinge *so* siehst, so weiß ich nicht, warum du mich nicht heut' oder morgen einmauern läßt.«

»An dergleichen hab' ich auch schon gedacht. Und ich bekenne, ›Melanie die Nonne‹ klänge nicht übel, und es ließe sich eine Ballade darauf machen. Aber es hilft zu nichts. Denn du glaubst gar nicht, was Liebende bei gutem Willen alles durchsetzen. Und sie haben immer guten Willen.«

»Oh, ich glaub' es schon.«

»Nun siehst du«, lachte van der Straaten, den diese scherzhafte Wendung plötzlich wieder zu heiterer Laune stimmte. »So hör' ich dich gern. Und zur Belohnung: das Bild soll nicht an den Eckpfeiler, sondern wirklich in die Galerie. Verlaß dich darauf. Und um dir nichts zu verschweigen, ich hab' auch über all das so meine wechselnden und widerstreitenden Gedanken, und mitunter denk' ich: ich sterbe vielleicht drüber hin. Und das wäre das Beste. Zeit gewonnen, alles gewonnen. Es ist nichts Neues. Aber die trivialsten Sätze sind immer die richtigsten.«

»Dann vergiß auch nicht *den*, daß man den Teufel nicht an die Wand malen soll!«

Er nickte. »Da hast du recht. Und wir *wollen's* auch nicht und wollen diese Stunde vergessen. Ganz und gar. Und wenn ich dich je wieder daran erinnere, so sei's im Geiste des Friedens und zum Zeichen der Versöhnung. Lache nicht. Es kommt, was kommen soll. Und wie sagtest du doch? Es sei so viel Unschuld in ihrer Schuld...«

»... und vorherbestimmt, sagt' ich. Prädestiniert! Aber vorherbestimmt ist *heute*, daß wir ausfahren, und das ist die Hauptsache. Denn ich brauche die Robe viel, viel nötiger, als du den Tintoretto brauchst. Und ich war eigentlich eine Törin und ein Kindskopf, daß ich alles so bitter ernsthaft genommen und dir jedes Wort geglaubt habe! Du hast das Bild haben wollen, c'est tout. Und nun gehab dich wohl, mein Dänenprinz, mein Träumer. Sein oder Nichtsein... Variationen von Ezechiel van der Straaten!«

Und sie stand auf und lachte und stieg die kleine durchbrochene Treppe hinauf, die, von van der Straatens Zimmer aus, in die Schlafzimmer des zweiten Stockes führte.

# 3
## LOGIERBESUCH

Van der Straaten, um es zu wiederholen, bewegte sich gern in dem Gegensatze von derb und gefühlvoll, überhaupt in Gegensätzen, und so war es wenig verwunderlich, daß das vor dem Tintoretto geführte Gespräch in seinem Herzen nicht allzu lange nachtönte. Freilich auch nicht in dem seiner Frau. Nur solang es geführt worden war, war Melanie wirklich überrascht gewesen, nicht um des sentimentalen Tones willen, den sie kannte, sondern weil alles eine viel persönlichere Richtung nahm als bei früheren Gelegenheiten. Aber nun war es vorüber. Das Bild erhielt seinen Platz in der Galerie, man sah es nicht mehr, und van der Straaten, wenn er ihm zufällig begegnete, lächelte nur in beinah heiterer Resignation. Er besaß eben ganz den fatalistischen Zug der Humoristen, der sich verdoppelt, wenn sie nebenher auch noch Lebemänner sind.

Es war eine belebte Saison gewesen; aber Ostern, trotzdem es spät fiel, lag schon wieder zurück, und die Wochen waren wieder da, wo herkömmlich die Frage verhandelt zu werden pflegte: »Wann ziehen wir hinaus?«

»Bald«, sagte Melanie, die bereits die Tage zählte.

»Aber die ›gestrengen Herren‹ waren noch nicht da.«

»Die regieren nicht lange.«

»Zugestanden«, lachte van der Straaten. »Und um so lieber, als ich nur *so* meine Hausherrschaft garantiert finde. Wenigstens mittelbar. Und immer noch besser schwach regieren als gar nicht.«

Diese Worte waren an einem der letzten Apriltage beim Frühstück gewechselt worden, und es mochte Mittag sein, als der Kommerzienrat von seinem Comptoir aus die Frau Kommerzienrätin bitten ließ, mit ihrer Ausfahrt eine Viertelstunde warten zu wollen, weil er ihr zuvor eine Mitteilung zu machen habe. Melanie ließ zurücksagen, »daß sie sich freuen würde, ihn zu sehen, und rechne danach auf seine Begleitung«.

In Courtoisien dieser Art, denen übrigens auch ein gelegentlicher Revers nicht fehlte, hatten sich die van der Straatens seit Jahren eingelebt, namentlich *er,* der nach seiner eignen Versicherung »dem adligen Hause de Caparoux einiges Ritterdienstliche schuldig zu sein glaubte« und zu diesem Ritterdienstlichen in erster Reihe Pünktlichkeit und Nichtwartenlassen zählte.

So erschien er denn auch heute, bald nach erfolgter Anmeldung, im Zimmer seiner Frau.

Dieses Zimmer entsprach in seinen räumlichen Verhältnissen ganz dem ihres Gatten, war aber um vieles heller und heiterer, einmal weil die hohe Paneelierung, aber mehr noch, weil die vielen nachgedunkelten Bilder fehlten. Statt dieser vielen war nur ein einziges da: das Porträt Melanies in ganzer Figur, ein wogendes Kornfeld im Hintergrund und sie selber eben beschäftigt, ein paar Mohnblumen an ihren Hut zu stecken. Die Wände, wo sie frei waren, zeigten eine weiße Seidentapete, tief in den Fensternischen erhoben sich Hyazinthenestraden, und vor einer derselben, auf einem zierlichen Marmortische, stand ein blitzblankes Bauer, drin ein grauer Kakadu, der eigentliche Tyrann des Hauses, sein von der Dienerschaft gleichmäßig gehaßtes und beneidetes Dasein führte. Melanie sprach eben mit ihm, als Ezechiel in einer gewissen humoristischen Aufgeregtheit eintrat und seine Frau, nach vorgängiger respektvoller Verneigung gegen den Kakadu, bis an ihren Sofaplatz zurückführte. Dann schob er einen Fauteuil heran und setzte sich neben sie.

Die Feierlichkeit, mit der all dies geschah, machte Melanie lachen.

»Ist es doch, als ob du dich auf eine ganz besondere Beichte vorzubereiten hättest. Ich will es dir aber leicht machen. Ist es etwas Altes? Etwas aus deiner dunklen Vergangenheit...?«

»Nein, Lanni, es ist etwas Gegenwärtiges.«

»Nun, da will ich doch abwarten und mich zu keinem Generalpardon hinreißen lassen. Und nun sage, was ist es?«

»Eine Bagatelle.«

»Was deine Verlegenheit bestreitet.«

»Und doch eine Bagatelle. Wir werden einen Besuch empfangen oder vielmehr einen Gast oder, wenn ich mich des Ausdrucks bedienen darf, einen Dauergast. Also kurz und gut, denn was hilft es, es muß heraus: einen neuen Hausgenossen.«

Melanie, die bis dahin ein Schokoladenbiskuit, das noch auf dem Teller lag, zerkrümelt hatte, legte jetzt ihren Zeigefinger auf van der Straatens Hand und sagte: »Und das nennst du eine Bagatelle? Du weißt recht gut, daß es etwas sehr Ernsthaftes ist. Ich habe nicht den Vorzug, ein Kind dieser eurer Stadt zu sein, bin aber doch lange genug in eurer exquisiten Mitte gewesen, um zu wissen, was es mit einem ›Logierbesuch‹ auf sich hat. Schon das Wort, das sich sonst nirgends findet, kann einen ängstlich machen. Und was ist ein Logierbesuch gegen eine neue Hausgenossenschaft... Ist es eine Dame?«

»Nein, ein Herr.«

»Ein Herr. Ich bitte dich, Ezel...«

»Ein Volontär, ältester Sohn eines mir befreundeten Frankfurter Hauses. War in Paris und London, selbstverständlich, und kommt eben jetzt von New York, um hier am Ort eine Filiale zu gründen. Vorher aber will er in unserem Hause die Sitte dieses Landes kennenlernen, oder sag' ich lieber *wieder* kennenlernen, weil er sie draußen halb vergessen hat. Es ist ein besonderer Vertrauensakt. Ich bin überdies dem Vater verpflichtet und bitte dich herzlich, mir eine Verlegenheit ersparen zu wollen. Ich denke, wir geben ihm die zwei leerstehenden Zimmer auf dem linken Korridor.«

»Und zwingen ihn also, einen Sommer lang auf die Fliesen unseres Hofes und auf Christels Geraniumtöpfe hinunterzusehen.«

»Es kann nicht die Rede davon sein, mehr zu geben, als man hat. Und er selbst wird es am wenigsten erwarten. Alle Personen, die viel in der Welt umher waren, pflegen am gleichgiltigsten gegen derlei Dinge zu sein. Unser Hof bietet freilich nicht viel; aber was hätt' er Besseres in der Front? Ein Stück Kirchengitter mit Fliederbusch, und an Markttagen die Hasenbude.«

»Eh bien, Ezel. Faisons le jeu. Ich hoffe, daß nichts Schlimmes dahinter lauert, keine Konspirationen, keine Pläne, die du mir verschweigst. Denn du bist eine versteckte Natur. Und wenn es deine Geheimnisse nicht stört, so möcht' ich schließlich wenigstens den Namen unseres neuen Hausgenossen hören.«

»Ebenezer Rubehn...«

»Ebenezer Rubehn«, wiederholte Melanie langsam und jede Silbe betonend. »Ich bekenne dir offen, daß mir etwas Christlich-Germanisches lieber gewesen wäre. Viel lieber. Als ob wir an deinem Ezechiel nicht schon gerade genug hätten! Und nun Ebenezer. Ebenezer Rubehn! Ich bitte dich, was soll dieser Accent grave, dieser Ton auf der letzten Silbe? Suspekt, im höchsten Grade suspekt!«

»Du mußt wissen, er schreibt sich mit einem h.«

»Mit einem h! Du wirst doch nicht verlangen, daß ich dies h für echt und ursprünglich nehmen soll? Einschiebsel, versuchte Leugnung des Tatsächlichen, absichtliche Verschleierung, hinter der ich nichtsdestoweniger alle zwölf Söhne Jakobs stehen sehe. Und er selber als Flügelmann.«

»Und doch irrst du, Lanni. Wie stand es denn mit Rubens? Ich meine mit dem großen Peter Paul? Nun, der hatte freilich ein s. Aber was dem s recht ist, ist dem h billig. Und kurz und gut, er ist getauft. Ob durch einen Bischof, stehe dahin; ich weiß es nicht und wünsch' es nicht, denn ich möcht' etwas vor ihm voraus haben. Aber allen Ernstes, du tust ihm unrecht. Er ist nicht bloß christlich, er ist auch protestantisch, so gut wie du und ich. Und wenn du noch zweifelst, so lasse dich durch den Augenschein überzeugen.«

Und hierbei versuchte van der Straaten aus einem kleinen gelben Kuvert, das er schon bereithielt, eine Visitenkartenphotographie herauszunehmen. Aber Melanie litt es nicht und sagte nur in immer wachsender Heiterkeit: »Sagtest du nicht New York? Sagtest du nicht London? Ich war auf einen Gentleman gefaßt, auf einen Mann von Welt, und nun schickt er sein Bildnis, als ob es sich um ein Rendezvous handelte. Krugs Garten, mit einer Verlobung im Hintergrund.«

»Und doch ist er unschuldig. Glaube mir. Ich wollte sicher gehen, um deinetwillen sicher gehen, und deshalb schrieb ich an den alten Goeschen, Firma Goeschen, Goldschmidt und Kompanie; diskreter alter Herr. Und *da*her stammt es. Ich bin schuld, nicht er, wahr und wahrhaftig, und wenn du mir das Wort gestattest, sogar ›auf Ehre‹.«

Melanie nahm das Kuvert und warf einen flüchtigen Blick auf das eingeschlossene Bild. Ihre Züge veränderten sich plötzlich, und sie sagte: »Ah, der gefällt mir. Er hat etwas Distinguiertes: Offizier in Zivil oder Gesandtschaftsattaché! Das lieb' ich. Und nun gar ein Bändchen. Ist es die Ehrenlegion?«

»Nein, du kannst es näher suchen. Er stand bei den fünften Dragonern und hat für Chartres und Poupry das Kreuz empfangen.«

»Ist das eine Schlacht von deiner Erfindung?«

»Nein. Dergleichen kommt vor, und als freie Schweizerin solltest du wissen, daß fremde Sprachen nicht immer gebührende Rücksicht auf die verpönten Klangformen einer anderen nehmen. Ja, Lanni, ich bin mitunter besser als mein Ruf.«

»Und wann dürfen wir unseren neuen Hausfreund erwarten?«

»Hausgenossen«, verbesserte van der Straaten. »Es ist nicht nötig, ihn, mit Rücksicht auf seine militärische Charge, so Hals über Kopf avancieren zu lassen. Übrigens ist er verlobt, oder so gut wie verlobt.«

»Schade.«

»Schade? Warum?«

»Weil Verlobte meistens langweilig sind. Sind sie beisammen, so sind sie zärtlich, bedrückend zärtlich für ihre Umgebung, und sind sie getrennt, so schreiben sie sich Briefe oder bereiten sich in ihrem Gemüte darauf vor. Und der Bräutigam ist immer der Schlimmere von beiden. Und will man sich gar in ihn verlieben, so heißt das nicht mehr und nicht weniger als zwei Lebenskreise stören.«

»Zwei?«

»Ja, Bräutigam und Braut.«

»Ich hätte drei gezählt«, lachte van der Straaten. »Aber so seid ihr. Ich wette, du hast den dritten in Gnaden vergessen. Ehemänner zählen überhaupt nicht mit. Und wenn sie sich darüber wundern, so machen sie sich ridikül. Ich werde mich übrigens davor hüten, den Mohren der Weltgeschichte, das seid ihr, weiß waschen zu wollen. Apropos, kennst du das Bild ›Die Mohrenwäsche‹?«

»Ach, Ezel, du weißt ja, ich kenne keine Bilder. Und am wenigsten alte.«

»Süße Simplicitas aus dem Hause de Caparoux«, jubelte van der Straaten, der nie glücklicher war, wie wenn Melanie sich eine Blöße gab oder auch klugerweise nur so tat. »Altes Bild! Es ist nicht älter als ich.«

»Nun, dann ist es gerade alt genug.«

»Bravissimo. Sieh, so hab' ich dich gern. Übermütig und boshaft. Und nun sage, was beginnen wir, wohin gondeln wir?«

»Ich bitte dich, Ezel, nur keine Berolinismen. Du hast mir doch gestern erst...«

»Und ich halt' es auch. Aber wenn mir wohl ums Herze wird, da bricht es wieder durch. Und jetzt komm, wir wollen zu Haas und uns einen Teppich ansehen... ›Gerade alt genug‹ ... Vorzüglich, vorzüglich...«

»Und nun sage, Papchen, wie heißt die schönste Frau im Land?«

»Melanie.«

»Und die liebste, die klügste, die beste Frau?«

»Melanie, Melanie.«

»Gut, gut... Und nun gehab dich wohl, du Menschenkenner!«

4

DER ENGERE ZIRKEL

Die »drei gestrengen Herren« waren ganz ausnahmsweise streng gewesen, aber nicht zu Verdruß beider van der Straatens, die vielmehr *nun* erst wußten, daß der Winter all seine Pfeile verschossen und unweigerlich und ohne weitere Widerstandsmöglichkeit seinen Rückzug angetreten habe. Nun erst konnte man freien Herzens hinaus, hinaus ohne Sorge vor frostigen Vormittagen oder gar vor Eingeschneitwerden über Nacht. Alles freute sich auf den Umzug, auch die Kinder, am meisten aber van der Straaten, der, um ihn selber sprechen zu lassen, »unter allen vorkommenden Geburtsszenen einzig und allein der des Frühlings beizuwohnen liebte«. Vorher aber sollte noch ein kleines Abschiedsdiner stattfinden, und zwar unter ausschließlicher Heranziehung des dem Hause zunächst stehenden Kreises.

Es war das, übrigens von mehr verwandtschaftlicher als befreundeter Seite her, in erster Reihe der in der Alsenstraße wohnende Major von Gryczinski, ein noch junger Offizier mit abstehendem, englisch gekräuseltem Backenbart und klugen blauen Augen, der vor etwa drei Jahren die reizende Jacobine de Caparoux heimgeführt hatte, eine jüngere Schwester Melanies und nicht voll so schön wie diese, aber rotblond, was in den Augen einiger das Gleichgewicht zwischen beiden wieder herstellte. Gryczinski war Generalstäbler und hielt, wie jeder dieses Standes, an dem Glauben fest, daß es in der ganzen Welt nicht zwei so grundverschiedene Farben gäbe wie das allgemeine preußische Militär-Rot und das Generalstabs-Rot. Daß er den Strebern zugehörte, war eine selbstverständliche Sache, wohl aber verdient es, in Rücksicht gegen den Ernst der Historie, schon an dieser Stelle hervorgehoben zu werden, daß er, alles Strebertums unerachtet, in allen nicht zu verlockenden Fällen ein bescheidenes Maß von Rücksichtsnahme gelten ließ und den Kampf ums Dasein nicht absolut als einen Übergang über die Beresina betrachtete. Wie sein großer Chef war er ein Schweiger, unterschied sich aber von ihm durch ein beständiges, jeden Sprecher ermutigendes Lächeln, das er, alle nutzlose Parteinahme klug vermeidend, über Gerechte und Ungerechte gleichmäßig scheinen ließ.

Gryczinski, wie schon angedeutet, war mehr Verwandter als Freund des Hauses. Unter diesen letzteren konnte der Baron Duquede, Legationsrat a. D., als der angesehenste gelten. Er war über sechzig, hatte bereits unter van der Straatens Vater dem damals ausgedehnteren Kreise des Hauses angehört und durfte sich, wie um anderer Qualitäten so auch schon um seiner Jahre willen, seinem hervorstechendsten Charakterzuge, dem des Absprechens, Verkleinerns und Verneinens ungehindert hingeben. Daß er, infolge davon, den Beinamen »Herr Negationsrat« erhalten hatte, hatte selbstverständlich seine milzsüchtige Krakeelerei nicht zu bessern vermocht. Er empörte sich eigentlich über alles, am meisten über Bismarck, von dem er seit 66, dem Jahre seiner eigenen Dienstentlassung, unaufhörlich versicherte, »daß er überschätzt werde«. Von einer beinah gleichen Empörung war er gegen das zum Französieren geneigte Berlinertum erfüllt, das ihn, um seines »qu« willen, als einen Koloniefranzosen ansah und seinen altmärkischen Adelsnamen nach der Analogie von Admiral Duquesne auszusprechen pflegte. »Was er sich gefallen lassen könne«, hatte Melanie hingeworfen, von welchem Tag an eine stille Gegnerschaft zwischen beiden herrschte.

Dem Legationsrat an Jahren und Ansehn am nächsten stand Polizeirat Reiff, ein kleiner behäbiger Herr mit roten und glänzenden Backenknochen, auch Feinschmecker und Geschichtenerzähler, der, solange die Damen bei Tische waren, kein Wasser trüben zu können schien, im Moment ihres Verschwindens aber in Anekdoten exzellierte, wie sie, nach Zahl und Inhalt, immer nur einem Polizeirat zu Gebote stehen. Selbst van der Straaten, dessen Talente doch nach derselben Seite hin lagen, erging sich dann in lautem und mitunter selbst stürmischem Beifall oder zwinkerte seinen Tischnachbarn seine neidlose Bewunderung zu.

Diese Tischnachbarn waren in der Regel zwei Maler: der Landschafter Arnold Gabler, ebenfalls, wie Reiff und der Legationsrat, ein Erbstück aus des Vaters Tagen her, und Elimar Schulze, Porträt- und Genremaler, der sich erst in den letzten Jahren angefunden hatte. Seine Zugehörigkeit zu der vorgeschilderten Tafelrunde basierte zumeist auf dem Umstande, daß er nur ein halber Maler, zur andern Hälfte aber Musiker und enthusiastischer Wagnerianer war, auf welchen »Titul« hin, wie van der Straaten sich ausdrückte, Melanie seine Aufnahme betrieben und durchgesetzt hatte. Die bei dieser Gelegenheit abgegebene Bemerkung ihres Eheherrn, »daß er gegen den Aufzunehmenden nichts einzuwenden habe, wenn er einfach übertreten und seine Zugehörigkeit zu der alleinseligmachenden Musik offen und ehrlich aussprechen wolle«, war von dem immer gutgelaunten Elimar mit der Bitte beantwortet worden, »ihm diesen Schritt erlassen zu wollen, und zwar einfach deshalb, weil doch schließlich nur das Gegenteil von dem Gewünschten dabei herauskommen würde. Denn während er jetzt als Maler allgemein für einen Musiker gehalten werde, werd' er als Musiker sicherlich für einen Maler gehalten und dadurch vom Standpunkte des Herrn Kommerzienrats aus in die relativ höhere Rangstufe wieder hinaufgehoben werden«.

Diesem Verwandten- und Freundeskreise waren die zu heute sieben Uhr Geladenen entnommen. Denn van der Straaten liebte die Spätdiners und erging sich mitunter in nicht üblen Bemerkungen über den gewaltigen Unterschied zwischen einer um vier Uhr künstlich hergestellten und einer um sieben Uhr natürlich erwachsenen Dunkelheit. Eine künstliche Vier-Uhr-Dunkelheit sei nicht besser als ein junger Wein, den man in einen Rauchfang gehängt und mit Spinnweb umwickelt habe, um ihn alt und ehrwürdig erscheinen zu lassen. Aber eine feine Zunge schmecke den jungen Wein und ein feines Nervensystem schmecke die junge Dunkelheit heraus. Bemerkungen, die, namentlich in ihrer »das feine Nervensystem« betonenden Schlußwendung, von Melanie regelmäßig mit einem allerherzlichsten Lachen begleitet wurden.

Das van der Straatensche Stadthaus – wodurch es sich, neben anderem, von der mit allem Komfort ausgestatteten Tiergartenvilla unterschied – hatte keinen eigentlichen Speisesaal, und die zwei großen und vier kleinen Diners, die sich über den Winter hin verteilten, mußten in dem ersten, als Entree dienenden Zimmer der großen Gemäldegalerie gegeben werden. Es griff dieser Teil der Galerie noch aus dem rechten Seitenflügel in das Vorderhaus über und lag unmittelbar hinter Melanies Zimmer, aus dem denn auch, sobald die breiten Flügeltüren sich öffneten, der Eintritt stattfand.

Und wie gewöhnlich, so auch heute. Van der Straaten nahm den Arm seiner blonden Schwägerin, Duquede den Melanies, während die vier anderen Herren paarweise folgten, eine herkömmliche Form des Aufmarsches, bei der der Major ebenso geschickt zwischen den beiden Malern zu wechseln als den Polizeirat zu vermeiden wußte. Denn so bereit und ergeben er war, die Geschichten Reiffs bei Tag oder Nacht über sich ergehen zu lassen, so konnt' er sich doch nicht entschließen, ihm ebenbürtig den Arm zu bieten. Er stand vielmehr ganz in den Anschauungen seines Standes und bekannte sich, mit einem durch persönliches Fühlen unterstützten Nachdruck, zu dem alten Gegensatze von Militär und Polizei.

Jeder der Eintretenden war an dieser Stelle zu Haus und hatte keine Veranlassung mehr zum Staunen und Bewundern. Wer aber zum ersten Male hier eintrat, der wurde sicherlich durch eine Schönheit überrascht, die gerade darin ihren Grund hatte, daß der als Speisesaal dienende Raum kein eigentlicher Speisesaal war. Ein reichgegliederter Kronleuchter von französischer Bronze warf seine Lichter auf eine von guter italienischer Hand herrührende prächtig eingerahmte Kopie der Veronesischen »Hochzeit zu Cana«, die von Uneingeweihten auch wohl ohne weiteres für das Original genommen wurde, während daneben zwei Stilleben in fast noch größeren und reicheren Barockrahmen hingen. Es waren, von einiger vegetabilischer Zutat abgesehen, Hummer, Lachs und blaue Makrelen, über deren absolute Naturwahrheit sich van der Straaten in der ein für allemal gemünzten Bewunderungsformel ausließ, »es werd' ihm, als ob er taschentuchlos über den Cöllnischen Fischmarkt gehe«.

Nach hinten zu stand das Buffet, und daneben war die Tür, die mit der im Erdgeschoß gelegenen Küche bequeme Verbindung hielt.

5

BEI TISCH

»Nehmen wir Platz«, sagte van der Straaten. »Meine Frau hat mich aller Placierungsmühen überhoben und Karten gelegt.«

Und dabei nahm er eine derselben in die Hand und ließ sein von Natur gutes und durch vieles Sehen kunstgeübtes Auge darüber hingleiten. »Ah, ah, sehr gut. Das ist Tells Geschoß. Gratuliere, Elimar. Allerliebst, allerliebst. Natürlich Amor, der schießt. Daß ihr Maler doch über diesen ewigen Schützen nicht wegkommen könnt.«

»Gegen dessen Abschaffung oder Dienstentlassung wir auch feierlich protestieren würden«, sagte die rotblonde Schwester.

Alle hatten sich inzwischen placiert, und es ergab sich, daß Melanie bei der von ihr getroffenen Anordnung vom Herkömmlichen abgewichen war. Van der Straaten saß zwischen Schwägerin und Frau, ihm gegenüber der Major, von Gabler und Elimar flankiert, an den Schmalseiten aber Polizeirat Reiff und Legationsrat Duquede.

Die Suppe war eben genommen und der im kommerzienrätlichen Hause von alter Zeit her berühmte Montefiascone gerade herumgereicht, als van der Straaten sich über den Tisch hin zu seinem Schwager wandte.

»Gryczinski, Major und Schwager«, hob er leicht und mit überlegener Vertraulichkeit an, »binnen heut' und drei Monaten haben wir Krieg. Ich bitte dich, sage nicht nein, wolle mir nicht widersprechen. Ihr, die ihr's schließlich machen müßt, erfahrt es erfahrungsmäßig immer am spätesten. Im Juni haben wir die Sache wieder fertig oder wenigstens eingerührt. Es zählt jetzt zu den sogenannten berechtigten Eigentümlichkeiten preußischer Politik, allen Geheimräten, wozu, in allem, was Karlsbad und Teplitz angeht, auch die Kommerzienräte gehören, ihre Brunnen- und Badekur zu verderben. Helgoland mit eingeschlossen. Ich wiederhole dir, in zwei Monaten haben wir die Sache fertig, und in drei haben wir den Krieg. Irgendwas Benedettihaftes wird sich doch am Ende finden lassen, und Ems liegt unter Umständen überall in der Welt.«

Gryczinski zwirbelte mit der Linken an der breitesten Stelle seines Backenbartes und sagte: »Schwager, du stehst zu sehr unter Börsengerüchten, um nicht zu sagen unter dem Einfluß der Börsenspekulation. Ich versichere dich, es ist kein Wölkchen am Horizont, und wenn wir zur Zeit wirklich einen Kriegsplan ausarbeiten, so betrifft er höchstens die hypothetische Bestimmung der Stelle, wo Rußland und England zusammenstoßen und ihre große Schlacht schlagen werden.«

Beide Damen, die von der entschiedensten Friedenspartei waren, die brünette, weil sie nicht gern das Vermögen, die blonde, weil sie nicht gern den Mann einbüßen wollte, jubelten dem Sprecher zu, während der Polizeirat, immer kleiner werdend, bemerkte: »Bitte dem Herrn Major meine gehorsamste Zustimmung aussprechen zu dürfen, und zwar von ganzem Herzen und von ganzem Gemüte.« Wobei gesagt werden muß, daß er mit Vorliebe von seinem Gemüte sprach. »Überhaupt«, fuhr er fort, »nichts falscher und irriger, als sich Seine Durchlaucht den Fürsten, einen in Wahrheit friedliebenden Mann, als einen Kanonier mit ewig brennender Lunte vorzustellen, jeden Augenblick bereit, das Kruppsche Monstregeschütz eines europäischen Krieges auf gut Glück hin abzufeuern. Ich sage, nichts falscher und irriger als das. Hazardieren ist die Lust derer, die nichts besitzen, weder Vermögen noch Ruhm. Und der Fürst besitzt beides. Ich wette, daß er nicht Lust hat, seinen hochaufgespeicherten Doppelschatz immer wieder auf die Kriegskarte zu setzen. Er gewann 64 (nur eine Kleinigkeit), doublierte 66 und triplierte 70, aber er wird sich hüten, sich auf ein six-le-va einzulassen. Er ist ein sehr belesener Mann und kennt ohne Zweifel das Märchen vom ›Fischer un sine Fru‹...«

»... dessen pikante Schlußwendung uns unser polizeirätlicher Freund hoffentlich nicht vorenthalten will«, bemerkte van der Straaten, in dem sich der Übermut der Tafelstimmung bereits zu regen begann.

Aber der Polizeirat, während er sich wie zur Gewährleistung jeder Sicherheit gegen die Damen hin verneigte, ließ das Märchen und seine notorische Schlußzeile fallen und sagte nur: »Wer alles gewinnen will, verliert alles. Und das Glück ist noch launenhafter als die Damen. Ja, meine Damen, als die Damen. Denn die Launenhaftigkeit, ich lebe selbst in einer glücklichen Ehe, ist das Vorrecht und der Zauber ihres Geschlechts. Der Fürst hat Glück gehabt, aber gerade weil er es gehabt hat...«

»... wird er sich hüten, es zu versuchen«, schloß mit ironischer Emphase der Legationsrat. »Aber, wenn er es *dennoch* täte? He? Der Fürst hat Glück gehabt, versichert uns unser Freund Reiff mit polizeirätlich unschuldiger Miene. Glück gehabt! Allerdings. Und zwar kein einfaches und gewöhnliches, sondern ein stupendes, ein nie dagewesenes Glück. Eines, das in seiner kolossalen Größe den Mann selber wegfrißt und verschlingt. Und so wenig ich geneigt bin, ihm dies Glück zu mißgönnen, ich kenne keine Mißgunst, so reizt es mich doch, einen Heroenkultus an dieses Glück geknüpft zu sehen. Er wird überschätzt, sag' ich. Glauben Sie mir, er hat etwas Plagiatorisches. Es mögen sich Erklärungen finden lassen, meinetwegen auch Entschuldigungen, eines aber bleibt: er wird überschätzt. Ja, meine Freunde, den Heroenkultus haben wir, und den Götterkultus *werden* wir haben. Bildsäulen und Denkmäler sind bereits da, und die Tempel werden kommen. Und in einem dieser Tempel wird sein Bildnis sein, und Göttin Fortuna ihm zu Füßen. Aber man wird es nicht den Fortunatempel nennen, sondern den Glückstempel. Ja, den Glückstempel, denn es wird darin gespielt, und unser vorsichtiger Freund Reiff hat es mit seinem six-le-va, das über kurz oder lang kommen wird, besser getroffen, als er weiß. Alles Spiel und Glück, sag' ich, und daneben ein unendlicher Mangel an Erleuchtung, an Gedanken und vor allem an großen schöpferischen Ideen.«

»Aber lieber Legationsrat«, unterbrach hier van der Straaten, »es liegen doch einige Kleinigkeiten vor: Exmittierung Österreichs, Aufbau des Deutschen Reichs...«

»... Ekrasierung Frankreichs und Dethronisierung des Papstes! Pah, van der Straaten, ich kenne die ganze Litanei. Wem aber haben wir dafür zu danken, wenn überhaupt dafür zu danken ist? Wem? Einer ihm feindlichen Partei, feindlich ihm und mir, einer Partei, der er ihren Schlachtruf genommen hat. Er hat etwas Plagiatorisches, sag' ich, er hat sich die Gedanken anderer einfach angeeignet, gute und schlechte, und sie mit Hilfe reichlich vorhandener Mittel in Taten umgesetzt. Das konnte schließlich jeder, jeder von uns: Gabler, Elimar, du, ich, Reiff...«

»Ich möchte doch bitten...«

»In Taten umgesetzt«, wiederholte Duquede.

»Ein Umsatz- und Wechselgeschäft, das ich hasse, solange nicht der selbsteigne Gedanke dahinter steht. Aber Taten mit gar keiner oder mit erheuchelter oder mit erborgter Idee haben etwas Rohes und Brutales, etwas Dschingiskhanartiges. Und ich wiederhole, ich hasse solche Taten. Am meisten aber hass' ich sie, wenn sie die Begriffe verwirren und die Gegensätze mengen, und wenn wir es erleben müssen, daß sich hinter den altehrwürdigen Formen unseres staatserhaltenden Prinzips, hinter der Maske des Konservatismus, ein revolutionärer Radikalismus birgt. Ich sage dir, van der Straaten, er segelt unter falscher Flagge. Und eines seiner einschlägigsten Mittel ist der beständige Flaggenwechsel. Aber ich hab' ihn erkannt und weiß, was seine eigentliche Flagge ist...«

»Nennen...«

»Die schwarze.«

»Die Piratenflagge?«

»Ja. Und Sie werden dessen über kurz oder lang alle gewahr werden. Ich sage dir, van der Straaten, und Ihnen, Elimar, und Ihnen, Reiff, der Sie's morgen in Ihr schwarzes Buch eintragen können, meinetwegen, denn ich bin ein altmärkischer Edelmann und habe den Dienst dieses mir widerstrebenden Eigennützlings längst quittiert, ich sag' es jedem, alt oder jung: sehen Sie sich vor. Ich warne Sie vor Täuschung, vor allem aber vor Überschätzung dieses falschen Ritters, dieses Glücks-Tempelherrn, an den die blöde Menge glaubt, weil er die Jesuiten aus dem Lande geschafft hat. Aber wie steht es damit? *Die* Bösen sind wir los, *der* Böse ist geblieben.«

Gryczinski hatte mit vornehmem Lächeln zugehört, van der Straaten indes, der, trotzdem er eigentlich ein Bismarckschwärmer war, in seiner Eigenschaft als kritiksüchtiger Berliner nichts Reizenderes kannte als Größenniedermetzelung und Generalnivellierung, immer vorausgesetzt, daß er selber als einsam überragender Bergkegel übrigblieb, grüßte zu Duquede hinüber und rief einem der Diener zu, dem Legationsrat, der sich geopfert habe, noch einmal von der letzten Schüssel zu präsentieren.

»Eine spanische Zwiebel, Duquede. Nimm. Das ist etwas für dich. Scharf, scharf. Ich mache mir nicht viel aus Spanien, aber um zweierlei beneid' ich es: um seine Zwiebeln und um seinen Murillo.«

»Überrascht mich«, sagte Gabler. »Und am meisten überrascht mich die dir entschlüpfte Murillo-, will also sagen Madonnenbewundrung.«

»Nicht entschlüpft, Arnold, nicht entschlüpft. Ich unterscheide nämlich, wie du wissen solltest, kalte und warme Madonnen. Die kalten sind mir allerdings verhaßt, aber die warmen hab' ich desto lieber. A la bonne heure, die berauschen mich, und ich fühl' es in allen Fingerspitzen, als ob es elfer Rheinwein wäre. Und zu diesen glühenden und sprühenden zähl' ich all diese spanischen Immaculatas und Concepciones, wo die Mutter Gottes auf einer Mondsichel steht, und um ihr dunkles Gewand her leuchten goldene Wolken und Engelsköpfe. Ja, Reiff, dergleichen gibt es. Und so blickt sie brünstig oder sagen wir lieber inbrünstig gen Himmel, als wolle die Seele flügge werden in einem Brütofen von Heiligkeit.«

»In einem Brütofen von Heiligkeit«, wiederholte der Polizeirat, in dessen Augen es heimlich und verstohlen zu zwinkern begann. »In einem Brütofen! Oh, das ist magnifique, das ist herrlich, und eine Andeutung, die jeder von uns nach dem Maße seiner Erkenntnis interpretieren und weiterspinnen kann.«

Beide jungen Frauen, einigermaßen überrascht, ihren sonst so zurückhaltenden Freund auf dieser Messerschneide balancieren zu sehen, trafen sich mit ihren Blicken, und Melanie, rasch erkennend, daß es sich jeden Moment um eine jener Katastrophen handeln könne, wie sie bei den kommerzienrätlichen Diners eben nicht allzu selten waren, suchte vor allem von dem heiklen Murillothema loszukommen, was, bei van der Straatens Eigensinn, allerdings nur durch eine geschickte Diversion geschehen konnte. Und solche gelang denn auch momentan, indem Melanie mit anscheinender Unbefangenheit bemerkte: »Van der Straaten wird mich auslachen, in Bild- und Malerfragen eine Meinung haben zu wollen. Aber ich muß ihm offen bekennen, daß ich mich, wenn seine gewagte Madonneneinteilung überhaupt akzeptiert werden soll, ohne weiteres für eine von ihm ignorierte Mittelgruppe, nämlich für die temperierten, entscheiden würde. Die tizianischen scheinen mir diese wohltuend gemäßigte Temperatur zu haben. Ich lieb' ihn überhaupt.«

»Ich auch, Melanie. Brav, brav. Ich hab' es immer gesagt, daß ich noch einen Kunstprofessor in dir großziehe. Nicht wahr, Arnold, ich hab' es gesagt? Beschwör es. Eine Schwurbibel ist nicht da, aber wir haben Reiff, und ein Polizeirat ist immer noch ebenso gut wie ein Evangelium. Du lachst, Schwager; natürlich; *ihr* merkt es nicht, aber *wir*. Übrigens hat Reiff ein leeres Glas. Und Elimar auch. Friedrich, alter Pomuchelskopf, steh nicht in Liebesgedanken. Allons, enfants. Wo bleibt der Mouet? Flink, sag' ich. Bei den Gebeinen des unsterblichen Roller, ich lieb' es nicht, meinen Champagner in den letzten fünf Minuten in kümmerlicher Renommage schäumen zu sehen. Und noch dazu in diesen vermaledeiten Spitzgläsern, mit denen ich nächstens kurzen Prozeß machen werde. Das sind Rechnungsrats-, aber nicht Kommerzienratsgläser. Übrigens mit dem Tizian hast du doch unrecht. Das heißt halb. Er versteht sich auf alles mögliche, nur nicht auf Madonnen. Auf Frau Venus versteht er sich. Das ist seine Sache. Fleisch, Fleisch. Und immer lauert irgendwo der kleine liebe Bogenschütze. Pardon, Elimar, ich bin nicht für Massen-Amors auf Tischkarten, aber für den Einzel-Amor bin ich, und ganz besonders für den des tizianischen roten Ruhebetts mit zurückgezogener grüner Damastgardine. Ja, meine Herrschaften, da gehört er hin, und immer ist er wieder reizend, ob er ihr zu Häupten oder zu Füßen sitzt, ob er hinter dem Bett oder der Gardine hervorkuckt, ob er seinen Bogen eben gespannt oder eben abgeschossen hat. Und was ist vorzuziehen? Eine feine Frage, Reiff. Ich denke mir, wenn er ihn spannt... Und diese ruhende linke Hand mit dem ewigen Spitzentaschentuch. Oh, superbe. Ja, Melanie, *den* Tag will ich deine Bekehrung feiern, wo du mir zugestehst: Suum cuique, dem Tizian die Venus und dem Murillo die Madonna.«

»Ich fürchte, van der Straaten, da wirst du lange zu warten haben, und am längsten auf meine Murillo-Bekehrung. Denn diese gelben Dunstwolken, aus denen etwas inbrünstig Gläubiges in seelisch-sinnlicher Verzückung aufsteigt, sind mir unheimlich. Es hat die Grenze des Bezaubernden überschritten, und statt des Bezaubernden find' ich etwas Behexendes darin.«

Gryczinski nickte leise der Schwägerin zu, während jetzt Elimar das Glas erhob und um Erlaubnis bat, nach dem eben gehörten Wort einer echt deutschen Frau (»Französin«, schrie van der Straaten dazwischen) auf das Wohl der schönen und liebenswürdigen Dame des Hauses anstoßen zu dürfen. Und die Gläser klangen zusammen. Aber in ihren Zusammenklang mischte sich für die schärfer Hörenden schon etwas wie Zittern und Mißakkord, und ehe noch das allgemeine Lächeln verflogen war (das des Polizeirats hielt sich am längsten), brach van der Straaten durch alle bis dahin mühsam eingehaltenen Gehege durch und debutierte mal wieder ganz als er selbst. Er sei, so hob er an, leider nicht in der Lage, der für die »Frau Kommerzienrätin« gewiß höchst wertvollen Zustimmung seines Freundes Elimar Schulze (wobei er Vor- und Zunamen gleich ironisch betonte) *seinerseits* zustimmen zu können. Es gäbe freilich einen Gegensatz von Bezauberung und Behexung, aber manches in der Welt gelte für Behexung, was Bezauberung, und noch mehr gelte für Bezauberung, was Behexung sei. Und er bitte sagen zu dürfen, daß er es seinerseits mit der Konsequenz halte und mit Farbebekennen, und nicht mit heute so und morgen so. Am verdrießlichsten aber sei ihm zweierlei Maß.

Er hielt hier einen Augenblick inne und war vielleicht überhaupt gewillt, es bei diesen Allgemeinsätzen bewenden zu lassen. Aber die junge Gryczinska, die sich, nach Art aller Schwägerinnen, etwas herausnehmen durfte, sah ihn jetzt, in plötzlich wiedererwachtem Mute, keck und zuversichtlich an und bat ihn, aus seinen Orakelsprüchen heraus und zu bestimmteren Erklärungen übergehn zu wollen.

»O gewiß, meine Gnädigste«, sagte der jetzt immer hitziger werdende van der Straaten. »O gewiß, mein geliebtes Rotblond. Ich stehe zu Befehl und will aus allem Orakulosen und Mirakulosen heraus und will in die Trompete blasen, daß ihr aus eurer Dämmerung und meinetwegen auch aus eurer Götterdämmrung erwachen sollt, als ob die Feuerwehr vorüberführe.«

»Ah«, sagte Melanie, die jetzt auch ihrerseits alle Ruhe zu verlieren begann. »Also da hinaus soll es.«

»Ja, süßer Engel, *da* hinaus. Da. Ihr stellt euch stolz und gemütlich auf die Höhen aller Kunst und zieht als reine Casta diva am Himmel entlang, als ob ihr von Ozon und Keuschheit leben wolltet. Und *wer* ist euer Abgott? Der Ritter von Bayreuth, ein Behexer, wie es nur je einen gegeben hat. Und an diesen Tannhäuser und Venusberg-Mann setzt ihr, als ob ihr wenigstens die Voggenhuber wäret, eurer Seelen Seligkeit und singt und spielt ihn morgens, mittags und abends. Oder dreimal täglich, wie auf euren Pillenschachteln steht. Und euer Elimar immer mit. Und sein ewiger Samtrock wird ihn auch nicht retten. Nicht ihn und nicht euch. Oder wollt ihr mir das alles als himmlischen Zauber kredenzen? Ich sag' euch, fauler Zauber. Und das ist es, was ich zweierlei Maß genannt habe. Den Murillo-Zauber möchtet ihr zu Hexerei stempeln, und die Wagner-Hexerei möchtet ihr in Zauber verwandeln. Ich aber sag' euch, es liegt umgekehrt, und wenn es *nicht* umgekehrt liegt, so sollt ihr mir wenigstens keinen Unterschied machen. Denn es ist schließlich alles ganz egal und, mit Permission zu sagen, alles Jacke...«

Der aus der vergleichendsten Kleidersprache genommene Berolinismus, mit dem er seinen Satz abzuschließen gedachte, wurd' auch wirklich gesprochen, aber er verklang in einem Getöse, das der Major durch einen geschickt kombinierten Angriff von Gläserklopfen und Stuhlrücken in Szene zu setzen gewußt hatte. Zugleich begann er: »Meine verehrten Freunde, das Wort Hexenmeister ist gefallen. Ein vorzügliches Wort! So lassen wir sie denn leben, alle diese Tannhäuser, wobei sich jeder das Seine denken mag. Ich trinke auf das Wohl der Hexenmeister. Denn alle Kunst ist Hexerei. Rechten wir nicht mit dem Wort. Was sind Worte? Schall und Rauch. Stoßen wir an. Hoch, hoch.«

Und mit einer wohlgemeinten Kraftanstrengung, in der jetzt jeder zitternde Ton fehlte, wurde zugestimmt, namentlich auch von seiten der beiden Maler, und kaum einer war da, der nicht an eine glücklich beseitigte Gefahr geglaubt hätte. Aber mit Unrecht. Van der Straaten, absolut unerzogen, konnte, vielleicht weil er dies Manko fühlte, nichts so wenig ertragen, als auf Unerzogenheiten aufmerksam gemacht zu werden: er vergaß sich dann ganz und gar, und der Dünkel des reichen Mannes, der gewohnt war zu helfen, nach allen Seiten hin zu helfen, stieg ihm dann zu Kopf und schlug in Wellen über ihm zusammen. Und so auch jetzt. Er erhob sich und sagte: »Kupierungen sind etwas Wundervolles. Keine Frage. Ich beispielsweise kupiere Kupons. Ein inferiores Geschäft, das unter Umständen nichtsdestoweniger einen Anspruch darauf gibt, gegen Wort- und Redekupierungen gesichert zu sein, namentlich gegen solche, die reprimandieren und erziehen wollen. Ich bin erzogen.«

Er hatte mit vor Erregung zitternder Stimme gesprochen, aber mit zugekniffenem Auge fest zu dem Major hinübergesehen. Dieser, ein vollkommener Weltmann, lächelte vor sich hin und blinkte nur leise den beiden Damen zu, daß sie sich beruhigen möchten. Dann ergriff er sein Glas ein zweites Mal, gab seinen Zügen, ohne sich sonderlich anzustrengen, einen freundlichen Ausdruck und sagte zu van der Straaten: »Es ist so viel von Kupieren gesprochen worden; kupieren wir auch das. Ich lebe der festen Überzeugung...«

In eben diesem Augenblicke sprang der Pfropfen von einer der im Weinkühler stehenden Flaschen, und Gryczinski, rasch den Vorteil erspähend, den er aus diesem Zwischenfalle ziehen konnte, brach inmitten des Satzes ab und sagte nur, während er, unter leiser Verbeugung, seines Schwagers Glas füllte: »Friede sei ihr erst Geläute!«

Solchem Appell zu widerstehen war van der Straaten der letzte. »Mein lieber Gryczinski«, hob er in plötzlich erwachter Sentimentalität an, »wir verstehen uns, wir haben uns immer verstanden. Gib mir deine Hand. Lacrimae Christi, Friedrich. Rasch. Das Beste daran ist freilich der Name. Aber er hat ihn nun mal. Jeder hat nun mal das Seine, der eine dies, der andre das.«

»Allerdings«, lachte Gabler.

»Ach Arnold, du überschätzt das. Glaube mir, der Selige hatte recht. Gold ist nur Chimäre. Und Elimar würd' es mir bestätigen, wenn es nicht ein Satz aus einer überwundenen Oper wäre. Ich muß sagen, leider überwunden. Denn ich liebe Nonnen, die tanzen. Aber da kommt die Flasche. Laß nur Staub und Spinnweb. Sie muß in ihrer ganzen unabgeputzten Heiligkeit verbleiben. Lacrimae Christi. Wie das klingt!«

Und die frühere Heiterkeit kehrte wieder oder schien wenigstens wiederzukehren, und als van der Straaten fortfuhr, in wahren Ungeheuerlichkeiten über Christustränen, Erlöserblut und Versöhnungswein zu sprechen, durfte Melanie schließlich die Bemerkung wagen: »Du vergißt, Ezel, daß der Polizeirat katholisch ist.«

»Ich bitte recht sehr«, sagte Reiff, als ob er auf etwas Unerlaubtem ertappt worden wäre.

Van der Straaten aber verschwor sich hoch und teuer, daß ein vierzig Jahre lang treu geleisteter Sicherheitsdienst über alles konfessionelle Plus oder Minus hinaus entscheidend sein und vor dem Richterstuhle der Ewigkeit angerechnet werden müsse. Und als bald darauf die Gläser abermals gefüllt und geleert worden waren, rückte Melanie den Stuhl, und man erhob sich, um im Nebenzimmer den Kaffee zu nehmen.

6

AUF DEM HEIMWEGE

Die Kaffeestunde verlief ohne Zwischenfall, und es war bereits gegen zehn, als der Diener meldete, daß der Wagen vorgefahren sei. Diese Meldung galt dem Gryczinskischen Paare, das, an den Dinertagen, seine Heimfahrt in der ihm bei dieser Gelegenheit ein für allemal zur Verfügung gestellten kommerzienrätlichen Equipage zu machen pflegte. Mäntel und Hüte wurden gebracht, und die schöne Jacobine, Hals und Kopf in ein weißes Filettuch gehüllt, stand alsbald in der Mitte des Kreises und wartete lachend und geduldig auf die beiden Maler, denen Gryczinski noch im letzten Augenblicke die Mitfahrt angeboten hatte. Das Parlamentieren darüber wollte kein Ende nehmen, und erst als man unten am Wagenschlage stand, entschied sich's, und Gabler placierte sich nunmehr ohne weiteres auf den Rücksitz, während Elimar mit einem kräftigen Turnerschwunge seinen Platz auf dem Bocke nahm, angeblich aus Rücksicht gegen die Wageninsassen, in Wahrheit aus eigener Bequemlichkeit und Neugier. Er sehnte sich nämlich nach einem Gespräche mit dem Kutscher.

Dieser, auch noch ein Erbstück aus des alten van der Straaten Zeiten her, führte den unkutscherlichen Namen Emil, der jedoch seit lange seinen Verhältnissen angepaßt und in ein plattdeutsches »Ehm« abgekürzt worden war. Mit um so größerem Recht, als er wirklich in Fritz Reuterschen Gegenden das Licht der Welt erblickt und sich bis diesen Tag, neben seinem Berliner Jargon, einen Rest heimatlicher Sprache konserviert hatte. Elimar, einer seiner Bevorzugten, nahm gleich im ersten Momente des Zurechtrückens ein mehrklappiges Lederfutteral heraus, steckte dem Alten eine der obenaufliegenden Zigarren zu und sagte vertraulich: »Für'n Rückweg, Ehm.«

Dieser fuhr mit der Rechten dankend an seinen Kutscherhut, und damit waren die Präliminarien geschlossen.

Als sie bald darauf bei der Normaluhr auf dem Spittelmarkte vorüberkamen und in eine der schlechtgepflasterten Seitenstraßen einbogen, hielt Elimar den ersehnten Zeitpunkt für gekommen und sagte: »Ist denn der neue Herr schon da?«

»Der Frankfurtsche? Ne, noch nich, Herr Schulze.«

»Na, dann muß er aber doch bald...«

»I, woll. Bald muß er. Ich denke, so nächste Woche. Un de Stuben sind ooch all tapziert. Jott, se duhn ja, wie wenn't en Prinz wär', erst der Herr un nu ooch de Jnäd'ge. Un Christel meent, he sall man en Jüdscher sinn.«

»Aber reich. Und Offizier. Das heißt bei der Landwehr oder so.«

»Is et möglich?«

»Und er soll auch singen.«

»Ja, singen wird er woll.«

Elimar war eitel genug, an dieser letzteren Äußerung Anstoß zu nehmen, und da sich's gerade traf, daß in eben diesem Augenblicke der Wagen aus dem Wallstraßenportal auf den abendlich stillen Opernplatz einbog, so gab er das Gespräch um so lieber auf, als er nicht wollte, daß dasselbe von den Insassen des Wagens verstanden würde.

Von seiten dieser war bis dahin kein Wort gewechselt worden, nicht aus Verstimmung, sondern nur aus Rücksicht gegen die junge Frau, die, herzlich froh über den zur Hälfte freigebliebenen Rücksitz, ihre kleinen Füße gegen das Polsterkissen gestemmt und sich bequem in den Fond des Wagens zurückgelehnt hatte. Sie war gleich beim Einsteigen ersichtlich müde gewesen, hatte, wie zur Entschuldigung, etwas von Champagner und Kopfweh gesprochen, das Filettuch dabei höher gezogen und ihre Augen geschlossen. Erst als sie zwischen dem Palais und dem Friedrichsmonumente hinfuhren, richtete sie sich wieder auf, weil sie jenen Allerloyalsten zugehörte, die sich schon beglückt fühlen, einen bloßen Schattenriß an dem herabgelassenen Vorhang des Eckfensters gesehn zu haben. Und wirklich, sie sah ihn und gab in ihrer reizenden, halb kindlich, halb koketten Weise der Freude darüber Ausdruck.

Ihr Geplauder hatte noch nicht geendet, als der Wagen am Brandenburger Tore hielt. Im Nu waren beide Maler, deren Weg hier abzweigte, von ihren Plätzen herunter und empfahlen sich dankend dem liebenswürdigen Paare, das nun seinerseits durch die breite Schrägallee auf das Siegesdenkmal und die dahintergelegene Alsenstraße zufuhr.

Als sie mitten auf dem von bunten Lichtern überstrahlten Platze waren, schmiegte sich die schöne junge Frau zärtlich an ihren Gatten und sagte: »War das ein Tag, Otto. Ich habe dich bewundert.«

»Es wurde mir leichter, als du denkst. Ich spiele mit ihm. Er ist ein altes Kind.«

»Und Melanie!... Glaube mir, sie fühlt es. Und sie tut mir leid. Du lächelst so. Dir nicht?«

»Ja und nein, ma chère. Man hat eben nichts umsonst in der Welt. Sie hat eine Villa und eine Bildergalerie...«

»Aus der sie sich nichts macht. Du weißt ja, wie wenig sie daran hängt...«

»Und hat zwei reizende Kinder...«

»Um die ich sie fast beneide.«

»Nun, siehst du«, lachte der Major. »Ein jeder hat die Kunst zu lernen, sich zu bescheiden und einzuschränken. Wär' ich mein Schwager, so würd' ich sagen...«

Aber sie schloß ihm den Mund mit einem Kuß, und im nächsten Augenblicke hielt der Wagen.

Die beiden Räte, der Legations- und der Polizeirat, waren an der Ecke des Petriplatzes in eine Droschke gestiegen, um bis an das Potsdamer Tor zu fahren. Von hier aus wollten sie den Rest des Weges, um der frischen Abendluft willen, zu Fuß machen. In Wahrheit aber hielten sie bloß zu dem Satze, »daß man im kleinen sparen müsse, um sich im großen legitimieren zu können«, wobei leider nur zu bedauern blieb, daß ihnen die »großen Gelegenheiten« entweder nie gekommen oder regelmäßig von ihnen versäumt worden waren.

Unterwegs, solange die Fahrt dauerte, war kein Wort gewechselt worden, und erst beim Aussteigen hatte, bei der nun nötig werdenden Division von zwei in sechs, ein Gespräch begonnen, das alle Parteien zufriedengestellt zu haben schien. Nur nicht den Kutscher. Beide Räte hüteten sich deshalb auch, sich nach dem letzteren umzusehen, vor allem Duquede, der, außerdem noch ein abgeschworener Feind aller Platzübergänge mit Eisenbahnschienen und Pferdebahngeklingel, überhaupt erst wieder in Ruhe kam, als er die schon frisch in Knospen stehende Bellevuestraße glücklich erreicht hatte.

Reiff folgte, schob sich artig und respektvoll an die linke Seite des Legationsrates und sagte plötzlich und unvermittelt: »Es war doch wieder eine recht peinliche Geschichte heute. Finden Sie nicht? Und ehrlich gestanden, ich begreif' ihn nicht. Er ist doch nun fünfzig und drüber und sollte sich die Hörner abgelaufen haben. Aber er ist und bleibt ein Durchgänger.«

»Ja«, sagte Duquede, der einen Augenblick still stand, um Atem zu schöpfen, »etwas Durchgängerisches hat er. Aber, lieber Freund, warum soll er es nicht haben? Ich taxier' ihn auf eine Million, seine Bilder ungerechnet, und ich sehe nicht ein, warum einer in seinem eigenen Haus und an seinem eigenen Tisch nicht sprechen soll, wie ihm der Schnabel gewachsen ist. Ich bekenn' Ihnen offen, Reiff, ich freue mich immer, wenn er mal so zwischenfährt. Der Alte war auch so, nur viel schlimmer, und es hieß schon damals, vor vierzig Jahren: ›Es sei doch ein sonderbares Haus und man könne eigentlich nicht hingehen.‹ Aber uneigentlich ging alles hin. Und so war es, und so ist es geblieben.«

»Es fehlt ihm aber doch wirklich an Bildung und Erziehung.«

»Ach, ich bitte Sie, Reiff, gehen Sie mir mit Bildung und Erziehung. Das sind so zwei ganz moderne Wörter, die der ›Große Mann‹ aufgebracht haben könnte, so sehr hass' ich sie. Bildung und Erziehung. Erstlich ist es in der Regel nicht viel damit, und wenn es mal was ist, dann ist es auch noch nichts. Glauben Sie mir, es wird überschätzt. Und kommt auch nur bei uns vor. Und warum? Weil wir nichts Besseres haben. Wer gar nichts hat, der ist gebildet. Wer aber so viel hat wie van der Straaten, der braucht all die Dummheiten nicht. Er hat einen guten Verstand und einen guten Witz, und was noch mehr sagen will, einen guten Kredit. Bildung, Bildung! Es ist zum Lachen.«

»Ich weiß doch nicht, ob Sie recht haben, Duquede. Ja, wenn es geblieben wäre wie früher. Junggesellenwirtschaft. Aber nun hat er die junge Frau geheiratet, jung und schön und klug…«

»Nu, nu, Reiff. Nur nicht extravagant. Es ist damit nicht so weit her, wie Sie glauben; sie ist 'ne Fremde, französische Schweiz, und an allem Fremden verkucken sich die Berliner. Das ist wie Amen in der Kirche. Sie hat so ein bißchen Genfer Chic. Aber was will das am Ende sagen? Alles, was die Genfer haben, ist doch auch bloß aus zweiter Hand. Und nun gar klug.

Ich bitte Sie, was heißt klug? Er ist viel klüger. Oder glauben Sie, daß es auf 'ne französische Vokabel ankommt? oder auf den Erlkönig? Ich gebe zu, sie hat ein paar niedliche Manierchen und weiß sich unter Umständen ein Air zu geben. Aber es ist nicht viel dahinter, alles Firlefanz, und wird kolossal überschätzt.«

»Ich weiß doch nicht, ob Sie recht haben«, wiederholte der Polizeirat. »Und dann ist sie doch schließlich von Familie.«

Duquede lachte. »Nein, Reiff, *das* ist sie nun schließlich nicht. Und ich sag' Ihnen, da haben wir den Punkt, auf den ich keinen Spaß verstehe. Caparoux. Es klingt nach was. Zugestanden. Aber was heißt es denn am Ende? Rotkapp oder Rotkäppchen? Das ist ein Märchenname, aber kein Adelsname. Ich habe mich darum gekümmert und nachgeschlagen. Und im Vertrauen, Reiff, es gibt gar keine de Caparoux.«

»Aber bedenken Sie doch den Major! Er hat alle Sorten Stolz und wird sich doch schwerlich eine Mesalliance nachsagen lassen wollen.«

»Ich kenn' ihn besser. Er ist ein Streber. Oder sagen wir einfach, er ist ein Generalstäbler. Ich hasse die ganze Gesellschaft, und glauben Sie mir, Reiff, ich weiß, warum. Unsre Generalstäbler werden überschätzt, kolossal überschätzt.«

»Ich weiß doch nicht, ob Sie recht haben«, ließ sich der Polizeirat ein drittes Mal vernehmen. »Bedenken Sie bloß, was Stoffel gesagt hat. Und nachher kam es auch so. Aber ich will nur von Gryczinski sprechen. Wie liebenswürdig benahm er sich heute wieder! Wie liebenswürdig und wie vornehm.«

»Ah, bah, vornehm. Ich bilde mir auch ein zu wissen, was vornehm ist. Und ich sag' Ihnen, Reiff, Vornehmheit ist anders. Vornehm! Ein Schlaukopf ist er und weiter nichts. Oder glauben Sie, daß er die kleine Rotblondine mit den ewigen Schmachtaugen geheiratet hat, weil sie Caparoux hieß, oder meinetwegen auch de Caparoux? Er hat sie geheiratet, weil sie die Schwester ihrer Schwester ist. Du himmlischer Vater, daß ich einem Polizeirat solche Lektion halten muß.«

Der Polizeirat, dessen Schwachheiten nach der erotischen Seite hin lagen, las aus diesen andeutenden Worten ein Liebesverhältnis zwischen dem Major und Melanie heraus und sah den langen hageren Duquede von der Seite her betroffen an.

Dieser aber lachte und sagte: »Nicht *so*, Reiff, nicht *so*; Carrièremacher sind immer nur Courmacher. Nichts weiter. Es gibt heutzutage Personen (und auch *das* verdanken wir unsrem großen Reichsbaumeister, der die soliden Werkleute fallen läßt oder beiseite schiebt), es gibt, sag' ich, heutzutage Personen, denen alles bloß Mittel zum Zweck ist. Auch die Liebe. Und zu diesen Personen gehört auch unser Freund, der Major. Ich hätte nicht sagen sollen, er hat die Kleine geheiratet, weil sie die Schwester ihrer Schwester ist, sondern weil sie die Schwägerin ihres Schwagers ist. Er *braucht* diesen Schwager, und ich sag' Ihnen, Reiff, denn ich kenne den Ton und die Strömung oben, es gibt weniges, was nach oben hin *so* empfiehlt wie das. Ein Schwager-Kommerzienrat ist nicht viel weniger wert als ein Schwiegervater-Kommerzienrat und rangiert wenigstens gleich dahinter. Unter allen Umständen aber sind Kommerzienräte wie konsolidierte Fonds, auf die jeden Augenblick gezogen werden kann. Es ist immer Deckung da.«

»Sie wollen also sagen...«

»Ich will gar nichts sagen, Reiff... Ich meine nur so.«

Und damit waren sie bis an die Bendlerstraße gekommen, wo beide sich trennten. Reiff ging auf die Von-der-Heydt-Brücke zu, während Duquede seinen Weg in gerader Richtung fortsetzte.

Er wohnte dicht an der Hofjägerallee, sehr hoch, aber in einem sehr vornehmen Hause.

# 7
#### EBENEZER RUBEHN

Wenige Tage später hatte Melanie das Stadthaus verlassen und die Tiergartenvilla bezogen. Van der Straaten selbst machte diesen Umzug nicht mit und war, so sehr er die Villa liebte, doch immer erst vom September ab andauernd draußen. Und auch das nur, weil er ein noch leidenschaftlicherer Obstzüchter als Bildersammler war. Bis dahin erschien er nur jeden dritten Tag als Gast und versicherte dabei jedem, der es hören wollte, daß dies die stundenweis ihm nachgezahlten Flitterwochen seiner Ehe seien. Melanie hütete sich wohl zu widersprechen, war vielmehr die Liebenswürdigkeit selbst und genoß in den zwischenliegenden Tagen das Glück ihrer Freiheit. Und dieses Glück war um vieles größer, als man, ihrer Stellung nach, die so dominierend und so frei schien, hätte glauben sollen. Denn sie dominierte nur, weil sie sich zu zwingen verstand; aber dieses Zwanges los und ledig zu sein blieb doch ihr Wunsch, ihr beständiges, stilles Verlangen. Und das erfüllten ihr die Sommertage. Da hatte sie Ruhe vor seinen Liebesbeweisen und seinen Ungeniertheiten, nicht immer, aber doch meist, und das Bewußtsein davon gab ihr ein unendliches Wohlgefühl.

Und dieses Wohlgefühl steigerte sich noch in dem entzückenden und beinah ungestörten Stilleben, dessen sie draußen genoß. Wohl liebte sie Stadt und Gesellschaft und den Ton der großen Welt, aber wenn die Schwalben wieder zwitscherten und der Flieder wieder zu knospen begann, da zog sie's doch in die Parkeinsamkeit hinaus, die wiederum kaum eine Einsamkeit war, denn neben der Natur, deren Sprache sie wohl verstand, hatte sie Bücher und Musik und – die Kinder. Die Kinder, die sie während der Saison oft tagelang nicht sah und an deren Aufwachsen und Lernen sie draußen in der Villa den regsten Anteil nahm. Ja, sie half selber nach in den Sprachen, vor allem im Französischen, und durchblätterte mit ihnen Atlas und historische Bilderbücher. Und an alles knüpfte sie Geschichten, die sie dem Gedächtnis der Kinder einzuprägen wußte. Denn sie war gescheit und hatte die Gabe, von allem, worüber sie sprach, ein klares und anschauliches Bild zu geben.

Es waren glückliche stille Tage.

Möglich dennoch, daß es zu stille Tage gewesen wären, wenn das tiefste Bedürfnis der Frauennatur: das Plauderbedürfnis, unbefriedigt geblieben wäre. Aber dafür war gesorgt. Wie fast alle reichen Häuser hatten auch die van der Straatens einen Anhang ganz alter und halb alter Damen, die zu Weihnachten beschenkt und im Laufe des Jahres zu Kaffees und Landpartien eingeladen wurden. Es waren ihrer sieben oder acht, unter denen jedoch zwei durch eine besonders intime Stellung hervorragten, und zwar das kleine verwachsene Fräulein Friederike von Sawatzki und das stattlich hochaufgeschossene Klavier- und Singefräulein Anastasia Schmidt. Ihrer apart bevorzugten Stellung entsprach es denn auch, daß sie jeden zweiten Osterfeiertag durch van der Straaten in Person befragt wurden, ob sie sich entschließen könnten, seiner Frau während der Sommermonate draußen in der Villa Gesellschaft zu leisten, eine Frage, die jedesmal mit einer Verbeugung und einem freundlichen »Ja« beantwortet wurde. Aber doch nicht *zu* freundlich, denn man wollte nicht verraten, daß die Frage erwartet war.

Und beide Damen waren auch in diesem Jahre, wie herkömmlich, als Dames d'honneur installiert worden, hatten den Umzug mitgemacht und erschienen jeden Morgen auf der Veranda, um gegen neun Uhr mit den Kindern das erste und um zwölf mit Melanie das zweite Frühstück zu nehmen.

Auch heute wieder.

Es mochte schon gegen eins sein, und das Frühstück war beendet. Aber der Tisch noch nicht abgedeckt. Ein leiser Luftzug, der ging und sich verstärkte, weil alle Türen und Fenster offenstanden, bewegte das rotgemusterte Tischtuch, und von dem am andern Ende des Korridors gelegenen Musikzimmer her hörte man ein Stück der Cramerschen Klavierschule, dessen mangelhaften Takt in Ordnung zu bringen Fräulein Anastasia Schmidt sich anstrengte. »Eins zwei, eins zwei.« Aber niemand achtete dieser Anstrengungen, am wenigsten Melanie, die neben Fräulein Riekchen, wie man sie gewöhnlich hieß, in einem Gartenstuhle saß und dann und wann von ihrer Handarbeit aufsah, um das reizende Parkbild unmittelbar um sie her, trotzdem sie jeden kleinsten Zug darin kannte, auf sich wirken zu lassen.

Es war selbstverständlich die schönste Stelle der ganzen Anlage. Denn von hundert Gästen, die kamen, begnügten sich neunundneunzig damit, den Park von hier aus zu betrachten und zu beurteilen. Am Ende des Hauptganges, zwischen den eben ergrünenden Bäumen hin, sah man das Zittern und Flimmern des vorüberziehenden Stromes, aus der Mitte der überall eingestreuten Rasenflächen aber erhoben sich Aloën und Bosquets und Glaskugeln und Bassins. Eines der kleineren plätscherte, während auf der Einfassung des großen ein Pfauhahn saß und die Mittagssonne mit seinem Gefieder einzusaugen schien. Tauben und Perlhühner waren bis in unmittelbare Nähe der Veranda gekommen, von der aus Riekchen ihnen eben Krumen streute.

»Du gewöhnst sie zu sehr an diesen Platz«, sagte Melanie. »Und wir werden einen Krieg mit van der Straaten haben.«

»Ich fecht' ihn schon aus«, entgegnete die Kleine.

»Ja, du darfst es dir wenigstens zutrauen. Und wirklich, Riekchen, ich könnte jaloux werden, so sehr bevorzugt er dich. Ich glaube, du bist der einzige Mensch, der ihm alles sagen darf, und soviel ich weiß, ist er noch nie heftig gegen dich geworden. Ob ihm dein alter Adel imponiert? Sage mir deinen vollen Namen und Titel. Ich hör' es so gern und vergess' es immer wieder.«

»Aloysia Friederike Sawat von Sawatzki, genannt Sattler von der Hölle, Stiftsanwärterin auf Kloster Himmelpfort in der Uckermark.«

»Wunderschön«, sagte Melanie. »Wenn ich doch so heißen könnte! Und du kannst es glauben, Riekchen, das ist es, was einen Eindruck auf ihn macht.«

Alles das war in herzlicher Heiterkeit gesagt und von Riekchen auch so beantwortet worden. Jetzt aber rückte diese den Stuhl näher an Melanie heran, nahm die Hand der jungen Frau und sagte: »Eigentlich sollt' ich böse sein, daß du deinen Spott mit mir hast. Aber wer könnte dir böse sein!«

»Ich spotte nicht«, entgegnete Melanie. »Du mußt doch selber finden, daß er dich artiger und rücksichtsvoller behandelt als jeden andren Menschen.«

»Ja«, sagte jetzt das arme Fräulein, und ihre Stimme zitterte vor Bewegung. »Er behandelt mich gut, weil er ein gutes Herz hat, ein viel besseres, als mancher denkt, und vielleicht auch, als du selber denkst. Und er ist auch gar nicht so rücksichtslos. Er kann nur nicht leiden, daß man ihn stört oder herausfordert, ich meine solche, die's eigentlich nicht sollten oder dürften. Sieh, Kind, dann beherrscht er sich nicht länger, aber nicht, weil er's nicht könnte, nein, weil er nicht *will*. Und er braucht es auch nicht zu wollen. Und wenn man gerecht sein will, er kann es auch nicht wollen. Denn er ist reich, und alle reichen Leute lernen die Menschen von ihrer schlechtesten Seite kennen. Alles überstürzt sich, erst in Dienstfertigkeit und hinterher in Undank. Und Undank ernten ist eine schlechte Schule für Zartheit und Liebe. Und deshalb glauben die Reichen an nichts Edles und Aufrichtiges in der Welt. Aber das sag' ich dir, und muß ich dir immer wieder sagen, dein van der Straaten ist besser, als mancher denkt und als du selber denkst.«

Es entstand eine kleine Pause, nicht ganz ohne Verlegenheit, dann nickte Melanie freundlich dem alten Fräulein zu und sagte: »Sprich nur weiter. Ich höre dich gerne so.«

»Und ich will auch«, sagte diese. »Sieh, ich habe dir schon gesagt, er behandelt mich gut, weil er ein gutes Herz hat. Aber das ist es noch nicht alles. Er ist auch so freundlich gegen mich, weil er mitleidig ist. Und mitleidig sein ist noch viel mehr als bloß gütig sein und ist eigentlich das Beste, was die Menschen haben. Er lacht *auch* immer, wenn er meinen langen Namen hört, geradeso wie du, aber ich hab' es gern, ihn so lachen zu hören, denn ich höre wohl heraus, was er dabei denkt und fühlt.«

»Und was fühlt er denn?«

»Er fühlt den Gegensatz zwischen dem Anspruch meines Namens und dem, was ich bin: arm und alt und einsam, und ein bloßes Figürchen. Und wenn ich sage Figürchen, so beschönige ich noch und schmeichle noch mir selbst.«

Melanie hatte das Batisttuch ans Auge gedrückt und sagte: »Du hast recht. Du hast immer recht. Aber wo nur Anastasia bleibt, die Stunde nimmt ja gar kein Ende. Sie quält mir die Liddi viel zu sehr, und das Ende vom Lied ist, daß sie dem Kind einen Widerwillen beibringt. Und dann ist es vorbei. Denn ohne Lieb' und ohne Lust ist nichts in der Welt. Auch nicht einmal in der Musik... Aber da kommt ja Teichgräber und will uns einen Besuch anmelden. Ich bin außer mir. Hätte viel lieber noch mit dir weiter geplaudert.«

In eben diesem Augenblicke war der alte Parkhüter, der sich vergeblich nach einem von der Hausdienerschaft umgesehen hatte, bis an die Veranda herangetreten und überreichte eine Karte.

Melanie las: »Ebenezer Rubehn (Firma Jakob Rubehn und

Söhne), Lieutenant in der Reserve des 5. Dragoner-Regiments...«

»Ah, sehr willkommen... Ich lasse bitten..« Und während sich der Alte wieder entfernte, fuhr Melanie gegen das kleine Fräulein in übermütiger Laune fort: »Auch wieder einer. Und noch dazu aus der Reserve! Mir widerwärtig, dieser ewige Lieutenant. Es gibt gar keine Menschen mehr.«

Und sehr wahrscheinlich, daß sie diese Betrachtungen fortgesetzt hätte, wenn nicht auf dem Kiesweg ein Knirschen hörbar geworden wäre, das über das rasche Näherkommen des Besuchs keinen Zweifel ließ. Und wirklich, im nächsten Augenblicke stand der Angemeldete vor der Veranda und verneigte sich gegen beide Damen.

Melanie hatte sich erhoben und war ihm einen Schritt entgegengegangen. »Ich freue mich, Sie zu sehen. Erlauben Sie mir, Sie zunächst mit meiner lieben Freundin und Hausgenossin bekannt machen zu dürfen... Herr Ebenezer Rubehn... Fräulein Friederike von Sawatzki!«

Ein flüchtiges Erstaunen spiegelte sich ersichtlich in Rubehns Zügen, das, wenn Melanie richtig interpretierte, mehr noch dem kleinen verwachsenen Fräulein als ihr selber galt. Ebenezer war indessen Weltmann genug, um seines Erstaunens rasch wieder Herr zu werden, und sich ein zweites Mal gegen die Freundin hin verneigend, bat er um Entschuldigung, seinen Besuch auf der Villa bis heute hinausgeschoben zu haben.

Melanie ging leicht darüber hin, ihrerseits bittend, die Gemütlichkeit dieses ländlichen Empfanges und vor allem eines unabgeräumten Frühstückstisches entschuldigen zu wollen. »Mais à la guerre, comme à la guerre, eine kriegerische Wendung, an die mir's im übrigen ferne liegt, ernsthafte Kriegsgespräche knüpfen zu wollen.«

»Gegen die Sie sich vielmehr unter allen Umständen gesichert haben möchten«, lachte Rubehn. »Aber fürchten Sie nichts. Ich weiß, daß sich Damen für das Kapitel Krieg nur so lange begeistern, als es Verwundete zu pflegen gibt. Von dem Augenblick an, wo der letzte Kranke das Lazarett verläßt, ist es mit dem Kriegseifer vorbei. Und wie die Frauen in allem recht haben, so auch hierin. Es ist das Traurigste von der Welt, immer wieder eine Durchschnittsheldengeschichte von zweifelhaftem Wert und noch zweifelhafterer Wahrheit hören zu müssen, aber es ist das Schönste, was es gibt, zu helfen und zu heilen.«

Melanie hatte, während er sprach, ihre Handarbeit in den Schoß gelegt und ihn fest und freundlich angesehen. »Ei, das lob' ich und hör' ich gern. Aber wer mit so warmer Empfindung von dem Hospitaldienst und dem Helfen und Heilen, das uns so wohl kleidet, zu sprechen versteht, der hat diese Wohltat wohl an sich selbst erfahren. Und so plaudern Sie mir denn wider Willen, nach fünf Minuten schon, Ihre Geheimnisse aus. Versuchen Sie nicht, mich zu widerlegen, Sie würden scheitern damit, und da Sie die Frauenherzen so gut zu kennen scheinen, so werden Sie natürlich auch unsere zwei stärksten Seiten kennen: unseren Eigensinn und unser Rätselraten. Wir erraten alles...«

»Und immer richtig?«

»Nicht immer, aber meist. Und nun erzählen Sie mir, wie Sie Berlin finden, unsere gute Stadt, und unser Haus, und ob Sie das Zutrauen zu sich haben, in Ihrem Hofkerker, dem eigentlich nur noch die Gitterstäbe fehlen, nicht melancholisch zu werden. Aber wir hatten nichts Besseres. Und wo nichts ist, hat, wie das Sprichwort sagt...«

»Oh, Sie beschämen mich, meine gnädigste Frau. Jetzt erst, nach meinem Eintreffen, weiß ich, wie groß das Opfer ist, das Sie mir gebracht haben. Und ich darf füglich sagen, daß ich bei besserer Kenntnis...«

Aber er sprach nicht aus und horchte plötzlich nach dem

Hause hin, aus dem eben (die Musikstunde hatte schon vorher geschlossen) ein virtuoses und in jeder feinsten Nuancierung erkennbares Spiel bis auf die Veranda herausklang. Es war »Wotans Abschied«, und Rubehn erschien so hingerissen, daß es ihm Anstrengung kostete, sich loszumachen und das Gespräch wieder aufzunehmen. Endlich aber fand er sich zurück und sagte, während er sich abermals gegen Riekchen verneigte: »Pardon, meine Gnädigste. Hatt' ich recht gehört? Fräulein von Sawatzki?«

Das Fräulein nickte.

»Mit einem jungen Offizier dieses Namens war ich einen Sommer über in Wildbad-Gastein zusammen. Unmittelbar nach dem Kriege. Ein liebenswürdiger, junger Kavalier. Vielleicht ein Anverwandter...?«

»Ein Vetter«, sagte Fräulein Riekchen. »Es gibt nur wenige meines Namens, und wir sind alle verwandt. Ich freue mich, aus Ihrem Munde von ihm zu hören. Er wurde noch in dem Nachspiel des Krieges verwundet, fast am letzten Tage. Bei Pontarlier. Und sehr schwer. Ich habe lange nicht von ihm gehört. Hat er sich erholt?«

»Ich glaube sagen zu dürfen, vollkommen. Er tut wieder Dienst im Regiment, wovon ich mich, ganz neuerdings erst, durch einen glücklichen Zufall überzeugen konnte... Aber, mein gnädigstes Fräulein, wir werden unser Thema fallen lassen müssen. Die gnädige Frau lächelt bereits und bewundert die Geschicklichkeit, mit der ich, unter Heranziehung Ihres Herrn Vetters, in das Kriegsabenteuer und all seine Konsequenzen einzumünden trachte. Darf ich also vorschlagen, lieber dem wundervollen Spiele zuzuhören, das... Oh, wie schade; jetzt bricht es ab...«

Er schwieg, und erst als es drinnen still blieb, fuhr er in einer ihm sonst fremden, aber in diesem Augenblicke völlig aufrichtigen Emphase fort: »Oh, meine gnädigste Frau, welch ein Zaubergarten, in dem Sie leben. Ein Pfau, der sich sonnt, und Tauben, so zahm und so zahllos, als wäre diese Veranda der Markusplatz oder die Insel Cypern in Person! Und dieser plätschernde Strahl, und nun gar dieses Lied... In der Tat, wenn nicht auch der aufrichtigste Beifall unstatthaft und zudringlich sein könnte...«

Er unterbrach sich, denn vom Korridore her waren eben Schritte hörbar geworden, und Melanie sagte mit einer halben Wendung: »Ah, Anastasia! Du kommst gerade zu guter Zeit, um den Dank und die Bewunderung unseres lieben Gastes und neuen Hausgenossen allerpersönlichst in Empfang zu nehmen. Erlauben Sie mir, daß ich Sie miteinander bekannt mache: Herr Ebenezer Rubehn, Fräulein Anastasia Schmidt... Und hier meine Tochter Lydia«, setzte Melanie hinzu, nach dem schönen Kinde hinzeigend, das, auf der Türschwelle, neben dem Musikfräulein stehengeblieben war und den Fremden ernst und beinah feindselig musterte.

Rubehn bemerkte den Blick. Aber es war ein Kind, und so wandt' er sich ohne weiteres gegen Anastasia, um ihr allerhand Schmeichelhaftes über ihr Spiel und die Richtung ihres Geschmackes zu sagen.

Diese verbeugte sich, während Melanie, der kein Wort entgangen war, aufs lebhafteste fortfuhr: »Ei, da dürfen wir Sie, wenn ich recht verstanden habe, wohl gar zu den Unseren zählen? Anastasia, das träfe sich gut! Sie müssen nämlich wissen, Herr Rubehn, daß wir hier in zwei Lagern stehen und daß sich das van der Straatensche Haus, das nun auch das Ihrige sein wird, in bilderschwärmende Montecchi und musikschwärmende Capuletti teilt. Ich, tout à fait Capulet und Julia. Doch mit untragischem Ausgang. Und ich füge zum Überfluß hinzu, daß wir, Anastasia und ich, jener kleinen Gemeinde zugehören, deren Namen und Mittelpunkt ich Ihnen nicht zu nennen brauche. Nur eines will ich auf der Stelle wissen. Und ich betrachte das als mein weibliches Neugiersrecht. Welcher seiner Arbeiten erkennen Sie den höchsten Preis zu? Worin erscheint er Ihnen am bedeutendsten oder doch am eigenartigsten?«

»In den ›Meistersingern‹.«

»Zugestanden. Und nun sind wir einig, und bei nächster Gelegenheit können wir van der Straaten und Gabler und vor allem den langen und langweiligen Legationsrat in die Luft sprengen. Den langen Duquede. Oh, der steigt wie ein Raketenstock. Nicht wahr, Anastasia?«

Rubehn hatte seinen Hut genommen. Aber Melanie, die durch die ganze Begegnung ungewöhnlich erfreut und angeregt war, fuhr in wachsendem Eifer fort: »Alles das sind erst Namen. Eine Woche noch oder zwei, und Sie werden unsere kleine Welt kennengelernt haben. Ich wünsche, daß Sie die Gelegenheit dazu nicht hinausschieben. Unsere Veranda hat für heute die Repräsentation des Hauses übernehmen müssen. Erinnern Sie sich, daß wir auch einen Flügel haben, und versuchen Sie bald und oft, ob er Ihnen paßt. Au revoir.«

Er küßte der schönen Frau die Hand, und unter gemessener Verbeugung gegen Riekchen und Anastasia verließ er die Damen. Über Lydia sah er fort.

Aber diese nicht über ihn.

»Du siehst ihm nach«, sagte Melanie. »Hat er dir gefallen?«

»Nein.«

Alle lachten. Aber Lydia ging in das Haus zurück, und in ihrem großen Auge stand eine Träne.

# 8

## AUF DER STRALAUER WIESE

Nach dem ersten Besuche Rubehns waren Wochen vergangen, und der günstige Eindruck, den er auf die Damen gemacht hatte, war im Steigen geblieben wie das Wetterglas. Jeden zweiten, dritten Tag erschien er in Gesellschaft van der Straatens, der seinerseits an der allgemeinen Vorliebe für den neuen Hausgenossen teilnahm und nie vergaß, ihm einen Platz anzubieten, wenn er selber in seinem hochrädrigen Cabriolet hinausfuhr. Ein wolkenloser Himmel stand in jenen Wochen über der Villa, drin es mehr Lachen und Plaudern, mehr Medisieren und Musizieren gab als seit lange. Mit dem Musizieren vermochte sich van der Straaten freilich auch jetzt nicht auszusöhnen, und es fehlte nicht an Wünschen wie der, »mit von der Schiffsmannschaft des Fliegenden Holländers zu sein«, aber im Grunde genommen war er mit dem »anspruchsvollen Lärm« um vieles zufriedener, als er einräumen wollte, weil der von nun an in eine neue, gesteigerte Phase tretende Wagnerkultus ihm einen unerschöpflichen Stoff für seine Lieblingsformen der Unterhaltung bot. Siegfried und Brunhilde, Tristan und Isolde, welche dankbaren Tummelfelder! Und es konnte, wenn er in Veranlassung dieser Themata seinem Renner die Zügel schießen ließ, mitunter zweifelhaft erscheinen, ob die Musizierenden am Flügel oder er und sein Übermut die Glücklicheren waren.

Und so war Hochsommer gekommen und fast schon vorüber, als an einem wundervollen Augustnachmittage van der Straaten den Vorschlag einer Land- und Wasserpartie machte. »Rubehn ist jetzt ein rundes Vierteljahr in unserer Stadt und hat nichts gesehen, als was zwischen unserem Comptoir und dieser unserer Villa liegt. Er muß aber endlich unsere landschaftlichen

Schätze, will sagen unsere Wasserflächen und Stromufer, kennenlernen, erhabene Wunder der Natur, neben denen die ganze heraufgepuffte Main- und Rheinherrlichkeit verschwindet. Also Treptow und Stralow, und zwar rasch, denn in acht Tagen haben wir den Stralauer Fischzug, der an und für sich zwar ein liebliches Fest der Maien, im übrigen aber etwas derb und nicht allzu günstig für Wiesewachs und frischen Rasen ist. Und so proponier' ich denn eine Fahrt auf morgen nachmittag. Angenommen?«

Ein wahrer Jubel begleitete den Schluß der Ansprache, Melanie sprang auf, um ihm einen Kuß zu geben, und Fräulein Riekchen erzählte, daß es nun gerade dreiunddreißig Jahre sei, seit sie zum letzten Male in Treptow gewesen, an einem großen Dobremontschen Feuerwerkstage – derselbe Dobremont, der nachher mit seinem ganzen Laboratorium in die Luft geflogen. »Und in die Luft geflogen warum? Weil die Leute, die mit dem Feuer spielen, immer zu sicher sind und immer die Gefahr vergessen. Ja, Melanie, du lachst. Aber, es ist so, immer die Gefahr vergessen.«

Es wurde nun gleich zu den nötigen Verabredungen geschritten, und man kam überein, am anderen Tage zu Mittag in die Stadt zu fahren, daselbst ein kleines Gabelfrühstück einzunehmen und gleich danach die Partie beginnen zu lassen: die drei Damen im Wagen, van der Straaten und Rubehn entweder zu Fuß oder zu Schiff. Alles regelte sich rasch, und nur die Frage, wer noch aufzufordern sei, schien auf kleine Schwierigkeiten stoßen zu sollen.

»Gryczinskis?« fragte van der Straaten und war zufrieden, als alles schwieg. Denn so sehr er an der rotblonden Schwägerin hing, in der er, um ihres anschmiegenden Wesens willen, ein kleines Frauenideal verehrte, so wenig lag ihm an dem Major, dessen superiore Haltung ihn bedrückte.

»Nun denn, Duquede?« fuhr van der Straaten fort und hielt das Crayon an die Lippe, mit dem er eventuell den Namen des Legationsrates notieren wollte.

»Nein«, sagte Melanie. »Duquede nicht. Und so verhaßt mir der ewige Vergleich vom ›Meltau‹ ist, so gibt es doch für Duquede keinen andern. Er würde von Stralow aus beweisen, daß Treptow, und von Treptow aus beweisen, daß Stralow überschätzt werde, und zu Feststellung dieses Satzes brauchen wir weder einen Legationsrat a. D. noch einen Altmärkischen von Adel.«

»Gut, ich bin es zufrieden«, erwiderte van der Straaten »Aber Reiff?«

»Ja, Reiff«, hieß es erfreut. Alle drei Damen klatschten in die Hände, und Melanie setzte hinzu: »Er ist artig und manierlich und kein Spielverderber und trägt einem die Sachen. Und dann, weil ihn alle kennen, ist es immer, als führe man unter Eskorte, und alles grüßt so verbindlich, und mitunter ist es mir schon gewesen, als ob die Brandenburger Torwache ›heraus‹ rufen müsse.«

»Ach, das ist ja nicht um des alten Reiff willen«, sagte Anastasia, die nicht gern eine Gelegenheit vorübergehen ließ, sich durch eine kleine Schmeichelei zu insinuieren. »Das ist um *deinetwillen*. Sie haben dich für eine Prinzessin gehalten.«

»Ich bitte nicht abzuschweifen«, unterbrach van der Straaten, »am wenigsten im Dienst weiblicher Eitelkeiten, die sich, nach dem Prinzipe von Zug um Zug, bis ins Ungeheuerliche steigern könnten. Ich habe Reiff notiert, und Arnold und Elimar verstehen sich von selbst. Eine Wasserfahrt ohne Gesang ist ein Unding. Dies wird selbst von mir zugestanden. Und nun frag' ich, wer hat noch weitre Vorschläge zu machen? Niemand? Gut. So bleibt es bei Reiff und Arnold und Elimar, und ich werde sie per Rohrpost avertieren. Fünf Uhr. Und daß wir sie draußen bei Löbbekes erwarten.«

Am andern Tage war alles Erregung und Bewegung auf der Villa, viel, viel mehr, als ob es sich um eine Reise nach Teplitz oder Karlsbad gehandelt hätte. Natürlich, eine Fahrt nach Stralow war ja das Ungewöhnlichere. Die Kinder sollten mit, es sei Platz genug auf dem Wagen, aber Lydia war nicht zu bewegen und erklärte bestimmt, sie *wolle* nicht. Da mußte denn, wenn man keine Szene haben wollte, nachgegeben werden, und auch die jüngere Schwester blieb, da sie sich daran gewöhnt hatte, dem Beispiele der ältern in all und jedem zu folgen.

In der Stadt wurde, wie verabredet, ein Gabelfrühstück genommen, und zwar in van der Straatens Zimmer. Er wollt' es so jagd- und reisemäßig wie möglich haben und war in bester Laune. Diese wurd' auch nicht gestört, als in demselben Augenblicke, wo man sich gesetzt hatte, ein Absagebrief Reiffs eintraf. Der Polizeirat schrieb: »Chef eben konfidentiell mit mir gesprochen. Reise heute noch. Elf Uhr funfzig. Eine Sache, die sich der Mitteilung entzieht. Dein Reiff. Pstscr. Ich bitte der schönen Frau die Hand küssen und ihr sagen zu dürfen, daß ich untröstlich bin...«

Van der Straaten fiel in einen heftigen Krampfhusten, weil er, unter dem Lesen, unklugerweise von seinem Sherry genippt hatte. Nichtsdestoweniger sprach er unter Husten und Lachen weiter und erging sich in Vorstellungen Reiffscher Großtaten. »In politischer Mission. Wundervoll. O lieb' Vaterland, kannst ruhig sein. Aber *einen* kenn' ich, der noch ruhiger sein darf: er, der Unglückliche, den er sucht. Oder sag' ich gleich rundweg: der Attentäter, dem er sich an die Fersen heftet. Denn um etwas Staatsstreichlich-Hochverräterisches muß es sich doch am Ende handeln, wenn man einen Mann wie Reiff allerpersönlichst in den Sattel setzt. Nicht wahr, Sattlerchen von der Hölle? Und heut' abend noch! Die reine Ballade. ›Wir satteln nur um Mitternacht.‹ O Lenore! O Reiff, Reiff.« Und er lachte konvulsivisch weiter.

Auch Arnold und Elimar, die man nach Verabredung draußen treffen wollte, wurden nicht geschont, bis endlich die Pendule vier schlug und zur Eile mahnte. Der Wagen wartete schon, und die Damen stiegen ein und nahmen ihre Plätze: Fräulein Riekchen neben Melanie, Anastasia auf dem Rücksitz. Und mit ihren Fächern und Sonnenschirmen grüßend, ging es über Platz und Straßen fort, erst auf die Frankfurter Linden und zuletzt auf das Stralauer Tor zu.

Van der Straaten und Rubehn folgten eine Viertelstunde später in einer Droschke zweiter Klasse, die man »echtheits«halber gewählt hatte, stiegen aber unmittelbar vor der Stadt aus, um nunmehr an den Flußwiesen hin den Rest des Weges zu Fuß zu machen.

Es schlug fünf, als unsre Fußgänger das Dorf erreichten und in Mitte desselben Ehms ansichtig wurden, der mit seinem Wagen, etwas ausgebogen, zur Linken hielt und den ohnehin wohlgepflegten Trakehnern einen vollen Futtersack eben auf die Krippe gelegt hatte. Gegenüber stand ein kleines Haus, wie das Pfefferkuchenhaus im Märchen, bräunlich und appetitlich, und so niedrig, daß man bequem die Hand auf die Dachrinne legen konnte. Dieser Niedrigkeit entsprach denn auch die kaum mannshohe Tür, über der, auf einem wasserblauen Schilde, »Löbbekes Kaffeehaus« zu lesen war. In Front des Hauses aber standen drei, vier verschnittene Lindenbäume, die den Bürgersteig von dem Straßendamme trennten, auf welchem letzteren Hunderte von Sperlingen hüpften und zwitscherten und die verlorenen Körner aufpickten.

»Dies ist das Ship-Hotel von Stralow«, sagte van der Straaten im Ciceroneton und war eben willens, in das Kaffeehaus einzutreten, als Ehm über den Damm kam und ihm halb dienstlich, halb vertraulich vermeldete, »daß die Damens schon vorauf seien, nach der Wiese hin. Und die Herren Malers auch. Und hätten beide schon vorher gewartet und gleich den Tritt runter gemacht und alles. Erst Herr Gabler und dann Herr Schulze. Und an der Würfelbude hätten sie Strippenballons und Gummibälle gekauft. Und auch Reifen und eine kleine Trommel und allerhand noch. Und einen Jungen hätten sie mitgenommen, der hätte die Reifen und Stöcke tragen müssen. Und Herr Elimar immer vorauf. Das heißt mit 'ner Harmonika«.

»Um Gottes willen«, rief van der Straaten, »Ziehharmonika?«

»Nein, Herr Kommerzienrat. Wie 'ne Maultrommel.«

»Gott sei Dank!... Und nun kommen Sie, Rubehn. Und *du*, Ehm, du wartest nicht auf uns und läßt dir geben... Hörst du?«

Ehm hatte dabei seinen Hut abgenommen. In seinen Zügen aber war deutlich zu lesen: ich werde warten.

Am Ausgange des Dorfes lag ein prächtiger Wiesenplan und dehnte sich bis an die Kirchhofsmauer hin. In Nähe dieser hatten sich die drei Damen gelagert und plauderten mit Gabler, während Elimar einen seiner großen Gummibälle monsieurherkulesartig über Arm und Schulter laufen ließ.

Van der Straaten und Rubehn hörten schon von ferne her das Bravoklatschen und klatschten lebhaft mit. Und nun erst wurde man ihrer ansichtig, und Melanie sprang auf und warf ihrem Gatten, wie zur Begrüßung, einen der großen Bälle zu. Aber sie hatte nicht richtig gezielt, der Ball ging seitwärts, und Rubehn fing ihn auf. Im nächsten Augenblicke begrüßte man sich, und die junge Frau sagte: »Sie sind geschickt. Sie wissen den Ball im Fluge zu fassen.«

»Ich wollt', es wäre das Glück.«

»Vielleicht ist es das Glück.«

Van der Straaten, der es hörte, verbat sich alle derartig intrikaten Wortspielereien, widrigenfalls er an die Braut telegraphieren oder vielleicht auch Reiff in konfidentieller Mission abschicken werde. Worauf Rubehn ihn zum hundertsten Male beschwor, endlich von der »ewigen Braut« ablassen zu wollen, die wenigstens vorläufig noch im Bereiche der Träume sei. Van der Straaten aber machte sein kluges Gesicht und versicherte, »daß er es besser wisse«.

Danach kehrte man an die Lagerstelle zurück, die sich nun rasch in einen Spielplatz verwandelte. Die Reifen, die Bälle flogen, und da die Damen ein rasches Wechseln im Spiele liebten, so ging man, innerhalb anderthalb Stunden, auch noch durch Blindekuh und Gänsedieb und »Bäumchen, Bäumchen, verwechselt euch«. Das letztere fand am meisten Gnade, besonders bei van der Straaten, dem es eine herzliche Freude war, das scharfgeschnittene Profil Riekchens mit ihren freundlichen und doch zugleich etwas stechenden Augen um die Baumstämme herumkucken zu sehen. Denn sie hatte, wie die meisten Verwachsenen, ein Eulengesicht.

Und so ging es weiter, bis die Sonne zum Rückzug mahnte. Harmonika-Schulze führte wieder, und neben ihm marschierte Gabler, der das Trommelchen ganz nach Art eines Tambourins behandelte. Er schlug es mit den Knöcheln, warf es hoch und fing es wieder. Danach folgte das van der Straatensche Paar, dann Rubehn und Fräulein Riekchen, während Anastasia träumerisch und Blumen pflückend den Nachtrab bildete. Sie hing süßen Fragen und Vorstellungen nach, denn Elimar hatte beim Blindekuh, als er sie haschte, Worte fallen lassen, die nicht mißdeutet werden konnten. Er hätte denn ein schändlicher und zweizüngiger Lügner sein müssen. Und das war er nicht... Wer so rein und kindlich an der Tête dieses Zuges gehen und die Harmonika blasen konnte, konnte kein Verräter sein.

Und sie bückte sich wieder, um (zum wievielten Male!) an einer Wiesenranunkel die Blätter und die Chancen ihres Glücks zu zählen.

# 9
## LÖBBEKES KAFFEEHAUS

Vor Löbbekes Kaffeehaus hatte sich innerhalb der letzten zwei Stunden nichts verändert, mit alleiniger Ausnahme der Sperlinge, die jetzt, statt auf dem Straßendamm, in den verschnittenen Linden saßen und quirilierten. Aber niemand achtete dieser Musik, am wenigsten van der Straaten, der eben Melanies Arm in den Elimars gelegt und sich selbst an die Spitze des Zuges gesetzt hatte. »Attention!« rief er und bückte sich, um sich ohne Fährlichkeit durch das niedrige Türjoch hindurchzuzwängen.

Und alles folgte seinem Rat und Beispiel.

Drinnen waren ein paar absteigende Stufen, weil der Flur um ein Erhebliches niedriger lag als die Straße draußen, weshalb denn auch den Eintretenden eine dumpfe Kellerluft entgegenkam, von der es schwer zu sagen war, ob sie durch ihren biersäuerlichen Gehalt mehr gewann oder verlor. In der Mitte des Flurs sah man nach rechts hin eine Nische mit Herd und Rauchfang, einer kleinen Schiffsküche nicht unähnlich, während von links her ein Schanktisch um mehrere Fuß vorsprang. Dahinter ein sogenanntes »Schapp«, in dem oben Teller und Tassen und unten allerhand ausgebuchtete Likörflaschen standen. Zwischen Tisch und Schapp aber thronte die Herrin dieser Dominien, eine große, starke Blondine von Mitte Dreißig, die man ohne weiteres als eine Schönheit hätte hinnehmen müssen, wenn nicht ihre Augen gewesen wären. Und doch waren es eigentlich schöne Augen, an denen in Wahrheit nichts auszusetzen war, als daß sie sich daran gewöhnt hatten, alle Männer in zwei Klassen zu teilen, in solche, denen sie zuzwinkerten: »Wir treffen uns noch«, und in solche, denen sie spöttisch nachriefen: »Wir kennen euch besser.« Alles aber, was in diese zwei Klassen *nicht* hineinpaßte, war nur Gegenstand für Mitleid und Achselzucken.

Es muß leider gesagt werden, daß auch van der Straaten von diesem Achselzucken betroffen wurde. Nicht seiner Jahre halber, im Gegenteil, sie wußte Jahre zu schätzen, nein, einzig und allein, weil er von alter Zeit her die Schwäche hatte, sich à tout prix populär machen zu wollen. Und das war der Blondine das Verächtlichste von allem.

Am Ausgange des Flurs zeigte sich eine noch niedrigere Hoftür, und dahinter kam ein Garten, drin, um kümmerliche Bäume herum, ein Dutzend grüngestrichene Tische mit schrägangelehnten Stühlen von derselben Farbe standen. Rechts lief eine Kegelbahn, deren vorderstes unsichtbares Stück sehr wahrscheinlich bis an die Straße reichte. Van der Straaten wies ironischen Tons auf all diese Herrlichkeiten hin, verbreitete sich über die Vorzüge anspruchslos gebliebener Nationalitäten und stieg dann eine kleine Schrägung nieder, die, von dem Sommergarten aus, auf einen großen, am Spreeufer sich hinziehenden und nach Art eines Treibhauses angelegten Glasbalkon führte. An einer der offenen Stellen desselben rückte die Gesellschaft zwei, drei Tische zusammen und hatte nun einen schmalen, zerbrechlichen Wassersteg und links davon ein festgeankertes, aber schon dem Nachbarhause zugehöriges Floß vor sich, an das die kleinen Spreedampfer anzulegen pflegten.

Rubehn erhielt ohne weiteres den besten Platz angewiesen, um als Fremder den Blick auf die Stadt freizuhaben, die flußabwärts im rot- und golddurchglühten Dunst eines heißen Sommertages dalag. Elimar und Gabler aber waren auf den Wassersteg hinausgetreten. Alles freute sich des Bildes, und van der Straaten sagte: »Sieh, Melanie. Die Schloßkuppel. Sieht sie nicht aus wie Santa Maria Saluta?«

»Salutè«, verbesserte Melanie, mit Akzentuierung der letzten Silbe.

»Gut, gut. Also Salutè«, wiederholte van der Straaten, indem er jetzt auch seinerseits das e betonte. »Meinetwegen. Ich prätendiere nicht, der alte Sprachenkardinal zu sein, dessen Namen ich vergessen habe. Salus, salutis – vierte Deklination, oder dritte, das genügt mir vollkommen. Und Salutà oder Salutè macht mir keinen Unterschied. Freilich muß ich sagen, so wenig zuverlässig die lieben Italiener in allem sind, so wenig sind sie's auch in ihren Endsilben. Mal a, mal e. Aber lassen wir die Sprachstudien und studieren wir lieber die Speisekarte. Die Speisekarte, die hier natürlich von Mund zu Mund vermittelt wird, eine Tatsache, bei der ich mich jeder blonden Erinnerung entschlage. Nicht wahr, Anastasia? He?«

»Der Herr Kommerzienrat belieben zu scherzen«, antwortete Anastasia pikiert. »Ich glaube nicht, daß sich eine Speisekarte von Mund zu Mund vermitteln läßt.«

»Es käm' auf einen Versuch an, und ich für meinen Teil wollte mich zu Lösung der Aufgabe verpflichten. Aber erst wenn Luna herauf ist und ihr Antlitz wieder keusch hinter Wolkenschleiern birgt. Bis dahin muß es bleiben, und bis dahin sei Friede zwischen uns. Und nun, Arnold, ernenn' ich dich, in deiner Eigenschaft als Gabler, zum Erbküchenmeister und lege vertrauensvoll unser leibliches Wohl in deine Hände.«

»Was ich dankbarst akzeptiere«, bemerkte dieser, »immer vorausgesetzt, daß du mir, um mit unsrem leider abwesenden Freunde Gryczinski zu sprechen, einige Direktiven erteilen willst.«

»Gerne, gerne«, sagte van der Straaten.

»Nun denn, so beginne.«

»Gut. So proponier' ich Aal und Gurkensalat... Zugestanden?«

»Ja«, stimmte der Chorus ein.

»Und danach Hühnchen und neue Kartoffeln... Zugestanden?«

»Ja.«

»Bliebe nur noch die Frage des Getränks. Unter Umständen wichtig genug. Ich hätte der Lösung derselben, mit Unterstützung Ehms und unsres Wagenkastens, vorgreifen können, aber ich verabscheue Landpartien mit mitgeschlepptem Weinkeller. Erstens kränkt man die Leute, bei denen man doch gewissermaßen immer noch zu Gaste geht, und zweitens bleibt man in dem Kreise des Althergebrachten, aus dem man ja gerade heraus will. Wozu macht man Partien? Wozu? frag' ich. Nicht um es besser zu haben, sondern um es anders zu haben, um die Sitten und Gewohnheiten anderer Menschen und nebenher auch die Lokalspenden ihrer Dorf- und Gauschaften kennenzulernen. Und da wir hier nicht im Lande Kanaan weilen, wo Kaleb die große Traube trug, so stimm' ich für das landesübliche Produkt dieser Gegenden, für eine kühle Blonde. Kein Geld, kein Schweizer; keine Weiße, kein Stralow. Ich wette, daß selbst Gryczinski nie bessere Richtschnuren gegeben hat. Und nun geh, Arnold. Und für Anastasia einen Anisette... Kühle Blonde! Ob wohl unsere Blondine zwischen Tisch und Schapp in diese Kategorie fällt?«

Elimar hatte mittlerweile dem Schauspiele der untergehenden Sonne zugesehn und auf dem gebrechlichen Wasserstege, nach Art eines Turners, der zum Hocksprung ansetzt, seine Knie gebogen und wieder angestrafft. Alles mechanisch und gedankenlos. Plötzlich aber, während er noch so hin und her wippte, knackte das Brett und brach, und nur der Geistesgegenwart, mit der er nach einem der Pfähle griff, mocht' er es zuschreiben, daß er nicht in das gerad' an dieser Dampfschiffanlegestelle sehr tiefe Wasser niederstürzte. Die Damen schrien laut auf, und Anastasia zitterte noch, als der durch sich selbst Gerettete mit einem gewissen Siegeslächeln erschien, das unter den sich jagenden Vorwürfen von »Tollkühnheit« und »Gleichgiltigkeit gegen die Gefühle seiner Mitmenschen« eher wuchs als schwand.

Ein Zwischenfall wie dieser konnte sich natürlich nicht ereignen, ohne von einer Fülle von Kommentaren und Hypothesen begleitet zu werden, in denen die Wörter »wenn« und »was« die Hauptrolle spielten und endlos wiederkehrten. *Was* würde geschehen sein, wenn Elimar den Pfahl nicht rechtzeitig ergriffen hätte? *Was*, wenn er trotzdem hineingefallen, endlich *was*, wenn er nicht zufällig ein guter Schwimmer gewesen wäre?

Melanie, die längst ihr Gleichgewicht wiedergewonnen hatte, behauptete, daß van der Straaten unter allen Umständen hätte nachspringen müssen, und zwar erstens als Urheber der Partie, zweitens als resoluter Mann und drittens als Kommerzienrat, von denen, allen historischen Aufzeichnungen nach, noch keiner ertrunken wäre. Selbst bei der Sündflut nicht.

Van der Straaten liebte nichts mehr als solche Neckereien seiner Frau, verwahrte sich aber, unter Dank für das ihm zugetraute Heldentum, gegen alle daraus zu ziehenden Konsequenzen. Er halte weder zu der alten Firma Leander noch zu der neuen des Kapitän Boyton, bekenne sich vielmehr, in allem, was Heroismus angehe, ganz zu der Schule seines Freundes Heine, der, bei jeder Gelegenheit, seiner äußersten Abneigung gegen tragische Manieren einen ehrlichen und unumwundenen Ausdruck gegeben habe.

»Aber«, entgegnete Melanie, »tragische Manieren sind doch nun mal gerade das, was wir Frauen von euch verlangen.«

»Ah, bah! Tragische Manieren!« sagte van der Straaten. »Lustige Manieren verlangt ihr und einen jungen Fant, der euch beim Zwirnwickeln die Docke hält und auf ein Fußkissen niederkniet, darauf sonderbarerweise jedesmal ein kleines Hündchen gestickt ist. Mutmaßlich als Symbol der Treue. Und dann seufzt er, der Adorante, der betende Knabe, und macht Augen und versichert euch seiner innigsten Teilnahme. Denn ihr *müßtet* unglücklich sein. Und nun wieder Seufzen und Pause. Freilich, freilich, ihr hättet einen guten Mann (alle Männer seien gut), aber enfin, ein Mann müsse nicht bloß gut sein, ein Mann müsse seine Frau *verstehen*. Darauf komm' es an, sonst sei die Ehe niedrig, *so* niedrig, mehr als niedrig. Und dann seufzt er zum drittenmal. Und wenn der Zwirn endlich abgewickelt ist, was natürlich so lange wie möglich dauert, so glaubt ihr es auch. Denn jede von euch ist wenigstens für einen indischen Prinzen oder für einen Schah von Persien geboren. Allein schon wegen der Teppiche.«

Melanie hatte während dieser echt van der Straatenschen Expektoration ihren Kopf gewiegt und erwiderte schnippisch und mit einem Anfluge von Hochmut: »Ich weiß nicht, Ezel, warum du beständig von Zwirn sprichst. Ich wickle Seide.«

Sehr wahrscheinlich, daß es dieser Bemerkung an einer spitzen Replik nicht gefehlt hätte, wenn nicht eben jetzt eine dralle, kurzärmelige Magd erschienen und auf Augenblicke hin der Gegenstand allgemeiner Aufmerksamkeit geworden wäre. Schon um des virtuosen Puffs und Knalls willen, womit sie, wie zum Debüt, ihr Tischtuch auseinanderschlug. Und sehr bald nach ihr erschienen denn auch die dampfenden Schüsseln und die hohen Weißbierstangen, und selbst der Anisette für Anastasia war nicht vergessen. Aber es waren ihrer mehrere, da sich der lebens- und gesellschaftskluge Gabler der allgemeinen Damenstellung zur Anisettefrage rechtzeitig erinnert hatte. Und in der Tat, er mußte lächeln (und van der Straaten mit ihm), als er gleich nach dem Erscheinen des Tabletts auch Riekchen nippen und ihre Eulenaugen immer größer und freundlicher werden sah.

Inzwischen war es dämmerig geworden, und mit der Dämmerung kam die Kühle. Gabler und Elimar erhoben sich, um aus dem Wagen eine Welt von Decken und Tüchern heranzuschleppen, und Melanie, nachdem sie den schwarz und weiß gestreiften Burnus umgenommen und die Kapuze kokett in die Höhe geschlagen hatte, sah reizender aus als zuvor. Eine der Seidenpuscheln hing ihr in die Stirn und bewegte sich hin und her, wenn sie sprach oder dem Gespräche der andern lebhaft folgte. Und dieses Gespräch, das sich bis dahin medisierend um die Gryczinskis und vor allem auch um den Polizeirat und die neue katilinarische Verschwörung gedreht hatte, fing endlich an, sich näherliegenden und zugleich auch harmloseren Themates zuzuwenden, beispielsweise, wie hell der »Wagen« am Himmel stünde.

»Fast so hell wie der Große Bär«, schaltete Riekchen ein, die nicht fest in der Himmelskunde war. Und nun entsann man sich, daß dies gerade die Sternschnuppennächte wären, auf welche Mitteilung hin van der Straaten nicht nur die fallenden Sterne zu zählen anfing, sondern sich schließlich auch bis zu dem Satze steigerte, »daß alles in der Welt eigentlich nur des Fallens wegen da sei: die Sterne, die Engel, und nur die Frauen nicht«.

Melanie zuckte zusammen, aber niemand sah es, am wenigsten van der Straaten, und nachdem noch eine ganze Weile gezählt und gestritten und der Abend inzwischen immer kälter geworden war, einigte man sich dahin, daß es zur Bekämpfung dieser Polarzustände nur ein einzig erdenkbares Mittel gäbe: eine Glühweinbowle. Van der Straaten selbst machte den Vorschlag und definierte: »Glühwein ist diejenige Form des Weines, in der der Wein nichts und das Gewürznägelchen alles bedeutet«, auf welche Definition hin es gewagt und die Bestellung gemacht wurde. Und siehe da, nach verhältnismäßig kurzer Zeit schon erschien auch die blonde Wirtin in Person, um die Bowle vorsorglich inmitten des Tisches niederzusetzen.

Und nun nahm sie den Deckel ab und freute sich unter Lachen all der aufrichtig dankbaren »Achs«, womit ihre Gäste den warmen und erquicklichen Dampf einsogen. Ein reizender blonder Junge war mit ihr gekommen und hielt sich an der Schürze der Mutter fest.

»Ihrer?« fragte van der Straaten mit verbindlicher Handbewegung.

»Na, wen sonst«, antwortete die Blondine nüchtern und suchte mit Rubehn über den Tisch hin ein paar Blicke zu wechseln. Als es aber mißlang, ergriff sie die blonden Locken ihres Jungen, spielte damit und sagte: »Komm, Pauleken. Die Herrschaften sind lieber alleine.«

Elimar sah ihr betroffen nach und rieb sich die Stirn. Endlich rief er: »Gott sei Dank, nun hab' ich's. Ich wußte doch, ich hatte sie schon gesehn. Irgendwo. Triumphzug des Germanicus; Thusnelda, wie sie leibt und lebt.«

»Ich kann es nicht finden«, erwiderte van der Straaten, der ein Piloty-Schwärmer war. »Und es stimmt auch nicht in Verhältnissen und Leibesumfängen, immer vorausgesetzt, daß man von solchen Dingen in Gegenwart unserer Damen sprechen darf. Aber Anastasia wird es verzeihen, und um den Hauptunterschied noch einmal zu betonen, bei Piloty gibt sich Thumelicus noch als ein Werdender, während wir ihn hier bereits an der Schürze seiner Mutter hatten. An der weißesten Schürze, die mir je vorgekommen ist. Aber sei weiß wie Schnee und weißer noch. Ach, die Verleumdung trifft dich doch.«

Diese zwei Reimzeilen waren in einer absichtlich spöttischen Singsangmanier von ihm gesprochen worden, und Rubehn, dem es mißfiel, wandte sich ab und blickte nach links hin auf den von Lichtern überblitzten Strom. Melanie sah es, und das Blut schoß ihr zu Kopf, wie nie zuvor. Ihres Gatten Art und Redeweise hatte sie, durch all die Jahre hin, viel Hunderte von Malen in Verlegenheit gebracht, auch wohl in bittere Verlegenheiten, aber dabei war es geblieben. Heute zum ersten Male schämte sie sich seiner.

Van der Straaten indes bemerkte nichts von dieser Verstimmung und klammerte sich nur immer fester an seinen Thusneldastoff, in der an und für sich ganz richtigen Erkenntnis, etwas Besseres für seine Spezialansprüche nicht finden zu können.

»Ich frage jeden, ob dies eine Thusnelda ist? Höher hinauf, meine Freunde. Göttin Aphrodite, die Venus dieser Gegenden, Venus Spreavensis, frisch aus demselben Wasser gestiegen, das uns eben erst unsern teuren Elimar zu rauben trachtete. Das Wasser rauscht', das Wasser schwoll. Aus der Spree gestiegen, sag' ich. Aber so mich nicht alles täuscht, haben wir hier *mehr*, meine Freunde. Wir haben hier, wenn ich richtig beobachtet, oder sagen wir, wenn ich richtig geahnt habe, eine Vermählung von Modernem und Antikem: Venus Spreavensis und Venus Kallipygos. Ein gewagtes Wort, ich räum' es ein. Aber in Griechisch und Musik darf man alles sagen. Nicht wahr, Anastasia? Nicht wahr, Elimar? Außerdem entsinn' ich mich, zu meiner Rechtfertigung, eines wundervollen Kallipygosepigramms... Nein, nicht Epigramms... Wie heißt etwas Zweizeiliges, was sich nicht reimt...«

»Distichon.«

»Richtig. Also ich entsinne mich eines Distichons... bah, da hab' ich es vergessen... Melanie, wie war es doch? Du sagtest es damals so gut und lachtest so herzlich. Und nun hast du's auch vergessen. Oder *willst* du's bloß vergessen haben?... Ich bitte dich...Ich hasse das... Besinne dich. Es war etwas von Pfirsichpflaum, und ich sagte noch ›man fühl' ihn ordentlich‹. Und du fandst es auch und stimmtest mit ein... Aber die Gläser sind ja leer...«

»Und ich denke, wir lassen sie leer«, sagte Melanie scharf und wechselte die Farbe, während sie mechanisch ihren Sonnenschirm auf- und zumachte. »Ich denke, wir lassen sie leer. Es ist ohnehin Glühwein. Und wenn wir noch hinüber wollen, so wird es Zeit sein, *hohe* Zeit«, und sie betonte das Wort.

»Ich bin es zufrieden«, entgegnete van der Straaten, aber in einem Tone, der nur allzu deutlich erkennen ließ, daß seine gute Stimmung in ihr Gegenteil umzuschlagen begann. »Ich bin es zufrieden und bedaure nur, allem Anscheine nach, wieder einmal Anstoß gegeben und das adlige Haus de Caparoux in seinen höheren Aspirationen verschnupft zu haben. Es ist immer das alte Lied, das ich nicht gerne höre. *Wenn* ich es aber hören will, so lad' ich mir meinen Schwager-Major zu Tische, der ist erster Kammerherr am Throne des Anstands und der Langenweile. Heute fehlt er hier, und ich hätte gern darauf verzichtet, ihn durch seine Frau Schwägerin ersetzt zu sehen. Ich hasse Prüderien und jene Prätensionen höherer Sittlichkeit, hinter denen nichts steckt. Im günstigsten Falle nichts steckt. Ich darf das sagen, und jedenfalls *will* ich es sagen, und was ich gesagt habe, das habe ich gesagt.«

Es antwortete niemand. Ein schwacher Versuch Gablers, wieder einzulenken, mißlang, und in ziemlich geschäftsmäßigem, wenn auch freilich wieder ruhiger gewordenem Tone wurden alle noch nötigen Verabredungen zur Überfahrt nach Treptow in zwei kleinen Booten getroffen; Ehm aber sollte, mit Benutzung der nächsten Brücke, die Herrschaften am andern Ufer erwarten. Alles stimmte zu, mit Ausnahme von Fräulein Riekchen, die verlegen erklärte, »daß Bootschaukeln, von klein auf, ihr Tod gewesen sei«. Worauf sich van der Straaten in einem Anfalle von Ritterlichkeit erbot, mit ihr in der Glaslaube zurückbleiben und das Anlegen des nächsten, vom »Eierhäuschen« her erwarteten Dampfschiffes abpassen zu wollen.

## WOHIN TREIBEN WIR?

Es währte nicht lange, so steuerten von einer dunklen, etwas weiter flußaufwärts gelegenen Uferstelle her zwei Jollen auf das Floß zu, jede mit einer Stocklaterne vorn an Bord. In der kleineren saß derselbe Junge, der schon am Nachmittage die Reifen auf die Kirchhofswiese hinausgetragen hatte, während die größere Jolle, leer und bloß angekettet, im Fahrwasser der anderen nachschwamm. Es gab einen hübschen Anblick, und kaum daß die beiden Fahrzeuge lagen, so stiegen auch, vom Floß aus, die schon ungeduldig Wartenden ein: Rubehn und Melanie in das kleinere, die beiden Maler und Anastasia in das größere Boot, eine Verteilung, die sich wie von selber machte, weil Elimar und Gabler gute Kahnfahrer waren und jeder anderweitigen Führung entbehren konnten. Sie nahmen denn auch die Tête, und der Junge mit der kleineren Jolle folgte.

Van der Straaten sah ihnen eine Weile nach und sagte dann zu dem Fräulein: »Es ist mir ganz lieb, Riekchen, daß wir zurückgeblieben sind und auf das Dampfschiff warten müssen. Ich habe Sie schon immer fragen wollen, wie gefällt Ihnen unser neuer Hausgenosse? Sie sprechen nicht viel, und wer nicht viel spricht, der beobachtet gut.«

»Oh, er gefällt mir.«

»Und *mir* gefällt es, Riekchen, daß er Ihnen gefällt. Nur das ›oh‹ beklag' ich, denn es hebt ein gut Teil Lob wieder auf, und ›oh, er gefällt mir‹ ist eigentlich nicht viel besser als ›oh, er gefällt mir *nicht*‹. Sie sehen, ich lasse Sie nicht wieder los. Also, nur immer tapfer mit der Sprache heraus. Warum nur oh? Woran liegt es? Wo fehlt es? Mißtrauen Sie seinen Dragonerreservelieutenantsallüren? Ist er Ihnen zu kavaliermäßig oder zu wenig? Ist er

Ihnen zu laut oder zu still, zu bescheiden oder zu stolz, zu warm oder zu kalt?«

»Damit möchten Sie's getroffen haben.«

»Womit?«

»Mit dem zu kalt. Ja, er ist mir zu kalt. Als ich ihn das erstemal sah, hatt' ich einen guten Eindruck, obgleich nicht voll so gut wie Anastasia. Natürlich nicht. Anastasia singt und ist exzentrisch und will einen Mann haben.«

»Will jede.«

»Ich auch?« lachte die Kleine.

»Wer weiß, Riekchen.«

»... Also, das erste war: er gefiel mir. Es war in der Veranda, gleich nach dem zweiten Frühstück, wir hatten eben die blauen Milchsatten zurückgeschoben, und es ist mir, als wär' es gestern gewesen. Da kam der alte Teichgräber und brachte seine Karte. Und dann kam er selbst. Nun, er hat etwas Distinguiertes, und man sieht auf den ersten Blick, daß er die kleine Not des Lebens nicht kennengelernt hat. Und das ist immer hübsch, und das Hübsche davon soll ihm unbenommen sein. Er hat aber auch etwas Reserviertes. Und wenn ich sage, was Reserviertes, so hab' ich noch sehr wenig gesagt. Denn Reserviertsein ist gut und schicklich. Er übertreibt es aber. Anfangs glaubt' ich, es sei die kleine gesellschaftliche Scheu, die jeden ziert, auch den Mann von Welt, und er werd' es ablegen. Aber bald konnt' ich sehen, daß es nicht Scheu war. Nein, ganz im Gegenteil. Es ist Selbstbewußtsein. Er hat etwas amerikanisch Sicheres. Und so sicher er ist, so kalt ist er auch.«

»Ja, Riekchen, er war zu lange drüben, und drüben ist nicht der Platz, um Bescheidenheit und warme Gefühle zu lernen.«

»Sie sind auch nicht zu lernen. Aber man kann sie leider verlernen.«

»Verlernen?« lachte van der Straaten. »Ich bitte Sie, Riekchen, er ist ja ein Frankfurter!«

Während dieses Gespräch in dem Glasbalkon geführt wurde, steuerten die beiden Boote der Mitte des Stromes zu. Auf dem größeren war Scherz und Lachen, aber auf dem kleineren, das folgte, schwieg alles, und Melanie beugte sich über den Rand und ließ das Wasser durch ihre Finger plätschern.

»Ist es immer nur das Wasser, dem Sie die Hand reichen, Freundin?«

»Es kühlt. Und ich hab' es so heiß.«

»So legen Sie den Burnus ab...« Und er erhob sich, um ihr behilflich zu sein.

»Nein«, sagte sie heftig und abwehrend. »Mich friert.« Und er sah nun, daß sie wirklich fröstelnd zusammenzuckte.

Und wieder fuhren sie schweigend dem andern Boote nach und horchten auf die Lieder, die von dorther herüberklangen. Erst war es »Long, long ago«, und immer wenn der Refrain kam, summte Melanie die Zeile mit. Und nun lachten sie drüben, und neue Lieder wurden intoniert und ebenso rasch wieder verworfen, bis man sich endlich über eines geeinigt zu haben schien. »O säh' ich auf der Heide dort.« Und wirklich, sie hielten aus und sangen alle Strophen durch. Aber Melanie sang nicht leise mehr mit, um nicht durch ein Zittern ihrer Stimme ihre Bewegung zu verraten.

Und nun waren sie mitten auf dem Strom, außer Hörweite von den Vorauffahrenden, und der Junge, der sie beide fuhr, zog mit einem Ruck die Ruder ein und legte sich bequem ins Boot nieder und ließ es treiben.

»Er sieht auch zu den Sternen auf«, sagte Rubehn.

»Und zählt, wie viele fallen«, lachte Melanie bitter. »Aber Sie dürfen mich nicht so verwundert ansehen, lieber Freund, als ob ich etwas Besonderes gesagt hätte. Das ist ja, wie Sie wissen, oder wenigstens seit *heute* wissen müssen, der Ton unsres Hauses. Ein bißchen spitz, ein bißchen zweideutig und immer unpassend. Ich befleißige mich der Ausdrucksweise meines Mannes. Aber freilich, ich bleibe hinter ihm zurück. Er ist eben unerreichbar und weiß so wundervoll alles zu treffen, was kränkt und bloßstellt und beschämt.«

»Sie dürfen sich nicht verbittern.«

»Ich verbittere mich nicht. Aber ich *bin* verbittert. Und weil ich es bin und es los sein möchte, deshalb sprech' ich so. Van der Straaten...«

»Ist anders als andre. Aber er liebt Sie, glaub' ich... Und er ist gut.«

»Und er ist gut«, wiederholte Melanie heftig und in beinahe krampfhafter Heiterkeit. »Alle Männer sind gut! Und nun fehlt nur noch der Zwirnwickel und das Fußkissen mit dem Symbol der Treue darauf, so haben wir alles wieder beisammen. O Freund, wie konnten Sie nur *das* sagen und, um ihn zu rechtfertigen, so ganz in seinen Ton verfallen!«

»Ich würde durch jeden Ton Anstoß gegeben haben.«

»Vielleicht... Oder sagen wir lieber gewiß. Denn es war zuviel, dieser ewige Hinweis auf Dinge, die nur unter vier Augen gehören, und das kaum. Aber er kennt kein Geheimnis, weil ihm nichts des Geheimnisses wert dünkt. Weil ihm nichts heilig ist. Und wer anders denkt, ist scheinheilig oder lächerlich. Und das vor Ihnen...«

Er nahm ihre Hand und fühlte, daß sie fieberte.

Die Sterne aber funkelten und spiegelten sich und tanzten um sie her, und das Boot schaukelte leis und trieb im Strom, und in Melanies Herzen erklang es immer lauter: wohin treiben wir?

Und sieh, es war, als ob der Bootsjunge von derselben Frage beunruhigt worden wäre, denn er sprang plötzlich auf und sah sich um, und wahrnehmend, daß sie weit über die rechte Stelle hinaus waren, griff er jetzt mit beiden Rudern ein und warf die Jolle nach links herum, um so schnell wie möglich aus der Strömung heraus und dem andern Ufer wieder näher zu kommen. Und sieh, es gelang ihm auch, und ehe fünf Minuten um waren, erkannte man die von zahllosen Lichtern erhellten Baumgruppen des Treptower Parks, und Rubehn und Melanie hörten Anastasias Lachen auf dem vorauffahrenden Boot. Und nun schwieg das Lachen, und das Singen begann wieder. Aber es war ein andres Lied, und über das Wasser hin klang es »Rohtraut, Schön-Rohtraut«, erst laut und jubelnd, bis es schwermütig in die Worte verklang: »Schweig stille, mein Herze.«

»Schweig stille, mein Herze«, wiederholte Rubehn und sagte leise: »Soll es?«

Melanie antwortete nicht. Das Boot aber lief ans Ufer, an dem Elimar und Arnold schon in aller Dienstbeflissenheit warteten. Und gleich darauf kam auch das Dampfschiff, und Riekchen und van der Straaten stiegen aus. Er heiter und gesprächig.

Und er nahm Melanies Arm und schien die Szene, die den Abend gestört hatte, vollkommen vergessen zu haben.


## 11

### ZUM MINISTER

»Wohin treiben wir?« hatte es in Melanies Herzen gefragt, und die Frage war ihr unvergessen geblieben. Aber der fieberhaften Erregung jener Stunde hatte sie sich entschlagen, und in den Tagen, die folgten, war ihr die Herrschaft über sich selbst zurückgekehrt.

Und diese Herrschaft blieb ihr auch, und sie zuckte nur einen Augenblick zusammen, als sie, nach Ablauf einer Woche, Rubehn am Gitter draußen halten und gleich darauf auf die Veranda zukommen sah. Sie ging ihm, wie gewöhnlich, einen Schritt entgegen und sagte: »Wie ich mich freue, Sie wiederzusehen! Sonst sahen wir Sie jeden dritten Tag, und Sie haben diesmal eine Woche vergehen lassen, fast eine Woche. Aber die Strafe folgt Ihnen auf dem Fuße. Sie treffen nur Anastasia und mich. Unser Riekchen, das Sie ja zu schätzen wissen (wenn auch freilich nicht genug), hat uns auf einen ganzen Monat verlassen und erzieht sieben kleine Vettern auf dem Lande. Lauter Jungen und lauter Sawatzkis, und in ihren übermütigsten Stunden auch mutmaßlich lauter Sattler von der Hölle.«

»Sagen wir lieber gewiß. Und dazu Riekchen als Präzeptor und Regente. Muß das eine Zügelführung sein!«

»Oh, Sie verkennen sie; sie weiß sich in Respekt zu setzen.«

»Und doch möcht' ich die Verzweiflung des Gärtners über zertretene Rabatten und die des Försters über angerichteten Wildschaden nicht mit Augen sehn. Denn ein kleiner Junker schießt alles, was kreucht und fleucht. Und nun gar sieben. Aber ich vergesse, mich meines Auftrags zu entledigen. Van der Straaten... Ihr Herr Gemahl... bittet, ihn zu Tische *nicht* erwarten zu wollen. Er ist zum Minister befohlen, und zwar in Sachen einer Enquête. Freilich erst morgen. Aber heute hat er das Vorspiel: das Diner. Sie wissen, meine gnädigste Frau, es gibt jetzt nur noch Enquêten.«

»Es gibt nur noch Enquêten, aber es gibt keine gnädigste Frauen mehr. Wenigstens nicht hier und am wenigsten zwischen uns. Eine Gnädigste bin ich überhaupt nur bei Gryczinskis. Ich hin Ihre gute Freundin und weiter nichts. Nicht wahr?« Und sie gab ihm ihre Hand, die er nahm und küßte. »Und ich will nicht«, fuhr sie fort, »daß wir diese sechs Tage nur gelebt haben, um unsre Freundschaft um ebenso viele Wochen zurückzudatieren. Also nichts mehr von einer ›gnädigsten Frau‹.« Und dabei zwang sie sich, ihn anzusehen. Aber ihr Herz schlug, und ihre Stimme zitterte bei der Erinnerung an den Abend, der nur zu deutlich vor ihrer Seele stand.

»Ja, lieber Freund«, nahm sie nach einer kurzen Pause wieder das Wort, »ich mußte das zwischen uns klar machen. Und da wir einmal beim Klarmachen sind, so muß auch noch ein andres heraus, auch etwas Persönliches und Diffiziles. Ich muß Ihnen nämlich endlich einen Namen geben. Denn Sie haben eigentlich keinen Namen, oder wenigstens keinen, der zu brauchen wäre.«

»Ich dächte doch...«, sagte Rubehn mit einem leisen Anfluge von Verlegenheit und Mißstimmung.

»Ich dächte doch«, wiederholte Melanie und lachte. »Daß doch auch die Klugen und Klügsten auf *diesen* Punkt hin immer empfindlich sind! Aber ich bitte Sie, sich aller Empfindlichkeiten entschlagen zu wollen. Sie sollen selbst entscheiden. Beantworten Sie mir auf Pflicht und Gewissen die Frage: ob Ebenezer ein Name ist? Ich meine ein Name fürs Haus, fürs Geplauder, für die Causerie, die doch nun mal unser Bestes ist! Ebenezer! Oh, Sie dürfen nicht so bös aussehen. Ebenezer ist ein Name für einen Hohenpriester oder für einen, der's werden will, und ich seh' ihn ordentlich, wie er das Opfermesser schwingt. Und sehen Sie, davor schaudert mir. Ebenezer ist au fond nicht besser als Aaron. Und es ist auch nichts daraus zu machen. Aus Ezechiel hab' ich mir einen Ezel glücklich kondensiert. Aber Ebenezer!«

Anastasia weidete sich an Rubehns Verlegenheit und sagte dann: »Ich wüßte schon eine Hilfe.«

»Oh, die weiß ich auch. Und ich könnte sogar alles in einen allgemeinen und fast nach Grammatik klingenden Satz bringen. Und dieser Satz würde sein: Um- und Rückformung des abstrusen Familiennamens Rubehn in den alten, mir immer lieb gewesenen Vornamen Ruben.«

»Und das wollt' ich auch sagen«, eiferte Anastasia.

»Aber ich *hab'* es gesagt.«

Und in diesem Prioritätsstreite scherzte sich Melanie mehr

und mehr in den Ton alter Unbefangenheit hinein und fuhr endlich, gegen Rubehn gewendet, fort: »Und wissen Sie, lieber Freund, daß mir diese Namensgebung wirklich etwas bedeutet? Ruben, um es zu wiederholen, war mir von jeher der sympathischste von den Zwölfen. Er hatte das Hochherzige, das sich immer bei dem Ältesten findet, einfach weil er der Älteste ist. Denken Sie nach, ob ich nicht recht habe. Die natürliche Herrscherstellung des Erstgeborenen sichert ihn vor Mesquinerie und Intrigue.«

»Jeder Erstgeborene wird Ihnen für diese Verherrlichung dankbar sein müssen, und jeder Ruben erst recht. Und doch gesteh' ich Ihnen offen, ich hätt' unter den Zwölfen eine andere Wahl getroffen.«

»Aber gewiß keine bessere. Und ich hoff', es Ihnen beweisen zu können. Über die sechs Halblegitimen ist weiter kein Wort zu verlieren; Sie nicken, sind also einverstanden. Und so nehmen wir denn, als erstes Betrachtungsobjekt, die Nestküken der Familie, die Muttersöhnchen. Es wird so viel von ihnen gemacht, aber Sie werden mir zustimmen, daß die spätere ägyptische Exzellenz nicht so ganz ohne Not in die Zisterne gesteckt worden ist. Er war einfach ein enfant terrible. Und nun gar der Jüngste! Verwöhnt und verzogen. Ich habe selbst ein Jüngstes und weiß etwas davon zu sagen... Und so bleiben uns denn wirklich nur die vier alten Grognards von der Lea her. Wohl, sie haben alle vier ihre Meriten. Aber doch ist ein Unterschied. In dem Levi spukt schon der Levit, und in dem Juda das Königtum – ein Stückchen Illoyalität, das Sie mir als freier Schweizerin zugute halten müssen. Und so sehen wir uns denn vor den Rest gestellt, vor die beiden letzten, die natürlich die beiden ersten sind. Eh bien, ich will nicht mäkeln und feilschen und will dem Simeon lassen, was ihm zukommt. Er war ein Charakter, und als solcher wollt' er dem Jungen ans Leben. Charaktere sind nie für halbe Maßregeln. Aber da trat Ruben dazwischen, *mein* Ruben, und rettete den Jungen, weil er des alten Vaters gedachte. Denn er war gefühlvoll und mitleidig und hochherzig. Und was Schwäche war, darüber sag' ich nichts. Er hatte die Fehler seiner Tugenden, wie wir alle. Das war es und weiter nichts. Und deshalb Ruben und immer wieder Ruben. Und kein Appell und kein Refus. Anastasia, brich einen Tauf- und Krönungszweig ab, da von der Esche drüben. Wir können sie dann die Ruben-Esche nennen.«

Und dieses scherzhafte Geplauder würde sich mutmaßlich noch fortgesetzt haben, wenn nicht in eben diesem Augenblicke der wohlbekannte, zweirädrige Gig sichtbar geworden wäre, von dessen turmhohem Sitze herab van der Straaten über das Gitter weg mit der Peitsche salutierte. Und nun hielt das Gefährt, und der Enquêten-Kommerzienrat erschien in der Veranda, strahlend von Glück und freudiger Erregung. Er küßte Melanie die Stirn und versicherte ein Mal über das andere, daß er sich's nicht habe versagen wollen, die freie halbe Stunde bis zum ministeriellen Diner au sein de sa famille zu verbringen.

Und nun nahm er Platz und rief in das Haus hinein: »Liddi, Liddi. Rasch. Antreten. Immer flink. Und Heth auch; das Stiefkind, die Kleine, die vernachlässigt wird, weil sie mir ähnlich sieht...«

»Und von der ich eben erzählt habe, daß sie grenzenlos verwöhnt würde.«

Die Kinder waren inzwischen erschienen, und der glückliche Vater nahm ein elegantes Tütchen mit papierenem Spitzenbesatz aus der Tasche und hielt es Lydia hin. Diese nahm's und gab es an die Kleine weiter. »Da, Heth.«

»Magst du nicht?« fragte van der Straaten. »Sieh doch erst nach. Es sind ja Pralinés. Und noch dazu von Sarotti.«

Aber Lydia sah mit einem Streifblick zu Rubehn hinüber und sagte: »Tüten sind für Kinder. Ich mag nicht.«

Alles lachte, selbst Rubehn, trotzdem er wohl fühlte, daß er der Grund dieser Ablehnung war. Van der Straaten indes nahm die kleine Heth auf den Schoß und sagte: »Du bist deines Vaters Kind. Ohne Faxen und Haberei. Lydia spielt schon die de Caparoux.«

»Laß sie«, sagte Melanie.

»Ich werde sie lassen *müssen*. Und sonderbar zu sagen, ich hasse die Vornehmheitsallüren eigentlich nur für mich selbst. In meiner Familie sind sie mir ganz recht, wenigstens gelegentlich, abgesehen davon, daß sich auch für meine Person allerhand Wandlungen vorbereiten. Denn in meiner Eigenschaft als Mitglied einer Enquêtenkommission hab' ich die Verpflichtung höherer gesellschaftlicher Formen übernommen, und geht das so weiter, Melanie, so hältst du zwischen heut' und sechs Wochen einen halben Oberzeremonienmeister in deinen Händen. In den Sechswochenschaften hat ja von Uranfang an etwas mysteriös Bedeutungsvolles geschlummert.«

»Eine Wendung, lieber van der Straaten, die mir vorläufig nur wieder zeigt, wie weitab du noch von deiner neuen Charge bist.«

»Allerdings, allerdings«, lachte van der Straaten. »Gut Ding will Weile haben, und Rom wurde nicht an einem Tage gebaut. Und nun sage mir, denn ich habe nur noch zehn Minuten, wie du diesen Nachmittag zu verbringen und unsern Freund Rubehn zu divertieren gedenkst. Verzeih die Frage. Aber ich kenne deine mitunter ängstliche Gleichgiltigkeit gegen Tisch- und Tafelfreuden und berechne mir in der Eile, daß deine Bohnen und Hammelkoteletts, auch wenn die Bohnen ziepsig und die Koteletts zähe sind, nicht gut über eine halbe Stunde hinaus ausgedehnt werden können. Auch nicht unter Heranziehung eines Desserts von Erdbeeren und Stiltonkäse. Und so sorg' ich mich denn um euch, und zwar um so mehr, als ihr nicht die geringste Chance habt, mich vor neun Uhr wieder hier zu sehn.«

»Ängstige dich nicht«, entgegnete Melanie. »Es ist keine Frage, daß wir dich schmerzlich entbehren werden. Du wirst uns fehlen, du *mußt* uns fehlen. Denn wer könnt' uns, um nur eines zu nennen, den Hochflug deiner bilderreichen Einbildungskraft ersetzen. Kaum, daß wir ihr zu folgen verstehn. Und doch verbürg' ich mich für Unterbringung dieser armen, verlorenen Stunden, die dir so viel Sorge machen. Und du sollst sogar das Programm wissen.«

»Da wär' ich neugierig.«

»Erst singen wir.«

»Tristan?«

»Nein. Und Anastasia begleitet. Und dann haben wir unser Diner oder doch das, was dafür aufkommen muß. Und es wird sich schon machen. Denn immer, wenn du nicht da bist, suchen wir uns durch einen besseren Tisch und ein paar eingeschobene süße Speisen zu trösten.«

»Glaub's, glaub's. Und dann?«

»Dann hab' ich vor, unsern lieben Freund, den ich dir übrigens, nach einem allerjüngsten Übereinkommen, als Rubehn mit dem gestrichenen h, also schlechtweg als unsern Freund Ruben vorstelle, mit den Schätzen und Schönheiten unsrer Villa bekannt zu machen. Er ist eine Legion von Malen, wenn auch immer noch nicht oft genug, unser lieber Gast gewesen und kennt trotz alledem nichts von dieser ganzen Herrlichkeit als unser Eß- und Musikzimmer und hier draußen die Veranda mit dem kreischenden Pfau, der ihm natürlich ein Greuel ist. Aber er soll heute noch in seinem halb freireichsstädtischen und halb überseeischen Hochmute gedemütigt werden. Ich habe vor, mit deinem Obstgarten zu beginnen und dem Obstgarten das Palmenhaus und dem Palmenhause das Aquarium folgen zu lassen.«

»Ein gutes Programm, das mich nur hinsichtlich seiner letzten Nummer etwas erschreckt oder wenigstens zur Vorsicht mahnen läßt. Sie müssen nämlich wissen, Rubehn, was wir letzten Sommer in dieser erbärmlichen Glaskastensammlung, die den stolzen Namen Aquarium führt, schaudernd selbst erlebt haben. Nicht mehr und nicht weniger als einen Ausbruch, Eruption, und ich höre noch Anastasias Aufschrei und werd' ihn hören bis ans Ende meiner Tage. Denken Sie sich, eine der großen Glasscheiben platzt, Ursache unbekannt, wahrscheinlich aber, weil Gryczinski seinem Füsiliersäbel eine falsche Direktive gegeben, und siehe da, ehe wir drei zählen können, steht unser ganzer Aquariumflur nicht nur handhoch unter Wasser, sondern auch alle Schrecken der Tiefe zappeln um uns her, und ein großer Hecht umschnopert Melanies Fußtaille mit allersichtlichster Vernachlässigung Tante Riekchens. Offenbar also ein Kenner. Und in einem Anfalle wahnsinniger Eifersucht hab' ich ihn schlachten lassen und seine Leber höchsteigenhändig verzehrt.«

Anastasia bestätigte die Zutreffendheit der Schilderung, und selbst Melanie, die seit längerer Zeit ähnlichen Exkursen ihres Gatten mit nur zu sichtlichem Widerstreben folgte, nahm heute wieder an der allgemeinen Heiterkeit teil. Sie hatte sich schon vorher in dem mit Rubehn geführten Gespräche derartig heraufgeschraubt, daß sie wie geistig trunken und beinahe gleichgiltig gegen Erwägungen und Rücksichten war, die sie noch ganz vor kurzem gequält hatten. Sie sah wieder alles von der lachenden Seite, selbst das Gewagteste, und faßte, ohne sich Rechenschaft davon zu geben, den Entschluß, mit der ganzen nervösen Feinfühligkeit dieser letzten Wochen ein für allemal brechen und wieder keck und unbefangen in die Welt hineinleben zu wollen.

Van der Straaten aber, überglücklich, mit seinem Aquariumshecht einen guten Abgang gefunden zu haben, griff nach Hut und Handschuh und versprach, auf Eile dringen zu wollen, soweit sich, einem Minister gegenüber, überhaupt auf irgend etwas dringen lasse.

Das waren seine letzten Worte. Gleich darauf hörte man das Knirschen der Räder und empfing von außen her, über das Parkgitter hin, einen absichtlich übertriebenen Feierlichkeitsgruß, in dem sich die ganze Bedeutung eines Mannes ausdrücken sollte, der zum Minister fährt. Noch dazu zum Finanzminister, der eigentlich immer ein Doppelminister ist.

## 12

### UNTER PALMEN

Die Nachmittagsstunden vergingen, wie's Melanie geplant und van der Straaten gebilligt hatte. Dem anderthalbstündigen Musizieren folgte das kleine Diner, opulenter als gedacht, und die Sonne stand eben noch über den Bosquets, als man sich erhob, um draußen im »Orchard« ein zweites Dessert von den Bäumen zu pflücken.

Dieser für allerhand Obstkulturen bestimmte Teil des Parkes lief, an sonnigster Stelle, neben dem Fluß entlang und bestand aus einem anscheinend endlosen Kieswege, der nach der Spree hin offen, nach der Parkseite hin aber von Spalierwänden eingefaßt war. An diesen Spalieren, in kunstvollster Weise behandelt und jeder einzelne Zweig gehegt und gepflegt, reiften die feinsten Obstarten, während kaum minder feine Sorten an nebenherlaufenden niederen Brettergestellen, etwa nach Art großer Ananaserdbeeren, gezogen wurden.

Melanie hatte Rubehns Arm genommen, Anastasia folgte langsam und in wachsenden Abständen; Heth aber auf ihrem Velocipède begleitete die Mama, bald weit vorauf, bald dicht neben ihr, und wandte sich dann wieder, ohne die geringste Ahnung davon, daß ihre rückseitige Drapierung in ein immer komischeres und ungenierteres Fliegen und Flattern kam. Melanie, wenn Heth die Wendung machte, suchte jedesmal durch ein lebhafteres Sprechen über die kleine Verlegenheit hinwegzukommen, bis Rubehn endlich ihre Hand nahm und sagte: »Lassen wir doch das Kind. Es ist ja glücklich, beneidenswert glücklich. Und Sie sehen, Freundin, ich lache nicht einmal.«

»Sie haben recht«, entgegnete Melanie. »Torheit und nichts weiter. Unsere Scham ist unsere Schuld. Und eigentlich ist es rührend und entzückend zugleich.« Und als der kleine Wildfang in eben diesem Augenblicke wieder heranrollte, kommandierte sie selbst: »Rechts um. Und nicht zu nah an die Spree! Sehen Sie nur, wie sie hinfliegt. Solange die Welt steht, hat keine Reiterei mit so fliegenden Fahnen angegriffen.«

Unter solchem Gespräch waren sie bis an die Stelle gekommen, wo, von der Parkseite her, ein breiter, avenueartiger Weg in den langen und schmalen Spaliergang einmündete. Hier, im Zentrum der ganzen Anlage, erhoben sich denn auch, nach dem Vorbilde der berühmten englischen Gärten in Kew, ein paar hohe, glasgekuppelte Palmenhäuser, an deren eines sich ein altmodisches Treibhaus anlehnte, das, früher der Herrschaft zugehörig, inzwischen mit all seinen Blattpflanzen und Topfgewächsen in die Hände des alten Gärtners übergegangen und die Grundlage zum Betrieb eines sehr einträglichen Privatgeschäftes geworden war. Unmittelbar neben dem Treibhause hatte der Gärtner seine Wohnung, ein nur zweifenstriges und ganz von Efeu überwachsenes Häuschen, über das ein alter, schrägstehender Akazienbaum seine Zweige breitete. Zwei, drei Steinstufen führten bis in den Flur, und neben diesen Stufen stand eine Bank, deren Rücklehne von dem Efeu mit überwachsen war.

»Setzen wir uns«, sagte Melanie. »Immer vorausgesetzt, daß wir dürfen. Denn unser alter Freund hier ist nicht immer guter Laune. Nicht wahr, Kagelmann?«

Diese Worte hatten sich an einen kleinen und ziemlich häßlichen Mann gerichtet, der, wiewohl kahlköpfig (was übrigens die Sommermütze verdeckte), nichtsdestoweniger an beiden Schläfen ein paar lange glatte Haarsträhnen hatte, die bis tief auf die Schulter niederhingen. Alles an ihm war außer Verhältnis, und so kam es, daß, seiner Kleinheit unerachtet, oder vielleicht auch um dieser willen, alles zu groß an ihm erschien: die Nase, die Ohren, die Hände. Und eigentlich auch die Augen. Aber diese sah man nur, wenn er, was öfters geschah, die ganz verblakte Hornbrille abnahm. Er war eine typische Gärtnerfigur: unfreundlich, grob und habsüchtig, vor allem auch seinem Wohltäter, dem Kommerzienrat, gegenüber, und nur wenn er die »Frau Rätin« sah, erwies er sich auffallend verbindlich und guter Laune.

So nahm er denn auch heute das scherzhaft hingeworfene »wenn wir dürfen« in bester Stimmung auf und sagte, während er mit der Rechten (in der er einen kleinen Aurikeltopf hielt) seine großschirmige Mütze nach hinten schob: »Jott, Frau Rätin, ob *Sie* dürfen! Solche Frau! Solche Frau wie Sie darf allens. Un warum? Weil Ihnen allens kleid't. Un wen alles kleid't, der darf ooch alles. Uff's Kleiden kommt's an. 's gibt welche, die sagen, die Blumen machen dumm und simplig. Aber daß es uff's Kleiden ankommt, so viel lernt man bei de Blumens.«

»Immer mein galanter Kagelmann«, lachte Melanie. »Man merkt doch den Unverheirateten, den Junggesellen. Und doch ist es unrecht, Kagelmann, daß Sie so geblieben sind. Ich meine, so ledig. Ein Mann wie Sie, so frisch und gesund, und ein so gutes Geschäft. Und reich dazu. Die Leute sagen ja, Sie hätten ein Rittergut. Aber ich will es nicht wissen, Kagelmann. Ich respektiere Geheimnisse. Nur das ist wahr, Ihr Efeuhaus ist zu klein, immer vorausgesetzt, daß Sie sich noch mal anders besinnen.«

»Ja, kleen is es man. Aber vor mir is es jroß genug, das heißt vor mir alleine. Sonst... Aber ich bin ja nu all sechzig.«

»Sechzig. Mein Gott, sechzig. Sechzig ist ja gar kein Alter.«
»Nee«, sagte Kagelmann. »En Alter is es eijentlich noch nich. Un es jeht ooch allens noch. Un janz jut. Un es schmeckt ooch noch, un die Gebrüder Benekens dragen einen ooch noch. Aber viel mehr is es ooch nich. Un wen soll man denn am Ende nehmen? Sehen Se, Frau Rätin, die so vor mir passen, die gefallen mir nich, un die mir gefallen, die passen wieder nich. – Ich wäre so vor dreißig oder so drum rum. Dreißig is jut, un dreißig zu dreißig, das stimmt ooch. Aber sechzig in dreißig jeht nich. Und da sagt denn die Frau: borg' ich mir einen.«

Melanie lachte.

Kagelmann aber fuhr fort: »Ach, Frau Kommerzienrätin, Sie hören so was nich un glauben jar nich, wie die Welt is un was allens passiert. Da war hier einer drüben bei Flatows, Cohn und Flatow, großes Ledergeschäft (un sie sollen's ja von Amerika kriegen, na, mir is es jleich), und war ooch en Gärtner, un war woll so sechsundfufzig. Oder vielleicht ooch erst fünfundfufzig. Un er nahm sich ja nu so 'n Madamchen, so von 'n Jahrer dreißig, un war 'ne Wittib, un immer janz schwarz, un 'ne hübsche Person, un saß immer ins mittelste Zelt, Nummer 4, wo Kaiser Wilhelm steht un wo immer die Musik is mit Klavier un Flöte. Ja, du mein Jott, was hat er gehabt? Jar nichts hat er gehabt. Un da sitzt er nu mit seine drei Würmer, und Madamchen is weg. Un mit wen is se weg? Mit 'n Gelbschnabel, un hatte noch keene zwanzig uff 'n Rücken, un Teichgräber sagt, er wär' erst achtzehn gewesen. Un möglich is es. Aber ein fixer kleiner Kerl war es, so was Italiensches, un war doch bloß aus Rathnow. Aber een paar Oogen! Ich sag' Ihnen, Frau Kommerzienrätin, wie 'n Feuerwerk, un es war or'ntlich, als ob's man so prasselte.«

»Ja, das ist traurig für den Mann«, lachte Melanie. »Aber doch am traurigsten für die Frau. Denn wenn einer *solche* Augen hat...«

»Un so was is jetzt alle Tage«, schloß der Alte, der auf die Zwischenbemerkung nicht geachtet hatte und wieder bei seinen Töpfen zu stellen und zu kramen anfing.

Aber Melanie ließ ihm keine Ruh'. »Alle Tage«, sagte sie. »Natürlich, alle Tage. Natürlich, alles kommt vor. Aber das darf einen doch nicht abhalten. Sonst könnte ja keiner mehr heiraten, und es gäbe gar kein Leben und keine Menschen mehr. Denn ein kleiner fixer Gärtnerbursche, nu, mein Gott, der find't sich zuletzt überall.«

»Ja, Frau Kommerzienrätin, das is schon richtig. Aber mitunter find't er sich immer, und mitunter find't er sich bloß manchmal. Heiraten! Nu ja, hübsch muß es ja sind, sonst dhäten es nich so viele. Aber besser is besser. Un ich denke, lieber bewahrt als beklagt.«

In diesem Augenblicke wurde von der Hauptallee her ein Einspänner sichtbar und hielt, indem er eine Biegung machte, vor der Bank, auf der Rubehn und Melanie Platz genommen hatten. Es war ein auf niedrigen Rädern gehendes Fuhrwerk, das den Geschäftsverkehr des kleinen Privattreibhauses mit der Stadt vermittelte.

Kagelmann tat ein paar Fragen an den vorn auf dem Deichselbrette sitzenden Kutscher, und nachdem er noch einen andern Arbeiter herbeigerufen hatte, fingen alle drei an, die Palmenkübel abzuladen, die, trotzdem sie nur von mäßiger Größe waren, den Rand des Wagenkastens weit überragten und mit ihren dunklen Kronen, schon von fernher, den Eindruck prächtig wehender Federbüsche gemacht hatten.

Alle drei waren ein paar Minuten lang emsig bei der Arbeit, als aber schließlich alles abgeladen war, wandte sich Kagelmann wieder an seine gnädige Frau und sagte, während er die zwei größten und schönsten Palmen mit seinen Händen patschelte: »Ja, Frau Rätin, das sind nu so meine Stammhalter, so meine zwei Säulen vons Geschäft. Un immer unterwegs, wie 'n Landbriefträger. Man bloß noch unterwegser. Denn der hat doch'n Sonntag oder Kirchenzeit. Aber meine Palmen nich. Un ich freue mir immer or'ntlich, wenn mal 'n Stillstand is und ich allens mal wieder so zu sehen kriege. So wie heute. Denn mitunter seh' ich meine Palmen die janze Woche nich.«

»Aber warum nicht?«

»Jott, Frau Rätin, Palme paßt immer. Un is kein Unterschied, ob Trauung oder Begräbnis. Und manche taufen auch schon mit Palme. Und wenn ich sage Palme, na, so kann ich auch sagen Lorbeer oder Lebensbaum oder was wir Thuja nennen. Aber Palme, versteht sich, is immer das Feinste. Un is bloß man *ein* Metier, das is jrade so, janz akkurat ebenso bei Leben und Sterben. Und is ooch immer dasselbe.«

»Ah, ich versteh'«, sagte Melanie. »Der Tischler.«

»Nein, Frau Rätin, der Tischler nich. Er is woll auch immer mit dabei, das is schon richtig, aber 's is doch nich immer dasselbe. Denn ein Sarg is keine Wiege nich, und eine Wiege is kein Sarg nich. Und was een richtiges Himmelbett is, nu davon will ich jar nich erst reden...«

»Aber Kagelmann, wenn es nicht der Tischler ist, wer denn?«

»Der Domchor, Frau Rätin. Der is auch immer mit dabei un is immer dasselbe. Jrade so wie bei mir. Un er hat auch so seine zwei Stammhalter, seine zwei Säulen vons Geschäft: ›'s is bestimmt in Gottes Rat‹ oder ›Wie sie so sanft ruhn‹. Un es paßt immer un macht keinen Unterschied, ob einer abreist oder ob einer begraben wird. Un grün is grün, un is jrade so wie Lebensbaum und Palme.«

»Und doch, Kagelmann, wenn Sie nun mal heiraten und selber Hochzeit machen (aber nicht hier in Ihrem Efeuhause, das ist zu klein), dann sollen Sie doch beides haben: Gesang und Palme. Und was für Palmen! Das versprech' ich Ihnen. Denn ohne Palmen und Gesang ist es nicht feierlich genug. Und aufs Feierliche kommt es an. Und dann gehen wir in das große Treibhaus, bis dicht an die Kuppel, und machen einen wundervollen Altar unter der allerschönsten Palme. Und da sollen Sie getraut werden. Und oben in der Kuppel wollen wir stehn und ein schönes Lied singen, einen Choral, ich und Fräulein Anastasia, und Herr Rubehn hier und Herr Elimar Schulze, den Sie ja auch kennen. Und dabei soll Ihnen zumute sein, als ob Sie schon im Himmel wären und hörten die Engel singen.«

»Glaub' ich, Frau Rätin. Glaub' ich.«

»Und zu vorläufigem Dank für all diese kommenden Herrlichkeiten sollen Sie, liebster Kagelmann, uns jetzt in das Palmenhaus führen. Denn ich weiß nicht Bescheid und kenne die Namen nicht, und der fremde Herr hier, der ein paarmal um die Welt herumgefahren ist und die Palmen sozusagen an der Quelle studiert hat, will einmal sehen, was wir haben und nicht haben.«

Eigentlich kam alles dieses dem Alten so wenig gelegen wie möglich, weil er seine Kübel und Blumentöpfe noch vor Dunkelwerden in das kleine Treibhaus hineinschaffen wollte. Er bezwang sich aber, schob seine Mütze, wie zum Zeichen der Zustimmung, wieder nach hinten und sagte: »Frau Rätin haben bloß zu befehlen.«

Und nun gingen sie zwischen langen und niedrigen Backsteinöfen hin, den bloß mannsbreiten Mittelgang hinauf, bis an die Stelle, wo dieser Mittelgang in das große Palmenhaus einmündete. Wenige Schritte noch, und sie befanden sich wie am Eingang eines Tropenwaldes, und der mächtige Glasbau wölbte sich über ihnen. Hier standen die Prachtexemplare der van der Straatenschen Sammlung: Palmen, Drakäen, Riesenfarren, und eine Wendeltreppe schlängelte sich hinauf, erst bis in die Kuppel und dann um diese selbst herum und in einer der hohen Emporen des Langschiffes weiter.

Unterwegs war nicht gesprochen worden.

Als sie jetzt unter der hohen Wölbung hielten, entsann sich Kagelmann, etwas Wichtiges vergessen zu haben. Eigentlich aber wollt' er nur zurück und sagte: »Frau Rätin wissen ja nu Bescheid un kennen die Galerie. Da wo der kleine Tisch is un die kleinen Stühle, das is der beste Platz, un is wie' ne Laube, un janz dicht. Un da sitzt ooch immer der Herr Kommerzienrat. Un keiner sieht ihn. Un das hat er am liebsten.« Und danach verabschiedete sich der Alte, wandte sich aber noch einmal um, um zu fragen, »ob er das Fräulein schicken solle?«

»Gewiß, Kagelmann. Wir warten.«

Und als sie nun allein waren, nahm Rubehn den Vortritt und stieg hinauf und eilte sich, als er oben war, der noch auf der Wendeltreppe stehenden Melanie die Hand zu reichen. Und nun gingen sie weiter über die kleinen, klirrenden Eisenbrettchen hin, die hier als Dielen lagen, bis sie zu der von Kagelmann beschriebenen Stelle kamen, besser beschrieben, als er selber wissen mochte. Wirklich, es war eine phantastisch aus Blattkronen gebildete Laube, fest geschlossen, und überall an den Gurten und Ribben der Wölbung hin rankten sich Orchideen, die die ganze Kuppel mit ihrem Duft erfüllten. Es atmete sich wonnig, aber schwer in dieser dichten Laube; dabei war es, als ob hundert Geheimnisse sprächen, und Melanie fühlte, wie dieser berauschende Duft ihre Nerven hinschwinden machte. Sie zählte jenen von äußeren Eindrücken, von Luft und Licht abhängigen Naturen zu, die der Frische bedürfen, um selber frisch zu sein. Über ein Schneefeld hin, bei rascher Fahrt und scharfem Ost – da wär' ihr der heitere Sinn, der tapfere Mut ihrer Seele wiedergekommen, aber diese weiche, schlaffe Luft machte sie selber weich und schlaff, und die Rüstung ihres Geistes lockerte sich und löste sich und fiel.

»Anastasia wird uns nicht finden.«

»Ich vermisse sie nicht.«

»Und doch will ich nach ihr rufen.«

»Ich vermisse sie nicht«, wiederholte Rubehn, und seine Stimme zitterte. »Ich vermisse nur das Lied, das sie damals sang, als wir im Boot über den Strom fuhren. Und nun rate.«

»Long, long ago...«

Er schüttelte den Kopf.

»Oh, säh' ich auf der Heide dort...«

»Auch *das* nicht, Melanie.«

»Rohtraut«, sagte sie leis.

Und nun wollte sie sich erheben. Aber er litt es nicht und kniete nieder und hielt sie fest, und sie flüsterten Worte, so heiß und so süß wie die Luft, die sie atmeten.

Endlich aber war die Dämmerung gekommen, und breite Schatten fielen in die Kuppel. Und als alles immer noch still blieb, stiegen sie die Treppe hinab und tappten sich durch ein Gewirr von Palmen, erst bis in den Mittelgang und dann ins Freie zurück.

Draußen fanden sie Anastasia.

»Wo du nur bliebst!« fragte Melanie befangen. »Ich habe mich geängstigt um dich und mich. Ja, es ist so. Frage nur Ruben. Und nun hab' ich Kopfweh.«

Anastasia nahm unter Lachen den Arm der Freundin und sagte nur: »Und du wunderst dich über Kopfweh! Man wandelt nicht ungestraft unter Palmen.«

Melanie wurde rot bis an die Schläfe. Aber die Dunkelheit half es ihr verbergen. Und so schritten sie der Villa zu, darin schon die Lichter brannten.

Alle Türen und Fenster standen auf, und von den frisch gemähten Wiesen her kam eine balsamische Luft. Anastasia setzte sich an den Flügel und sang und neckte sich mit Rubehn, der bemüht war, auf ihren Ton einzugehen. Aber Melanie sah vor sich hin und schwieg und war weit fort. Auf hoher See. Und in ihrem Herzen klang es wieder: Wohin treiben wir?!

Eine Stunde später erschien van der Straaten und rief ihnen schon vom Korridor her in Spott und guter Laune zu: »Ah, die Gemeinde der Heiligen! Ich würde fürchten zu stören. Aber ich bringe gute Zeitung.«

Und als alles sich erhob und entweder wirklich neugierig war oder sich wenigstens das Ansehen davon gab, fuhr er in seinem Berichte fort: »Exzellenz sehr gnädig. Alles sondiert und abgemacht. Was noch aussteht, ist Form und Bagatelle. Oder Sitzung und Schreiberei. Melanie, wir haben heut' einen guten Schritt vorwärts getan. Ich verrate weiter nichts. Aber das glaub' ich sagen zu dürfen: von diesem Tag an datiert sich eine neue Ära des Hauses van der Straaten.«


13

WEIHNACHTEN

Die nächsten Tage, die viel Besuch brachten, stellten den unbefangenen Ton früherer Wochen anscheinend wieder her, und was von Befangenheit blieb, wurde, die Freundin abgerechnet, von niemandem bemerkt, am wenigsten von van der Straaten, der mehr denn je seinen kleinen und großen Eitelkeiten nachhing.

Und so näherte sich der Herbst, und der Park wurde schöner, je mehr sich seine Blätter färbten, bis gegen Ende September der Zeitpunkt wieder da war, der, nach altem Herkommen, dem Aufenthalt in der Villa draußen ein Ende machte.

Schon in den unmittelbar voraufgehenden Tagen war Rubehn nicht mehr erschienen, weil allernächstliegende Pflichten ihn an die Stadt gefesselt hatten. Ein jüngerer Bruder von ihm, von einem alten Prokuristen des Hauses begleitet, war zu rascher Etablierung des Zweiggeschäfts herübergekommen, und ihren gemeinschaftlichen Anstrengungen gelang es denn auch wirklich, in den ersten Oktobertagen eine Filiale des großen Frankfurter Bankhauses ins Leben zu rufen.

Van der Straaten nahm an all diesen Hergängen den größten Anteil und sah es als ein gutes Zeichen und eine Gewähr geschäftskundiger Leitung an, daß Rubehns Besuche seltener wurden und in den Novemberwochen beinahe ganz aufhörten. In der Tat erschien unser neuer »Filialchef«, wie der Kommerzienrat ihn zu nennen beliebte, nur noch an den kleinen und kleinsten Gesellschaftstagen und hätte wohl auch an diesen am liebsten gefehlt. Denn es konnt' ihm nicht entgehen und entging ihm auch wirklich nicht, daß ihm von Reiff und Duquede, ganz besonders aber von Gryczinski, mit einer vornehm ablehnenden Kühle begegnet wurde. Die schöne Jacobine suchte freilich durch halbverstohlene Freundlichkeiten alles wieder ins gleiche zu bringen und beschwor ihn, ihres Schwagers Haus doch nicht ganz zu vernachlässigen, um ihretwillen nicht und um Melanies willen nicht, aber jedesmal, wenn sie den Namen nannte, schlug sie doch verlegen die Augen nieder und brach rasch und ängstlich ab, weil ihr Gryczinski sehr bestimmte Weisungen gegeben hatte, jedwedes Gespräch mit Rubehn entweder ganz zu vermeiden oder doch auf wenige Worte zu beschränken.

Um vieles heiterer gestalteten sich die kleinen Reunions, wenn die Gryczinskis fehlten und statt ihrer bloß die beiden Maler und Fräulein Anastasia zugegen waren. Dann wurde wieder gescherzt und gelacht, wie damals in dem Stralauer Kaffeehaus, und van der Straaten, der mittlerweile von Besuchen, sogar von häufigen Besuchen gehört hatte, die Rubehn in Anastasias Wohnung gemacht haben solle, hing in Ausnutzung dieser ihm hinterbrachten Tatsache seiner alten Neigung nach, alle dabei

Beteiligten ins Komische zu ziehen und zum Gegenstande seiner Schraubereien zu machen. Er sähe nicht ein, wenigstens für seine Person nicht, warum er sich eines reinen und auf musikalischer Glaubenseinigkeit aufgebauten Verhältnisses nicht aufrichtig freuen solle, ja, die Freude darüber würd' ihm einfach als Pflicht erscheinen, wenn er nicht andererseits den alten Satz wieder bewahrheitet fände, daß jedes neue Recht immer nur unter Kränkung alter Rechte geboren werden könne. Das neue Recht (wie der Fall hier läge) sei durch seinen Freund Rubehn, das alte Recht durch seinen Freund Elimar vertreten, und wenn er diesem letzteren auch gerne zugestehe, daß er in vielen Stükken er selbst geblieben, ja bei Tische sogar als eine Potenzierung seiner selbst zu erachten sei, so läge doch gerade hierin die nicht wegzuleugnende Gefahr. Denn er wisse wohl, daß dieses Plus an Verzehrung einen furchtbaren Gleichschritt mit Elimars innerem verzehrenden Feuer halte. Wes Namens aber dieses Feuer sei, ob Liebe, Haß oder Eifersucht, das wisse nur *der*, der in den Abgrund sieht.

In dieser Weise zischten und platzten die reichlich umhergeworfenen van der Straatenschen Schwärmer, von deren Sprühfunken sonderbarerweise diejenigen am wenigsten berührt wurden, auf die sie berechnet waren. Es lag eben alles anders, als der kommerzienrätliche Feuerwerker annahm. Elimar, der sich auf der Stralauer Partie, weit über Wunsch und Willen hinaus, engagiert hatte, hatte durch Rubehns anscheinende Rivalität eine Freiheit wiedergewonnen, an der ihm viel, viel mehr als an Anastasias Liebe gelegen war, und diese selbst wiederum vergaß ihr eigenes, offenbar im Niedergange begriffenes Glück in dem Wonnegefühl, ein anderes hochinteressantes Verhältnis unter ihren Augen und ihrem Schutze heranwachsen zu sehen. Sie schwelgte mit jedem Tage mehr in der Rolle der Konfidenten, und weit über das gewöhnliche Maß hinaus mit dem alten Evahange nach dem Heimlichen und Verbotenen ausgerüstet, zählte sie diese Winterwochen nicht nur zu den angeregtesten ihres an Anregungen so reichen Lebens, sondern erfreute sich nebenher auch noch des unbeschreiblichen Vergnügens, den ihr au fond unbequemen und widerstrebenden van der Straaten gerade *dann* am herzlichsten belachen zu können, wenn dieser sich in seiner Sultanslaune gemüßigt fühlte, *sie* zum Gegenstand allgemeiner und natürlich auch seiner eigenen Lachlust zu machen.

In der Tat, unser kommerzienrätlicher Freund hätte bei mehr Aufmerksamkeit und weniger Eigenliebe stutzig werden und über das Lächeln und den Gleichmut Anastasias den eigenen Gleichmut verlieren müssen; er gab sich aber umgekehrt einer Vertrauensseligkeit hin, für die, bei seinem sonst soupçonnösen und pessimistischen Charakter, jeder Schlüssel gefehlt haben würde, wenn er nicht unter Umständen, und auch jetzt wieder, der Mann völlig entgegengesetzter Voreingenommenheiten gewesen wäre. In seiner Scharfsicht oft übersichtig und Dinge sehend, die gar nicht da waren, übersah er ebenso oft andere, die klar zutage lagen. Er stand in der abergläubischen Furcht, in seinem Glücke von einem vernichtenden Schlage bedroht zu sein, aber nicht heut' und nicht morgen, und je bestimmter und unausbleiblicher er diesen Schlag von der Zukunft erwartete, desto sicherer und sorgloser erschien ihm die Gegenwart. Und am wenigsten sah er sie von *der* Seite her gefährdet, von der aus die Gefahr so nahe lag und von jedem andern erkannt worden wäre. Doch auch hier wiederum stand er im Bann einer vorgefaßten Meinung, und zwar eines künstlich konstruierten Rubehn, der mit dem wirklichen eine ganz oberflächliche Verwandtschaft, aber in der Tat auch nur *diese* hatte. Was sah er in ihm? Nichts als ein Frankfurter Patrizierkind, eine ganz und gar auf Anstand und Hausehre gestellte Natur, die zwar in jugendliche Torheiten verfallen, aber einen Vertrauens- und Hausfriedensbruch nie und nimmer begehen könne. Zum Überflusse war er verlobt und um so verlobter, je mehr er es bestritt. Und abends beim Tee, wenn Anastasia zugegen und das Verlobungsthema mal wieder an der Reihe war, hieß es vertraulich und gutgelaunt: »Ihr Weiber hört ja das Gras wachsen und nun gar erst *das* Gras! Ich wäre doch neugierig zu hören, an wen er sich vertan hat. Eine Vermutung hab' ich und wette zehn gegen eins, an eine Freiin vom deutschen Uradel, etwa wie Schreck von Schreckenstein oder Sattler von der Hölle.« Und dann widersprachen beide Damen, aber doch so klug und vorsichtig, daß ihr Widerspruch, anstatt irgend etwas zu beweisen, eben nur dazu diente, van der Straaten in seiner vorgefaßten Meinung immer fester zu machen.

Und so kam Heiligabend, und im ersten Saale der Bildergalerie waren all unsre Freunde, mit Ausnahme Rubehns, um den brennenden Baum her versammelt. Elimar und Gabler hatten es sich nicht nehmen lassen, auch ihrerseits zu der reichen Bescherung beizusteuern: ein riesiges Puppenhaus, drei Stock hoch, und im Souterrain eine Waschküche mit Herd und Kessel und Rolle. Und zwar eine altmodische Rolle mit Steinkasten und Mangelholz. Und sie rollte wirklich. Und es unterlag alsbald keinem Zweifel, daß das Puppenhaus den Triumph des Abends bildete, und beide Kinder waren selig. Sogar Lydia tat ihre Vornehmheitsallüren beiseit und ließ sich von Elimar in die Luft werfen und wieder fangen. Denn er war auch Turner und Akrobat. Und selbst Melanie lachte mit und schien sich des Glücks der andern zu freuen oder es gar zu teilen. Wer aber schärfer zugesehen hätte, der hätte wohl wahrgenommen, daß sie sich bezwang, und mitunter war es, als habe sie geweint. Etwas unendlich Weiches und Wehmütiges lag in dem Ausdruck ihrer Augen, und der Polizeirat sagte zu Duquede: »Sehen Sie, Freund, ist sie nicht schöner denn je?«

»Blaß und angegriffen«, sagte dieser. »Es gibt Leute, die blaß und angegriffen immer schön finden. Ich nicht. Sie wird überhaupt überschätzt, in allem, und am meisten in ihrer Schönheit.«

An den Aufbau schloß sich wie gewöhnlich ein Souper, und man endete mit einem schwedischen Punsch. Alles war heiter und guter Dinge. Melanie belebte sich wieder, gewann auch wieder frischere Farben, und als sie Riekchen und Anastasia, die bis zuletzt geblieben waren, bis an die Treppe geleitete, rief sie dem kleinen Fräulein mit ihrer freundlichen und herzgewinnenden Stimme nach: »Und sieh dich vor, Riekchen. Christel sagt mir eben, es glatteist.« Und dabei bückte sie sich über das Geländer und grüßte mit der Hand.

»Oh, ich falle nicht«, rief die Kleine zurück. »Kleine Leute fallen überhaupt nicht. Und am wenigsten, wenn sie vorn und hinten gut balancieren.«

Aber Melanie hörte nichts mehr von dem, was Riekchen sagte. Der Blick über das Geländer hatte sie schwindlig gemacht, und sie wäre gefallen, wenn sie nicht van der Straaten aufgefangen und in ihr Zimmer zurückgetragen hätte. Er wollte klingeln und nach dem Arzte schicken. Aber sie bat ihn, es zu lassen. Es sei nichts, oder doch nichts Ernstes, oder doch nichts, wobei der Arzt ihr helfen könne.

Und dann sagte sie, was es sei.

## 14

### ENTSCHLUSS

Erst den dritten Tag danach hatte sich Melanie hinreichend erholt, um in der Alsenstraße, wo sie seit Wochen nicht gewesen war, einen Besuch machen zu können. Vorher aber wollte sie bei der Madame Guichard, einer vor kurzem erst etablierten Französin, vorsprechen, deren Confektions und künstliche Blumen ihr durch Anastasia gerühmt worden waren. Van der Straaten riet ihr, weil sie noch angegriffen sei, lieber den Wagen zu nehmen, aber Melanie bestand darauf, alles zu Fuß abmachen zu wollen. Und so kleidete sie sich in ihr diesjähriges Weihnachtsgeschenk, einen Nerzpelz und ein Kastorhütchen mit Straußenfeder, und war eben auf dem letzten Treppenabsatz, als ihr Rubehn begegnete, der inzwischen von ihrem Unwohlsein gehört hatte und nun kam, um nach ihrem Befinden zu fragen.

»Ah, wie gut, daß Sie kommen«, sagte Melanie. »Nun hab' ich Begleitung auf meinem Gange. Van der Straaten wollte mir seinen Wagen aufzwingen, aber ich sehne mich nach Luft und Bewegung. Ach, unbeschreiblich... Mir ist so bang und schwer...«

Und dann unterbrach sie sich und setzte rasch hinzu: »Geben Sie mir Ihren Arm. Ich will zu meiner Schwester. Aber vorher will ich Ballblumen kaufen, und dahin sollen Sie mich begleiten. Eine halbe Stunde nur. Und dann geb' ich Sie frei, ganz frei.«

»Das dürfen Sie nicht, Melanie. Das werden Sie nicht.«

»Doch.«

»Ich *will* aber nicht freigegeben sein.«

Melanie lachte. »So seid ihr. Tyrannisch und eigenmächtig auch noch in eurer Huld, auch *dann* noch, wenn ihr uns dienen wollt. Aber kommen Sie. Sie sollen mir die Blumen aussuchen helfen. Ich vertraue ganz Ihrem Geschmack. Granatblüten; nicht wahr?«

Und so gingen sie die Große Petristraße hinunter und vom Platz aus durch ein Gewirr kleiner Gassen, bis sie, hart an der Jägerstraße, das Geschäft der Madame Guichard entdeckten, einen kleinen Laden, in dessen Schaufenster ein Teil ihrer französischen Blumen ausgebreitet lag.

Und nun traten sie ein. Einige Kartons wurden ihnen gezeigt, und ehe noch viele Worte gewechselt waren, war auch schon die Wahl getroffen. In der Tat, Rubehn hatte sich für eine Granatblütengarnitur entschieden, und eine Direktrice, die mit zugegen war, versprach alles zu schicken. Melanie selbst aber gab der Französin ihre Karte. Diese versuchte den langen Titel und Namen zu bewältigen, und ein Lächeln flog erst über ihr Gesicht, als sie das »née de Caparoux« las. Ihre nicht hübschen Züge verklärten sich plötzlich, und es war mit einem unbeschreiblichen Ausdruck von Glück und Wehmut, daß sie sagte: »Madame est Française!... Ah, notre belle France.«

Dieser kleine Zwischenfall war an Melanie nicht gleichgiltig vorübergegangen, und als sie draußen ihres Freundes Arm nahm, sagte sie: »Hörten Sie's wohl? Ah, notre belle France! Wie das so sehnsüchtig klang. Ja, sie hat ein Heimweh. Und alle haben wir's. Aber wohin? wonach?... Nach unsrem Glück... Nach unsrem Glück! Das niemand kennt und niemand sieht. Wie heißt es doch in dem Schubertschen Liede?«

»Da, wo du *nicht* bist, ist das Glück.«

»Da, wo du *nicht* bist«, wiederholte Melanie.

Rubehn war bewegt und sah ihr unwillkürlich nach den Augen. Aber er wandte sich wieder, weil er die Träne nicht sehen wollte, die darin glänzte.

Vor dem großen Platz, in den die Straße mündet, trennten sie sich. Er, für sein Teil, hätte sie gern weiter begleitet, aber sie wollt' es nicht und sagte leise: »Nein, Rubehn, es war der Begleitung schon zuviel. Wir wollen die bösen Zungen nicht vor der Zeit herausfordern. Die bösen Zungen, von denen ich eigentlich kein Recht habe zu sprechen. Adieu.« Und sie wandte sich noch einmal und grüßte mit leichter Bewegung ihrer Hand.

Er sah ihr nach, und ein Gefühl von Schreck und ungeheurer Verantwortlichkeit über ein durch ihn gestörtes Glück überkam ihn und erfüllte plötzlich sein ganzes Herz. Was soll werden?

fragte er sich. Aber dann wurde der Ausdruck seiner Züge wieder milder und heitrer, und er sagte vor sich hin: »Ich bin nicht der Narr, der von Engeln spricht. Sie war keiner und ist keiner. Gewiß nicht. Aber ein freundlich Menschenbild ist sie, so freundlich, wie nur je eines über diese arme Erde gegangen ist... Und ich liebe sie, viel, viel mehr, als ich geglaubt habe, viel, viel mehr, als ich je geglaubt hätte, daß ich lieben könnte. Mut, Melanie, nur Mut. Es werden schwere Tage kommen, und ich sehe sie schon zu deinen Häupten stehen. Aber mir ist auch, als klär' es sich dahinter. Oh, nur Mut, Mut!«

Eine halbe Woche danach war Silvester, und auf dem kleinen Balle, den Gryczinskis gaben, war Melanie die Schönste. Jacobine trat zurück und gönnte der älteren Schwester ihre Triumphe. »Superbes Weib. Ägyptische Königstochter«, schnarrte Rittmeister von Schnabel, der wegen seiner eminenten Ulanenfigur aus der Provinz in die Residenz versetzt worden war und von dem Gryczinski zu sagen pflegte: »Der geborene Prinzessinnentänzer. Nur schade, daß es keine Prinzessinnen mehr gibt.«

Aber Schnabel war nicht der einzige Melaniebewunderer. In der letzten Fensternische stand eine ganze Gruppe von jungen Offizieren: Wensky von den Ohlauer kaffeebraunen Husaren, enragierter Sportsman und Steeplechasereiter (Oberschenkel dreimal an derselben Stelle gebrochen), neben ihm Ingenieurhauptmann Stiffelius, berühmter Rechner, mager und trocken wie seine Gleichungen, und zwischen beiden Lieutenant Tigris, kleiner, kräpscher Füsilieroffizier vom Regiment Zauche-Belzig, der aus Gründen, die niemand kannte, mehrere Jahre lang der Pariser Gesandtschaft attachiert gewesen war und sich seitdem für einen Halbfranzosen, Libertin und Frauenmarder hielt. Junge Mädchen waren ihm »ridikül«. Er schob eben, trotzdem er wahre Luchsaugen hatte, sein an einem kurzen Seidenbande hängendes Pincenez zurecht und sagte: »Wensky, Sie sind ja so gut wie zu Haus hier und eigentlich Hahn im Korbe. Wer ist denn dieser Prachtkopf mit den Granatblüten? Ich könnte schwören, sie schon gesehen zu haben. Aber wo? Halb die Herzogin von Mouchy und halb die Beauffremont. Un teint de lis et de rose, et tout à fait distinguée.«

»Sie treffen es gut genug, mon cher Tigris«, lachte Wensky, »'s ist die Schwester unsrer Gryczinska, eine geborne de Caparoux.«

»Drum, drum auch. Jeder Zoll eine Französin. Ich konnte mich nicht irren. Und wie sie lacht.«

Ja, Melanie lachte wirklich. Aber wer sie die folgenden Tage gesehen hätte, der hätte die Beauté jenes Ballabends in ihr nicht wiedererkannt, am wenigsten wär' er ihrem Lachen begegnet. Sie lag leidend und abgehärmt, uneins mit sich und der Welt, auf dem Sofa und las ein Buch, und wenn sie's gelesen hatte, so durchblätterte sie's wieder, um sich einigermaßen zurückzurufen, was sie gelesen. Ihre Gedanken schweiften ab. Rubehn kam, um nach ihr zu fragen, aber sie nahm ihn nicht an und grollte mit ihm, wie mit jedem. Und ihr wurde nur leichter ums Herz, wenn sie weinen konnte.

So vergingen ein paar Wochen, und als sie wieder aufstand und sprach und wieder nach den Kindern und dem Haushalte sah, schärfer und eindringlicher als sonst, war ihr der energische Mut ihrer früheren Tage zurückgekehrt, aber nicht die Stimmung. Sie war reizbar, heftig, bitter. Und was schlimmer, auch kapriziös. Van der Straaten unternahm einen Feldzug gegen diesen vielköpfigen Feind und im einzelnen nicht ohne Glück, aber in der Hauptsache griff er fehl, und während er ihrer Reizbarkeit klugerweise mit Nachgiebigkeit begegnete, war er, ihrer Caprice gegenüber, unklugerweise darauf aus, sie durch Zärtlichkeit besiegen zu wollen. Und das entschied über ihn und sie. Jeder Tag wurd' ihr qualvoller, und die sonst so stolze und siegessichere Frau, die mit dem Manne, dessen Spielzeug sie zu sein schien und zu sein vorgab, durch viele Jahre hin immer nur ihrerseits gespielt hatte, sie schrak jetzt zusammen und geriet in ein nervöses Zittern, wenn sie von fern her seinen Schritt auf dem Korridore hörte. Was wollte er? Um was kam er? Und dann war es ihr, als müsse sie fliehen und aus dem Fenster springen. Und kam er dann wirklich und nahm ihre Hand, um sie zu küssen, so sagte sie: »Geh. Ich bitte dich. Ich bin am liebsten allein.«

Und wenn sie dann allein war, so stürzte sie fort, oft ohne Ziel, öfter noch in Anastasiens stille, zurückgelegene Wohnung, und wenn dann der Erwartete kam, dann brach alle Not ihres Herzens in bittre Tränen aus, und sie schluchzte und jammerte, daß sie dieses Lügenspiel nicht mehr ertragen könne. »Steh mir bei, hilf mir, Ruben, oder du siehst mich nicht lange mehr. Ich muß fort, fort, wenn ich nicht sterben soll vor Scham und Gram.«

Und er war mit erschüttert und sagte: »Sprich nicht so, Melanie. Sprich nicht, als ob ich nicht alles wollte, was du willst. Ich habe dein Glück gestört (*wenn* es ein Glück war), und ich will es wieder aufbauen. Überall in der Welt, *wie* du willst und *wo* du willst. Jede Stunde, jeden Tag.«

Und dann bauten sie Luftschlösser und träumten und hatten eine lachende Zukunft um sich her. Aber auch wirkliche Pläne wurden laut, und sie trennten sich unter glücklichen Tränen.

## 15
### DIE VERNEZOBRES

Und was geplant worden war, das war Flucht. Den letzten Tag im Januar wollten sie sich an einem der Bahnhöfe treffen, in früher Morgenstunde, und dann fahren, weit, weit in die Welt hinein, nach Süden zu, über die Alpen. »Ja, über die Alpen«, hatte Melanie gesagt und aufgeatmet, und es war ihr dabei gewesen, als wär' erst ein neues Leben für sie gewonnen, wenn der große Wall der Berge trennend und schützend hinter ihr läge. Und auch darüber war gesprochen worden, was zu geschehen habe, wenn van der Straaten ihr Vorhaben etwa hindern wolle. »Das wird er nicht«, hatte Melanie gesagt. – »Und warum nicht? Er ist nicht immer der Mann der zarten Rücksichtsnahmen und liebt es mitunter, die Welt und ihr Gerede zu brüskieren.« – »Und doch wird er sich's ersparen, sich und uns. Und wenn du wieder fragst, warum? Weil er mich liebt. Ich hab' es ihm freilich schlecht gedankt. Ach, Ruben, Freund, was sind wir in unserem Tun und Wollen! Undank, Untreue... mir so verhaßt! Und doch... ich tät' es wieder, alles, alles. Und ich will es nicht anders, als es ist.«

So vergingen die Januarwochen. Und nun war es die Nacht vor dem festgesetzten Tage. Melanie hatte sich zu früher Stunde niedergelegt und ihrer alten Dienerin befohlen, sie Punkt drei zu wecken. Auf diese konnte sie sich unbedingt verlassen, trotzdem Christel ihren Dienstjahren, aber freilich auch nur diesen nach, zu jenen Erbstücken des Hauses gehörte, die sich unter Duquedes Führung in einer stillen Opposition gegen Melanie gefielen.

Und kaum, daß es drei geschlagen, so war Christel da, fand aber ihre Herrin schon auf und konnte derselben nur noch beim

Ankleiden behilflich sein. Und auch das war nicht viel, denn es zitterten ihr die Hände, und sie hatte, wie sie sich ausdrückte, »einen Flimmer vor den Augen«. Endlich aber war doch alles fertig, der feste Lederstiefel saß, und Melanie sagte: »So ist's gut, Christel. Und nun gib die Handtasche her, daß wir packen können.«

Christel holte die Tasche, die dicht am Fenster auf einer Spiegelkonsole stand, und öffnete das Schloß. »Hier, das tu hinein. Ich hab' alles aufgeschrieben.« Und Melanie riß, als sie dies sagte, ein Blatt aus ihrem Notizbuch und gab es der Alten. Diese hielt den Zettel neben das Licht und las und schüttelte den Kopf.

»Ach, meine gute, liebe Frau, das ist ja gar nichts... Ach, meine liebe, gute Frau, Sie sind ja...«

»So verwöhnt, willst du sagen. Ja, Christel, das bin ich. Aber Verwöhnung ist kein Glück. Ihr habt hier ein Sprichwort: ›wenig mit Liebe.‹ Und die Leute lachen darüber. Aber über das Wahrste wird immer gelacht. Und dann, wir gehen ja nicht aus der Welt. Wir reisen bloß. Und auf Reisen heißt es: Leicht' Gepäck. Und sage selbst, Christel, ich kann doch nicht mit einem Riesenkoffer aus dem Hause gehen. Da fehlte bloß noch der Schmuck und die Kassette.«

Melanie hatte, während sie so sprach, ihre Hände dicht über das halb niedergebrannte Feuer gehalten. Denn es war kalt, und sie fröstelte. Jetzt setzte sie sich in einen nebenstehenden Fauteuil und sah abwechselnd in die glühenden Kohlen und dann wieder auf Christel, die das wenige, was aufgeschrieben war, in die Tasche tat und immer leise vor sich hinsprach und weinte. Und nun war alles hinein, und sie drückte den Bügel ins Schloß und stellte die Tasche vor Melanie nieder.

So verging eine Weile. Keiner sprach. Endlich aber trat Christel von hinten her an ihre junge Herrin heran und sagte: »Jott, liebe, jnädige Frau, muß es denn... Bleiben Sie doch. Ich bin ja bloß solche alte, dumme Person. Aber die Dummen sind oft gar nicht so dumm. Und ich sag' Ihnen, meine liebe Jnädigste, Sie jlauben jar nich, woran sich der Mensch alles jewöhnen kann. Jott, der Mensch jewöhnt sich an alles. Und wenn man reich ist und hat so viel, da kann man auch viel aushalten. Un vor mir wollt' ich woll einstehn. Un wie jeht es denn? Un wie leben denn die Menschen? In jedes Haus is 'n Gespenst, sagen sie jetzt, un das is so'ne neumodsche Redensart! Aber wahr is es. Und in manches Haus sind zweie, un rumoren, daß man's bei hellen, lichten Dage hören kann. Un so war es auch bei Vernezobres. Ich bin ja nu fufzig, und dreiundzwanzig hier. Und sieben vorher bei Vernezobres. Un war auch Kommerzienrat un alles ebenso. Das heißt, beinah.«

»Und wie war es denn?« lächelte Melanie.

»Jott, wie war es? Wie's immer is. Sie war dreißig, un er war fufzig. Un sie war sehr hübsch. Drall und blond, sagten die Leute. Na, un er? Ich will jar nich sagen, was die Leute von ihm alles gesagt haben. Aber viel Jutes war es nich... Un natürlich, da war ja denn auch ein Baumeister, das heißt eigentlich kein richtiger Baumeister, bloß einer, der immer Brücken baut vor Eisenbahnen un so, un immer mit 'n Gitter un schräge Löcher, wo man durchkucken kann. Un der war ja nu da un wie 'n Wiesel, un immer mit ins Konzert un nach Saatwinkel oder Pichelsberg, un immer 's Jackett übern Arm, un Fächer un Sonnenschirm, un immer Erdbeeren gesucht un immer verirrt un nie da, wenn die Herrschaften wieder nach Hause wollten. Un unser Herr, der ängstigte sich un dacht' immer, es wäre was passiert. Un was die andern waren, na, die tuschelten.«

»Und trennten sie sich? Oder blieben sie zusammen? Ich meine die Vernezobres«, fragte Melanie, die mit halber Aufmerksamkeit zugehört hatte.

»Natürlich blieben sie. Mal hört' ich, weil ich nebenan war, daß er sagte: ›Hulda, das geht nicht.‹ Denn sie hieß wirklich Hulda. Und er wollt' ihr Vorwürfe machen. Aber da kam er ihr jrade recht. Un sie drehte den Spieß um un sagte: ›was er nur wolle? Sie wolle fort. Un sie liebe ihn, das heißt den andern, un ihn liebe sie *nicht*. Un sie dächte gar nicht dran, ihn zu lieben. Und es wär' eijentlich bloß zum Lachen.‹ Und so ging es weiter, und sie lachte wirklich. Un ich sag' Ihnen, da wurd' er wie 'n Ohrwurm und sagte bloß: ›sie sollte sich's doch überlegen.‹ Un so kam es denn auch, un als Ende Mai war, da kam ja der Vernezobresche Doktor, so 'n richtiger, der alles janz genau wußte, der sagte, ›sie müßte nach 's Bad‹, wovon ich aber den Namen immer vergesse, weil da der Wellenschlag am stärksten ist. Un das war ja nu damals, als sie jrade die große Hängebrücke bauten, un die Leute sagten, er könnt' es alles am besten ausrechnen. Un was unser Kommerzienrat war, der kam immer bloß sonnabends. Un die Woche hatte sie frei. Un als Ende August war, oder so, da kam sie wieder un war ganz frisch un munter un hatte or'ntlich rote Backen un kajolierte ihn. Und von *ihm* war gar keine Rede mehr.«

Melanie hatte, während Christel sprach, ein paar Holzscheite auf die Kohlen geworfen, so daß es wieder prasselte, und sagte: »Du meinst es gut. Aber so geht es nicht. Ich bin doch anders. Und wenn ich's nicht bin, so bild' ich es mir wenigstens ein.«

»Jott«, sagte Christel, »en bißchen anders is es immer. Un sie war auch bloß von Neu-Cölln ans Wasser, un die Singuhr immer jrade gegenüber. Aber die war nich schuld mit ›Üb immer Treu und Redlichkeit‹.«

»Ach, meine gute Christel, Treu und Redlichkeit! Danach drängt es jeden, jeden, der nicht ganz schlecht ist. Aber weißt du, man kann auch treu sein, wenn man untreu ist. Treuer als in der Treue.«

»Jott, liebe Jnädigste, sagen Se doch so was nich. Ich versteh' es eigentlich nich. Un das muß ich Ihnen sagen, wenn einer so was sagt, un ich versteh' es nicht, denn is es immer schlimm. Un Sie sagen, Sie sind anders. Ja, das is schon richtig, un wenn es auch nich janz richtig is, so is es doch halb richtig. Un was die Hauptsache is, das is, meine liebe Jnädigste, die hat eijentlich das liebe kleine Herz auf 'n rechten Fleck, un is immer für Helfen und Geben, un immer für die armen Leute. Un was die Vernezobern war, na, die putzte sich bloß un war immer vor 'n Stehspiegel, der alles noch hübscher machte, und sah aus wie 's Modejournal und war eijentlich dumm. Wie 'n Haubenstock, sagten die Leute. Un war auch nich so was Vornehmes wie meine liebe Jnädigste, un bloß aus 'ne Färberei, türkischrot. Aber das muß ich Ihnen sagen, Ihrer is doch auch anders, als der Vernezobern ihrer war, un hat sich gar nich, un red't immer freiweg, un kann keinen was abschlagen. Un zu Weihnachten immer alles doppelt.«

Melanie nickte.

»Nu, sehen Sie, meine liebe Jnädigste, das is hübsch, daß Sie mir zunicken, un wenn Sie mir immer wieder zunicken, dann kann es auch alles noch wieder werden, un wir packen alles wieder aus, un Sie legen sich ins Bett un schlafen bis an 'n hellen lichten Tag. Un Klocker zwölfe bring' ich Ihnen Ihren Kaffee un Ihre Schokolade, alles gleich auf *ein* Brett, un wenn ich Ihnen dann erzähle, daß wir hier gesessen, und was wir alles gesprochen haben, dann is es Ihnen wie 'n Traum. Denn dabei bleib' ich, er is eijentlich auch ein juter Mann, ein sehr juter, un bloß ein bißchen sonderbar. Un sonderbar is nichts Schlimmes. Und ein reicher Mann wird es doch wohl am Ende dürfen! Un wenn ich reich wäre, ich wäre noch viel sonderbarer. Un daß er immer so spricht un solche Redensarten macht, als hätt' er keine Bildung nich un wäre von 'n Wedding oder so, ja, du himmlische Güte, warum soll er nich? Warum soll er nich so reden, wenn es ihm Spaß macht? Er is nu mal fürs Berlinsche. Aber is er denn nich einer? Und am Ende...«


16

ABSCHIED

Christel unterbrach sich und zog sich erschrocken in die Nebenstube zurück, denn van der Straaten war eingetreten. Er war noch in demselben Gesellschaftsanzug, in dem er, eine Stunde nach Mitternacht, nach Hause gekomen war, und seine überwachten Züge zeigten Aufregung und Ermattung. Von welcher Seite her er Mitteilung über Melanies Vorhaben erhalten hatte, blieb unaufgeklärt. Aus allem war nur ersichtlich, daß er sich gelobt hatte, die Dinge ruhig gehen zu lassen. Und wenn er dennoch kam, so geschah es nicht, um gewaltsam zu hindern, sondern nur, um Vorstellungen zu machen, um zu bitten. Es kam nicht der empörte Mann, sondern der liebende.

Er schob einen Fauteuil an das Feuer, ließ sich nieder, so daß er jetzt Melanie gegenübersaß, und sagte leicht und geschäftsmäßig: »Du willst fort, Melanie?«

»Ja, Ezel.«

»Warum?«

»Weil ich einen andern liebe.«

»Das ist kein Grund.«

»Doch.«

»Und ich sage dir, es geht vorüber, Lanni. Glaube mir, ich kenne die Frauen. Ihr könnt das Einerlei nicht ertragen, auch nicht das Einerlei des Glücks. Und am verhaßtesten ist euch das eigentliche, das höchste Glück, das Ruhe bedeutet. Ihr seid auf die Unruhe gestellt. Ein bißchen schlechtes Gewissen habt ihr lieber als ein gutes, das nicht prickelt, und unter allen Sprüchwörtern ist euch das vom ›besten Ruhekissen‹ am langweiligsten und am lächerlichsten. Ihr wollt gar nicht ruhen. Es soll euch immer was kribbeln und zwicken, und ihr habt den überspannt sinnlichen oder meinetwegen auch den heroischen Zug, daß ihr dem Schmerz die süße Seite abzugewinnen wißt.«

»Es ist möglich, daß du recht hast, Ezel. Aber je mehr du recht hast, je mehr rechtfertigst du mich und mein Vorhaben. Ist es wirklich, wie du sagst, so wären wir geborene Hazardeurs und Vabanquespielen so recht eigentlich unsere Natur. Und natürlich auch die meinige.«

Er hörte sie gern in dieser Weise sprechen, es klang ihm wie aus guter, alter Zeit her, und er sagte, während er den Fauteuil vertraulich näher rückte: »Laß uns nicht spießbürgerlich sein, Lanni. Sie sagen, ich wär' ein Bourgeois, und es mag sein. Aber ein Spießbürger bin ich *nicht*. Und wenn ich die Dinge des Lebens nicht sehr groß und nicht sehr ideal nehme, so nehm' ich sie doch auch nicht klein und eng. Ich bitte dich, übereile nichts. Meine Kurse stehen jetzt niedrig, aber sie werden wieder steigen. Ich bin nicht Geck genug, mir einzubilden, daß du schönes und liebenswürdiges Geschöpf, verwöhnt und ausgezeichnet von den Klügsten und Besten, daß du mich aus purer Neigung oder gar aus Liebesschwärmerei genommen hättest. Du hast mich genommen, weil du noch jung warst und noch keinen liebtest und in deinem witzigen und gesunden Sinn einsehen mochtest, daß die jungen Attachés auch keine Helden und Halbgötter wären. Und weil die Firma van der Straaten einen guten Klang hatte. Also nichts von Liebe. Aber du hast auch nichts *gegen* mich gehabt und hast mich nicht ganz alltäglich gefunden und hast mit mir geplaudert und gelacht und gescherzt. Und dann hatten wir die Kinder, die doch schließlich reizende Kinder sind, zugestanden, *dein* Verdienst, und du hast enfin an die zehn Jahr' in der Vorstellung und Erfahrung gelebt, daß es nicht zu den schlimmsten Dingen zählt, eine junge, bequem gebettete Frau zu sein und der Augapfel ihres Mannes, eine junge, verwöhnte Frau, die tun und lassen kann, was sie will, und als Gegenleistung nichts andres einzusetzen braucht als ein freundliches Gesicht, wenn es ihr grade paßt. Und sieh, Melanie, weiter will ich auch jetzt nichts, oder sag' ich lieber, will ich auch in Zukunft nichts. Denn in diesem Augenblick erscheint dir auch das wenige, was ich fordere, noch als zu viel. Aber es wird wieder anders, muß wieder anders werden. Und ich wiederhole dir, ein Minimum ist mir genug. Ich will keine Leidenschaft. Ich will nicht, daß du mich ansehen sollst, als ob ich Leone Leoni wär' oder irgendein anderer großer Romanheld, dem zuliebe die Weiber Giftbecher trinken wie Mandelmilch und lächelnd sterben, bloß um *ihn* noch einmal lächeln zu sehen. Ich bin nicht Leone Leoni, bin bloß deutsch und von holländischer Abstraktion, wodurch das Deutsche nicht besser wird, und habe die mir abstammlich zukommenden hohen Backenknochen. Ich bewege mich nicht in Illusionen, am wenigsten über meinen äußeren Menschen, und ich verlange keine Liebesgroßtaten von dir. Auch nicht einmal Entsagungen. Entsagungen machen sich zuletzt von selbst, und das sind die besten. Die besten, weil es die freiwilligen und eben deshalb auch die dauerhaften und zuverlässigen sind. Übereile nichts. Es wird sich alles wieder zurechtrücken.«

Er war aufgestanden und hatte die Lehne des Fauteuils genommen, auf der er sich jetzt hin und her wiegte. »Und nun noch eins, Lanni«, fuhr er fort, »ich bin nicht der Mann der Rücksichtsnahmen und hasse diese langweiligen ›Regards‹ auf nichts und wieder nichts. Aber dennoch sag' ich dir, nimm Rücksicht auf dich *selbst*. Es ist nicht gut, immer nur an das zu denken, was die Leute sagen, aber es ist noch weniger gut, gar nicht daran zu denken. Ich hab' es an mir selbst erfahren. Und nun überlege. Wenn du *jetzt* gehst... Du weißt, was ich meine. Du kannst jetzt nicht gehen; nicht *jetzt*.«

»Eben deshalb geh' ich, Ezel«, antwortete sie leise. »Es soll klar zwischen uns werden. Ich habe diese schnöde Lüge satt.«

Er hatte jedes Wort begierig eingesogen, wie man in entscheidenden Momenten auch das hören will, was einem den Tod gibt. Und nun war es gesprochen. Er ließ den Stuhl wieder nieder und warf sich hinein, und einen Augenblick war es ihm, als schwänden ihm die Sinne. Aber er erholte sich rasch wieder, rieb sich Stirn und Schläfe und sagte: »Gut. Auch das. Ich will es verwinden. Laß uns miteinander reden. Auch darüber reden. Du siehst, ich leide; mehr als all mein Lebtag. Aber ich weiß auch, es ist so Lauf der Welt, und ich habe kein Recht, dir Moral zu predigen. Was liegt nicht alles hinter mir!... Es mußte so kommen, *mußte* nach dem van der Straatenschen Hausgesetz (warum sollen wir nicht auch ein Hausgesetz haben), und ich glaube fast, ich wußt' es von Jugend auf.« Und nach einer Weile fuhr er fort: »Es gibt ein Sprichwort ›Gottes Mühlen mahlen langsam‹, und sieh, als ich noch ein kleiner Junge war, hört' ich's oft von unserer alten Kindermuhme, und mir wurd' immer so bange dabei. Es war wohl eine Vorahnung. Nun bin ich zwischen den zwei Steinen, und mir ist, als würd' ich zermahlen und zermalmt...«

Zermahlen? Er schlug mit der rechten in die linke Hand und wiederholte noch einmal und in plötzlich verändertem Tone: »Zermahlen! Es hat eigentlich etwas Komisches. Und wahrhaftig, hol' die Pest alle feigen Memmen. Ich will mich nicht länger damit quälen. Und ich ärgere mich über mich selbst und meine Haberei und Tuerei. Bah, die Nachmittagsprediger der Weltgeschichte machen zuviel davon, und wir sind dumm genug und plappern es ihnen nach. Und immer mit Vergessen allereigenster Herrlichkeit, und immer mit Vergessen, wie's war und ist und sein wird. Oder war es besser in den Tagen meines Paten Ezechiel? Oder als Adam grub und Eva spann? Ist nicht das ganze Alte Testament ein Sensationsroman? Dreidoppelte Geheimnisse von Paris! Und ich sage dir, Lanni, gemessen an *dem*, sind wir die reinen Lämmchen, weiß wie Schnee. Waisenkinder. Und so höre mich denn. Es soll niemand davon wissen, und ich will es halten, als ob es mein eigen wäre. Deine ist es ja, und das ist die Hauptsache. Denn so du's nicht übelnimmst, ich liebe dich und will dich behalten. Bleib. Es soll nichts sein. *Soll* nicht. Aber bleibe.«

Melanie war, als er zu sprechen begann, tief erschüttert gewesen, aber er selbst hatte, je weiter er kam, dieses Gefühl wieder weggesprochen. Es war eben immer dasselbe Lied. Alles, was er sagte, kam aus einem Herzen voll Gütigkeit und Nachsicht, aber die Form, in die sich diese Nachsicht kleidete, verletzte wieder. Er behandelte das, was vorgefallen, aller Erschütterung unerachtet, doch bagatellmäßig obenhin und mit einem starken Anfluge von zynischem Humor. Es war wohlgemeint, und die von ihm geliebte Frau sollte, seinem Wunsche nach, den Vorteil davon ziehn. Aber ihre vornehmere Natur sträubte sich innerlichst gegen eine solche Behandlungsweise. Das Geschehene, das wußte sie, war ihre Verurteilung vor der Welt, war ihre Demütigung, aber es war doch auch zugleich ihr Stolz, dies Einsetzen ihrer Existenz, dies rückhaltlose Bekenntnis ihrer Neigung. Und nun plötzlich sollt' es *nichts* sein, oder doch nicht viel mehr als nichts, etwas ganz Alltägliches, über das sich hinwegsehn und hinweggehen lasse. Das widerstand ihr. Und sie fühlte deutlich, daß das Geschehene verzeihlicher war als seine Stellung zu dem Geschehenen. Er hatte keinen Gott und keinen Glauben, und es blieb nur das eine zu seiner Entschuldigung übrig: daß sein Wunsch, ihr goldne Brücken zu bauen, sein Verlangen nach Ausgleich um *jeden* Preis, ihn anders hatte sprechen lassen, als er in seinem Herzen dachte. Ja, so war es. Aber wenn es so war, so konnte sie dies Gnadengeschenk nicht annehmen. Jedenfalls wollte sie's nicht.

»Du meinst es gut, Ezel«, sagte sie. »Aber es kann nicht sein. Es hat eben alles seine natürliche Konsequenz, und *die*, die hier spricht, die scheidet uns. Ich weiß wohl, daß auch anderes geschieht, jeden Tag, und es ist noch keine halbe Stunde, daß mir Christel davon vorgeplaudert hat. Aber einem jeden ist das Gesetz ins Herz geschrieben, und danach fühl' ich, ich muß fort. Du liebst mich, und deshalb willst du darüber hinsehen. Aber du darfst es nicht, und du *kannst* es auch nicht. Denn du bist nicht jede Stunde derselbe, keiner von uns. Und keiner kann vergessen. Erinnerungen aber sind mächtig, und Fleck ist Fleck, und Schuld ist Schuld.«

Sie schwieg einen Augenblick und bog sich rechts nach dem Kamin hin, um ein paar Kohlenstückchen in die jetzt hellbrennende Flamme zu werfen. Aber plötzlich, als ob ihr ein ganz neuer Gedanke gekommen, sagte sie mit der ganzen Lebhaftigkeit ihres früheren Wesens: »Ach, Ezel, ich spreche von Schuld und wieder Schuld, und es muß beinah klingen, als sehnt' ich mich danach, eine büßende Magdalena zu sein. Ich schäme mich ordentlich der großen Worte. Aber freilich, es gibt keine Lebenslagen, in denen man aus der Selbsttäuschung und dem Komödienspiele herauskäme. Wie steht es denn eigentlich? Ich will fort, nicht aus Schuld, sondern aus Stolz, und will fort, um mich vor mir selber wieder herzustellen. Ich kann das kleine Gefühl nicht länger ertragen, das an aller Lüge haftet; ich will wieder klare Verhältnisse sehen und will wieder die Augen aufschlagen können. Und das kann ich nur, wenn ich gehe, wenn ich mich von dir trenne und mich offen und vor aller Welt zu meinem Tun bekenne. Das wird ein groß' Gerede geben, und die Tugendhaften und Selbstgerechten werden es mir nicht verzeihn.

Aber die Welt besteht nicht aus lauter Tugendhaften und Selbstgerechten, sie besteht auch aus Menschen, die Menschliches menschlich ansehen. Und auf *die* hoff' ich, *die* brauch' ich. Und vor allem brauch' ich mich selbst. Ich will wieder in Frieden mit mir selber leben, und wenn nicht in Frieden, so doch wenigstens ohne Zwiespalt und zweierlei Gesicht.«

Es schien, daß van der Straaten antworten wollte, aber sie litt es nicht und sagte: »Sage nicht nein. Es ist so und nicht anders. Ich will den Kopf wieder hochhalten und mich wieder fühlen lernen. Alles ist eitel Selbstgerechtigkeit. Und ich weiß auch, es wäre besser und selbstsuchtsloser, ich bezwänge mich und bliebe, freilich immer vorausgesetzt, ich könnte mit einer Einkehr bei mir selbst beginnen. Mit Einkehr und mit Reue. Aber das kann ich nicht. Ich habe nur ein ganz äußerliches Schuldbewußtsein, und wo mein Kopf sich unterwirft, da protestiert mein Herz. Ich nenn' es selber ein störrisches Herz, und ich versuche keine Rechtfertigung. Aber es wird nicht anders durch mein Schelten und Schmähen. Und sieh, so hilft mir denn eines nur und reißt mich eines nur aus mir heraus: ein ganz neues Leben und in ihm *das*, was das erste vermissen ließ: Treue. Laß mich gehen. Ich will nichts beschönigen, aber das laß mich sagen: es trifft sich gut, daß das Gesetz, das uns scheidet, und mein eignes selbstisches Verlangen zusammenfallen.«

Er hatte sich erhoben, um ihre Hand zu nehmen, und sie ließ es geschehen. Als er sich aber niederbeugen und ihr die Stirn küssen wollte, wehrte sie's und schüttelte den Kopf. »Nein, Ezel, nicht so. Nichts mehr zwischen uns, was stört und verwirrt und quält und ängstigt und immer nur erschweren und nichts mehr ändern kann... Ich werd' erwartet. Und ich will mein neues Leben nicht mit einer Unpünktlichkeit beginnen. Unpünktlich sein ist unordentlich sein. Und davor hab' ich mich zu hüten. Es soll Ordnung in mein Leben kommen, Ordnung und Einheit. Und nun leb wohl und vergiß.«

Er hatte sie gewähren lassen, und sie nahm die kleine Reisetasche, die neben ihr stand, und ging. Als sie bis an die Tapetentür gekommen war, die zu der Kinderschlafstube führte, blieb sie stehen und sah sich noch einmal um. Er nahm es als ein gutes Zeichen und sagte: »Du willst die Kinder sehen!«

Es war das Wort, das sie gefürchtet hatte, das Wort, das in ihr selber sprach. Und ihre Augen wurden groß, und es flog um ihren Mund, und sie hatte nicht die Kraft, ein »Nein« zu sagen. Aber sie bezwang sich und schüttelte nur den Kopf und ging auf Tür und Flur zu.

Draußen stand Christel, ein Licht in der Hand, um ihrer Herrin das Täschchen abzunehmen und sie die beiden Treppen hinabzubegleiten. Aber Melanie wies es zurück und sagte: »Laß, Christel, ich muß nun meinen Weg allein finden.« Und auf der zweiten Treppe, die dunkel war, begann sie wirklich zu suchen und zu tappen.

»Es beginnt früh«, sagte sie.

Das Haus war schon auf, und draußen blies ein kalter Wind von der Brüderstraße her, über den Platz weg, und der Schnee federte leicht in der Luft. Sie mußte dabei des Tages denken, nun beinah jährig, wo der Rollwagen vor ihrem Hause hielt und wo die Flocken auch wirbelten wie heut' und die kindische Sehnsucht über sie kam, zu steigen und zu fallen wie sie.

Und nun hielt sie sich auf die Brücke zu, die nach dem Spittelmarkte führt, und sah nichts als den Laternenanstecker ihres Reviers, der mit seiner langen schmalen Leiter immer vor ihr her lief und, wenn er oben stand, halb neugierig und halb pfiffig auf sie niedersah und nicht recht wußte, was er aus ihr machen sollte.

Jenseits der Brücke kam eine Droschke langsam auf sie zu. Der Kutscher schlief, und das Pferd eigentlich auch, und da nichts Besseres in Sicht war, so zupfte sie den immer noch Verschlafenen an seinem Mantel und stieg endlich ein und nannt' ihm den Bahnhof. Und es war auch, als ob er sie verstanden und zugestimmt habe. Kaum aber, daß sie saß, so wandt' er sich auf dem Bock um und brummelte durch das kleine Guckloch: »er sei Nachtdroschke, un janz klamm, un von Klock elwe nichts in 'n Leib. Un er wolle jetzt nach Hause.« Da mußte sie sich aufs Bitten legen, bis er endlich nachgab. Und nun schlug er auf das arme Tier los, und holprig ging es die lange Straße hinunter.

Sie warf sich zurück und stemmte die Füße gegen den Rücksitz, aber die Kissen waren feucht und kalt, und das eben erlöschende Lämpchen füllte die Droschke mit einem trüben Qualm. Ihre Schläfen fühlten mehr und mehr einen Druck, und ihr wurde weh und widrig in der elenden Armeleuteluft. Endlich ließ sie die Fenster nieder und freute sich des frischen Windes, der durchzog. Und freute sich auch des erwachenden Lebens der Stadt, und jeden Bäckerjungen, der trällernd und pfeifend und seinen Korb mit Backwaren hoch auf dem Kopf an ihr vorüberzog, hätte sie grüßen mögen. Es war doch ein heiterer Ton, an dem sich ihre Niedergedrücktheit aufrichten konnte.

Sie waren jetzt bis an die letzte Querstraße gekommen, und in fortgesetztem und immer nervöser werdendem Hinaussehen erschien es ihr, als ob alle Fuhrwerke, die denselben Weg hatten, ihr eignes elendes Gefährt in wachsender Eil' überholten. Erst einige, dann viele. Sie klopfte, rief. Aber alles umsonst. Und zuletzt war es ihr, als läg' es an ihr und als versagten *ihr* die Kräfte, und als sollte sie die letzte sein und käme nicht mehr mit, heute nicht und morgen nicht und nie mehr. Und ein Gefühl unendlichen Elends überkam sie. »Mut, Mut«, rief sie sich zu und raffte sich zusammen und zog ihre Füße von dem Rücksitzkissen und richtete sich auf. Und sieh, ihr wurde besser. Mit ihrer äußeren Haltung kam ihr auch die innere zurück.

Und nun endlich hielt die Droschke, und weil weder oben

noch auch vorne bei dem Kutscher etwas von Gepäckstücken sichtbar war, war auch niemand da, der sich dienstbar gezeigt und den Droschkenschlag geöffnet hätte. Sie mußt' es von innen her selber tun und sah sich um und suchte. »Wenn er nicht da wäre!« Doch sie hatte nicht Zeit, es auszudenken. Im nächsten Augenblicke schon trat von einem der Auffahrtspfeiler her Rubehn an sie heran und bot ihr die Hand, um ihr beim Aussteigen behilflich zu sein. Ihr Fuß stand eben auf dem mit Stroh umwickelten Tritt, und sie lehnte den Kopf an seine Schulter und flüsterte: »Gott sei Dank! Ach, war *das* eine Stunde! Sei gut, einzig Geliebter, und lehre sie mich vergessen.«

Und er hob die geliebte Last und setzte sie nieder und nahm ihren Arm und das Täschchen, und so schritten sie die Treppe hinauf, die zu dem Perron und dem schon haltenden Zuge führte.

17

DELLA SALUTE

»Nach Süden!« Und in kurzen, oft mehrtägig unterbrochenen Fahrten, wie sie Melanies erschütterte Gesundheit unerläßlich machte, ging es über den Brenner, bis sie gegen Ende Februar in Rom eintrafen, um daselbst das Osterfest abzuwarten und »Nachrichten aus der Heimat«. Es war ein absichtlich indifferentes Wort, das sie wählten, während es sich doch in Wahrheit um Mitteilungen handelte, die für ihr Leben entscheidend waren und die länger ausblieben als erwünscht. Aber endlich waren sie da, diese »Nachrichten aus der Heimat«, und der nächste Morgen bereits sah beide vor dem Eingang einer kleinen englischen Kapelle, deren alten Reverend sie schon vorher kennengelernt und, durch seine Milde dazu bestimmt, ins Vertrauen gezogen hatten. Auch ein paar Freunde waren zugegen, und unmittelbar nach der kirchlichen Handlung brach man auf, um, nach monatelangem Eingeschlossensein in der Stadt, einmal außerhalb ihrer Mauern aufatmen und sich der Krokus- und Veilchenpracht in Villa d'Este freuen zu können. Und alles freute sich wirklich, am meisten aber Melanie. Sie war glücklich, unendlich glücklich. Alles, was ihr das Herz bedrückt hatte, war wie mit einem Schlage von ihr genommen, und sie lachte wieder, wie sie seit lange nicht mehr gelacht hatte, kindlich und harmlos. Ach, wem *dies* Lachen wurde, dem bleibt es, und wenn es schwand, so kehrt es wieder. Und es überdauert alle Schuld und baut uns die Brücken vorwärts und rückwärts in eine bessere Zeit.

Wohl, es war ihr so frei geworden an diesem Tag, aber sie wollt' es noch freier haben, und als sie, bei Dunkelwerden, in ihre Wohnung zurückkehrte, drin die treffliche römische Wirtin außer dem hohen Kaminfeuer auch schon die dreidochtige Lampe angezündet hatte, beschloß sie, denselben Abend noch an ihre Schwester Jacobine zu schreiben, allerlei Fragen zu tun und nebenher von ihrem Glück und ihrer Reise zu plaudern.

Und sie tat es und schrieb:

»Meine liebe Jacobine. Heute war ein rechter Festestag und, was mehr ist, auch ein glücklicher Tag, und ich möchte meinem Danke so gern einen Ausdruck geben. Und da schreib' ich denn. Und an wen lieber als an Dich, Du mein geliebtes Schwesterherz. Oder willst Du das Wort nicht mehr hören? Oder darfst Du nicht?

Ich schreibe Dir diese Zeilen in der Via Catena, einer kleinen Querstraße, die nach dem Tiber hinführt, und wenn ich die Straße hinuntersehe, so blinken mir, vom andern Ufer her, ein paar Lichter entgegen. Und diese Lichter kommen von der Farnesina, der berühmten Villa, drin Amor und Psyche sozusagen aus allen Fensterkappen sehen. Aber ich sollte nicht so scherzhaft über derlei Dinge sprechen, und ich könnt' es auch nicht, wenn wir heute nicht in der Kapelle gewesen wären. Endlich, endlich! Und weißt Du, wer mit unter den Zeugen war? Unser Hauptmann von Brausewetter, Dein alter Tänzer von Dachrödens her. Und lieb und gut und ohne Hoffart. Und wenn man in der Acht ist, die noch schlimmer ist als das Unglück, so hat man ein Auge dafür, und das Bild, Du weißt schon, über das ich damals so viel gespottet und gescherzt habe, es will mir nicht aus dem Sinn. Immer dasselbe ›Steinige, steinige‹. Und die Stimme schweigt, die vor den Pharisäern das himmlische Wort sprach.

Aber nichts mehr davon, ich plaudre lieber.

Wir reisten in kleinen Tagereisen, und ich war anfänglich abgespannt und freudlos, und wenn ich eine Freude zeigte, so war es nur um Rubens willen. Denn er tat mir so leid. Eine weinerliche Frau! Ach, das ist das Schlimmste, was es gibt. Und gar erst auf Reisen. Und so ging es eine ganze Woche lang, bis wir in die Berge kamen. Da wurd' es besser, und als wir neben dem schäumenden Inn hinfuhren und an demselben Nachmittage noch in Innsbruck ein wundervolles Quartier fanden, da fiel es von mir ab und ich konnte wieder aufatmen. Und als Ruben sah, daß mir alles so wohltat und mich erquickte, da blieb er noch den folgenden Tag und besuchte mit mir alle Kirchen und Schlösser und zuletzt auch die Kirche, wo Kaiser Max begraben liegt. Es ist derselbe von der Martinswand her, und derselbe auch, der zu Luthers Zeiten lebte. Freilich schon als ein sehr alter Herr. Und es ist auch der, den Anastasius Grün als ›Letzten Ritter‹ gefeiert hat, worin er vielleicht etwas zu weit gegangen ist. Ich glaube nämlich nicht, daß er der letzte Ritter war. Er war überhaupt zu stark und zu korpulent für einen Ritter, und ohne Dir schmeicheln zu wollen, find' ich, daß Gryczinski ritterlicher ist. Sonderbarerweise fühl' ich mich überhaupt eingepreußter, als ich dachte, so daß mir auch das Bildnis Andreas Hofers wenig gefallen hat. Er trägt einen Tiroler Spruchgürtel um den Leib und wurde zu Mantua, wie Du vielleicht gehört haben wirst, erschossen. Manche tadeln es, daß er sich geängstigt haben soll. Ich für mein Teil habe nie begreifen können, wie man es tadeln will, nicht gern erschossen zu werden.

Und dann gingen wir über den Brenner, der ganz in Schnee lag, und es sah wundervoll aus, wie wir an derselben Bergwand, an der unser Zug emporkletterte, zwei, drei andre Züge tief unter uns sahen, so winzig und unscheinbar wie die Futterkästchen an einem Zeisigbauer. Und denselben Abend noch waren wir in Verona. Das vorige Mal, als ich dort war, hatt' ich es nur passiert, jetzt aber blieben wir einen Tag, weil mir Ruben das altrömische Theater zeigen wollte, das sich hier befindet. Es war ein kalter Tag, und mich fror in dem eisigen Winde, der ging, aber ich freue mich doch, es gesehen zu haben. Wie beschreib' ich es Dir nur? Du mußt Dir das Opernhaus denken, aber nicht an einem gewöhnlichen Tage, sondern an einem Subskriptionsballabend, und an der Stelle, wo die Musik ist, rundet es sich auch noch. Es ist nämlich ganz eiförmig und amphitheatralisch, und der Himmel als Dach darüber, und ich würd' es alles sehr viel mehr noch genossen haben, wenn ich mich nicht hätte verleiten lassen, in einem benachbarten Restaurant ein Salamifrühstück zu nehmen, das mir um ein Erhebliches zu national war.

Die Woche darauf kamen wir nach Florenz, und wenn ich Duquede wäre, so würd' ich sagen: es wird überschätzt. Es ist voller Engländer und Bilder, und mit den Bildern wird man nicht fertig. Und dann haben sie die ›Cascinen‹, etwas wie unsre Tiergarten- oder Hofjägerallee, worauf sie sehr stolz sind, und man sieht auch wirklich Fuhrwerke mit sechs und zwölf und sogar mit vierundzwanzig Pferden. Aber ich habe sie nicht gesehen und will Dich durch Zahlenangaben nicht beirren. Über den Arno führt eine Budenbrücke, nach Art des Rialto, und wenn

Du von den vielen Kirchen und Klöstern absehen willst, so gilt der alte Herzogspalast als die Hauptsehenswürdigkeit der Stadt. Und am schönsten finden sie den kleinen Turm, der aus der Mitte des Palastes aufwächst, nicht viel anders als ein Schornstein mit einem Kranz und einer Galerie darum. Es soll aber sehr originell gedacht sein. Und zuletzt findet man es auch. Und in der Nähe befindet sich eine lange schmale Gasse, die neben der Hauptstraße herläuft und in der beständig Wachteln am Spieß gebraten werden. Und alles riecht nach Fett, und dazwischen Lärm und Blumen und aufgetürmter Käse, so daß man nicht weiß, wo man bleiben und ob man sich mehr entsetzen oder freuen soll. Aber zuletzt freut man sich, und es ist eigentlich das Hübscheste, was ich auf meiner ganzen Reise gesehen habe. Natürlich Rom ausgenommen. Und nun bin ich in Rom.

Aber Herzens-Jacobine, davon kann ich Dir heute nicht schreiben, denn ich bin schon auf dem vierten Blatt, und Ruben wird ungeduldig und wirft aus seiner dunklen Ecke Konfetti nach mir, trotzdem wir den Karneval längst hinter uns haben. Und so brech' ich denn ab und tue nur noch ein paar Fragen.

Freilich, jetzt, wo ich die Fragen stellen will, wollen sie mir nicht recht aus der Feder, und Du mußt sie erraten. Rätsel sind es nicht. In Deiner Antwort sei schonend, aber verschweige nichts. Ich muß das Unangenehme, das Schmerzliche tragen lernen. Es ist nicht anders. Über all das geb' ich mich keinen Illusionen hin. Wer in die Mühle geht, wird weiß. Und die Welt wird schlimmere Vergleiche wählen. Ich möchte nur, daß bei meiner Verurteilung über die ›mildernden Umstände‹ nicht ganz hinweggegangen würde. Denn sieh, ich konnte nicht anders. Und ich habe nur noch den *einen* Wunsch, daß es mir vergönnt sein möchte, *dies* zu beweisen. Aber dieser Wunsch wird mir versagt bleiben, und ich werd' allen Trost in meinem Glück und alles Glück in meiner Zurückgezogenheit suchen und finden müssen. Und das werd' ich. Ich habe genug von dem Geräusch des Lebens gehabt, und ich sehne mich nach Einkehr und Stille. Die hab' ich *hier*. Ach, wie schön ist diese Stadt, und mitunter ist es mir, als wär' es wahr und als käm' uns jedes Heil und jeder Trost aus Rom und nur aus Rom. Es ist ein seliges Wandeln an diesem Ort, ein Sehen und Hören als wie im Traum.

Und nun, meine süße Jacobine, lebe wohl und schreibe recht, recht viel und recht ausführlich. Es interessiert mich alles, und ich sehne mich nach Nachricht, vor allem nach Nachricht... Aber Du weißt es ja. Nichts mehr davon. Immer die Deine.
                                                            Melanie R.«

Der Brief wurde noch denselben Abend zur Post gegeben, in dem dunklen Gefühl, daß eine rasche Beförderung auch eine rasche Antwort erzwingen könne. Aber diese Antwort blieb aus, und die darin liegende Kränkung würde sehr schmerzlich empfunden worden sein, wenn nicht Melanie, wenige Tage nach Absendung des Briefes, in ihre frühere Melancholie zurückverfallen wäre. Sie glaubte bestimmt, daß sie sterben werde, versuchte zu lächeln und brach doch plötzlich in einen Strom von Tränen aus. Denn sie hing am Leben und genoß inmitten ihres Schmerzes *ein* unendliches Glück: die Nähe des geliebten Mannes.

Und sie hatte wohl recht, sich dieses Glückes zu freuen. Denn alle Tugenden Rubehns zeigten sich um so heller, je trüber die Tage waren. Er kannte nur Rücksicht; keine Mißstimmung, keine Klage wurde laut, und über das Vornehme seiner Natur wurde die Zurückhaltung darin vergessen.

Und so vergingen trübe Wochen.

Ein deutscher Arzt endlich, den man zu Rate zog, erklärte, daß vor allem das Stillsitzen vermieden, dagegen umgekehrt für beständig neue Eindrücke gesorgt werden müsse. Mit anderen Worten, das, was er vorschlug, war ein beständiger Orts- und

Luftwechsel. Ein solch tagtägliches Hin und Her sei freilich selber ein Übel, aber ein kleineres, und jedenfalls das einzige Mittel, der inneren Ruhelosigkeit abzuhelfen.

Und so wurden denn neue Reisepläne geschmiedet und von der Kranken apathisch angenommen.

In kurzen Etappen, unter geflissentlicher Vermeidung von Eisenbahn und großen Straßen, ging es, durch Umbrien, immer höher hinauf an der Ostküste hin, bis sich plötzlich herausstellte, daß man nur noch zehn Meilen von Venedig entfernt sei. Und siehe, da kam ihr ein tiefes und sehnsüchtiges Verlangen, ihrer Stunde dort warten zu wollen. Und sie war plötzlich wie verändert und lachte wieder und sagte: »Della Salute! Weißt du noch?... Es heimelt mich an, es erquickt mich: das Wohl, das Heil! Oh, komm. Dahin wollen wir.«

Und sie gingen, und dort war es, wo die bange Stunde kam. Und einen Tag lang wußte der Zeiger nicht, wohin er sich zu stellen habe, ob auf Leben oder Tod. Als aber am Abend, von über dem Wasser her, ein wunderbares Läuten begann und die todmatte Frau auf ihre Frage »von wo« die Antwort empfing »von Della Salute«, da richtete sie sich auf und sagte: »Nun weiß ich, daß ich leben werde.«

18

WIEDER DAHEIM

Und ihre Hoffnung hatte sie nicht betrogen. Sie genas, und erst als die Herbsttage kamen und das Gedeihen des Kindes und vor allem auch ihr eigenes Wohlbefinden einen Aufbruch gestattete, verließen sie die Stadt, an die sie sich durch ernste und heitere Stunden aufs innigste gekettet fühlten, und gingen in die Schweiz, um in dem lieblichsten der Täler, in dem Tale »zwischen den Seen«, eine neue vorläufige Rast zu suchen.

Und sie lebten hier glücklich-stille Wochen, und erst als ein scharfer Nordwest vom Thuner See nach dem Brienzer hinüberfuhr und den Tag darauf der Schnee so dicht fiel, daß nicht nur die »Jungfrau«, sondern auch jede kleinste Kuppe verschneit und vereist ins Tal herniedersah, sagte Melanie: »Nun ist es Zeit. Es kleidet nicht jeden Menschen das Alter und nicht jede Landschaft der Schnee. Der Winter ist in diesem Tale nicht zu Haus oder paßt wenigstens nicht recht hierher. Und ich möchte nun wieder *da* hin, wo man sich mit ihm eingelebt hat und ihn versteht.«

»Ich glaube gar«, lachte Rubehn, »du sehnst dich nach der Rousseau-Insel!«

»Ja«, sagte sie. »Und nach viel anderem noch. Sieh, in drei Stunden könnt' ich von hier aus in Genf sein und das Haus wiedersehen, darin ich geboren wurde. Aber ich habe keine Sehnsucht danach. Es zieht mich nach dem *Norden* hin, und ich empfind' ihn mehr und mehr als meine Herzensheimat. Und was auch dazwischen liegt, er muß es bleiben.«

Und an einem milden Dezembertage waren Rubehn und Melanie wieder in der Hauptstadt eingetroffen und mit ihnen die Vreni oder »das Vrenel«, eine derbe schweizerische Magd, die sie, während ihres Aufenthalts in Interlaken, zur Abwartung des Kindes angenommen hatten. Eine vorzügliche Wahl. Am Bahnhof aber waren sie von Rubehns jüngerem Bruder empfangen und in ihre Wohnung eingeführt worden: eine reizende Mansarde, dicht am Westende des Tiergartens, ebenso reich wie geschmackvoll eingerichtet und beinah Wand an Wand mit Duquede. »Sollen wir gute Nachbarschaft mit ihm halten?« hatten sie sich im Augenblick ihres Eintretens unter gegenseitiger Heiterkeit gefragt.

Melanie war sehr glücklich über Wohnung und Einrichtung,

überhaupt über alles, und gleich am anderen Vormittage setzte sie sich, als sie allein war, in eine der tiefen Fensternischen und sah auf die bereiften Bäume des Parks und auf ein paar Eichkätzchen, die sich haschten und von Ast zu Ast sprangen. Wie oft hatte sie dem zugesehen, wenn sie mit Liddi und Heth durch den Tiergarten gefahren war! Es stand plötzlich alles wieder vor ihr, und sie fühlte, daß ein Schatten auf die heiteren Bilder ihrer Seele fiel.

Endlich aber zog es auch *sie* hinaus, und sie wollte die Stadt wieder sehen, die Stadt und bekannte Menschen. Aber wen? Sie konnte nur bei der Freundin, bei dem Musikfräulein, vorsprechen. Und sie tat es auch, ohne daß sie schließlich eine Freude davon gehabt hätte. Anastasia kam ihr vertraulich und beinah überheblich entgegen, und in begreiflicher Verstimmung darüber kehrte Melanie nach Hause zurück. Auch hier war nicht alles, wie es sein sollte, das Vrenel in schlechter Laune, die Zimmer überheizt, und ihre Heiterkeit kam ihr erst wieder, als sie Rubehns Stimme draußen auf dem Vorflur hörte.

Und nun trat er ein.

Es war um die Teestunde, das Wasser brodelte schon, und sie nahm des geliebten Mannes Arm und schritt plaudernd mit ihm über den dicken, türkischen Teppich hin. Aber er litt von der Hitze, die sie mit ihrem Taschentuche vergeblich fortzufächeln bemüht war. »Und nun sind wir im Norden!« lachte er. »Und nun sage, haben wir im Süden je so was von Glut und Samum auszuhalten gehabt?«

»O doch, Ruben. Entsinnst du dich noch, als wir das erstemal nach dem Lido hinausfuhren? Ich wenigstens vergess' es nicht. All mein Lebtag hab' ich mich nicht so geängstigt wie damals auf dem Schiff: erst die Schwüle und dann der Sturm. Und dazwischen das Blitzen. Und wenn es noch ein Blitzen gewesen wäre! Aber wie feurige Laken fiel es vom Himmel. Und du warst so ruhig.«

»Das bin ich immer, Herz, oder such' es wenigstens zu sein. Mit unserer Unruhe wird nichts geändert und noch weniger gebessert.«

»Ich weiß doch nicht, ob du recht hast. In unserer Angst und Sorge beten wir, auch wir, die wir's in unseren guten Tagen an uns kommen lassen. Und das versöhnt die Götter. Denn sie wollen, daß wir uns in unserer Kleinheit und Hilfsbedürftigkeit fühlen lernen. Und haben sie nicht recht?«

»Ich weiß nur, daß *du* recht hast. Immer. Und dir zuliebe sollen auch die Götter recht haben. Bist du zufrieden damit?«

»Ja und nein. Was Liebe darin ist, ist gut, oder ich hör' es wenigstens gern. Aber...«

»Lassen wir das ›Aber‹ und nehmen wir lieber unseren Tee, der uns ohnehin schon erwartet. Und er hilft auch immer und gegen alles und wird uns auch aus dieser afrikanischen Hitze helfen. Um aber sicher zu gehen, will ich doch lieber noch das Fenster öffnen.« Und er tat's, und unter dem halb aufgezogenen Rouleau hin zog eine milde Nachtluft ein.

»Wie mild und weich«, sagte Melanie.

»Zu weich«, entgegnete Rubehn. »Und wir werden uns auf kältere Luftströme gefaßt machen müssen.«


19

INKOGNITO

Melanie war froh, wieder daheim zu sein.

Was sich ihr notwendig entgegenstellen mußte, das übersah sie nicht, und die Furcht, der Rubehn Ausdruck gegeben hatte, war auch ihre Furcht. Aber sie war doch andrerseits sanguinischen Gemüts genug, um der Hoffnung zu leben, sie werd' es überwinden. Und warum sollte sie's nicht? Was geschehen, erschien ihr, der Gesellschaft gegenüber, so gut wie ausgeglichen; allem Schicklichen war genügt, alle Formen waren erfüllt, und so gewärtigte sie nicht, einer Strenge zu begegnen, zu der die Welt in der Regel nur greift, wenn sie's zu *müssen* glaubt, vielleicht einfach in dem Bewußtsein davon, daß, wer in einem Glashause wohnt, nicht mit Steinen werfen soll.

Melanie gewärtigte keines Rigorismus. Nichtsdestoweniger stimmte sie dem Vorschlage bei, wenigstens während der nächsten Wochen noch ein Inkognito bewahren und erst von Neujahr an die nötigsten Besuche machen zu wollen.

So war es denn natürlich, daß man den Weihnachtsabend im engsten Zirkel verbrachte. Nur Anastasia, Rubehns Bruder und der alte Frankfurter Prokurist, ein versteifter und schweigsamer Junggeselle, dem sich erst beim dritten Schoppen die Zunge zu lösen pflegte, waren erschienen, um die Lichter am Christbaum brennen zu sehen. Und als sie brannten, wurd' auch das Aninettchen herbeigeholt, und Melanie nahm das Kind auf den Arm und spielte mit ihm und hielt es hoch. Und das Kind schien glücklich und lachte und griff nach den Lichtern.

Und glücklich waren alle, besonders auch Rubehn, und wer ihn an diesem Abende gesehen hätte, der hätte nichts von Behagen und Gemütlichkeit an ihm vermißt. Alles Amerikanische war abgestreift.

In dem Nebenzimmer war inzwischen ein kleines Mahl serviert worden, und als einleitend erst durch Anastasia und danach auch durch den jüngeren Rubehn ein paar scherzhafte Gesundheiten ausgebracht worden waren, erhob sich zuletzt auch der alte Prokurist, um »aus vollem Glas und vollem Herzen« einen Schlußtoast zu proponieren. Das Beste des Lebens, das wiss' er aus eigner Erfahrung, sei das Inkognito. Alles, was sich auf den Markt oder auf die Straße stelle, das tauge nichts oder habe doch nur Alltagswert; das, was wirklich Wert habe, das ziehe sich zurück, das berge sich in Stille, das verstecke sich. Die lieblichste Blume, darüber könne kein Zweifel sein, sei das Veilchen, und die poetischste Frucht, darüber könne wiederum kein Zweifel sein, sei die Walderdbeere. Beide versteckten sich aber, beide ließen sich suchen, beide lebten sozusagen inkognito. Und somit lasse er das Inkognito leben, oder die Inkognitos, denn Singular oder Plural sei ihm durchaus gleichgiltig;

>»*Das* oder *die*,
Ein volles Glas für Melanie;
*Die* oder *das*,
Für Ebenezer ein volles Glas.«

Und danach fing er an zu singen.

Erst zu später Stunde trennte man sich, und Anastasia versprach, am andern Tage zu Tisch wiederzukommen; abermals einen Tag später aber (Rubehn war eben in die Stadt gegangen) erschien das Vrenel, um in ihrem Schweizer Deutsch und zugleich in sichtlicher Erregung den Polizeirat Reiff zu melden. Und sie beruhigte sich erst wieder, als ihre junge Herrin antwortete: »Ah, sehr willkommen. Ich lasse bitten einzutreten.«

Melanie ging dem Angemeldeten entgegen. Er war ganz unverändert: derselbe Glanz im Gesicht, derselbe schwarze Frack, dieselbe weiße Weste.

»Welche Freude, Sie wiederzusehen, lieber Reiff«, sagte Melanie und wies mit der Rechten auf einen neben ihr stehenden Fauteuil. »Sie waren immer mein guter Freund, und ich denke, Sie bleiben es.«

Reiff versicherte etwas von unveränderter Devotion und tat Fragen über Fragen. Endlich aber ließ er durch Zufall oder Absicht auch den Namen van der Straatens fallen.

Melanie blieb unbefangen und sagte nur: »*Den* Namen dürfen

Sie nicht nennen, lieber Reiff, wenigstens jetzt nicht. Nicht, als ob er mir unfreundliche Bilder weckte. Nein, o nein. Wäre das, so dürften Sie's. Aber gerade weil mir der Name nichts Unfreundliches zurückruft, weil ich nur weiß, ihm, der ihn trägt, wehe getan zu haben, so quält und peinigt er mich. Er mahnt mich an ein Unrecht, das dadurch nicht kleiner wird, daß ich es in meinem Herzen nicht recht als Unrecht empfinde. Also nichts von ihm. Und auch nichts...« Und sie schwieg und fuhr erst nach einer Weile fort: »Ich habe nun mein Glück, ein wirkliches Glück; mais il faut payer pour tout et deux fois pour notre bonheur.«

Der Polizeirat stotterte eine verlegene Zustimmung, weil er nicht recht verstanden hatte.

»Wir aber, lieber Reiff«, nahm Melanie wieder das Wort, »wir müssen einen neutralen Boden finden. Und das werden wir. Das zählt ja zu den Vorzügen der großen Stadt. Es gibt immer hundert Dinge, worüber sich plaudern läßt. Und nicht bloß um Worte zu machen, nein, auch mit dem Herzen. Nicht wahr? Und ich rechne darauf, Sie wiederzusehen.«

Und bald danach empfahl sich Reiff, um die Droschke, darin er gekommen war, nicht allzu lange warten zu lassen. Melanie aber sah ihm nach und freute sich, als er wenige Häuser entfernt dem aus der Stadt zurückkommenden Rubehn begegnete. Beide grüßten einander.

»Reiff war hier«, sagte Rubehn, als er einen Augenblick später eintrat. »Wie fandest du ihn?«

»Unverändert. Aber verlegener, als ein Polizeirat sein sollte.«

»Schlechtes Gewissen. Er hat dich aushorchen wollen.«

»Glaubst du?«

»Zweifellos. Einer ist wie der andre. Nur ihre Manieren sind verschieden. Und Reiff hat die Harmlosigkeitsallüren. Aber vor dieser Spezies muß man doppelt auf der Hut sein. Und so lächerlich es ist, ich kann den Gedanken nicht unterdrücken, daß wir morgen ins schwarze Buch kommen.«

»Du tust ihm unrecht. Er hat ein Attachement für mich. Oder ist es meinerseits bloß Eitelkeit und Einbildung?«

»Vielleicht. Vielleicht auch nicht. Aber diese guten Herren... ihr bester Freund, ihr leiblicher Bruder ist nie sicher vor ihnen. Und wenn man sich darüber erstaunt oder beklagt, so heißt es ironisch und achselzuckend: ›C'est mon métier.‹«

Eine Woche später hatte das neue Jahr begonnen, und der Zeitpunkt war da, wo das junge Paar aus seinem Inkognito heraustreten wollte. Wenigstens Melanie. Sie war noch immer nicht bei Jacobine gewesen, und wiewohl sie sich, in Erinnerung an den unbeantwortet gebliebenen Brief, nicht viel Gutes von diesem Besuche versprechen konnte, so mußt' er doch auf jede Gefahr hin gemacht werden. Sie mußte Gewißheit haben, wie sich die Gryczinskis stellen wollten.

Und so fuhr sie denn nach der Alsenstraße.

Schwereren Herzens als sonst stieg sie die mit Teppich belegte Treppe hinauf und klingelte. Und bald konnte sie hinter der Korridorglaswand ein Hin- und Herhuschen erkennen. Endlich aber wurde geöffnet.

»Ah, Emmy. Ist meine Schwester zu Haus?«

»Nein, Frau Kommerzien... Ach, wie die gnädige Frau bedauern wird! Aber Frau von Heysing waren hier und haben die gnädige Frau zu dem großen Bilde abgeholt. Ich glaube ›Die Fackeln des Nero‹.«

»Und der Herr Major?«

»Ich weiß es nicht«, sagte das Mädchen verlegen. »Er wollte fort. Aber ich will doch lieber erst...«

»O nein, Emmy, lassen Sie's. Es ist gut so. Sagen Sie meiner Schwester, oder der gnädigen Frau, daß ich da war. Oder besser, nehmen Sie meine Karte...«

Danach grüßte Melanie kurz und ging.

Auf der Treppe sagte sie leise vor sich hin: »Das ist *er*. Sie ist ein gutes Kind und liebt mich.« Und dann legte sie die Hand aufs Herz und lächelte: »Schweig stille, mein Herze.«

Rubehn, als er von dem Ausfall des Besuches hörte, war wenig überrascht, und noch weniger, als am andern Morgen ein Brief eintraf, dessen zierlich verschlungenes J. v. G. über die Absenderin keinen Zweifel lassen konnte. Wirklich, es waren Zeilen von Jacobine. Sie schrieb: »Meine liebe Melanie. Wie hab' ich es bedauert, daß wir uns verfehlen mußten. Und nach so langer Zeit! Und nachdem ich Deinen lieben, langen Brief unbeantwortet gelassen habe! Er war so reizend, und selbst Gryczinski, der doch so kritisch ist und alles immer auf Disposition hin ansieht, war eigentlich entzückt. Und nur an der einen Stelle nahm er Anstoß, daß alles Heil und aller Trost nach wie vor aus Rom kommen solle. Das verdroß ihn, und er meinte, daß man dergleichen auch nicht im Scherze sagen dürfe. Und meine Verteidigung ließ er nicht gelten. Die meisten Gryczinskis sind nämlich noch katholisch, und ich denke mir, daß er so streng und empfindlich ist, weil er es persönlich los sein und von sich abwälzen möchte. Denn sie sind immer noch sehr diffizil oben, und Gryczinski, wie Du weißt, ist zu klug, als daß er etwas wollen sollte, was man oben *nicht* will. Aber es ändert sich vielleicht wieder. Und ich bekenne Dir offen, *mir* wär' es recht, und ich für mein Teil hätte nichts dagegen, sie sprächen erst wieder von etwas andrem. Ist es denn am Ende wirklich so wichtig und eine so brennende Frage? Und wär' es nicht wegen der vielen Toten und Verwundeten, so wünscht' ich mir einen neuen Krieg. (Es heißt übrigens, sie rechneten schon wieder an einem.) Und *hätten* wir den Krieg, so wären wir die ganze Frage los, und Gryczinski wäre Oberstleutnant. Denn er ist der dritte. Und ein paar von den alten Generälen, oder wenigstens von den ganz alten, werden doch wohl endlich abgehen müssen.

Aber ich schwatze von Krieg und Frieden und von Gryczinski und von mir und vergesse ganz, nach Dir und nach Deinem Befinden zu fragen. Ich bin überzeugt, daß es Dir gut geht und daß Du mit dem Wechsel in allen wesentlichen Stücken zufrieden bist. Er ist reich und jung, und bei Deinen Lebensanschauungen, mein' ich, kann es Dich nicht unglücklich machen, daß er unbetitelt ist. Und am Ende, wer jung ist, hofft auch noch. Und Frankfurt ist ja jetzt preußisch. Und da findet es sich wohl noch.

Ach, meine liebe Melanie, wie gerne wär' ich selbst gekommen und hätte nach allem Großen und Kleinen gesehen, ja, auch nach allem Kleinen, und wem es eigentlich ähnlich ist. Aber er hat es mir verboten und hat auch dem Diener gesagt, ›daß wir nie zu Hause sind‹. Und Du weißt, daß ich nicht den Mut habe, ihm zu widersprechen. Ich meine, wirklich zu widersprechen. Denn etwas widersprochen hab' ich ihm. Aber da fuhr er mich an und sagte: ›Das unterbleibt. Ich habe nicht Lust, um solcher Allotria willen beiseite geschoben zu werden. Und sieh dich vor, Jacobine. Du bist ein entzückendes kleines Weib (er sagte wirklich so), aber ihr seid wie die Zwillinge, wie die Druväpfel, und es spukt dir auch so was im Blut. Ich bin aber nicht van der Straaten und führe keine Generositätskomödien auf. Am wenigsten auf meine Kosten.‹ Und dabei warf er mir de haut en bas eine Kußhand zu und ging aus dem Zimmer.

Und was tat ich? Ach, meine liebe Melanie, nichts. Ich habe nicht einmal geweint. Und nur erschrocken war ich. Denn ich fühle, daß er recht hat und daß eine sonderbare Neugier in mir steckt. Und darin treffen es die Bibelleute, wenn sie so vieles auf unsere Neugier schieben... Elimar, der freilich nicht mit zu den Bibelleuten gehört, sagte mal zu mir: ›Das Hübscheste sei doch das Vergleichenkönnen.‹ Er meinte, glaub' ich, in der Kunst. Aber die Frage beschäftigt mich seitdem, und ich glaube kaum, daß es sich auf die Kunst beschränkt. Übrigens hat Gryczinski noch in diesem Winter oder doch im Frühjahr eine kleine Generalstabsreise vor. Und dann seh' ich Dich. Und wenn er wiederkommt, so beicht' ich ihm alles. Ich kann es dann. Er ist dann immer so zärtlich. Und ein Blaubart ist er überhaupt nicht. Und bis dahin Deine

Jacobine.«


Melanie ließ das Blatt fallen, und Rubehn nahm es auf. Er las nun auch und sagte: »Ja, Herz, das sind die Tage, von denen es heißt, sie gefallen uns nicht. Ach, und sie *beginnen* erst. Aber laß, laß. Es rennt sich alles tot und am ehesten *das*.«

Und er ging an den Flügel und spielte laut und mit einem Anfluge heiterer Übertreibung: »Mit meinem Mantel vor dem Sturm beschützt' ich dich, beschützt' ich dich.«

Und dann erhob er sich wieder und küßte sie und sagte: »Cheer up, dear!«


20

LIDDI

»Cheer up, dear«, hatte Rubehn Melanie zugerufen, und sie wollte dem Zurufe folgen. Aber es glückte nicht, konnte nicht glücken, denn jeder neue Tag brachte neue Kränkungen. Niemand war für sie zu Haus, ihr Gruß wurde nicht erwidert, und ehe der Winter um war, wußte sie, daß man sie, nach einem stillschweigenden Übereinkommen, in den Bann getan habe. Sie war tot für die Gesellschaft, und die tiefe Niedergedrücktheit ihres Gemüts hätte sie zur Verzweiflung geführt, wenn ihr nicht Rubehn in dieser Bedrängnis zur Seite gestanden hätte. Nicht nur in herzlicher Liebe, nein, vor allem auch in jener heitren Ruhe, die sich der Umgebung entweder mitzuteilen oder wenigstens nicht ohne stillen Einfluß auf sie zu bleiben pflegt. »Ich kenne das, Melanie. Wenn es in London etwas ganz Apartes gibt, so heißt es, ›it is a nine-days-wonder‹, und mit diesen neun Tagen ist das höchste Maß von Erregungsandauer ausgedrückt. Das ist in London. Hier dauert es etwas länger, weil wir etwas kleiner sind. Aber das Gesetz bleibt dasselbe. Jedes Wetter tobt sich aus. Eines Tages haben wir wieder den Regenbogen und das Fest der Versöhnung.«

»Die Gesellschaft ist unversöhnlich.«

»Im Gegenteil. Zu Gerichte sitzen ist ihr eigentlich unbequem. Sie weiß schon, warum. Und so wartet sie nur auf das Zeichen, um das große Hinrichtungsschwert wieder in die Scheide zu stecken.«

»Aber dazu muß etwas geschehen.«

»Und das wird. Es bleibt selten aus und in den milderen Fällen eigentlich nie. Wir haben einen Eindruck gemacht und müssen ehrlich bemüht sein, einen andern zu machen. Einen entgegengesetzten. Aber auf demselben Gebiete... Du verstehst?«

Sie nickte, nahm seine Hand und sagte: »Und ich schwöre dir's, ich will. Und wo die Schuld lag, soll auch die Sühne liegen. Oder sag' ich lieber, der Ausgleich. Auch *das* ist ein Gesetz, so hoff' ich. Und das schönste von allen. Es braucht nicht alles Tragödie zu sein.«

In diesem Augenblicke wurde durch den Diener eine Karte hereingegeben: »Friederike Sawat v. Sawatzki, genannt Sattler v. d. Hölle, Stiftsanwärterin auf Kloster Himmelpfort in der Uckermark.«

»Oh, laß uns allein, Ruben«, bat Melanie, während sie sich erhob und der alten Dame bis auf den Vorflur entgegenging. »Ach, mein liebes Riekchen! Wie mich das freut, daß du kommst, daß du da bist. Und wie schwer es dir geworden sein muß... Ich meine nicht bloß die drei Treppen... Ein halbes

Stiftsfräulein und jeden Sonntag in Sankt Matthäi! Aber die Frommen, wenn sie's wirklich sind, sind immer noch die Besten. Und sind gar nicht so schlimm. Und nun setze dich, mein einziges, liebes Riekchen, meine liebe, alte Freundin!«

Und während sie so sprach, war sie bemüht, ihr beim Ablegen behilflich zu sein und das Seidenmäntelchen an einen Haken zu hängen, an den die Kleine nicht heranreichen konnte.

»Meine liebe, alte Freundin«, wiederholte Melanie. »Ja, das warst du, Riekchen, das bist du gewesen. Eine rechte Freundin, die mir immer zum Guten geraten und nie zum Munde gesprochen hat. Aber es hat nicht geholfen, und ich habe nie begriffen, wie man Grundsätze haben kann oder Prinzipien, was eigentlich dasselbe meint, aber mir immer noch schwerer und unnötiger vorgekommen ist. Ich hab' immer nur getan, was ich wollte, was mir gefiel, wie mir gerade zumute war. Und ich kann es auch so schrecklich nicht finden. Auch jetzt noch nicht. Aber gefährlich ist es, soviel räum' ich ein, und ich will es anders zu machen suchen. Will es lernen. Ganz bestimmt. Und nun erzähle. Mir brennen hundert Fragen auf der Seele.«

Riekchen war verlegen eingetreten und auch verlegen geblieben, jetzt aber sagte sie, während sie die Augen niederschlug und dann wieder freundlich und fest auf Melanie richtete: »Habe doch mal sehen wollen... Und ich bin auch nicht hinter seinem Rücken hier. Er weiß es und hat mir zugeredet.«

Melanie flogen die Lippen. »Ist er erbittert? Sag, ich will es hören. Aus *deinem* Munde kann ich alles hören. In den Weihnachtstagen war Reiff hier. Da mocht' ich es nicht. Es ist doch ein Unterschied, *wer* spricht. Ob die Neugier oder das Herz. Sag, ist er erbittert?«

Die Kleine bewegte den Kopf hin und her und sagte: »Wie denn! Erbittert! Wär' er erbittert, so wär' ich nicht hier. Er war unglücklich und ist es noch. Und es zehrt und nagt an ihm. Aber seine Ruhe hat er wieder. Das heißt, so vor den Menschen. Und dabei bleibt es, denn er war dir sehr gut, Melanie, so gut er nur einem Menschen sein konnte. Und du warst sein Stolz, und er freute sich, wenn er dich sah.«

Melanie nickte.

»Sieh, Herzenskind, du hast nicht anders gekonnt, weil du das andre nicht gelernt hattest, das andre, worauf es ankommt, und weil du nicht wußtest, was der Ernst des Lebens ist. Und Anastasia sang wohl immer: ›Wer nie sein Brot mit Tränen aß‹, und Elimar drehte dann das Blatt um. Aber singen und erleben ist ein Unterschied. Und du hast das Tränenbrot nicht gegessen, und Anastasia hat es nicht gegessen, und Elimar auch nicht. Und so kam es, daß du nur getan hast, was dir gefiel oder wie dir zumute war. Und dann bist du von den Kindern fortgegangen, von den lieben Kindern, die so hübsch und so fein sind, und hast sie nicht einmal sehen wollen. Hast dein eigen Fleisch und Blut verleugnet. Ach, mein armes, liebes Herz, das kannst du vor Gott und Menschen nicht verantworten.«

Es war, als ob die Kleine noch weiter sprechen wollte. Aber Melanie war aufgesprungen und sagte: »Nein, Riekchen, an dieser Stelle hört es auf. Hier tust du mir unrecht. Sieh, du kennst mich so gut und so lange schon, und fast war ich selber noch ein Kind, als ich ins Haus kam. Aber das eine mußt du mir lassen: ich habe nie gelogen und geheuchelt und hab' umgekehrt einen wahren Haß gehabt, mich besser zu machen, als ich bin. Und diesen Haß hab' ich noch. Und so sag' ich dir denn, das mit den Kindern, mit meiner süßen kleinen Heth, die wie der Vater aussieht und doch gerade so lacht und so fahrig ist wie die Frau Mama, nein, Riekchen, das mit den Kindern, *das* trifft mich nicht.«

»Und bist doch ohne Blick und ohne Abschied gegangen.«

»Ja, das bin ich, und ich weiß es wohl, manch andre hätt' es *nicht* getan. Aber wenn man auf etwas an und für sich Trauriges stolz sein darf, so bin ich stolz darauf. Ich wollte gehn, das stand fest. Und wenn ich die Kinder sah, so konnt' ich nicht gehn. Und so hatt' ich denn meine Wahl zu treffen. Ich mag eine falsche Wahl getroffen haben, in den Augen der Welt hab' ich es gewiß, aber es war wenigstens ein klares Spiel und offen und ehrlich. Wer aus der Ehe fortläuft und aus keinem andern Grund als aus Liebe zu einem andern Manne, der begibt sich des Rechts, nebenher auch noch die zärtliche Mutter zu spielen. Und das ist die Wahrheit. Ich bin ohne Blick und ohne Abschied gegangen, weil es mir widerstand, Unheiliges und Heiliges durcheinanderzuwerfen. Ich wollte keine sentimentale Verwirrung. Es steht mir nicht zu, mich meiner Tugend zu berühmen. Aber eines hab' ich wenigstens, Riekchen: ich habe feine Nerven für das, was paßt und nicht paßt.«

»Und möchtest du jetzt sie sehen?«

»Heute lieber als morgen. Jeden Augenblick. Bringst du sie?«

»Nein, nein, Melanie, du bist zu rasch. Aber ich habe mir einen Plan ausgedacht. Und wenn er glückt, so lass' ich wieder von mir hören. Und ich komm' entweder, oder ich schreibe, oder Jacobine schreibt. Denn Jacobine muß uns dabei helfen. Und nun Gott befohlen, meine liebe, liebe Melanie. Laß nur die Leute. Du bist doch ein liebes Kind. Leicht, leicht, aber das Herz sitzt an der richtigen Stelle. Und nun Gott befohlen, mein Schatz.«

Und sie ging und weigerte sich, das Mäntelchen anzuziehn, weil sie gerne rasch abbrechen wollte. Aber eine Treppe tiefer blieb sie stehn und half sich mit einiger Mühe selbst in die kleinen Ärmel hinein.

Melanie war überaus glücklich über diesen Besuch, zugleich sehnsüchtig erwartungsvoll, und mitunter war es ihr, als träte das Kleine, das nebenan in der Wiege lag, neben dieser Sehnsucht zurück. Gehörte sie doch ganz zu jenen Naturen, in deren Herzen eines immer den Vorrang behauptet.

Und so vergingen Wochen, und Ostern war schon nahe heran, als endlich ein Billett abgegeben wurde, dem sie's ansah, daß es ihr gute Botschaft bringe. Es war von der Schwester, und Jacobine schrieb:

»Meine liebe Melanie! Wir sind allein, und gesegnet seien die Landesvermessungen! Es sind das, wie Du vielleicht weißt, die hohen, dreibeinigen Gestelle, die man, wenn man mit der Eisenbahn fährt, überall deutlich erkennen kann und wo die Mitfahrenden im Kupee jedesmal fragen: ›Mein Gott, was ist das?‹ Und es ist auch nicht zu verwundern, denn es sieht eigentlich aus wie ein Malerstuhl, nur daß der Maler sehr groß sein müßte. Noch größer und langbeiniger als Gabler. Und erst in vierzehn Tagen kommt er zurück, worauf ich mich sehr, sehr freue und eigentlich schon Sehnsucht habe. Denn er hat doch entschieden *das,* was uns Frauen gefällt. Und früher hat er Dir auch gefallen, ja, Herz, das kannst Du nicht leugnen, und ich war mitunter eifersüchtig, weil Du klüger bist als ich, und das haben sie gern. Aber weshalb ich eigentlich schreibe! Riekchen war hier und hat es mir ans Herz gelegt, und so denk' ich, wir säumen keinen Augenblick länger und Du kommst morgen um die Mittagsstunde. Da werden sie hier sein und Riekchen auch. Aber wir haben nichts gesagt, und sie sollen überrascht werden. Und ich bin glücklich, meine Hand zu so was Rührendem bieten zu können. Denn ich denke mir, Mutterliebe bleibt doch das Schönste... Ach, meine liebe Melanie!... Aber ich schweige, Gryczinskis drittes Wort ist ja, daß es im Leben darauf ankomme, seine Gefühle zu beherrschen... Ich weiß doch nicht, ob er recht hat. Und nun lebe wohl. Immer Deine

J. v. G.«

Melanie war nach Empfang dieser Zeilen in einer Aufregung, die sie weder verbergen konnte noch wollte. So fand sie Rubehn und geriet in wirkliche Sorge, weil er aus Erfahrung wußte, daß solchen Überreizungen immer ein Rückschlag und solchen hochgespannten Erwartungen immer eine Enttäuschung zu folgen pflegt. Er suchte sie zu zerstreuen und abzuziehen und war endlich froh, als der andere Morgen da war.

Es war ein klarer Tag und eine milde Luft, und nur ein paar weiße Wölkchen schwammen oben im Blau. Melanie verließ das Haus noch vor der verabredeten Stunde, um ihren Weg nach der Alsenstraße hin anzutreten. Ach, wie wohl ihr diese Luft tat! Und sie blieb öfters stehen, um sie begierig einzusaugen und sich an den stillen Bildern erwachenden Lebens und einer hier und da schon knospenden Natur zu freuen. Alle Hecken zeigten einen grünen Saum, und an den geharkten Stellen, wo man das abgefallene Laub an die Seite gekehrt hatte, keimten bereits die grünen Blättchen des Gundermann, und einmal war es ihr, als schöss' eine Schwalbe mit schrillem, aber heiterem Ton an ihr vorüber. Und so passierte sie den Tiergarten in seiner ganzen Breite, bis sie zuletzt den kleinen, der Alsenstraße unmittelbar vorgelegenen Platz erreicht hatte, den sie den »Kleinen Königsplatz« nennen. Hier setzte sie sich auf eine Bank und fächelte sich mit ihrem Tuch und hörte deutlich, wie ihr das Herz schlug.

»In welche Wirrnis geraten wir, sowie wir die Straße des Hergebrachten verlassen und abweichen von Regel und Gesetz. Es nutzt uns nichts, daß wir uns selber freisprechen. Die Welt ist doch stärker als wir und besiegt uns schließlich in unserem eigenen Herzen. Ich glaubte recht zu tun, als ich ohne Blick und Abschied von meinen Kindern ging, ich wollte kein Rührspiel; entweder – oder, dacht' ich. Und ich glaub' auch noch, daß ich recht gedacht habe. Aber was hilft es mir? Was ist das Ende? Eine Mutter, die sich vor ihren Kindern fürchtet.«

Dies Wort richtete sie wieder auf. Ein trotziger Stolz, der neben aller Weichheit in ihrer Natur lag, regte sich wieder, und sie ging rasch auf das Gryczinskische Haus zu.

Die Portiersleute, Mann und Frau, und zwei halberwachsene Töchter mußten schon auf dem Hintertreppenwege von dem bevorstehenden Ereignisse gehört haben, denn sie hatten sich in die halbgeöffnete Souterraintür postiert und guckten einander über die Köpfe fort. Melanie sah es und sagte vor sich hin: »A nine-days-wonder! Ich bin eine Sehenswürdigkeit geworden. Es war mir immer das Schrecklichste.«

Und nun stieg sie hinauf und klingelte. Riekchen war schon da, die Schwestern küßten sich und sagten sich Freundlichkeiten über ihr gegenseitiges Aussehen. Und alles verriet Aufregung und Freude.

Das Wohn- und Empfangszimmer, in das man jetzt eintrat, war ein großer und luftiger, aber im Verhältnis zu seiner Tiefe nur schmaler Raum, dessen zwei große Fenster (ohne Pfeiler dazwischen) einen nischenartigen Ausbau bildeten. Etwas Feierliches herrschte vor, und die roten, von beiden Seiten her halb zugezogenen Gardinen gaben ein gedämpftes, wundervolles Licht, das auf den weißen Tapeten reflektierte. Nach hinten zu, der Fensternische gegenüber, bemerkte man eine hohe Tür, die nach dem dahintergelegenen Eßzimmer führte.

Melanie nahm auf einem kleinen Sofa neben dem Fenster Platz, die beiden anderen Damen mit ihr, und Jacobine versuchte nach ihrer Art eine Plauderei. Denn sie war ohne jede tiefere Bewegung und betrachtete das Ganze vom Standpunkt einer dramatischen Matinee. Riekchen aber, die wohl wahrnahm, daß die Blicke Melanies immer nur nach der *einen* Stelle hin gerichtet waren, unterbrach endlich das Gespräch und sagte: »Laß, Binchen. Ich werde sie nun holen.«

Eine peinliche Stille trat ein, Jacobine wußte nichts mehr zu sagen und war herzlich froh, als eben jetzt vom Platze her die Musik eines vorüberziehenden Garderegiments hörbar wurde. Sie stand auf, stellte sich zwischen die Gardinen und sah nach rechts hinaus... »Es sind die Ulanen«, sagte sie. »Willst du nicht auch...« Aber ehe sie noch ihren Satz beenden konnte, ging die große Flügeltür auf, und Riekchen, mit den beiden Kindern an der Hand, trat ein.

Die Musik draußen verklang.

Melanie hatte sich rasch erhoben und war den verwundert und beinah erschrocken dastehenden Kindern entgegengegangen. Als sie aber sah, daß Lydia einen Schritt zurücktrat, blieb auch sie stehen, und ein Gefühl ungeheurer Angst überkam sie. Nur mit Mühe brachte sie die Worte heraus: »Heth, mein süßer, kleiner Liebling... Komm... Kennst du deine Mutter nicht mehr?«

Und ihre ganze Kraft zusammennehmend, hatte sie sich bis dicht an die Türe vorbewegt und bückte sich, um Heth mit beiden Händen in die Höhe zu heben. Aber Lydia warf ihr einen Blick bitteren Hasses zu, riß das Kind am Achselbande zurück und sagte: »Wir haben keine Mutter mehr.«

Und dabei zog und zwang sie die halb widerstrebende Kleine mit sich fort und zu der halb offengebliebenen Tür hinaus.

Melanie war ohnmächtig zusammengesunken.

Eine halbe Stunde später hatte sie sich soweit wieder erholt, daß sie zurückfahren konnte. Jede Begleitung war von ihr abgelehnt worden. Riekchens Weisheiten und Jacobinens Albernheiten mußten ihr in ihrer Stimmung gleich unerträglich erscheinen.

Als sie fort war, sagte Jacobine zu Riekchen: »Es hat doch einen rechten Eindruck auf mich gemacht. Und Gryczinski darf gar nichts davon erfahren. Er ist ohnehin gegen Kinder. Und er würde mir doch nur sagen: ›Da siehst du, was dabei herauskommt. Undank und Unnatur.‹«

## 21

### IN DER NIKOLAIKIRCHE

Es schlug zwei von dem kleinen Hoftürmchen des Nachbarhauses, als Melanie wieder in ihre Wohnung eintrat. Das Herz war ihr zum Zerspringen, und sie sehnte sich nach Aussprache. Dann, das wußte sie, kamen ihr die Tränen und in den Tränen Trost.

Aber Rubehn blieb heute länger aus als gewöhnlich, und zu den anderen Ängsten ihres Herzens gesellte sich auch noch das Bangen und Sorgen um den geliebten Mann. Endlich kam er; es war schon Spätnachmittag, und die drüben hinter dem kahlen Gezweig niedersteigende Sonne warf eine Fülle greller Lichter durch die kleinen Mansardenfenster. Aber es war kalt und unheimlich, und Melanie sagte, während sie dem Eintretenden entgegenging: »Du bringst so viel Kälte mit, Ruben. Ach, und ich sehne mich nach Licht und Wärme.«

»Wie du nur bist«, entgegnete Rubehn in sichtlicher Zerstreutheit, während er doch seine gewöhnliche Heiterkeit zu zeigen trachtete. »Wie du nur bist! Ich sehe nichts als Licht, ein wahrer embarras de richesse, auf jedem Sofakissen und jeder Stuhllehne, und das Ofenblech flimmert und schimmert, als ob es Goldblech wäre. Und du sehnst dich nach Licht! Ich bitte dich, mich blendet's, und ich wollt', es wäre weniger oder wäre fort.«

»Du wirst nicht lange darauf zu warten haben.«

Er war im Zimmer auf und ab gegangen. Jetzt blieb er stehen und sagte teilnehmend: »Ich vergesse, nach der Hauptsache zu fragen. Verzeihe. Du warst bei Jacobine. Wie lief es ab? Ich fürchte, nicht gut. Ich lese so was aus deinen Augen. Und ich hatt' auch eine Ahnung davon, gleich heute früh, als ich in die Stadt fuhr. Es war kein glücklicher Tag.«

»Auch für dich nicht?«

»Nicht der Rede wert. A shadow of a shadow.«

Er hatte sich in den zunächststehenden Fauteuil niedergelassen und griff mechanisch nach einem Album, das auf dem Sofatische lag. Seiner oft ausgesprochenen Ansicht nach war dies die niedrigste Form aller geistigen Beschäftigung, und so durft' es nicht überraschen, daß er während des Blätterns über das Buch fortsah und wiederholentlich fragte: »Wie war es? Ich bin begierig zu hören.«

Aber sie konnte nur zu gut erkennen, daß er *nicht* begierig war zu hören, und so sehr es sie nach Aussprache verlangt hatte, so schwer wurd' es ihr jetzt, ein Wort zu sagen, und sie verwirrte sich mehr als einmal, als sie, um ihm zu willfahren, von der tiefen Demütigung erzählte, die sie von ihrem eigenen Kinde hatte hinnehmen müssen.

Rubehn war aufgestanden und versuchte sie durch ein paar hingeworfene Worte zu beruhigen, aber es war nicht anders, wie wenn einer einen Spruch herbetet.

»Und das ist alles, was du mir zu sagen hast?« fragte sie. »Ruben, mein Einziger, soll ich auch *dich* verlieren?!« Und sie stellte sich vor ihn hin und sah ihn starr an.

»Oh, sprich nicht so. Verlieren! Wir können uns nicht verlieren. Nicht wahr, Melanie, wir können uns nicht verlieren?« Und hierbei wurde seine Stimme momentan inniger und weicher. »Und was die Kinder angeht«, fuhr er nach einer Weile fort, »nun, die Kinder sind eben Kinder. Und eh sie groß sind, ist viel Wasser den Rhein hinuntergelaufen. Und dann darfst du nicht vergessen, es waren nicht gerade die glänzendsten metteurs en scène, die es in die Hand nahmen. Unser Riekchen ist lieb und gut, und du hast sie gern, zu gern vielleicht; aber auch *du* wirst nicht behaupten wollen, daß die Stiftsanwärterin auf Kloster Himmelpfort an die Pforten ewiger Weisheit geklopft habe. Jedenfalls ist ihr nicht aufgemacht worden. Und Jacobine! Pardon, sie hat etwas von einer Prinzessin, aber von einer, die die Lämmer hütet.«

»Ach, Ruben«, sagte Melanie, »du sagst so vieles durcheinander. Aber das rechte Wort sagst du nicht. Du sagst nichts, was mich aufrichten, mich vor mir selbst wieder herstellen könnte. Mein eigen Kind hat mir den Rücken gekehrt. Und daß es noch ein Kind ist, das gerade ist das Vernichtende. Das richtet mich.«

Er schüttelte den Kopf und sagte: »Du nimmst es zu schwer. Und glaubst du denn, daß Mütter und Väter außerhalb aller Kritik stehen?«

»Wenigstens außerhalb *der* ihrer Kinder.«

»Auch *der* nicht. Im Gegenteil, die Kinder sitzen überall zu Gericht, still und unerbittlich. Und Lydia war immer ein kleiner Großinquisitor, wenigstens genferischen Schlages, und an ihr läßt sich die Rückschlagstheorie studieren. Ihr Urahne muß mitgestimmt haben, als man Servet verbrannte. Mich hätte sie gern mit auf dem Holzstoß gesehen, so viel steht fest. Und nun, laß uns schweigen davon. Ich muß noch in die Stadt.«

»Ich bitte dich, was ist? Was gibt's?«

»Eine Konferenz. Und es wird sich nicht vermeiden lassen, daß wir nach ihrem Abschluß zusammenbleiben. Ängstige dich nicht, und vor allem, erwarte mich nicht. Ich hasse junge Frauen, die beständig am Fenster passen, ›ob er noch nicht kommt‹, und mit dem Wächter unten auf du und du stehen, nur, um immer eine Heilablieferungsgarantie zu haben. Ich perhorresziere das. Und das Beste wird sein, du gehst früh zu Bett und schläfst es aus. Und wenn wir uns morgen früh wiedersehen, wirst du mir vielleicht zustimmen, daß Lydia Bescheidenheit lernen muß und daß zehnjährige dumme Dinger, Fräulein Liddi miteingeschlossen, nicht dazu da sind, sich zu Sittenrichterinnen ihrer eigenen Frau Mama aufzuwerfen.«

»Ach, Ruben, das sagst du nur so. Du fühlst es anders und bist zu klug und zu gerecht, als daß du nicht wissen solltest, das Kind hat recht.«

»Es mag recht haben. Aber ich auch. Und jedenfalls gibt es Ernsteres als das. Und nun Gott befohlen.«

Und er nahm seinen Hut und ging.

Melanie wachte noch, als Rubehn wieder nach Hause kam. Aber erst am andern Morgen fragte sie nach der Konferenz und bemühte sich, darüber zu scherzen. Er seinerseits antwortete in gleichem Ton und war wie gestern ersichtlich bemüht, mit Hilfe lebhaften Sprechens einen Schirm aufzurichten, hinter dem er, was eigentlich in ihm vorging, verbergen konnte.

So vergingen Tage. Seine Lebhaftigkeit wuchs, aber mit ihr auch seine Zerstreutheit, und es kam vor, daß er mehrere Male dasselbe fragte. Melanie schüttelte den Kopf und sagte: »Ich bitte dich, Ruben, wo bist du? sprich.« Aber er versicherte nur, »es sei nichts, und sie forsche, wo nichts zu forschen sei. Zerstreutheit wäre ein Erbstück in der Familie, kein gutes, aber es sei einmal da, und sie müsse sich damit einleben und daran gewöhnen«. Und dann ging er, und sie fühlte sich freier, wenn er ging. Denn das rechte Wort wurde nicht gesprochen, und *er*, der die Last ihrer Einsamkeit verringern sollte, verdoppelte sie nur durch seine Gegenwart.

Und nun war Ostern. Anastasia sprach am Ostersonntag auf eine halbe Stunde vor, aber Melanie war froh, als das Gespräch ein Ende nahm und die mehr und mehr unbequem werdende Freundin wieder ging. Und so kam auch der zweite Festtag, unfestlich und unfreundlich wie der erste, und als Rubehn über Mittag erklärte, »daß er abermals eine Verabredung habe«, konnte sie's in ihrer Herzensangst nicht länger ertragen, und sie beschloß, in die Kirche zu gehen und eine Predigt zu hören. Aber wohin? Sie kannte Prediger nur von Taufen und Hochzeiten her, wo sie, neben frommen und nichtfrommen, manch liebes Mal bei Tisch gesessen und beim Nachhausekommen immer versichert hatte: »Geht mir doch mit eurem Pfaffenhaß. Ich habe mich mein Lebtag nicht so gut unterhalten wie heute mit Pastor Käpsel. Ist das ein reizender alter Herr! Und so humoristisch und beinahe witzig. Und schenkt einem immer ein und stößt an und trinkt selber mit und sagt einem verbindliche Sachen. Ich begreif' euch nicht. Er ist doch interessanter als Reiff oder gar Duquede.«

Aber nun eine Predigt! Es war seit ihrem Einsegnungstage, daß sie keine mehr gehört hatte.

Endlich entsann sie sich, daß ihr Christel von Abendgottesdiensten erzählt hatte. Wo doch? In der Nikolaikirche. Richtig. Es war weit, aber desto besser. Sie hatte so viel Zeit übrig, und die Bewegung in der frischen Luft war seit Wochen ihr einziges Labsal. So machte sie sich auf den Weg, und als sie die Große Petristraße passierte, sah sie zu den erleuchteten Fenstern des ersten Stockes auf. Aber *ihre* Fenster waren dunkel und auch keine Blumen davor. Und sie ging rascher und sah sich um, als verfolge sie wer, und bog endlich in den Nikolaikirchhof ein.

Und nun in die Kirche selbst.

Ein paar Lichter brannten im Mittelschiff, aber Melanie ging an der Schattenseite der Pfeiler hin, bis sie der alten, reichgeschmückten Kanzel gerad' gegenüber war. Hier waren Bänke gestellt, nur drei oder vier, und auf den Bänken saßen Waisenhauskinder, lauter Mädchen, in blauen Kleidern und weißen Brusttüchern, und dazwischen alte Frauen, das graue Haar unter einer schwarzen Kopfbinde versteckt, und die meisten einen Stock in Händen oder eine Krücke neben sich.

Melanie setzte sich auf die letzte Bank und sah, wie die kleinen Mädchen kicherten und sich anstießen und immer nach ihr hinsahen und nicht begreifen konnten, daß eine so feine Dame zu solchem Gottesdienste käme. Denn es war ein Armengottesdienst, und deshalb brannten auch die Lichter so spärlich. Und nun schwieg Lied und Orgel, und ein kleiner Mann erschien auf der Kanzel, dessen sie sich, von ein paar großen und überschwenglichen Bourgeoisbegräbnissen her, sehr wohl entsann und von dem sie mehr als einmal in ihrer übermütigen Laune versichert hatte, »er spräche schon vorweg im Grabsteinstil. Nur nicht so kurz«. Aber heute sprach er kurz und pries auch keinen, am wenigsten überschwenglich, und war nur müd und angegriffen, denn es war der zweite Feiertagabend. Und so kam es, daß sie nichts Rechtes für ihr Herz finden konnte, bis es zuletzt hieß: »Und nun, andächtige Gemeinde, wollen wir den vorletzten Vers unsres Osterliedes singen.« Und in demselben Augenblicke summte wieder die Orgel und zitterte, wie wenn sie sich erst ein Herz fassen oder einen Anlauf nehmen müsse, und als es endlich voll und mächtig an dem hohen Gewölbe hinklang und die Spittelfrauen mit ihren zittrigen Stimmen einfielen, rückten zwei von den kleinen Mädchen halb schüchtern an Melanie heran und gaben ihr ihr Gesangbuch und zeigten auf die Stelle. Und sie sang mit:

>»Du lebst, du bist in Nacht mein Licht,
>Mein Trost in Not und Plagen,
>Du weißt, was alles mir gebricht,
>Du wirst mir's nicht versagen.«

Und bei der letzten Zeile reichte sie den Kindern das Buch zurück und dankte freundlich und wandte sich ab, um ihre Bewegung zu verbergen. Dann aber murmelte sie Worte, die ein Gebet vorstellen sollten und es vor dem Ohre dessen, der die Regungen unseres Herzens hört, auch wohl waren, und verließ die Kirche so still und seitab, wie sie gekommen war.

In ihre Wohnung zurückgekehrt, fand sie Rubehn an seinem Arbeitstische vor. Er las einen Brief, den er, als sie eintrat, beiseite schob. Und er ging ihr entgegen und nahm ihre Hand und führte sie nach ihrem Sofaplatz.

»Du warst fort?« sagte er, während er sich wieder setzte.

»Ja, Freund. In der Stadt... In der Kirche.«

»In der Kirche! Was hast du da gesucht?«

»Trost.«

Er schwieg und seufzte schwer. Und sie sah nun, daß der Augenblick da war, wo sich's entscheiden müsse. Und sie sprang auf und lief auf ihn zu und warf sich vor ihm nieder und legte beide Arme auf seine Knie: »Sage mir, was es ist? Habe Mitleid mit mir, mit meinem armen Herzen. Sieh, die Menschen haben mich aufgegeben, und meine Kinder haben sich von mir abgewandt. Ach, so schwer es war, ich hätt' es tragen können. Aber daß *du* dich abwendest von mir, das trag' ich nicht.«

»Ich wende mich nicht ab von dir.«

»Nicht mit deinem Auge, wiewohl es mich nicht mehr sieht, aber mit deinem Herzen. Sprich, mein Einziger, was ist es? Es ist nicht Eifersucht, was mich quält. Ich könnte keine Stunde leben mehr, wär' es *das*. Aber ein anderes ist es, was mich ängstigt, ein anderes, nicht viel Besseres: ich habe deine Liebe nicht mehr. Das ist mir klar, und unklar ist mir nur das eine, wodurch ich sie verscherzt. Ist es der Bann, unter dem ich lebe und den du mit zu tragen hast? Oder ist es, daß ich so wenig Licht und Sonnenschein in dein Leben gebracht und unsere Einsamkeit auch noch in Betrübsamkeit verwandelt habe? Oder ist es, daß du mir mißtraust? Ist es der Gedanke an das alte ›Heute dir und morgen mir‹. O sprich. Ich will dich nicht leiden sehen. Ich werde weniger unglücklich sein, wenn ich dich glücklich weiß. Auch getrennt von dir. Ich will gehen, jede Stunde. Verlang es, und ich tu' es. Aber reiße mich aus dieser Ungewißheit. Sage mir, was es ist, was dich drückt, was dir das Leben vergällt und verbittert. Sage mir's. Sprich.«

Er fuhr sich über Stirn und Auge, dann nahm er den beiseite geschobenen Brief und sagte: »Lies.«

Melanie faltete das Blatt auseinander. Es waren Zeilen vom alten Rubehn, dessen Handschrift sie sehr wohl kannte. Und nun las sie: »Frankfurt, Ostersonntag. Ausgleich gescheitert. Arrangiere, was sich arrangieren läßt. In spätestens acht Tagen muß ich unsere Zahlungseinstellung aussprechen. M. R. ...«

In Rubehns Mienen ließ sich, als sie las, erkennen, daß er einer neuen Erschütterung gewärtig war. Aber wie sehr hatte er sie verkannt, sie, die viel, viel mehr war als ein bloß verwöhnter Liebling der Gesellschaft, und eh ihm noch Zeit blieb, über seinen Irrtum nachzudenken, hatte sie sich schon in einem wahren Freudenjubel erhoben und ihn umarmt und geküßt und wieder umarmt.

»Oh, nur das!... Oh, nun wird alles wieder gut...Und was eurem Hause Unglück bedeutet, mir bedeutet es Glück, und nun weiß ich es, es kommt alles wieder in Schick und Richtung, weit über all mein Hoffen und Erwarten hinaus... Als ich damals ging und das letzte Gespräch mit ihm hatte, sieh, da sprach ich von den Menschlichen unter den Menschen. Und es ist mir, als wär' es gestern gewesen. Und auf diese Menschlichen baut' ich meine Zukunft und rechnete darauf, daß sie's versöhnen würde: ich liebte dich! Aber es war ein Fehler, und auch die Menschlichen haben mich im Stich gelassen. Und jetzt muß ich sagen, sie hatten recht. Denn die Liebe tut es nicht, und die Treue tut es auch nicht. Ich meine die Werkeltagstreue, die nichts Besseres kann als sich vor Untreue bewahren. Es ist eben nicht viel, treu zu sein, wo man liebt und wo die Sonne scheint und das Leben bequem geht und kein Opfer fordert. Nein, nein, die bloße Treue tut es nicht. Aber die bewährte Treue, *die* tut es.

Und nun kann ich mich bewähren und will es und werd' es, und nun kommt *meine* Zeit. Ich will nun zeigen, was ich kann, und will zeigen, daß alles Geschehene nur geschah, weil es geschehen mußte, weil ich dich liebte, nicht aber, weil ich leicht und übermütig in den Tag hineinlebte und nur darauf aus war, ein bequemes Leben in einem noch bequemeren fortzusetzen.«

Er sah sie glücklich an, und der Ausdruck des Selbstsuchtslosen in Wort und Miene riß ihn aus der tiefen Niedergedrücktheit seiner Seele heraus. Er hoffte nun selber wieder, aber Bangen und Zweifel liefen nebenher, und er sagte bewegt: »Ach, meine liebe Melanie, du warst immer ein Kind, und du bist es auch in diesem Augenblicke noch. Ein verwöhntes und ein gutes, aber doch ein Kind. Sieh, von deinem ersten Atemzuge an hast du keine Not gekannt, ach, was sprech' ich von Not, nie, solange du lebst, ist dir ein Wunsch unerfüllt geblieben. Und du hast gelebt wie im Märchen von ›Tischlein, decke dich‹, und das Tischlein *hat* sich dir gedeckt, mit allem, was du wolltest, mit allem, was das Leben hat, auch mit Schmeicheleien und Liebkosungen. Und du bist geliebkost worden wie ein King-Charles-Hündchen mit einem blauen Band und einem Glöckchen daran. Und alles, was du getan hast, das hast du spielend getan. Ja, Melanie, spielend. Und nun willst du auch spielend entbehren lernen und denkst: es findet sich. Oder denkst auch wohl, es sei hübsch und apart, und schwärmst für die Poetenhütte, die Raum hat für ein glücklich liebend Paar, oder wenigstens haben *soll*. Ach, es liest sich erbaulich von dem blankgescheuerten Eßtisch und dem Maienbusch in jeder Ecke und von dem Zeisig, der sich das Futternäpfchen selber heranzieht. Und es ist schon richtig: die gemalte Dürftigkeit sieht geradeso gut aus wie der gemalte Reichtum. Aber wenn es aufhört, Bild und Vorstellung zu sein, und wenn es Wirklichkeit und Regel wird, dann ist Armut ein bitteres Brot und Muß eine harte Nuß.«

Es war umsonst. Sie schüttelte nur den Kopf, immer wieder, und sagte dann in jener einschmeichelnden Weise, der so schwer zu widerstehen war: »Nein, nein, du hast unrecht. Und es liegt alles anders, ganz anders. Ich hab' einmal in einem Buche gelesen, und nicht in einem schlechten Buche, die Kinder, die Narren und die Poeten, die hätten immer recht. Vielleicht überhaupt, aber von ihrem Standpunkt aus ganz gewiß. Und ich bin eigentlich alles drei's, und daraus magst du schließen, wie *sehr* ich recht habe. Dreifach recht. ›Ich will spielend entbehren lernen‹, sagst du. Ja, Lieber, das will ich, das ist es, um was es sich handelt. Und du glaubst einfach, ich könn' es nicht. Ich kann es aber, ich kann es ganz gewiß, so gewiß ich diesen Finger aufhebe, und ich will dir auch sagen, warum ich es kann. Den einen Grund hast du schon erraten: weil ich es mir so romantisch denke, so hübsch und apart. Gut, gut. Aber du hättest auch sagen können, weil ich andere Vorstellungen von Glück habe. Mir ist das Glück etwas anderes als ein Titel oder eine Kleiderpuppe. *Hier* ist es, oder nirgends. Und so dacht' ich und fühlt' ich immer, und so war ich immer, und so bin ich noch. Aber wenn es auch anders mit mir stünde, wenn ich auch an dem Flitter des Daseins hinge, so würd' ich doch die Kraft haben, ihm zu entsagen. *Ein* Gefühl ist immer das herrschende, und seiner Liebe zuliebe kann man alles, alles. Wir Frauen wenigstens. Und *ich* gewiß. Ich habe so vieles freudig hingeopfert, und ich sollte nicht einen Teppich opfern können! Oder einen Vertiko! Ach, einen Vertiko!«, und sie lachte herzlich. »Entsinnst du dich noch, als du sagtest: ›Alles sei jetzt Enquête.‹ Das war damals. Aber die Welt ist inzwischen fortgeschritten, und jetzt ist alles Vertiko!«

Er war nicht überzeugt, seine praktisch-patrizische Natur glaubte nicht an die Dauer solcher Erregungen, aber er sagte doch: »Es sei. Versuchen wir's. Also ein neues Leben, Melanie!«

»Ein neues Leben! Und das erste ist, wir geben diese Wohnung auf und suchen uns eine bescheidenere Stelle. Mansarde klingt freilich anspruchslos genug, aber dieser Trumeau und diese Bronzen sind um so anspruchsvoller. Ich habe nichts gelernt, und das ist gut, denn wie die meisten, die nichts gelernt haben, weiß ich allerlei. Und mit Toussaint L'Ouverture fangen wir an, nein, nein, mit Toussaint-Langenscheidt, und in acht Tagen oder doch spätestens in vier Wochen geb' ich meine erste Stunde. Wozu bin ich eine Genferin! Und nun sage: Willst du? Glaubst du?«

»Ja.«

»Topp.«

Und sie schlug in seine Hand und zog ihn unter Lachen und Scherzen in das Nebenzimmer, wo das Vrenel in Abwesenheit des Dieners eben den Teetisch arrangiert hatte.

Und sie hatten an diesem Unglückstage wieder einen ersten glücklichen Tag.

## 22

### VERSÖHNT

Und Melanie nahm es ernst mit jedem Worte, das sie gesagt hatte. Sie hatte dabei ganz ihre Frische wieder, und eh ein Monat um war, war die modern und elegant eingerichtete Wohnung gegen eine schlichtere vertauscht, und das Stundengeben hatte begonnen. Ihre Kenntnis des Französischen und beinahe mehr noch ihr glänzendes musikalisches, auch nach der technischen Seite hin vollkommen ausgebildetes Talent hatten es ihr leicht gemacht, eine Stellung zu gewinnen, und zwar in ein paar großen schlesischen Häusern, die gerade vornehm genug waren, den Tagesklatsch ignorieren zu können.

Und bald sollte es sich herausstellen, wie nötig diese raschen und resoluten Schritte gewesen waren, denn der Zusammensturz erfolgte jäher als erwartet, und jede Form der Einschränkung erwies sich als geboten, wenn nicht mit der finanziellen Reputation des großen Hauses auch die bürgerliche verloren gehen sollte. Jede neue Nachricht, von Frankfurt her, bestätigte dies, und Rubehn, der anfangs nur allzu geneigt gewesen war, den Eifer Melanies für eine bloße Opfercaprice zu nehmen, sah sich alsbald gezwungen, ihrem Beispiele zu folgen. Er trat als amerikanischer Korrespondent in ein Bankhaus ein, zunächst mit nur geringem Gehalt, und war überrascht und glücklich zugleich, die berühmte Poetenweisheit von der »kleinsten Hütte« schließlich an sich selber in Erfüllung gehn zu sehn.

Und nun folgten idyllische Wochen, und jeden neuen Morgen, wenn sie von der Wilmersdorfer Feldmark her am Rande des Tiergartens hin ihren Weg nahmen und an ihrer alten Wohnung vorüberkamen, sahen sie zu der eleganten Mansarde hinauf und atmeten freier, wenn sie der zurückliegenden schweren und sorgenreichen Tage gedachten. Und dann bogen sie plaudernd in die schmalen, schattigen Gänge des Parkes ein, bis sie zuletzt unter der schrägliegenden Hängeweide fort, die zwischen dem Königsdenkmal und der Louiseninsel steht und hier beinahe den Weg sperrt, in die breite Tiergartenstraße wieder einmündeten. Den schrägliegenden Baum aber nannten sie scherzhaft ihren Zoll- und Schlagbaum, weil sich dicht hinter demselben ein Leiermann postiert hatte, dem sie Tag um Tag ihren Wegezoll entrichten mußten. Er kannte sie schon, und während er die große Mehrheit, als wären es Steuerdefraudanten, mit einem zornig-verächtlichen Blicke verfolgte, zog er vor unserem jungen Paare regelmäßig seine Militärmütze. Ganz aber konnt' er sich auch ihnen gegenüber nicht zwingen und verleugnen, und als sie den schon Pflicht gewordenen Zoll eines Tages vergessen oder vielleicht auch absichtlich nicht entrichtet hatten, hörten sie, daß er die Kurbel in Wut und Heftigkeit noch dreimal drehte und dann so jäh und plötzlich abbrach, daß ihnen ein paar unfertige Töne wie Knurr- und Scheltworte nachklangen. Melanie sagte: »Wir dürfen es mit niemand verderben, Ruben; Freundschaft ist heuer rar.« Und sie wandte sich wieder um und ging auf den Alten zu und gab ihm. Aber er dankte nicht, weil er noch immer in halber Empörung war.

Und so verging der Sommer, und der Herbst kam, und als das Laub sich zu färben und an den Ahorn- und Platanenbäumen auch schon abzufallen begann, da hatte sich bei denen, die Tag um Tag unter diesen Bäumen hinschritten, manches geändert, und zwar zum Guten geändert. Wohl hieß es auch jetzt noch, wenn sie den alten Invaliden unter ihrerseits devotem Grüße passierten, »daß sie der neuen Freundschaften noch nicht sicher genug seien, um die bewährten alten aufgeben zu können«, aber diese neuen Freundschaften waren doch wenigstens in ihren Anfängen da. Man kümmerte sich wieder um sie, ließ sie gesellschaftlich wieder aufleben, und selbst solche, die bei dem Zusammenbrechen der Rubehnschen Finanzherrlichkeit nur Schadenfreude gehabt und je nach ihrer klassischen oder christlichen Bildung und Beanlagung von »Nemesis« oder »Finger Gottes« gesprochen hatten, bequemten sich jetzt, sich mit dem hübschen Paare zu versöhnen, »das so glücklich und so gescheit sei und nie klage und sich so liebe«. Ja, sich so liebe. *Das* war es, was doch schließlich den Ausschlag gab, und wenn vorher ihre Neigung nur Neid und Zweifel geweckt hatte, so schlug jetzt die Stimmung in ihr Gegenteil um. Und nicht zu verwundern! War es doch ein und dasselbe Gefühl, was bei Verurteilung und Begnadigung zu Gerichte saß, und wenn es anfangs eine sensationelle Befriedigung gewährt hatte, sich in Indignation zu stürzen, so war es jetzt eine kaum geringere Freude, von den »Inséparables« sprechen und über ihre »treue Liebe« sentimentalisieren zu können. Eine kleine Zahl Esoterischer aber führte den ganzen Fall auf die Wahlverwandtschaften zurück und stellte wissenschaftlich fest, daß einfach seitens des stärkeren und deshalb berechtigteren Elements das schwächere verdrängt worden sei. Das Naturgesetzliche habe wieder mal gesiegt. Und hiermit sah sich denn auch der einen Winter lang auf den Schild gehobene van der Straaten abgefunden und teilte das Schicksal aller Saisonlieblinge, noch schneller vergessen als erhoben zu werden. Ja, der Spott und die Bosheit begannen jetzt ihre Pfeile gegen ihn zu richten, und wenn des Falles ausnahmsweise noch gedacht wurde, so hieß es: »Er hat es nicht anders gewollt. Wie kam er nur dazu? Sie war siebzehn! Allerdings, er soll einmal ein Lion gewesen sein. Nun gut. Aber wenn dem ›Löwen‹ zu wohl wird...« Und dann lachten sie und freuten sich, daß es so gekommen, wie es gekommen.

Ob van der Straaten von diesen und ähnlichen Äußerungen hörte? Vielleicht. Aber es bedeutete ihm nichts. Er hatte sich selbst zu skeptisch und unerbittlich durchforscht, als daß er über die Wandlungen in dem Geschmacke der Gesellschaft, über ihr Götzenschaffen und Götzenstürzen auch nur einen Augenblick erstaunt gewesen wäre. Und so durfte denn von ihm gesagt werden, »er hörte, was man sprach, auch wenn er es *nicht* hörte«. Weg über das Urteil der Menschen, galt ihm nur eines ebensowenig oder noch weniger: ihr Mitleid. Er war immer eine selbständige Natur gewesen, frei und fest, und so war er geblieben. Und auch derselbe geblieben in seiner Nachsicht und Milde.

Und der Tag kam, wo sich's zeigen und auch Melanie davon erfahren sollte.

Es war schon ausgangs Oktober, und nur wenig gelbes und rotes Laub hing noch an den halb kahl gewordenen Bäumen. Das meiste lag abgeweht in den Gängen und wurde, wo's trokken war, zusammengeharkt, denn seit gestern hatte sich das Wetter wieder geändert, und nach langen Sturm- und Regentagen schien eine wundervolle Herbstessonne. Vielleicht die letzte dieses Jahres.

Und auch Aninettchen wurde hinausgeschickt und blieb heute länger fort als erwartet, bis endlich um die vierte Stunde die Magd in großer Aufregung heimkam und in ihrem schweren Schweizerdeutsch über ein eben gehabtes Erlebnis berichtete: »Sie hab' auf der Bank g'sesse, wo die vier Löwe das Brückle halte, und hätt' ebe g'sagt: ›Sieh, Aninettle, des isch der Altweibersommer, der will di einspinne, aber der hat di no lang nit‹, und das Aninettl hab' grad g'juchzt un g'lacht und n' am Ohrring g'langt, do wäre zwei Herre über die Brück' komme, so gute funfzig, aber schon auf der Wipp, und einer hätt' g'sagt, e langer Spindelbein: ›Schau des Silberkette; des isch e Schweizerin; un i wett', des isch e Kind vom Schweizer G'sandte.‹ Aber do hat der andre g'sagt: ›Nei, des kann nit sein; den Schweizer G'sandte, den kenn' i, un der hat kein Kind un kein Kegel...‹ Un do hat er z' mir g'sagt: ›Ah nu, wem g'hört das Kind?‹ Un da hab' i g'sagt: ›Dem Herr Rubehn, un 's isch e Mädle, un heißt Aninettl.‹ Un do hab' i g'sehn, daß er sich verfärbt hat und hat wegg'schaut. Aber nit lang, da hat er sich wieder umg'wandt und hat g'sagt: ›'s isch d' Mutter, und lacht auch so, un hat dieselbe schwarze Haar'. Es isch e schön's Kindle. Findscht nit au?‹ Aber er hat's nit finde wolle und hat nur g'sagt: ›Übertax' es nit. Es gibt mehr so. Un 's ischt e Kind aus 'm Dutzend.‹ Jo, so hat er g'sagt, der garstige Spindelbein: ›'s gibt mehr so, un 's ischt e Kind aus 'm Dutzend.‹ Aber der gute Herre, der hat's Pätschle g'nomme un hat's g'streichelt. Un hat mi g'lobt, daß i so brav un g'scheit sei. Jo, so hat er g'sagt. Und dann sind sie gange.«

All das hatte seines Eindrucks nicht verfehlt, und Melanie war während der Tage, die folgten, immer wieder auf diese Begegnung zurückgekommen. Immer wieder und wieder hatte die Vreni jedes Kleinste nennen und beschreiben müssen, und so war es durch Wochen hin geblieben, bis endlich in den großen und kleinen Vorbereitungen zum Feste der ganze Vorfall vergessen worden war.

Und nun war das Fest selber da, der Heilige Abend, zu dem auch diesmal Rubehns jüngerer Bruder und der alte Prokurist, die sich zur Rückkehr nach Frankfurt nicht hatten entschließen können, geladen waren. Auch Anastasia.

Melanie, die noch vor Eintreffen ihres Besuchs allerlei Wirtschaftliches anzuordnen hatte, war ganz Aufregung und erschrak ordentlich, als sie gleich nach Dunkelwerden und lange vor der festgesetzten Stunde die Klingel gehen hörte. Wenn das schon die Gäste wären! Oder auch nur einer von ihnen. Aber ihre Besorgnis währte nicht lange, denn sie hörte draußen ein Fragen und Parlamentieren, und gleich darauf erschien das Vrenel und trug eine mittelgroße Kiste herein, auf der, ohne weitere Adresse, bloß das eine Wort »Julklapp« zu lesen war.

»Ist es denn für uns, Vreni?« fragte Melanie.

»I denk' schon. I hab' ihm g'sagt: ›'s isch der Herr Rubehn, der hier wohnt. Un die Frau Rubehn.‹ Un do hat er g'sagt: ›'s isch schon recht; des isch der Nam'.‹ Un do hab' i's g'nomme.«

Melanie schüttelte den Kopf und ging in Rubehns Stube, wo man sich nun gemeinschaftlich an das Öffnen der Kiste machte. Nichts fehlte von den gewöhnlichen Julklappszutaten, und erst als man unten am Boden eines großen Gravensteiner Apfels gewahr wurde, sagte Melanie: »Gib acht. Hierin steckt es.« Aber es ließ sich nichts erkennen, und schon wollte sie den Gravensteiner, wie alles andere, beiseite legen, als sich durch eine zufällige Bewegung ihrer Hand die geschickt zusammengepaßten Hälften des Apfels auseinanderschoben. »Ah, voilà.« Und wirklich, an Stelle des Kernhauses, das herausgeschnitten war, lag ein in Seidenpapier gewickeltes Päckchen. Sie nahm es, entfernte langsam und erwartungsvoll eine Hülle nach der andern und hielt zuletzt ein kleines Medaillon in Händen, einfach, ohne Prunk und Zierat. Und nun drückte sie's an der Feder auf und sah ein Bildchen und erkannt' es, und es entfiel ihrer Hand. Es war, en miniature, der Tintoretto, den sie damals so lachend und übermütig betrachtet und für dessen Hauptfigur sie nur die Worte gehabt hatte: »Sieh, Ezel, sie hat geweint. Aber ist es nicht, als begriffe sie kaum ihre Schuld?«

Ach, sie fühlte jetzt, daß das alles auch für sie selbst gesprochen war, und sie nahm das ihrer Hand entfallene Bildchen wieder auf und gab es an Rubehn und errötete.

Dieser spielte damit hin und her und sagte dann, während er die Feder wieder zuknipste: »King Ezel in all his glories! Immer derselbe. Wohlwollend und ungeschickt. Ich werd' es tragen. Als Uhrgehäng', als Berloque.«

»Nein, *ich*. Ach, du weißt nicht, wieviel es mir bedeutet. Und es soll mich erinnern und mahnen... jede Stunde...«

»Meinetwegen. Aber nimm es nicht tragischer als nötig und grüble nicht zuviel über das alte leidige Thema von Schuld und Sühne.«

»Du bist hochmütig, Ruben.«

»Nein.«

»Nun gut. Dann bist du stolz.«

»Ja, das bin ich, meine süße Melanie. Das bin ich. Aber auf was? Auf *wen*?«

Und sie umarmten sich und küßten sich, und eine Stunde später brannten ihnen die Weihnachtslichter in einem ungetrübten Glanz.

# »Wenig mit Liebe«
## Ein Nachwort

> »Nichts ist bedeutender in jedem Zustande als die Dazwischenkunft eines Dritten. Ich habe Freunde gesehen, Geschwister, Liebende, Gatten, deren Verhältnis durch den zufälligen oder gewählten Hinzutritt einer neuen Person ganz und gar verändert, deren Lage völlig umgekehrt wurde.«
> Goethe: »Die Wahlverwandtschaften«

### *Schwindel*

»Als ich vor beinah 8 Jahren mein ›L'Adultera‹ wohl oder übel schrieb, lag mir vorwiegend daran, ein Berliner Lebens- und Gesellschaftsbild zu geben, das Zuständliche, die Scenerie war mir die Hauptsache.« (An Paul Lindau, 3. November 1886)[1] Ein rascher Schwenk auf die Zeit, den Ort, das Personal und die Themen des ersten Berliner Romans von Fontane:

*Die Zeit:* Mitte der siebziger Jahre des 19. Jahrhunderts, die »Gründerzeit«. Der Deutsch-Französische Krieg von 1870/71 ist gerade vorüber, die Franzosen sind vernichtend geschlagen und zu Milliarden an Reparationsleistungen verpflichtet worden. Bismarck hat die nationale Kriegsbegeisterung ausnutzen können und durch Verhandlungen mit den Einzelstaaten den

---

[1] Die Briefzitate im Nachwort stammen, wenn nicht anders vermerkt, aus: Dichter über ihre Dichtungen. Theodor Fontane. Bd. 2. Herausgegeben von Richard Brinkmann. München 1973, S. 266–274 (»L'Adultera. Novelle«).

Zusammenschluß der süddeutschen Staaten mit dem Norddeutschen Bund zum neuen Deutschen Reich geschaffen. Wilhelm I. ist im Spiegelsaal des Versailler Schlosses am 18. Januar 1871 zum Deutschen Kaiser ausgerufen worden und Bismarck jetzt allmächtiger Reichskanzler des mit »Blut und Eisen« geschmiedeten neuen, antidemokratischen und militaristischen Reiches und zugleich preußischer Ministerpräsident für fast zwanzig Jahre: »Nicht durch Reden und Majoritätsbeschlüsse werden die großen Fragen der Zeit entschieden – das ist der Fehler von 1848 und 1849 gewesen –, sondern durch Eisen und Blut.«² Industrie, Handel, Großbanken und Aktiengesellschaften expandieren und prosperieren durch die Schubkraft der französischen Milliarden. 1873 explodiert die überhitzte Konjunktur im Wiener Börsenkrach, dem andere Börsenkräche folgen; die Wirtschaftskrise, die »Große Depression«, läßt Unternehmen massenhaft in Konkurs gehen, Vermögen zerrinnen. Sie hat, neben den ökonomischen Folgen, auch psychische: »Nach dem Abflauen der ausgesprochenen Panik- und Krisenstimmung, wie sie in den Jahren 1873–78 vorgeherrscht hatte, dominierte vor allem in Produzenten-, Investoren- und Handelskreisen bis gegen Ende des Jahrhunderts das Gefühl, ›in einer Flaute‹, im Ungewissen, in ständiger Spannung und Bedrohung, in einer Krisenzeit zu leben.«³ In diesen ersten Zyklus der wirtschaftlichen Depression von 1873–78 fällt die »Krieg in Sicht«-Krise vom April/Mai 1875, als Frankreich unterstellt wurde, einen Revanchekrieg vorzubereiten, Bismarcks Kulturkampf wider die katholische Kirche, seine Kämpfe gegen die

2 Bismarck am 30. September 1862 im preußischen Abgeordnetenhaus, zitiert nach: Georg Büchmann: Geflügelte Worte. 18. Auflage. Berlin 1895, S. 361.
3 Hans Rosenberg: Große Depression und Bismarckzeit. Wirtschaftsablauf, Gesellschaft und Politik in Mitteleuropa. Frankfurt am Main 1976 (= Ullstein-Buch. 3239), S. 51.

Sozialdemokraten und der allmähliche, innenpolitische Kurswechsel hin zum Schutzzoll. Und: Die Frauenemanzipation macht Fortschritte! 1879 erscheint das populärwissenschaftliche Buch des Bismarck-Antipoden August Bebel »Die Frau und der Sozialismus«, das zur »Bibel« der sich emanzipierenden Frauen wird, die sich gegen ihre gesellschaftliche Unterdrückung und Benachteiligung zur Wehr setzen. Seine Befunde in den gegenwartsbezogenen Kapiteln wie »Die Frau als Geschlechtswesen«, »Die moderne Ehe«, »Zerrüttung der Familie«, »Die Ehe als Versorgungsanstalt«, »Die Erwerbsstellung der Frau«, »Der Kampf der Frau um Bildung«, »Die rechtliche Stellung der Frau« können das Verständnis von »L'Adultera«, einem Frauenroman wie fast alle Zeitromane Fontanes, historisch dimensionieren helfen.

*Der Ort:* Berlin, die Hauptstadt und größte Stadt des Deutschen Reiches. Zwar noch keine »Weltstadt«, doch auf dem Wege dorthin. Handelsniederlassungen, Fabriken und Gewerbe siedelten sich an, eine rege Bautätigkeit setzte ein, die Bevölkerung wuchs um 1875 auf fast eine Million an (1871 noch 827000). Trotzdem: »Berlin: das war eben der Raum zwischen Alexanderplatz und Brandenburger Tor, das waren die ›Linden‹, Friedrichstraße, Leipzigerstraße und Potsdamer Platz; was davor lag, war fast schon ›draußen‹.« Doch auch wenn Berlin »weit größer als seine Innenstadt« war, »einen Radius von vier bis fünf Kilometern« und »16 ›Reviere‹ (Stadtviertel)« umfaßte, reichten »Kornfelder, Wiesen-, Garten- und Brachland« teilweise »tief in das Weichbild« der Stadt hinein, »vor allem im Nordwesten, Nordosten und Westen«. »Noch bis zur Mitte der siebziger Jahre zogen Berliner Bürgerfamilien mit Kind und Kegel und der halben Einrichtung ›auf Sommerwohnung‹ hinaus nach Deutsch-Wilmersdorf, Schöneberg, Charlottenburg, nach

Pankow oder Niederschönhausen.«[4] Der Stadtplan Berlins wird zum Spielplan des Romans, auf dem sich Lokalitäten und Gänge auffinden und nachvollziehen lassen: Behausungen und Plätze, Kirchen und Börse, Straßen und Gassen, Bahnhöfe und Stationen, Brücken und Kanäle, Denkmäler und Gebäude, Schlösser und Parks wie vor allem der Tiergarten, Lokale und Läden. Das Umland von Berlin eröffnet eine weitere Spielzone: Stralau, das Fischerdorf an der Spree, ein beliebtes Ausflugsziel, wird zum Schauplatz einer entscheidenden Romanszene, zum Wendepunkt der Handlung.

Zeitgenössische Reiseführer mit Stadtplan, etwa von Baedeker oder Grieben, können zu hochrangigen Informationsquellen werden.[5] Keine Frage: Auch ohne lokale Kenntnisse läßt sich der Roman verstehen, doch mit solchen oftmals anders und tiefer. Zwei Beispiele nur: Als Melanie ihren Mann verläßt, geht es »die lange Straße hinunter« (oben S. 119). Das läßt sich bildlich verstehen als langer Weg in eine schwierige Zukunft, als ein »es geht abwärts«. Doch es meint auch ganz konkret die lange Leipzigerstraße, die vom Spittelmarkt schnurgerade auf den Potsdamer Bahnhof zuläuft! Oder: der »Stralauer Fischzug«, von dem die Rede ist (oben S. 58), der alljährlich, wie die Reiseführer vermelden, am 24. August als Fest stattfindet. Dieses präzise Datum ermöglicht es erst, die Beziehung von Melanie und Rubehn in ihrem folgenreichen Ablauf zu rekonstruieren.

Und schließlich, im Sprung, über Berlin und das Umland hinaus: Innsbruck, Verona und Florenz, Rom und Venedig, schließlich das Tal »zwischen den Seen« in der Schweiz, auch hier die Sehenswürdigkeiten, die Straßen und Plätze, Bauwerke,

---

4 Zitate aus: Annemarie Lange: Berlin zur Zeit Bebels und Bismarcks. Zwischen Reichsgründung und Jahrhundertwende. Berlin 1972, S. 76–78. Ihre Stadtgeschichte ist die beste Hintergrundlektüre!
5 Die Anmerkungen zu dieser Ausgabe sollen hierbei behilflich sein.

Kunstwerke und Landschaften, präzise benannt und ebenfalls über zeitgenössische Reiseführer zu identifizieren. Eine »Via (della) Catena«, in welcher Melanie und Rubehn in Rom wohnen, gibt es zu dieser Zeit tatsächlich, auf etwa gleicher Höhe mit der ebenfalls angesprochenen Villa Farnesina, getrennt durch den Tiber.[6]

Die Stimmigkeit des Lokalen und des Lokalkolorits läßt sich biographisch erklären: Fontane lebte in Berlin und hatte alle anderen Städte, Orte, Gebäude und Sehenswürdigkeiten auf Reisen sich erschlossen, konnte von daher seinen immer wieder bekräftigten Anspruch, Stimmigkeit im Lokalen, der Lokaltöne und des Lokalkolorits zu erzielen, voll einlösen.

Zu dieser ausgeführten Nord-Süd-Achse mit den Polen Berlin und Rom tritt eine unausgeführte, trotzdem bedeutsame, Ost-West-Achse mit den Polen Berlin und New York. Rubehn aus Frankfurt am Main kommt, über Paris und London, direkt aus New York nach Berlin, aus der Neuen Welt zurück in die Alte, hat sich in dieser Zeit amerikanisiert, mit allen Konsequenzen: »er war zu lange drüben, und drüben ist nicht der Platz, um Bescheidenheit und warme Gefühle zu lernen.« (Oben S. 75) Ins Bild rückt das Verhältnis von Heimat und Fremde. Auch Melanie, »eingepreußter« (oben S. 122), als sie dachte, will aus dem Süden wieder zurück in den Norden.

*Das Personal:* ein Querschnitt durch die Berliner Gesellschaft. In Haupt- und Nebenrollen agieren: Bourgeois, Börsianer und Bankiers wie van der Straaten, Rubehn und andere Mitglieder aus der »Firma Jakob Rubehn und Söhne«; verarmte Adelige wie Melanie vor ihrer Heirat und das Fräulein von Sawatzki; Militärs wie Major von Gryczinski, Rittmeister von Schnabel, Wensky, Tigris und Stiffelius; Geistliche wie Pastor

---

6 Siehe die zweite Anmerkung zu S. 121.

Käpsel mit Brüdern im Geiste; Beamte aus den städtischen Behörden wie Polizeirat Reiff; Künstler wie die Maler Gabler und Schulze, zur Hälfte auch noch Musiker, und das Fräulein Schmidt als Klavier- und Gesangslehrerin. Doch nicht nur Herrschaften: Personal und Dienstboten wie Christel und Vreni, Emil, Friedrich und Kagelmann spielen ebenfalls ihre kleineren und größeren Rollen, wie die Wirtin in Löbbekes Kaffeehaus und Madame Guichard mit ihrem Laden für künstliche Blumen. Im Querschnitt durch die Berliner Gesellschaft erscheint die bourgeoise Schicht am stärksten durchgebildet, historisch durchaus schlüssig, begann doch in der Gründerzeit der steile Aufstieg der Bourgeoisie. Im Querschnitt lassen sich ausmachen: Juden und Christen; Alte und Junge, Erwachsene und Kinder; Schönlinge, Häßliche und Verwachsene; Verliebte, Liebespaare und Ehepaare, Unerhörte, Verlassene und Betrogene; bekennende Junggesellen, Einzelgänger und Sonderlinge; Aufgestiegene und Abgestürzte. Diners, Landpartien, Weihnachtsfeste und Silvesterfeiern bietet Fontane auf, die verschiedenen Figuren glaubhaft zusammenzuführen, in Kontakt treten zu lassen, damit sie sich, medisierend, über Gott, die Welt und die Halbwelt austauschen können: in der Standessprache der Börsianer oder Militärs, in Hochsprache oder Dialekt, Berlinerisch oder Schwyzerdütsch-schwäbisch, in Französisch oder Englisch oder wenigstens in Gallizismen und Anglizismen. Und vor allem: in Redensarten, Zitaten und Bildungsfragmenten, die aus dem geplünderten Vorrat stammen, den Büchmann in seinen »Geflügelten Worten« zusammengetragen hatte. 1864 zum ersten Mal erschienen, immer wieder überarbeitet und neu aufgelegt (1874 in achter, 1879 in neunter Auflage), verstand sich der Büchmann als nationalen Hort: als »Citatenschatz des deutschen Volkes«, wie es der Untertitel ausweist. Bildung geriet in Gefahr, zur Büchmann-Bildung zu verkommen: Es reichte das

Zitat aus dem Werk, dessen Kenntnis bedurfte es nicht mehr. Bildung ließ sich vortäuschen und verkam zur geselligen Spielmarke.

Gesellschaft wird konkret in Figuren vorgeführt, doch auch abstrakt als anonymes und wankelmütiges, unbarmherziges, schadenfrohes Kollektiv: im Abstrafen von Melanie und Rubehn – »die Gesellschaft ist unversöhnlich« (oben S. 137) – wie in ihrer Begnadigung; und damit über Kreuz: im anfänglichen Mitleid mit van der Straaten und schließlich seiner bösartigen Verspottung.

*Die Themen:* höhere Kreise, Kapital und Kommerz, Kunst und Klatsch. Bismarck und Wagner, die als Politiker und Künstler die Urteile der Zeitgenossen wie der Romanfiguren polarisieren – als Helden gefeiert, als Scharlatane verdammt –, geraten ins Fadenkreuz der Gespräche: als Personen und in ihren Taten und Werken. Bismarck und die Emser Depesche, die »Ekrasierung Frankreichs und Dethronisierung des Papstes« (oben S. 32), die Krieg-in-Sicht-Krise und weitere außen- und innenpolitische Winkelzüge. Vor allem Wagner: als »Meister« (oben S. 13) verehrt, als »Hexer« (oben S. 37) und Schwindler verspottet. Doch nicht nur Musik wird Thema, auch Malerei – wie es der Titel »L'Adultera« schon verrät: Bilder aus der privaten Galerie van der Straatens und aus öffentlichen Sammlungen, zeitgenössische und historische: von Tintoretto und Tizian, Paolo Veronese, Raffael und Murillo, Begas, Piloty und Siemiradski.[7] Van der Straaten glaubt an Bilder, Melanie und Rubehn an Wagner. Sodann: der Mammon und wie man ihn anlegen kann, die Börse

---

7 Die raffinierte Wirkungsweise von Bildungsanspielungen und Versatzstükken, mit denen Fontane den Roman konstruiert, untersucht eingehend, die frühere Forschung einarbeitend: Winfried Jung: Bildergespräche. Zur Funktion von Kunst und Kultur in Theodor Fontanes »L'Adultera«. Stuttgart 1991.

als Tempel des Kapitalismus, steigende und fallende Kurse, exquisite Liebhabereien wie Privatgalerie, Treibhaus-Exotismus und Obstzucht. Kämpfe um Titel und gesellschaftlichen Aufstieg. Arbeit schließlich und immer wieder: die Frauen, die Liebe, die Ehe, das Glück und wie es sich finden, erringen und halten läßt.

Fontane bezieht Zeit, Raum, Personal und Themenvielfalt nicht nur oberflächlich in den Roman ein: Im ästhetischen Konstrukt werden sie kunstvoll verdichtet, verknüpft und verschmolzen. Eingeschrieben ist dem Roman die *Signatur des Schwindels*, die alle Bereiche prägt. Schwindel als körperliche und seelische Empfindung: als Ohnmacht und Schmerz – Melanie und ihre Ohnmachten, van der Straaten, dem einmal die Sinne schwinden. Schwindel als Verstellung, Täuschung und Vortäuschung: Melanie, die »über Jahre hin« mit van der Straaten »immer nur... gespielt« hatte (oben S. 105), ihr Ehe- und Rubehns Vertrauensbruch. Schwindel als Fälschung, Verfälschung und Betrug: politisch in Bismarcks Winkelzügen (Stichwort: »Emser Depesche«), ökonomisch in den manipulierten Kursen der Börse, künstlerisch im umstrittenen Werk Wagners. Schwindel als Rausch: als körperliches und seelisches Glücksgefühl im Liebestaumel. Schwindel als Künstlichkeit und Décadence: das Treibhaus, das Exotik vorgaukelt, die künstlichen Blumen im Haar, täuschend echte Kopien, die das Original ersetzen, seien sie ein Tintoretto oder die prunkvollen Nachbildungen aus der Renaissance, dem Barock oder der Klassik, die den Historismus der Gründerzeit vom Gebrauchsgegenstand bis zum Palais kennzeichnen. »Jeder verwendete Stoff will mehr vorstellen, als er ist. Es ist die Ära des allgemeinen und prinzipiellen Materialschwindels.«[8] Schwindel ferner als Gesprächs-

---

8 Egon Friedell: Kulturgeschichte der Neuzeit. München 1969, S. 1302.

form: Bildung wird über »Büchmann«-Zitate suggeriert. Ja sogar Schwindel als raffinierte Erzählstrategie: Die Versatzstücke aus der trivialen Unterhaltungsliteratur samt ihren vorgeprägten Lese-Erwartungen werden sich als Schwindel erweisen.

## »Ganz moderner Stoff«

»28. November 1874. Der Soiree wohnten alle Minister bei… Als Neuigkeiten wurden erzählt, daß Frau Ravené mit einem Bankier Simon durchgegangen sei… Bismarck sagte…: ›Das Ereignis Ravené beraubt für mich Berlin einer Dekoration, solche Dinge kamen früher nur in der französischen Gesellschaft vor.‹«[1] »Was gibt's Neues in der Affäre Ravené?« soll Bismarck jeden Morgen seinen Kammerdiener, der ihn weckte, gefragt haben. Ein Gesellschaftsskandal, der die Berliner Hautefinance umtrieb und Klatsch und Tratsch hochspülte, hatte sich ereignet: Die schöne und junge Therese Ravené, eine geborene von Kusserow, hatte ihren Gatten, den bekannten und schwerreichen Industriellen und Kommerzienrat Ravené, wie auch ihre drei Kinder verlassen und war mit ihrem Geliebten, dem Kaufmann Gustav Simon, nach Rom geflohen.[2]

Jacob Frédéric Louis Ravené (1823–79) war Nachfahre einer Hugenotten- und traditionsreichen Unternehmerfamilie. 1862 übernahm er die väterliche Eisenwarengroßhandlung und andere lukrative Geschäftsunternehmen, ebenso die bedeutende

---

1 Freiherr Lucius von Ballhausen: Bismarck-Erinnerungen. Stuttgart und Berlin 1920, S. 58f.
2 Zur Stoffgeschichte beziehe ich mich überwiegend, ohne es in den Einzelheiten nachzuweisen, auf die so verdienstvolle Arbeit der Enkelin von Therese Simon: Therese Wagner-Simon: Das Urbild von Theodor Fontanes »L'Adultera«. Berlin 1992.

Gemäldegalerie, die er als Sammler und Mäzen zu einer der wichtigsten privaten Kunstsammlungen Berlins auszubauen verstand. Zu finanzieren vermochten die Ravenés ihren feudalen Lebensstil u. a. durch die Lieferung von Eisenbahnschienen, mit denen Deutschland allmählich flächendeckend überzogen wurde. Gegen Ende seines Lebens war der kunstsinnige wie schrullige Vater, Pierre Louis Ravené, Okkultisten erlegen, deren Prophezeiung, er werde das Jahr 1861 nicht überleben, allerdings eintraf: Er starb in der Silvesternacht! Ganz anders der Sohn: Er galt als Bonvivant, lebenstüchtig und lebenssüchtig, erwarb, um nur ein Beispiel zu geben, im Weinrausch für 300 preußische Taler die Burgruine Cochem an der Mosel, die er zehn Jahre lang restaurieren und größer und schöner, als sie einst gewesen, wieder aufbauen ließ. Mit dreiundvierzig Jahren erst heiratete er 1866 die einundzwanzigjährige Therese von Kusserow (1845–1912); gestiftet wurde die gute Partie durch ihre ältere Schwester Ottilie, die mit dem Finanzminister von Hansemann verheiratet war. Therese war die Tochter des preußischen Generals Karl Friedrich von Kusserow (1793–1855) und seiner jüdischen Frau Wilhelmine Eva, Tochter des bekannten Bankiers Samuel Oppenheim. Mit zehn Jahren verliert sie den Vater, mit zwanzig gewinnt sie den Mann, der, vom Alter her, ihr Vater hätte sein können. Therese ist eine Schönheit: »eine freilich äußerst kokette Frau. Sie hat wunderbares makartrotes Haar, das alle entzückt. Die ›schöne Therese Ravené‹ heißt sie bei einem großen Teil der Männerwelt, die total vernarrt ist in sie. Ihr Mann hat wohl viel Grund zur Eifersucht, geht aber auch seine eigenen Wege.«[3] Therese liebte die Musik, war in Ge-

---

3 Catharina von Pommer Esche: Aus dem Tagebuch meines Bruders. Berlin 1911. Zitiert nach: A (= Fontane-Ausgabe des Aufbau-Verlages, siehe die bibliographischen Hinweise. 2), S. 538 bzw. nach Therese Wagner-Simon, S. 12 ff., welche die Glaubwürdigkeit dieses Kronzeugen in Sachen »Kokette-

sang bis zur Konzertreife ausgebildet, glänzte mit ihrem schönen Mezzosopran, der auch auf Wohltätigkeitsveranstaltungen zu hören war, die oftmals am königlichen Hof gegeben wurden, und schlüpfte in allerlei Rollen beim häuslichen Theaterspielen. Als Krankenschwester pflegte sie verwundete Soldaten aus dem Deutsch-Französischen Krieg von 1870/71.

Das Haus Ravené zählte zu den ersten Adressen Berlins, bei dessen gesellschaftlichen Lustbarkeiten, den Essen und Bällen, sich auch die Bismarcks einfanden. Ein Bruder von Therese, Heinrich von Kusserow, zählte zu den Mitarbeitern des Reichskanzlers. Ravené hatte seine junge Frau mehrfach malen lassen. Daß er seine Frau liebte, wie er es eben vermochte, hatte niemand bezweifelt. Doch neigte er zu jähzornigen und gewalttätigen Reaktionen, wie aus den vernichteten Scheidungsakten hervorgehen soll. Auch konnte er »seine Junggesellengewohnheiten nicht ablegen, was seine leidenschaftliche und stolze Gattin tief verletzte. Den Keller seines Hauses hatte er – ganz wie spätere ›Industriebarone‹ – mit Marmor und Kristall auslegen lassen und empfing dort Damen der Theaterwelt mit ihrem Anhang, sogar in der Nacht, in der seine junge Frau im oberen Stockwerk des ›Palais Ravené‹ in den Wehen ihres ersten Kindes lag«[4].

Kein Wunder, daß sie sich in den sensiblen Gustav Simon (1843–1931) verliebte. Ihre erste Begegnung stand im Zeichen von Musik und sozialer Verantwortung. Bei einem Wohltätigkeitskonzert trat Therese als Sängerin auf, Gustav verstärkte, als exzellenter Bratschist, das Orchester. Simon stammte aus einer

---

rie und Grund zur Eifersucht«, auf die sich Walter Keitel in seinem Aufsatz »Therese – makartrot. Noch ein Fontane-Kapitel« in der Neuen Zürcher Zeitung vom 12. September 1970 bezieht, glaubhaft relativiert.

4 Therese Wagner-Simon: »Allwieder det Lila!« Zum Urbild von Theodor Fontanes »L'Adultera«. In: Neue Zürcher Zeitung vom 3. September 1972, Nr. 410 (Fernausgabe Nr. 242); erneut abgedruckt in: Wagner-Simon, S. 19f.

einflußreichen Königsberger Bankiersfamilie; als aufgeschlossen und gebildet, bescheiden und gütig, uneitel und einfühlsam schildern ihn die Zeitgenossen, auf die er seinen Eindruck nicht verfehlte. Ludwig Pietsch, der mit Fontane gut befreundete Feuilletonist und Reiseberichterstatter der »Vossischen Zeitung«, erinnerte sich nach Jahrzehnten noch höchst lebendig: Bei einer Abendgesellschaft »hörte ich auch einmal einen jungen Deutschen, der in einem der großen Pariser Bankhäuser angestellt war, einen blonden Königsberger Landsmann, von sehr gescheitem Aussehen und ungemein gewinnendem Wesen mit großer Innigkeit des Ausdrucks und virtuoser Technik die Geige spielen. Er nannte sich Simon. Ich ahnte damals nicht, welches schöne weibliche Herz in Berlin dieser kluge und energische Spielmann sich zehn Jahre später mit dieser Kunst und seinen anderen natürlichen Gaben erobern, welchen prächtigen, rotgoldlockigen, jugendlichen Frauenkopf er damit in süße Verwirrung bringen und welchem anscheinend fest gegründeten Eheglück ein Ende bereiten würde...«[5]. Mag sein, daß Fontane Pietsch als möglichen Informanten zum Dank in den Roman hat eingehen lassen, ohne ihn zu nennen: »Er schreibt *zu* gut«, lobt van der Straaten den Berichterstatter über den Subskriptionsball (oben S. 11). »Er«, das kann nur Ludwig Pietsch von der »Vossischen« sein.

Therese und Gustav Simon flohen nach Italien (und nicht ins nahe Königsberg, wie immer zu lesen ist). Zunächst ließen sie sich in Rom nieder, danach am Genfer See, schließlich in Reuschenberg bei Küpperstädt in Hessen, wo Simon eine Sägemühle übernahm. Am 8. Juli 1875 wurde die Tochter Olga Eveline Minna geboren, die Gustav Simon »als von ihm erzeugt« am

---

[5] Ludwig Pietsch: Wie ich Schriftsteller geworden bin. Erinnerungen aus den sechziger Jahren. Band 2. Berlin 1894, S. 249. Zitiert nach: Wagner-Simon, S. 66.

4. August 1876 notariell anerkannte, nachdem Therese, endlich von Ravené geschieden, 1876 seine Ehefrau geworden war.[6] Ravené war eigens an den Genfer See gereist, um Therese umzustimmen: Wenn sie zu ihm zurückkehre, wolle er vergeben und vergessen und das Kind adoptieren. Erst als sie dies Angebot samt dem Köder eines kostbaren Halsschmucks zurückwies, willigte er in die Scheidung ein. Die Heirat, so wird gemutmaßt, muß in England oder Helgoland stattgefunden haben. Erst 1878 wagten sich Therese und Gustav, nunmehr mit bereits drei Kindern (deren neun sollten es insgesamt werden!), zurück ins heimatliche Königsberg, in der Hoffnung, daß die Wogen des Skandals sich geglättet hätten. Der Preis, den Therese für ihren Schritt zu entrichten hatte, war hoch: Ihre Familie brach mit ihr (später versöhnten sich lediglich ihre ältere Schwester und ihr jüngerer Bruder mit ihr), vor allem aber gab es keinerlei Verbindung mehr zu den drei Kindern aus ihrer ersten Ehe, nach denen sie sich so sehnte. Schuldgefühle plagten sie zeitlebens, und als Strafe wurde empfunden, daß zwei ihrer Kinder aus der Ehe mit Simon früh sterben mußten: Olga, ihr erstes und »uneheliches« bezeichnenderweise, und Ellinor, ihr drittes. Ihr Sühnebedürfnis fand Ausdruck in den »Therese und Gustav Simon'schen Kinderhorten«, die sie in Königsberg gründeten. Unbeholfen und anrührend, doch Ausdruck einer großen Liebe, klingen ihre Verse, die sie ihrem Mann im Mai 1899 aus der Karlsbader Kur zum Hochzeitstag schreibt: »...Und ist die Jugend auch verklungen, / Ich hab ein treues Lieb errungen, / Der Frühling blühet doch in mir!... Das wahre Glück ist nur bei Dir! / Verstoßen haben mich die Meinen, / Gerecht sie sich darob erscheinen, /

---

6 Bei den Stammbaumdaten in Wagner-Simon, S. 118f., haben sich mancherlei Fehler eingeschlichen, die in Widerspruch stehen zu Datierungen im Text. Scheidung und Hochzeit werden z. B. fälschlich mit 1874 datiert, ebenso die Geburt von Olga.

Vor mir die Sonn' müßt sich verstecken / Und die Natur mit Eis bedecken, / Der Frühling blühet doch in mir. / Wär mir nochmal die Wahl gestellt, / Gehorchte mir die ganze Welt, / Gäb Gott die Jugend mir zurück, / Doch ohne Dich wär dieses Glück, / Ich schlüg es aus und blieb bei Dir!«[7]

Erst als Ravené, noch keine sechsundfünfzig Jahre alt, 1879 gestorben war, begann Fontane mit seiner Arbeit an »L'Adultera«. Dem Ehepaar Ravené will er nur einmal begegnet sein, mußte er sich doch des Vorwurfs erwehren, er habe deren Familieninterna preisgegeben: »...diese guten Leute beschuldigten mich, neben andrem, der Indiskretion. Sie gingen davon aus – und dies erklärt manches –, ich sei so was wie ein eingeweihter Hausfreund in dem hier geschilderten Ravenéschen Hause gewesen. Dies war nun aber ganz falsch. Ich habe das Ravenésche Haus nie betreten, habe die schöne junge Frau nur einmal in einer Theaterloge, den Mann nur einmal in einer Londoner Gesellschaft und den Liebhaber (einen Assessor Simon) überhaupt nie gesehn. Ich denke, in solchem Falle hat ein Schriftsteller das Recht, ein Lied zu singen, das die Spatzen auf dem Dache zwitschern. Verwunderlich war nur, daß auch in bezug auf die Nebenpersonen alles, in geradezu lächerlicher Weise, *genau* zutraf. Aber das erklärt sich wohl so, daß vieles in unserm gesellschaftlichen Leben so typisch ist, daß man, bei Kenntnis des Allgemeinzustandes, auch das einzelne mit Notwendigkeit treffen muß.« (An Joseph Viktor Widmann, 27. April 1894) Allerdings verfügte Fontane über eine heiße Informationsquelle, die er, aus Diskretion, verständlicherweise verschwieg: Seine Frau war mit der Gattin des Ravenéschen Prokuristen Paul Harder befreundet, in dessen Haus Louis Ferdinand Auguste Ravené (1866–1944) nach der Scheidung seiner Eltern erzogen wurde.

---

7 Wagner-Simon, S. 83f.

Ohne solche privaten Informationsquellen sind häufig bezeugte Übereinstimmungen zwischen den realen und fiktiven Figuren kaum zu erklären. »In der Familie Simon war man immer der Meinung, daß Fontane die Persönlichkeiten seiner Protagonisten, vermutlich auf Grund von Schilderungen durch nahe Bekannte, lebensnah getroffen hatte.«[8] Daß ihn der Stoff schon vor dem Dezember 1879 konkret interessierte, belegen Zeitungsausschnitte, die im Manuskript von »L'Adultera« aufgehoben wurden: ein Artikel von Emil Dominik in der »Vossischen Zeitung« vom 1. Juni 1879, »Die Geschichte des Hauses Ravené«, eine Zeitungsnotiz, die auf die »Pflanzen-Versteigerung« aus den »Treibhäusern des verstorbenen Geheimrat Herrn Louis Ravené« vom 15. bis 17. Oktober 1879 in dessen Villa hinwies, ja sogar den Versteigerungs-»Katalog der Topf-Gewächse aus den Ravenéschen Treibhäusern«, der immerhin abgeholt werden mußte.[9] Von Therese Simon hat Fontane so rühmend gesprochen, als ob er sie selbst gekannt hätte: Sie sei eine »trotz all ihrer Fehler sehr liebenswürdige und ausgezeichnete Dame« (an Salo Schottländer, 11. September 1881). Zum Fall Ravené/Simon hat er sich unmißverständlich geäußert: »So gut wie mit der Frau *Ravené*, die als Frau *Simon* ein neues, besseres (!) Leben anfing, – so gut schließt es nicht immer ab. Ja der Frau-Ravené-Fall ist ein Ausnahmefall.« (An Georg Friedlaender, 28. März 1889) Auch später war er über den Familienstand der Simons noch informiert: »... die Dame, um die sich's handelt, sitzt unter einer Menge von Bälgen, geliebt und geachtet, bis diesen Tag oben in Ostpreußen.« (An Paul Pollack, 10. Februar 1891) Bezeichnend dies Bekenntnis: »Es ist zwar alles verschleiert, aber doch nicht *so*, daß nicht jeder die Gestalt erraten könnte.« (An Salo

---

8 Wagner-Simon, S. 64.
9 Nach den Angaben in: A, S. 539; Faksimile der Annonce auf S. 544.

Schottländer, 11. September 1881) Verschleiern aber kann nur, wer die nackten Tatsachen kennt. Selbstverständlich beschränkt sich Fontanes schöpferische Leistung nicht im Aufwand der Verschleierung. Die Eigenständigkeit seines Kunstwerks, das auf der Differenz von Fiktion und Realität bestehen muß, sie bleibt unbestritten. Trotzdem treibt er die Verschleierung nicht bis zur Unkenntlichkeit der Formen und Inhalte, was nur heißen kann: daß er in seiner Schreibstrategie eine Mischung aus Fiktion und Realität anstrebt und für die Rezeption einkalkuliert. Der Leserschaft bleibt der Kitzel, hier gehe es, trotz aller Verschleierung, um die Aufdeckung von Privatissima einer sensationellen Berliner Skandalgeschichte; zu offenkundig sind die einzelnen Bezüge, die, fälschlicherweise, aber verständlicherweise, zum Schluß verleiten (sollen), daß es auch mit dem Ganzen seine faktische Richtigkeit habe. Solche einzelnen, unmißverständlichen Bezüge sind durch die Hauptfiguren, ihren Status und ihre Beziehungen markiert: Melanie und Therese, van der Straaten und Ravené, Rubehn und Simon, alle aus der Hautefinance. Melanie und Therese verlassen ihre doppelt so alten Gatten van der Straaten und Ravené, ebenso ihre Kinder, und fliehen mit ihren Liebhabern Rubehn und Simon, mit denen sie auch eine leidenschaftliche Liebe zur Musik verbindet, nach Italien, werden eines unehelichen Kindes entbunden, heiraten nach der Scheidung ihren Liebhaber, kehren aus der Fremde zurück, werden von ihren Familien zum Teil geächtet, stehen aber zu ihrem Entschluß und führen eine äußerst glückliche Ehe. Der Grundriß der fiktiven Handlung deckt sich mit dem der realen. Zusätzlich aber verarbeitet Fontane weitere reale Einzelheiten, öffentlich geläufige ebenso wie nur privat bekannte. Dazu zählen neben Ravenés Treibhäusern mit ihrer floralen Exotik die private Sammlung exquisiter Gemälde des Freundes und Förderers der Künste und Künstler, die als »große Gemäldegalerie«

(oben S. 27) sich im Roman wiederfindet und deren bekanntestes Exponat gleich zu Beginn durch van der Straaten, der es im Roman allerdings nicht besitzt, benannt wird: »Die Mohrenwäsche« von Carl Begas. »Hiermit war es für das Berliner Lesepublikum klar, daß hinter der Romanfigur van der Straaten der Kommerzienrat Ravené stand...«[10] Auch mit Verschiebungen wird gearbeitet: Thereses makartrotes Haar attraktiviert jetzt Jacobine, Melanies Schwester; der Hang zum Okkultismus des Vaters von Jacob Frédéric Ravené, dessen vorhergesagter Tod so pünktlich eintraf, kehrt wieder bei van der Straaten und seinen Überzeugungen von der erblichen Vorherbestimmung des Ehebruchs, und der kostbare Halsschmuck, mit dem Ravené seine Frau zurückgewinnen wollte, wird zum Medaillon, das van der Straaten Melanie zur Erinnerung schenkt. Auch was nur wenige wissen konnten, wird einmontiert. Lydia giftet beim Wiedersehen mit der Mutter: »Wir haben keine Mutter mehr.« (Oben S. 144) Louis Ferdinand, der Sohn Ravenés, soll nach der Scheidung gesagt haben: »Ich habe keine Mutter mehr!«[11]

### *»Du brachtest sogar ›L'Adultera‹«*

»Ich schreibe heute wegen einer Novelle, mit der ich im Brouillon eben fertig bin... Es wird niemand gefeiert, noch weniger gelästert, und wenn ich bemüht gewesen bin, das *Leben* zu geben, wie es liegt, so bin ich nicht minder bemüht gewesen, das *Urteil* zu geben, wie es liegt. Das heißt im Letzten und nach lange schwankender Meinung freundlich und versöhnlich. So viel über den Stoff.« (An Paul Lindau, 14. Januar 1880) »So we-

---

10 Wagner-Simon, S. 46.
11 H (= Fontane-Ausgabe des Hanser-Verlags, siehe die bibliographischen Hinweise. 2), S. 189, Anmerkung zu S. 125.

nig über den Stoff« wäre treffender gewesen, denn: Verschwiegen wird vorerst die stoffliche Explosivkraft. Entschärfung ist angesagt: Hingelenkt wird auf die Art und Weise der Bearbeitung und die finale Harmonie.

Paul Lindau, der Herausgeber von »Nord und Süd. Eine deutsche Monatsschrift« hatte bereits im Mai und Juni 1879 Fontanes historische Novelle »Grete Minde« aus dem 17. Jahrhundert im Vorabdruck erscheinen lassen. Jene neue und zeitgenössische Novelle, die Fontane Lindau zum Vorabdruck anbietet, erscheint ein Jahr darauf: im Juni- und Juliheft der Zeitschrift unter dem Titel »L'Adultera«. Dankbar reimt Fontane in seiner »Gratulation an ›Nord und Süd‹« zum Erscheinen des hundertsten Heftes im Juli 1885:

»...Du brachtest sogar ›L'Adultera‹,
Was ich mit Rührung empfinde.«[1]

»Sogar ›L'Adultera‹«: das bezieht sich auf den heiklen Stoff und die riskanten Folgen, diese Skandalgeschichte doch gedruckt zu haben.

Das Schreibtempo, das Fontane vorlegt, ist hoch. Im »Tagebuch« von 1879 notiert er: »Im Dezember beginn ich meine Novelle L'Adultera.« Und von 1880: »Im Januar beendige ich L'Adultera im Brouillon; im Februar, März und April daran korrigiert.«[2] Gleichzeitig arbeitet er aber noch an seinen Romanen »Ellernklipp« und »Schach von Wuthenow«, schreibt fürs Feuilleton und dichtet, etwa seine berühmte Ballade »Die Brück am Tay«. Die Familie berät den Autor und Ernährer: »Ich habe

---

[1] Zitiert nach H, S. 156.
[2] Theodor Fontane: Tagebücher. Band 2: 1866–1882, 1884–1898. Herausgegeben von Gotthard Erler unter Mitarbeit von Therese Erler. Berlin 1994 (= Große Brandenburger Ausgabe), S. 71 und 73.

den einzelnen Kapiteln, auf Rat meiner Familie, nur Zahlen gegeben; Überschriften seien ›altmodisch‹. Für den Fall aber, daß Sie anders darüber denken, leg ich meine Überschriften bei. Mir ist das eine so recht wie das andere.« (An den Redakteur Julius Grosser, 4. oder 5. April 1880) Die Redaktion entschied sich, die Überschriften beizubehalten.

Ursprünglich, das läßt die erhaltene früheste Werkstufe mutmaßen, war der Kommerzienrat »der Titelheld«[3] dieses Entwurfes. Bei der Titelgebung für das vollendete Werk, zumindest für die Buchausgabe, muß Fontane zeitweilig zwischen dem Titel »L'Adultera« und »Melanie van der Straaten« geschwankt haben. »Was den Titel angeht«, so schreibt er später an Salo Schottländer, den Verleger der Buchausgabe, »so proponier' ich Wiederherstellung der alten und ursprünglichen Überschrift: *Melanie Van der Straaten.*« Rücksichtnahme auf die Schlüsselfigur Therese Simon, geschiedene Ravené, treibt ihn dazu, weil es ihm »aufs äußerste widerstand und noch widersteht, einer noch lebenden und trotz all ihrer Fehler sehr liebenswürdigen und ausgezeichneten Dame das grobe Wort ›L'Adultera‹ ins Gesicht zu werfen«. Weder beim Vorabdruck noch bei der Buchausgabe vermag Fontane sich mit seinen Bedenken durchzusetzen: Gewählt wird der »schreiige« (an Wilhelm Friedrich, 17. Februar 1881), doch ohnehin italienisch verschlüsselte Titel, zumal Fontane ihn selber ästhetisch beredt rechtfertigt. »Zu ›L'Adultera‹ ließ ich mich bestimmen, weil das Spiel mit dem L'Adultera-*Bild* und der L'Adultera-*Figur* eine kleine Geistreichigkeit, ja was mehr ist: eine rundere Rundung in sich schließt. In dieser Gegenüberstellung und Parallele lag etwas Verlockendes...« (An Salo Schottländer, 11. September 1881)

---

3 A, S. 542.

Daß Fontane in einer so kurzen Zeitspanne den Roman abschließen konnte, verdankt er dem »ganz modernen Stoff« (an Gustav Karpeles, 14. März 1880); aufwendiger historischer Quellenstudien bedurfte es nicht. Auch keiner zeitraubenden Reisen, um vor Ort zu recherchieren, um sich des für ihn so zentralen Lokalkolorits zu vergewissern. Das lokale Milieu, Berlin, ist ihm bestens vertraut, ebenso das soziale. »Ich kenne dies Leben unserer Bankiers-, Geheimrats- und Kunstkreise seit 40 Jahren, kenne es in der Neugestaltung, die das Jahr 70 und die Gründerepoche ihm gegeben haben.«[4] Literarische Vorstudien zu vielerlei Projekten aus dem Jahr 1879 allerdings beschleunigen und erleichtern vor allem die Arbeit an »L'Adultera«[5], angefangen bei ähnlichen Motiven und Themen, Figuren und Lokalitäten bis hin zu Handlungsabläufen, etwa in »Wiedergefunden«, »Immer gleich«, »Die Geschichte der Frau v. M.«, »Der Flötenspieler« oder in dem Großprojekt eines dreibändigen Romans »Allerlei Glück«, dessen Anlage und Absicht auch für »L'Adultera« gelten könnte: »Zeitroman. Mitte der siebziger Jahre; Berlin und seine Gesellschaft, besonders die Mittelklassen, aber nicht satirisch, sondern wohlwollend behandelt. Das Heitre vorherrschend, alles Genrebild. Tendenz: es führen viele Wege nach Rom, oder noch bestimmter: es gibt *vielerlei Glück*, und wo dem einen Disteln blühn, blühn dem andern Rosen. Das Glück besteht darin, daß man *da* steht, wo man seiner Natur nach hingehört. Selbst die Tugend- und Moralfrage verblaßt daneben.«[6] Solche und andere literarische Vorarbeiten lassen

---

4 Anläßlich einer Besprechung von Paul Lindaus »Der Zug nach dem Westen«. In: Werke, Schriften und Briefe. München 1962 ff., 3. Abt., Bd. 1, S. 569.
5 Vgl. hierzu auch Gottfried Zeitz: Die poetologische Bedeutung des Romans »L'Adultera« für die Epik Theodor Fontanes. Frankfurt am Main 1977 (Phil. Diss.), S. 49–51.
6 Dichter über ihre Dichtungen, S. 514 (Allerlei Glück).

»L'Adultera« nicht besser verstehen; sie belegen bloß, wie Fontane bereits an solchen Stoffen arbeitete, und widerlegen vorschnelle Annahmen, er habe sich erst ab dem Dezember 1879 darauf eingelassen.

1882 erscheint die Buchausgabe von »L'Adultera« im Verlag von Salo Schottländer, in einer lieblosen Ausstattung, mit dem Untertitel »Novelle«. Am 8. März heißt es im »Tagebuch«: »Schottländer schickt L'Adultera-Exemplare.«[7] Auflage: 1200 Exemplare. Honorar: 1000 Mark. 1890 erscheint von dieser Auflage ein Plattennachdruck im Verlag des Sohnes Friedrich Fontane mit neuem Untertitel: »Roman«, 1892 schon die nächste. Als freier Schriftsteller war Fontane auf eine Doppelhonorierung durch Buchausgabe und Vorabdruck angewiesen: Kleinere Prosaformen, die sich in einer einzigen Zeitschriftennummer oder auf zwei verteilt abdrucken ließen, boten sich eher an als riskante Großformen, die viel Zeit brauchten und vorerst kein Geld brachten. Allerdings mußten sie ins Programm und die Machart solcher Zeitschriften wie »Nord und Süd«, »Westermanns illustrierte deutsche Monatshefte«, »Die Gartenlaube«, »Über Land und Meer«, »Vom Fels zum Meer«, »Daheim«, »Das Universum« oder, als Zeitung, die »Vossische Zeitung« samt ihrer spezifischen Leserschaft passen, was wiederum den Autor in seinem selbstbestimmten Schaffensprozeß fremdbestimmt einschränken konnte. Vorabdruck und Buchausgabe sind nicht textgleich. Fontane bearbeitet den Text vor allem stilistisch, für die Deutung ergeben sich daraus keine neuen Aspekte.[8]

»Viel Anerkennung, aber auch viel Ärger und Angriffe« habe ihm »L'Adultera« eingetragen (an Joseph Viktor Widmann,

---

7 Theodor Fontane: Tagebücher, S. 160.
8 Varianten abgedruckt in: A, S. 555–558.

27. April 1894), »kindische, auch wohl böswillige Angriffe« (an Ludwig Schwerin, 15. Juni 1882), berichtet Fontane. Ein Beispiel für ablehnende Kritik, die sich auf einen Ausspruch Melanies bezieht: »Zu welcher Moral gehört denn wohl der Grundsatz: ›Man kann auch treu sein, wenn man untreu ist!‹« fragt sich ein überforderter Rezensent. »Nimmt der Dichter dies ernst – und wir haben wenig Grund, dies zu bezweifeln –, dann müssen wir im Namen der öffentlichen Moral dagegen Einspruch erheben.«[9] Die positive Kritik hält dagegen und versucht, sich differenzierter mit den Stärken und Schwächen des Romans auseinanderzusetzen, Paul Schlenther und Eduard Engel zum Beispiel.

Schlenther: »Moralisten würden lästern, daß Fontane den Ehebruch verteidigt. Es fällt ihm nicht ein. Er hat nur gezeigt, daß die rechte Ehe in diesem Falle nicht die erste, sondern die zweite ist.« Vermißt wird eine Charakterisierung der Rubehn-Figur, bemängelt das Überwiegen von Einzelheiten zu Lasten des Erzählkontinuums: »Fontane detailliert, wo ihn Lust dazu anwandelt, und nachdem er sich dabei zu lange aufgehalten, tut er über das Nächste einen Sprung hinweg.«[10] Fontanes Reaktion zeigt, wie er mit einer begründeten Kritik umzugehen versteht: »Was über Ruben oder Rubehn gesagt ist, was ferner über meine Manier, alles sprungweis zu behandeln und die Stationen, wo Seidel getrunken wurden, sozusagen durch Schnellfahren wieder einzubringen – alles ist richtig, alles unterschreib ich.« Und er beehrt den akzeptierten Kritiker mit einer grundsätzlichen Stellungnahme und einer Rechtfertigung seines Standpunktes als realistischer Schriftsteller: »Wenige haben den Mut und die Kraft, sich, behufs Zeugnisablegung, die Dinge des Lebens so anzusehn, wie sie liegen; die Mehrheit kann aus dem Konventio-

---

9  Wilhelm Jensch in der »Magdeburgischen Zeitung« vom 11. Januar 1882; zitiert nach A, S. 559f.
10 Paul Schlenther in der »Tribüne« vom 18. Juni 1882; zitiert nach A, S. 561f.

nalismus nicht heraus und hält an elenden, längst Lüge gewordenen Phrasen fest. Die Minorität andrerseits gefällt sich darin, zu *sehr* damit zu brechen, zu gründlich damit aufzuräumen und dadurch, ich will nicht sagen, das Recht ihrer Tendenz und der Äußerung derselben, aber doch die Fähigkeit, das einfach Tatsächliche zu sehen und zu schildern, einzubüßen.« (An Otto Brahm, 23. Juni 1882, der ihm die Kritik zugesandt hatte.) Schlenther wiederum übt später seinerseits Kritik an seiner eigenen Kritik: »Aber Fontanes Eigenheiten lassen sich noch jetzt nirgends deutlicher, nirgends unterhaltender bemerken als hier, wo die Ehe des älteren Mannes mit der jungen Frau wegen eines Menschen in die Brüche geht, den man kaum kennen lernen konnte. Vor dreiunddreißig Jahren habe ich das in einer Kritik, der ich die erste persönliche Begegnung mit Fontane noch heute danken muß, dem Dichter als Fehler aufgemutzt. Jetzt empfinde ich es als Feinheit; die nähere Bekanntschaft mit Fontanes Arbeit öffnete mir das Verständnis.«[11]

Oder Eduard Engel: Er rühmt die »Fülle der feinsten Studien aus dem Berliner Gesellschaftsleben«, die »unvergleichliche Schilderung des Berliner Lebens der höheren Stände«, die »grundwahre« und »photographisch ehrliche« Geschichte, das Unausgesprochene, das die Leser »eine Menge von Dingen erraten läßt«[12]. Engel berichtet von einer anrührenden Begebenheit, die sich nach Erscheinen der Rezension abgespielt haben soll – mag sein, in der Rückerinnerung verklärend überhöht: »...ei-

---

11 Paul Schlenther: Einleitung. In: Theodor Fontane. Gesammelte Werke. Bd. 1. Berlin 1919, S. LII; zitiert nach: Theodor Fontane. 1819/1969. Stationen seines Werkes. Eine Ausstellung des Deutschen Literaturarchivs im Schiller-Nationalmuseum Marbach a. N. Stuttgart 1969 (= Sonderausstellungen des Schiller-Nationalmuseums. Katalog Nr. 20), S. 165.
12 Eduard Engel im »Magazin für die Literatur des In- und Auslandes«, Nr. 7, vom 12. Februar 1881; zitiert nach A, S. 560f.

nige Tage darauf meldete mir das Mädchen: Ein alter Herr möchte Sie sprechen, hier ist seine Karte –: Theodor Fontane, dazu seine Wohnung, Potsdamer Straße 134c. Er trat ein, noch sehe ich das ganze Bild: in meinem großen hellen Zimmer am Lützower Ufer... da stand Fontane, der ›alte Herr‹, stattlich, nur leichtergraut, mit dem geschichtlich gewordenen grünen Schal um den Hals; ja da stand er an der Tür, tat keinen Schritt vorwärts ins Zimmer, schüchtern wie ein armer Bittsteller, und – ja dann sah ich Tränen in seinen Augen. Ich streckte ihm die Hand entgegen: Lieber Herr! – da umarmte er mich und lächelte mich durch Tränen an. Und dann saßen wir einander gegenüber vor meinem Schreibtisch... und er begann: ›Ich muß Ihnen danken: Sie sind der erste und der einzige, der auszusprechen gewagt hat, daß Theodor Fontane ein Erzähler hohen Ranges sei, so bedeutend wie die großen englischen und französischen Erzähler unsrer Zeit. Das hat noch keiner von mir öffentlich gesagt; allen bin ich nur der Dichter der preußischen Balladen in den Schullesebüchern und der Theaterberichterstatter für die Vossische. Ich selbst habe immer geglaubt, daß ich noch etwas andres könne, und meine Frau hat es auch geglaubt, aber wer sonst?«[13]

Auch später steht Fontane noch zu seinem ersten Berliner Roman: »Dem von Ihnen geäußerten Bedenken bin ich Anfang der 80er Jahre, wo die Novelle erschien, vielfach begegnet, und ich habe mich nie dagegengestellt. Dennoch bin ich unbekehrt geblieben und würde es jetzt geradeso schreiben wie vor 10 Jahren. Ich glaube, beide Parteien haben recht, und der Streit ist nichts als das Resultat zweier gegenüberstehender Kunstanschauungen. Soll die Kunst den Moralzustand erhalten oder bessern, so

---

13 Eduard Engel: Menschen und Dinge. Leipzig 1929, S. 9ff.; zitiert nach: Theodor Fontane. 1819/1969, S. 166.

haben *Sie* recht, soll die Kunst einfach das Leben widerspiegeln, so habe *ich* recht. Ich wollte nur das letztre.« (An Paul Pollack, 10. Februar 1891)

## »Also nichts von Liebe«

»Gewiß gab es immer Geldheiraten, gewiß wurden bei den besitzenden und herrschenden Klassen Stand, Konnexionen usw. beim Eheschluß stets vornen an gestellt, aber der Warencharakter der Liebe trat bisher doch nie so rein in Erscheinung wie in der modernen bürgerlichen Gesellschaft.«[1] Die Ehe zwischen der adeligen Melanie de Caparoux und dem bourgeoisen Ezechiel van der Straaten gründet auf den veränderten Verhältnissen zwischen Adel und Bourgeoisie im letzten Drittel des 19. Jahrhunderts. Geld, Macht und Sozialprestige werden in ihrer Dreifaltigkeit zu Rechnungsgrößen, deren Einsatz richtig kalkuliert sein will. Der Adel besaß, was die Bourgeoisie nicht hatte, und die Bourgeoisie besaß, was dem Adel abging. Zwar hatte der Adel kein Geld oder zu wenig, um seinem Titel, seinem Rang und den kostspieligen Verpflichtungen, wie die Standesehre und Etikette sie vielfältig vorschrieben, genügen zu können. Aber er besaß politische Macht, gesellschaftlichen Einfluß, den Nimbus und das Prestige von Rang und Tradition, mit denen sich glänzen ließ. Der Bourgeoisie wiederum mangelte es gerade daran; sie konnte sich aber ökonomisch durchsetzen und saß auf dem prallen Geldsack. Der Adel suchte den Glanz des Geldes, die Bourgeoisie den des Titels: um gesellschaftliche Macht zu verteidigen, welche zu erlangen und zu mehren.

---

1 Eduard Fuchs: Illustrierte Sittengeschichte. Bd. 3: Das bürgerliche Zeitalter. München 1912, S. 236.

In der Eheschließung als Ehehandel eröffneten sich die bequemsten Möglichkeiten, die verschiedenen Interessen und das Verhältnis von Angebot und Nachfrage miteinander zu verrechnen und zu regulieren. »Das Verlangen nach möglichst viel Geld auf der einen und die Sehnsucht nach Rang, Titeln und Würden auf der anderen Seite findet auf diese Weise in den höheren Schichten der Gesellschaft gegenseitige Befriedigung.«² Die wahre Liebe wird ersetzt durch die Ware Liebe. Liebesbeziehungen werden bei diesem kalkulierten Kreuzungsvorgang von Adel und Bourgeoisie versachlicht, erstarren zum »Warenfetischismus« (Marx), der alle gesellschaftlichen Bereiche prägt. Die Bourgeoisie hat »kein anderes Band zwischen Mensch und Mensch übriggelassen als das nackte Interesse, als die gefühllose ›bare Zahlung‹. ... Sie hat die persönliche Würde in den Tauschwert aufgelöst«³. Die Macht des Geldes bricht sich in den Gründerjahren Bahn, unaufhaltsam. Die Heirat, gestiftet vom bourgeoisen Kapital, wird betrieben und vollzogen wie ein Geschäft.

Als Posten werden je angeboten und nachgefragt:

| Bei Ezechiel van der Straaten: | Bei Melanie de Caparoux: |
|---|---|
| Bourgeois | Adelige |
| reich | verarmt |
| (mindestens »1 Million«, oben S. 44) | (»Debets über Debets«, oben S. 9) |
| äußerlich unattraktiv (oben S. 113) | sehr schön |
| 42 Jahre | 17 Jahre |
| erwachsen | kindlich |

2 August Bebel: Die Frau und der Sozialismus. Berlin 1977, S. 142.
3 Karl Marx und Friedrich Engels: Werke. Bd. 1 ff. Berlin 1956 ff. Bd. 4, S. 464 f. (zitiert als: MEW).

| | |
|---|---|
| Lebemann, »ein Lion« (oben S. 158) | Virgo intacta, unerfahren |
| »absolut unerzogen« (oben S. 38) | taktvoll, liebenswürdig |
| derb | »heitere Grazie« (oben S. 9) |
| Esprit | Esprit |

Für van der Straaten liegt der Tauschwert bei diesem Ehehandel im Kapital von Melanies Schönheit und Jugend, was seiner Männlichkeit schmeichelt und aufhilft, ihrem Esprit, doch auch in ihrem Adelstitel, der ihm zur angestrebten Erhöhung seiner gesellschaftlichen Position nur nützen kann. Für die de Caparoux erschöpft sich der Tauschwert van der Straatens in dessen Vermögen, der Tilgung der vom verstorbenen Vater hinterlassenen Schulden und der Möglichkeit, ihren Lebensstandard, den sie »als das verwöhnte Kind eines reichen und vornehmen Hauses« (oben S. 9) gewohnt war, weiterführen zu können. Die übrigen Posten werden, um solcher mächtigen Tauschwerte willen, als unabänderlich und riskant in Kauf genommen, obschon gerade auch darin der Sprengstoff liegt. Das Scheitern der Ehe ist die zwangsläufige Konsequenz der geschäftsmäßigen und versachlichten Bedingungen, unter denen sie geschlossen und betrieben wurde. Als die Trennung ansteht, präsentiert van der Straaten rückblickend die nüchterne Geschäftsgrundlage ihrer Eheschließung: »Du hast mich genommen, ... weil die Firma van der Straaten einen guten Klang hatte. Also nichts von Liebe.« (Oben S. 112)

Auch die Ehe zwischen Melanies jüngerer Schwester Jacobine und Gryczinski diktiert ein Warenverhältnis, allerdings ein anders akzentuiertes. Jacobine dient Gryczinski, der »den Strebern zugehörte« (oben S. 25), als gewinnträchtiger Posten bei seiner Karriereplanung. Ihren hohen Kurswert an der »Ehebörse«[4]

---

[4] Bebel, S. 140.

verdankt sie der gesellschaftlichen Position von Melanie als Gattin eines Kommerzienrates. Duquede kommentiert und bilanziert treffend: »Er *braucht* diesen Schwager... Ein Schwager-Kommerzienrat ist nicht viel weniger wert als ein Schwiegervater-Kommerzienrat... Kommerzienräte [sind] wie konsolidierte Fonds, auf die jeden Augenblick gezogen werden kann. Es ist immer Deckung da.« (Oben S. 46) Nach Melanies Scheidung droht ihm der Kursverfall seiner Spekulationsanlage, dem er mit einem totalen Kontaktverbot für Jacobine gegenzusteuern versucht, weil er seine Aussicht auf Beförderung nicht gefährden möchte: »Ich habe nicht Lust, um solcher Allotria willen beiseite geschoben zu werden.« (Oben S. 135) Kinder, weil unberechenbar, haben bei seiner Aufstiegsplanung nichts zu suchen: »Er ist ohnehin gegen Kinder«, so seine Frau (oben S. 144).

Die Interessen beider Schwestern an ihrer Ehe benennt der Erzähler unmißverständlich: Jacobine wolle ungern »den Mann« einbüßen, Melanie nicht gern »das Vermögen« (oben S. 30): »in keiner früheren Zeit war die Ehe in so zynischer Weise, sozusagen auf offenem Markte, Gegenstand der Spekulation und bloßes Geldgeschäft wie heute.«[5] Das bare Mittel-Zweck-Verhältnis in menschlichen Beziehungen erfährt, wenn auch vom überdrehten Duquede, eine umfassendere politische Deutung, die auf Bismarck, den er einen »Eigennützling« (oben S. 33) schilt, abzielt. »Es gibt heutzutage Personen (und auch *das* verdanken wir unsrem großen Reichsbaumeister...), denen alles bloß Mittel zum Zweck ist. Auch die Liebe.« (Oben S. 46) Dies gilt sogar für das als hehres Ideal ausgegebene Ziel der deutschen Einheit. »Für Preußen war die deutsche Einheit nicht Zweck, sondern lediglich ein Mittel, das der preußischen

---

5 Bebel, S. 141.

Machtentfaltung die breitest denkbare Grundlage gewährleistete.«[6]

Solche Mittel-Zweck-Ideologie, solches Geld- und Prestigekalkül, solche geschäftsmäßige Versachlichungshaltung wirken sich gegensätzlich aus: ökonomisch und sozial als Bereicherung, emotional aber als Verarmung. Die Täter sind zugleich ihre Opfer, die Frauen jedoch doppelt, leiden sie doch zusätzlich unter der Übermacht patriarchalischer Bedingungen und Zwänge. »Der Charakter der Ehe als Versorgungsanstalt, die weibliche Überzahl, die Sitte verhindern die Frau, ihren Willen kundzutun, und zwingen sie, abzuwarten, ob sie gesucht wird. In der Regel greift sie bereitwillig zu, sobald sich die Gelegenheit bietet, einen Mann zu finden, der sie vor der gesellschaftlichen Ächtung und Vernachlässigung rettet, die dem armen Wesen ›alte Jungfer‹ zuteil wird.«[7] Melanie muß sich verheiraten, um die hinterlassenen hohen Schulden ihres Vaters abzutragen, und froh sein, daß überhaupt um sie gefreit wird. Fontane weicht mit der Konstruktion einer ökonomischen Zwangslage gerade von der historischen Ravené-Affäre ab: Thereses Vater hatte keine Schulden hinterlassen. Melanie aber muß mit ihrem jungen Leib entgelten, was der Vater nicht hatte bezahlen können. Sie vermag es jedoch, weil Vermögen da ist, genügend Domizile und Platz, sich zurückzuziehen und aus dem Wege zu gehen. Und sie vermag es vor allem auch, wie van der Straaten im Abschiedsgespräch unwidersprochen memoriert, weil sie ihm gegenüber eine neutrale Haltung hat einnehmen können: »Aber du hast auch nichts *gegen* mich gehabt und hast mich nicht ganz alltäglich gefunden und hast mit mir geplaudert und gelacht und gescherzt.« (Oben S. 112) Also keine Heirat mit Zwangsvorführung der Braut, mit Ekel, Abscheu und Haß, kein Gatte als

---

6 Johannes Willms: Nationalismus ohne Nation. Deutsche Geschichte 1789–1914. Düsseldorf 1983, S. 414.
7 Bebel, S. 199f.

Monster, keine Ehetragödie mit Kampf, Terror und Tränen, die rasch begreifen ließe, warum die Ehe gebrochen wurde. Fontane arbeitet mit offenen Fragen, keinen trivialen Antworten. Die Bilanz der zehnjährigen Ehe, die der Erzähler bis dahin als »glücklich« (oben S. 9) bezeichnen kann, gerät Melanie trotzdem eher kläglich, als sie ihrem Mann eröffnet: »Jetzt aber kenn' ich dich und weiß nur nicht, ob es etwas sehr Gutes oder etwas sehr Schlimmes ist, was in dir steckt...« (Oben S. 15)

## »Ich beispielsweise kupiere Kupons«

»Bedingungslos« gelte van der Straaten, »einer der vollgiltigsten Finanziers der Hauptstadt«, an der Börse (oben S. 7); gleich die ersten beiden Sätze im Roman halten es fest. Aus Jacob Frédéric Ravené, dem Berliner Großindustriellen, formt Fontane den Finanzier und Börsianer van der Straaten, dessen Existenz er an die »Gründerjahre« bindet. Deren Name verdankt sich der massenhaften Gründung von Aktiengesellschaften, die nach dem gewonnenen Krieg gegen Frankreich 1871 gegründet wurden, begünstigt durch den ökonomischen Schub der fünf Milliarden Franken an Kriegsentschädigung, die das besiegte Frankreich zu entrichten hatte. Allein im Jahr 1872 wurden in Preußen gegründet: fast doppelt so viele Aktiengesellschaften als zusammengenommen in den Jahren 1801–70 sowie 49 Banken und Kreditinstitute mit einem Kapital von 345,6 Millionen Mark. Und zwischen 1870 und 1873 zählte man die Gründung von »958 Aktiengesellschaften mit 3600 Millionen Mark Kapital«[1]. In dieser sich rapide kapitalisierenden Gesellschaft der Bismarck-Zeit ge-

---

1 Friedrich Glaser: Die Börse. Frankfurt am Main 1908 (= Die Gesellschaft. Bd. 22), S. 74.

winnt die Börse zentrale Bedeutung. »So wurden an der Berliner Börse am 31. Dezember 1870 erst 359 Werte notiert, dagegen am 31. Dezember 1880 662.«[2] Diese nüchternen statistischen Daten sind Ergebnis eines tiefgreifenden strukturellen Wandels im Wirtschaftssystem der Gesellschaft der Bismarckzeit: »Nun ist aber seit 1865... eine Veränderung eingetreten, die der Börse heute eine um ein Bedeutendes gesteigerte und noch stets wachsende Rolle zuweist und die bei der ferneren Entwicklung die Tendenz hat, die gesamte Produktion, industrielle wie agrikulturelle, und den gesamten Verkehr, Kommunikationsmittel wie Austauschfunktion, in den Händen von Börsianern zu konzentrieren, so daß die Börse die hervorragendste Vertreterin der kapitalistischen Produktion selbst wird.«[3] So dimensioniert, läßt sich der Bourgeois und Börsianer van der Straaten begreifen als einer der hervorragendsten Vertreter fortgeschrittenster kapitalistischer Wirtschaftsweise. Zum Zeitpunkt der Eheschließung scheint er noch einen prosperierenden Betrieb besessen zu haben: Seine »Firma«, so zu Melanie, habe damals »einen guten Klang« gehabt. Daß er zehn Jahre später immer noch Handelsgeschäften nachgeht, verrät einer der »jungen Kontoristen«, der »seinem Chef« den Tintoretto-Frachtbrief einhändigt (oben S. 13), und sein »Comptoir« (oben S. 18). Doch lebt er jetzt vor allem das Dasein eines Rentiers: »Da die Akkumulation... seit der Krise von 1866 mit einer stetig wachsenden Schnelligkeit vorangegangen [war], ...stieg auch die Masse der Rentiers, der Leute, die die regelmäßige Anspannung im Geschäft satt waren, die also bloß sich amüsieren wollten oder doch nur gelinde Beschäftigung als Direktoren oder Aufsichtsräte von Kompanien trie-

---

2 Werner Sombart: Die deutsche Volkswirtschaft im neunzehnten Jahrhundert und im Anfang des zwanzigsten Jahrhunderts. Darmstadt 1954, S. 194.
3 MEW Bd. 25, S. 917.

ben.«[4] Arbeit beschränkt sich bei van der Straaten auf das Schneiden von Kupons – »Ich beispielsweise kupiere Kupons« (oben S. 38) –, das heißt, er hat u. a. sein Geld in Aktien angelegt, denen Dividenden-Scheine und Zins-Coupons als Bogen beigegeben wurden, bzw. sich an verzinslichen Obligationen, öffentlichen Anleihen also, beteiligt, auf deren Verzinsungsmodalitäten er anspielt. »Weil die Zinsanweisungen sich zusammenhängend auf einem Blatte befinden und zur Verfallszeit abgetrennt (›detachiert‹), bzw. abgeschnitten werden müssen, haben sie vom französischen ›couper‹ (abschneiden) den allgemein gebräuchlichen Namen ›*Coupons*‹ erhalten.«[5] Van der Straaten zählt zu den »Personen, die vom ›Kuponschneiden‹ leben, Personen, die von der Beteiligung an irgendeinem Unternehmen völlig losgelöst sind, Personen, deren Beruf der Müßiggang ist«[6]. »Geld heckendes Geld« (Marx) enthebt ihn der Notwendigkeit, arbeiten zu müssen, finanziert ihm seine Kunstsammlung, seine Obstzüchterpassion und seinen Exotismus im Palmenhaus, ermöglicht die gepflegt müßiggängerische Existenz, hilft ihm über sein zwielichtiges gesellschaftliches Ansehen hinweg, stabilisiert das Kapital seines überschüssigen Selbstbewußtseins. Zweimal nur wird es erschüttert: als seine physische Potenz als Vater negiert wird (vgl. oben S. 114) und seine monetäre Potenz ihre Grenzen eingestehen muß. Als Melanie ihn naiv fragt, ob es sich beim Tintoretto-Gemälde um ein Original handele, reagiert van der Straaten »verlegen«, fängt an zu »stottern«

---

4 MEW Bd. 25, S. 917f.
5 L. Rothschilds Taschenbuch für Kaufleute. Ein Handbuch für Zöglinge des Handels, sowie ein Nachschlagebuch für jedes Kontor. 48., neu bearbeitete Auflage (1. Auflage 1852). Leipzig 1905, S. 453.
6 W. I. Lenin: Der Imperialismus als höchstes Stadium des Kapitalismus. Gemeinverständlicher Abriß. In: W. I. Lenin: Ausgewählte Werke in 6 Bänden. Bd. 2. Frankfurt am Main 1970, S. 741.

und bricht seinen Satz ab (oben S. 114), weil er bloß für eine Kopie solvent war.

Fontane kann es sich versagen, den als Finanzier geachteten van der Straaten an der Börse zu schildern, legt er doch seine Figur um so viel wirkungsvoller an, als sie sich über die Börse erst erschließen läßt, angefangen beim Börsenjargon, der das persönliche Gespräch infiltriert. Fühlt van der Straaten sich angegriffen, so verwahrt er sich gegen »Wort- und Redekupierungen« (oben S. 38), die er allerdings selber autoritär vornimmt. Die Zeiten ehelicher Zweisamkeit in der Tiergartenvilla werden als »die stundenweis ihm nachgezahlten Flitterwochen seiner Ehe« (oben S. 47) bilanziert. Selbst im bewegenden, zentralen Abschiedsgespräch faßt er seine augenblickliche Lage in Analogie zur Notierung gleich mehrerer Aktien: »Meine Kurse stehen jetzt niedrig, aber sie werden wieder steigen.« (Oben S. 112) Im Börsentreiben sind van der Straatens Maßstäbe angelegt. Gryczinski: »Schwager, du stehst zu sehr unter Börsengerüchten, um nicht zu sagen unter dem Einfluß der Börsenspekulation.« (Oben S. 30) Baisse und Hausse werden zu Dominanten seines Bewußtseins. Bestimmte Verhaltensweisen lassen sich als kalkulierte Pflege des eigenen Kurswertes verstehen, den es zu halten und zu steigern gilt, etwa durch instrumental eingesetzte Zärtlichkeiten, Gratifikationen, Generositäten, rhetorische Spekulations-Coups mit Pointen, Aperçus, Wortspielereien und anderen Verhaltensformen, die der Selbsterhöhung dienen, um »sich à tout prix populär machen zu wollen« (oben S. 65). Selbst sein aggressiver Witz verdankt sich der Börse: »den Börsianern ist der Humor, als ein Produkt des Gemüts und des Herzens, versagt; aber dafür machen sie in Witz. Sie reißen Witze, die wie Scheidewasser schmecken und wie Höllenstein brennen. Als die Gründungen florierten, sang die Börse, während sie die Leimruten legte, mit solchem Henkerwitz: ›Erst kommt der

*Erfinder,* / Dann kommen die *Gründer* oder die *Schinder*; / Beide brauchen sie *Rinder,* / Und wenn's gut geht, machen sie *Kinder.*«[7]

Die gründerzeitliche Börse ergreift die ganze Figur: Sein oft zynisches, rücksichts- und gefühlloses, alle verletzendes Verhalten gehört zur psychischen Disposition des Börsianers, der sich, will er gewinnen, à tout prix durchsetzen muß, ohne moralische Anfechtungen, auch wenn andere dabei zugrunde gehen. Der Börsianer verrichtet eine »rein aggressive Art der Arbeit… er fühlt sich niemals sicher, ruht nie«[8]. Der blitzschnelle Umschlag seiner Stimmungen gleicht dem raschen Wechsel der Kurse, sein konspiratives Verhalten, das Melanie benennt (»du bist eine versteckte Natur« [oben S. 21]), wurzelt im Arkanum der Börse, selbst auf sein oft esoterisches Spiel mit Bildungsversatzstücken wirft sich der Schatten börsianischer Riten, die nur Eingeweihten zugänglich sind. Melanies Klagen über van der Straatens andauernde Umtriebigkeit lassen sich aus der Hektik des Berliner Börsenalltags plausibel erklären: »In den Börsenstunden ging es in den beiden großen Marmorsälen und in den ringsum liegenden Maklernischen lebhaft, meist überaus aufgeregt zu – eine künstlich angeheizte, hektische Atmosphäre… an dichtumlagerten Maklertischen oft aufgeregtes Schreien und Gestikulieren.«[9] Keine Börsendarstellung, die auf die Topoi Hochspannung und Nervosität, Fieber und Tumult, Raserei und Rausch sowie die epidemische Ausbreitung des Spekulantentums ver-

---

7 Otto Glagau: Der Börsen- und Gründungs-Schwindel in Berlin. Gesammelte und stark vermehrte Artikel der »Gartenlaube«. Leipzig 1876, S. 40 f.; insgesamt eine instruktive zeitgenössische Darstellung, wenn man allerdings den entsetzlichen Antisemitismus abzuziehen versteht.
8 Jay B. Rohrlich: Arbeit und Liebe. Auf der Suche nach dem Gleichgewicht. Frankfurt am Main 1984 (= Fischer Taschenbuch. 3845), S. 13.
9 Annemarie Lange, S. 207.

zichtet.¹⁰ Je höher der Einsatz, um so größer der mögliche Gewinn, um so größer aber auch das Risiko, alles wieder zu verlieren, wenn der richtige Zeitpunkt zum Ankauf oder Verkauf verpaßt wird. Lauerstellung und höchste Wachsamkeit zählen zu den Primärtugenden des Börsianers, Fähigkeiten, die van der Straaten auch außerhalb der Börse auszeichnen. Stets ist er bemüht, seinen Gesprächseinsatz nicht zu verpassen, den Kurs des Gesprächs nie aus den Augen zu verlieren und vor allem diesen selbst entscheidend zu steuern und schließlich mit Gewinn auszusteigen, »überglücklich, ... einen guten Abgang gefunden zu haben« (oben S. 85), um seinen Kredit nicht zu verspielen. Gerüchte prägen den Börsenalltag, die verifiziert oder falsifiziert sein wollen, häufig gestreut, um Spekulationen zu inszenieren. Privat praktiziert van der Straaten das Ausstreuen von Gerüchten mit der Verlobten Rubehns, die er ihm andichtet, an deren Existenz und beider Verhältnis er schließlich selbst glaubt.

Die Versachlichung menschlicher Beziehungen läßt sich aus den veränderten Vertragsverhältnissen herleiten, wie sie den Effektenmarkt auszeichnen: »an die Stelle qualitativ gefärbter persönlicher Beziehungen [tritt] das unpersönliche, weil rein quantitative Geldverhältnis«¹¹. Hierin mag der Grund liegen, warum van der Straaten fast nie aus sich herausgeht, er »ohne Freund und Vertrauten« ist (oben S. 16) und sich sein engerer Bekanntenkreis aus Gabler, Reiff, Duquede, dem Kutscher und Christel, der alten Dienerin, zusammensetzt, allesamt »Erbstücke aus Vaters Tagen«, wie der Erzähler wiederholt anmerkt, die Versachlichung hervorhebend. Die tiefe Isolierung wird noch verstärkt durch den Umstand, daß van der Straaten, obzwar ge-

10 Vgl. zum Beispiel Glagau, S. 294–322, mit der Schilderung eines Börsentages.
11 Sombart, S. 18.

tauft, der jüdischen Diaspora zugehört, die unter einem wachsenden Antisemitismus zu leiden hatte, der »seit dem Durchbruch in den 1870er Jahren trotz seiner Exzesse allmählich hof- und gesellschaftsfähig wurde«[12] – nicht unerheblich hatte hierzu der von van der Straaten befehdete Richard Wagner beigetragen. Dieser Antisemitismus, der nicht nur traditionell ökonomisch, religiös oder kulturell, sondern auch politisch organisiert auftrat, verlief in Abhängigkeit von Konjunkturschwankungen. Im Juden ließ sich ein bequemes Feindbild finden, man konnte ihn als »den Sündenbock für alle Fehlentwicklungen der Zeit«[13] verteufeln; auch für Bismarck war der Antisemitismus Mittel zum Zweck. Zu Gerson von Bleichröder, dem jüdischen Großbankier, dem privaten Bankier auch Bismarcks und seinem Vertrauten in Politik und Diplomatie, ging »fast das gesamte aristokratisch-offizielle Berlin..., entschuldigte sich aber nachher«[14]. Derlei erinnert, auch wenn anders begründet, an Duquedes Ausspruch über den einflußreichen Vater van der Straatens: »›Es sei doch ein sonderbares Haus und man könne eigentlich nicht hingehen.‹ Aber uneigentlich ging alles hin. Und so war es, und so ist es geblieben.« (Oben S. 45)

Das Agieren an der Börse verschafft van der Straaten Bereicherung – Verarmung aber, was die Beziehung zu seiner Frau angeht, verlaufen doch alle Gespräche nur ausnahmsweise »persönlich« (vgl. oben S. 18). Die Börsengeschäfte, anonym wie unsinnlich, entziehen sich der Mitteilbarkeit, so daß Melanie dem Publikum gleicht, »das für 30 Pfennig Einlaß auf der Galerie der Berliner Börse erhielt..., während es von den Vorgängen selber

---

12 Hans-Ulrich Wehler: Das Deutsche Kaiserreich 1871–1918. 2. Auflage. Göttingen 1975 (= Kleine Vandenhoeck-Reihe. 1380), S. 112.
13 Wehler, S. 110f.
14 Maria von Bunsen: Die Welt, in der ich lebte. Erinnerungen aus glücklichen Jahren 1860–1912. Leipzig 1929, S. 49.

nicht das geringste begriff«[15]. Selbst was mitteilbar wäre, bleibt ungesagt und versinkt in Geheimniskrämerei. Entlarvend das Ergebnis seines Ministerbesuchs: »Melanie, wir haben heut' einen guten Schritt vorwärts getan. Ich verrate weiter nichts.« (Oben S. 95) Das »wir« soll Melanie einbeziehen, schließt sie aber aus. Inhaltlich erfährt sie nichts.

Doch hat van der Straaten noch ein anderes Gesicht: Er bewege sich »in Gegensätzen«, »gern in dem Gegensatze von derb und gefühlvoll« (oben S. 18), so der Erzähler. Mehrfach wird ihm Mildtätigkeit attestiert (z. B. oben S. 38, 51), doch fragt es sich, ob brave Christenpflicht ihn so mildtätig sein ließ oder ob nicht vielmehr egoistische, zeittypische, bourgeoise Spekulationen auf gesellschaftlichen Aufstieg das geheime Motiv ausmachen: »Es scheint aber... unzweifelhaft zu sein, daß diese öffentlichen und sozialen Tätigkeiten und Spenden auch Mittel waren, um bei amtlichen Stellen den Eindruck besonderer Gemeinnützigkeit und Opferbereitschaft im Interesse des allgemeinen Wohls zu wecken. Durch die Gründung eines Krankenhauses, durch eine besondere Geldstiftung konnte sich der ehrgeizige Unternehmer bei entsprechender politischer Haltung den ersehnten Orden oder Kommerzienratstitel erkaufen, der doch für das soziale Prestige im preußischen Staat von so großer Bedeutung war.«[16] Obzwar van der Straaten sich bereits mit dem Titel eines Kommerzienrates schmücken kann, hat er sich ein noch höheres Ziel gesteckt – »eine neue Ära des Hauses« (oben S. 95) –, das er aber mit jener »entsprechenden politischen Haltung« glaubhaft absichern muß. Als Stufe hierzu dient ihm die Mitgliedschaft in einer »Enquêtekommission«, »höhere gesellschaftliche Formen« werden übernommen, ein »halber

---

15 Lange, S. 207.
16 Friedrich Zunkel: Industriebürgertum in Westdeutschland. In: Moderne deutsche Sozialgeschichte. Herausgegeben von Hans-Ulrich Wehler. Köln und Berlin 1970, S. 323 f.

Oberzeremonienmeister« steht in Aussicht (oben S. 83); konsequent nur, daß er sich als »Bismarck-Schwärmer« (oben S. 33) ausgibt, auf dessen allmächtige Protektion er letztlich angewiesen ist. »In allem«, so Bismarck, »nur nicht dem Namen nach, bin ich Herr in Deutschland.«[17] Die Identifikation mit Bismarck, der Parlament, Demokratie und bürgerliche Freiheiten verachtete, kann um so leichter gelingen, als auch van der Straaten beruflich wie privat Positionen einnimmt, welche zahlreiche Zeitgenossen bei Bismarck mit Begriffen wie »Diktatur«, »Tyrannis« und »Allmacht« etikettierten, was die Verfassungswirklichkeit anging.[18]

Aktien- und Aufstiegsspekulationen relativieren die karitative Huld van der Straatens. Zeitlich angelegt ist die Handlung nach dem großen Börsenkrach von 1873. Die Spekulationsgenies der Gründerzeit beuteten mit ihren künstlich hinaufgetriebenen Aktienkursen zahllose Kleinaktionäre aus und machten ihren Schnitt dabei, indem sie die Differenz zwischen normalem und künstlich überhöhtem Aktienkurs einstrichen. »Sie müssen sich leider die Börse vorstellen als eine Schule, in der man in alle derartigen Umgehungen des Gesetzes auf das beste eingeführt wird, als eine Akademie für die Übertretung der Gesetze, wo es sich um leichten Geldgewinn handelt«, so ein Führer der nationalliberalen Partei im Reichstag am 4. April 1878.[19] Ihre gewissenlosen und schwindelhaften, legalen wie illegalen Manipulationen wuchsen sich übers System zum Ruin Hunderttausender aus, als 1873 die Kurse abstürzten und auch aus Tätern Opfer wurden. »Krach! hallte es durch die Paläste der Herzöge, durch

---

17 Zitiert nach Ballhausen, S. 64.
18 Vgl. Wehler, S. 63 f.
19 H. Stursberg: Die Zunahme der Vergehen und Verbrechen und ihre Ursachen. 3. Auflage. Zitiert nach: Karl Heinrich Höfele: Geist und Gesellschaft der Bismarck-Zeit 1870–1890. Göttingen 1967 (= Quellensammlung zur Kulturgeschichte. 18), S. 180.

die Couloirs des Parlaments, durch die Hallen der Börse, durch die Villen der Reichen, durch die Hofwohnungen, durch die Obst- und Milchkeller. Krach! Krach! Und dieses unübersehbare Leichenfeld war bedeckt mit den bewußten Sündern, den großen Kommandanten, denen recht geschah, leider aber viel mehr noch mit den kleinen Rekruten, welche mit ins Kampfgewirr geraten waren und sich verbluten mußten.«[20] In diesem historischen Kontext ist die Figur van der Straatens, der diesen »Krach« unbeschadet überstanden haben muß, verwurzelt, auch wenn Fontane davon nicht spricht, dafür psychologisiert und zeigt, wie sich die Börsentätigkeit in van der Straatens privatem Verhalten bricht. Da der zeitgenössische Leser aber aus der noch virulenten historischen Erfahrung allzu gut weiß, was es heißt, »bedingungslos« (oben S. 7) an der Börse zu gelten – den Gründungsschwindel und die Machenschaften der »Börsenhyänen« (Friedrich Engels) noch in den Knochen –, reicht es allemal aus, in der Exposition darauf bloß zu verweisen. Van der Straaten repräsentiert den Typus des »modernen Millionärs«, wie ihn zeitgenössische kritische Schilderungen beschrieben haben.[21]

Auch Rubehn zählt zur neuen Geldaristokratie aus der »Firma Jakob Rubehn und Söhne« (oben S. 51 f.). »Ältester Sohn eines mir befreundeten Hauses« (oben S. 20), wie van der Straaten in geschäftsmäßiger Versachlichung vermerkt. Daß es sich um ein »großes Haus« (oben S. 96 und 156) handelt, wird auch daraus ersichtlich, daß Rubehn, das »Patrizierkind« (oben S. 98), in seinen Lehrjahren internationalen Schliff erhalten hat. Paris, London, New York, die Handels- und Finanzzentren der

---

20 F. Philippi: Alt-Berlin. Erinnerungen an die Jugendzeit. 9. Auflage. Berlin 1915. Zitiert nach Höfele, S. 102.
21 Otto von Leixner: 1888 bis 1891. Soziale Briefe aus Berlin. Mit besonderer Berücksichtigung der sozialdemokratischen Strömungen. Berlin 1891, S. 35–46 (4. Brief: »Die Kreise der ›modernen‹ Million«).

Welt dienten als langjährige Ausbildungsstätten (vgl. oben S. 20). Das Haus mit Stammsitz Frankfurt am Main ist expandiert, deswegen wird Rubehn zur Gründung einer Filiale nach Berlin abgerufen, deren Eröffnung auch erfolgt. Die Möglichkeit einer Begegnung mit Melanie durch die Einquartierung im Haus des Kommerzienrates verdankt sich allein geschäftlichen Verbindlichkeiten. »Ich bin überdies dem Vater verpflichtet«, so van der Straaten (oben S. 20). Und dem Umstand, daß sich der Effektenmarkt verlagert hat: »mit der Ausweitung des Effektenmarktes vollzieht sich in Deutschland eine *Verlegung des Schwergewichts des Börsenverkehrs nach Berlin*. Noch bis in die Mitte des Jahrhunderts war Frankfurt a. M. der bedeutendere Platz gewesen.«[22] Daß der Zusammenbruch des Hauses Rubehn als Nachbeben des Börsenkrachs von 1873 gedacht werden muß, macht der historische Kontext wahrscheinlich, auch wenn nur die Auswirkungen, nicht aber die Ursachen erzählt werden. Von einer Krisen-»Konferenz« (oben S. 147) wird berichtet, von einem »Ausgleich«, der »gescheitert« sei, von »Zahlungseinstellung« (oben S. 152), vom Verlust »der finanziellen Reputation des großen Hauses« und vom »Zusammensturz«, der »jäher als erwartet« erfolgte (oben S. 156).

Geld und Geschäft werden zu Triebfedern von Handlung, die sie, im Räderwerk von Gewinn und Verlust, in Gang setzen und halten, abbremsen und beschleunigen. Das Kapital stiftet van der Straatens Ehe mit Melanie, Geschäftsverpflichtungen machen es unumgänglich, Rubehn einzuquartieren, der nur deshalb nach Berlin kommt, weil sich der Effektenmarkt dorthin neu orientierte. Die Konsequenzen aus dem Konkurs des Hauses Rubehn begründen das glückhafte »neue Leben« (oben S. 154) von Melanie und Rubehn, als sie ihre Ehekrise in der Selbstfin-

22 Sombart, S. 194.

dung über gemeinsame Arbeit meistern. Zentriert um Melanie wird die Macht, aber auch die Ohnmacht des Geldes demonstriert: Rubehn gewinnt Melanie und verliert sein Vermögen, van der Straaten verliert sie und behält und vermehrt das seine. Die Begriffe von Gewinn und Verlust lassen sich nicht nur auf ihre ökonomische Bedeutung verkürzen. Die Macht des Geldes verliert, wenn mächtige Gefühle Einfluß gewinnen.

### *»Fleisch, Fleisch«*

Weniger der große Altersunterschied als vielmehr die versachlichten Verhältnisse, unter denen die Bindung erfolgte und die in ihr fortwirkten, machen der Ehe den Garaus. Melanie flieht die Nähe ihres Mannes, schon bevor Rubehn sich einfindet. Der Umzug vom Stadthaus in die Tiergartenvilla dient ihrem Entzug, den sie als »ein unendliches Wohlgefühl« empfindet: »Da hatte sie Ruhe vor seinen Liebesbeweisen und seinen Ungeniertheiten...« (oben S. 47), wenigstens teilweise, denn van der Straaten, an jedem dritten Tage nur präsent, verbreitet die schlüpfrigironische Botschaft, die er »jedem, der es hören wollte« zumutet, »daß dies die stundenweis ihm nachgezahlten Flitterwochen seiner Ehe seien« (oben S. 47). Was als Witz gedacht und öffentlich verbreitet wird, geschieht, vielleicht unfreiwillig, doch bezeichnenderweise, auf Kosten von Melanie und setzt naheliegende Assoziationen und Anspielungen frei: Stundenliebe wie im Rotlicht-Milieu, mit der gezahlt wird, die verarmte Melanie, die er aus ihren Erbschulden herausheiratete und die mit ihrem jungen Körper zu begleichen hat und nur damit begleichen kann – unverfänglichere, aber verworfene Formulierungsalternativen zum kalkuliert ökonomischen Begriff der »Nachzahlung«, wie »Gewährenlassen« zum Beispiel, hätten sich ebenso angeboten.

Van der Straatens Schwelgen in Schlüpfrigkeiten, auf die er in seinen Gesprächsbeiträgen unbeirrt Kurs hält, müssen verstanden werden als Normverletzungen, die sich am Kodex einer in Salons gepflegten Gesprächskultur messen lassen. »Es war ursprünglich verpönt, daß Herren mit Damen über Weltanschauung, Politik oder gar Intimes sprachen.«[1] Takt und Schicklichkeit, das Vermeiden heikler Gesprächsthemen bis hin zum Ausspracheverbot tabuisierter, weil angeblich verfänglicher Wörter bestimmen den engen Rahmen der Norm. Wer sie einzuhalten bestrebt war, lebte in der Angst, sie doch einmal durch einen unbeabsichtigten Fauxpas zu verletzen und sich zu blamieren. Selbst ein Wort wie »Hose« in Gesellschaft von Damen auszusprechen galt als verpönt. Van der Straaten spricht es aus, aber die Tischgesellschaft übertönt es mit inszeniertem »Getöse« (oben S. 38).

Die Tischgespräche in Anwesenheit des Kommerzienrates nehmen stets den gleichen Verlauf: Van der Straaten ist auf die Verletzung der Schicklichkeitsnorm aus, die Tischgesellschaft auf deren Bewahrung, vor allem Melanie, die sich als Gastgeberin dafür verantwortlich fühlt. Gespräche und Gesprächssituationen werden von van der Straaten hellwach daraufhin gemustert, inwieweit sie ihm Stichworte liefern, auf seine beiden Lieblingsthemen einschwenken zu können: die Frauen und die Sexualität – »Fleisch, Fleisch« (oben S. 35). Kaum eingeschwenkt, wird durchmarschiert und, wer sich in den Weg stellt, weggeräumt. Selbst ein unverdächtiges Gespräch über Sternschnuppen gibt ihm Gelegenheit, hieraus noch ein Bonmot wider die Frauen zu zünden: »daß alles in der Welt eigentlich nur des Fallens wegen da sei: die Sterne, die Engel, und nur die Frauen nicht.« (Oben S. 70) Kein Wunder, daß die Gesprächs-

---

1 Hans Kramer: Deutsche Kultur zwischen 1871 und 1918. Frankfurt am Main 1971 (= Handbuch der Kulturgeschichte. Neu herausgegeben von Heinz Kindermann. 1. Abteilung: Zeitalter deutscher Kultur), S. 139.

strategie von Melanie und der Tischgesellschaft auf Früherkennung des möglichen Katastrophenfalls ausgerichtet sein muß. Als sich van der Straaten über die »warmen Madonnen« Murillos in Wallung redet, alarmiert sein Stichwort vom »Brütofen der Heiligkeit« (oben S. 34) seine Frau, die rasch aus Erfahrung erkennt, »daß es sich jeden Moment um eine jener Katastrophen handeln könne, wie sie bei den kommerzienrätlichen Diners nicht allzu selten waren« (oben S. 34). Ihre »geschickte Diversion« (oben S. 34) und andere Ablenkungsmanöver der Tischgesellschaft vermögen van der Straatens Gesprächsgemetzel schließlich nur zu verzögern, nicht aber aufzuhalten, das er »mit vor Erregung zitternder Stimme« (oben S. 38) beschließt. Van der Straaten kann die uneingeschränkte Redehoheit beanspruchen allein kraft der Stärke seines Millionenkapitals, die direkten Widerspruch wenig ratsam sein läßt und selbst indirekte Hinweise auf seine »Unerzogenheit« (oben S. 38) nicht erlaubt. Dieses Machtmonopol belastet, ja verhindert die freie und lebendige Entfaltung von Gesprächen, da ausgeklügelte Reaktionstechniken sie einschränken: vorsichtige Konfliktvermeidung im Vorfeld, verdeckte Ablenkung bei ersten Konfliktsignalen und notfalls der offene, aber höchst gefährliche Schlagabtausch bei heiklen Themen. Ungezwungene Geselligkeit gerät so andauernd in »Gefahr« (oben S. 38), kaum ein Gespräch »ohne [den] Zwischenfall« (oben S. 40) seiner Zerstörung.

Keine Frage: Van der Straatens Ausbrüche, seine Mißachtung gründerzeitlich-steifer Etikette, seine Verletzung erstarrter Gesprächsnormen und -rituale wirken erfrischend – und sind von daher gerechtfertigt, ja fortschrittlich. Sie finden aber immer dann ihre Grenze, die sie überschreiten, wenn Melanie damit öffentlich bloßgestellt wird, was häufig der Fall ist. Der Eklat in Löbbekes Kaffeehaus zeigt in aller Schärfe, wie van der Straaten seine Frau subtil vor Dritten mit privaten Schlüpfrigkeiten demütigt. Ausgelöst wird die Demütigung durch Existenz und Statur der Wirtin, »eine große, starke Blondine von Mitte Dreißig« (oben S. 64), die bei ihm, auf gewagten Umwegen, Venus-Phantasien, wie nicht anders zu erwarten, freisetzt und in der Behauptung gipfelt, sie sei »eine Vermählung von Modernem und Antikem: Venus Spreavensis und Venus Kallipygos« (oben S. 72). Mit dem Stichwort »Kallipygos«, trotz der griechischen Drapierung ohnehin ein »gewagtes Wort« (oben S. 72), gerät Melanie ins freie Schußfeld seiner verbalen Attacken. Melanies Weigerung, sich des »wundervollen Kallipygosepigramms« (oben S. 72) zu entsinnen, das ihm nicht mehr einfallen will, treibt ihn zur schamlosen Preisgabe eines vergangenen, intimen Augenblicks. Angespielt wird auf ein Distichon von Paul Heyse, das im Wortlaut nicht mitgeteilt wird:

»Göttliches Weib! – ›O pfui die Hetäre!‹ – Warum so entrüstet?
Hast du doch selbst wohl schon ›göttliche Pfirsich‹ gesagt!«

Der historische Kontext und die Redesituation, worauf das Distichon anspielt, ist unverkennbar: ein Gespräch zweier Freier im antiken Hellas über das göttliche Hinterteil einer Hetäre, bezeichnet durch die Fruchtmetapher. »Im Gegensatz zu vielen anderen Früchten symbolisieren die Aprikosen und der Pfirsich unseres Wissens als einzige Früchte das weibliche Gesäß... Mag sein, daß die Symbolbedeutung... weniger vom Bild als vom Tastsinn her – der zarten rosigen und flaumigen Haut dieser Frucht – zu der Analogie des Gesäßes geführt hat.«[2] »In der Literatur der Griechen finden wir immer wieder Beschreibungen der Schönheit der weiblichen Glutäen, viel seltener dagegen Be-

---

2 Friedrich W. Doucet: Taschenlexikon der Sexualsymbole. München 1971, S. 19f. (Stichwort: Aprikose).

schreibungen der weiblichen Brüste und so gut wie gar keine Beschreibungen der weiblichen Genitalien.«[3] Die Vergottung des schönen Hinterteils führte konsequent zur Inthronisierung einer Göttin, der Aphrodite Kallipygos, die als römische Marmorstatue nach griechischem Vorbild auf die Nachwelt gekommen ist: Dargestellt wird eine Frau, die, in einer graziösen Drehung, ihre Hinterbacken entblößt, mit der Linken ihr Schleiergewand über die Schulter hebend.[4] Die ästhetischen Reize solcher Hinterbacken sind bilderreich besungen worden, desgleichen ihre sexuelle Nutzung.[5] Der elliptische Dialog jener Freier über eine Hetäre ließe sich so ausformulieren: Der eine, ihr Favorit, preist sie als Göttin, der andere, wohl nicht mehr in ihrer Gunst, schmäht sie als Hure und wird daran erinnert, daß auch er schon die Reize ihres Hinterteils als göttlich gepriesen habe. Dieses Distichon, dessen sich Melanie entsinnen soll, gibt van der Straaten preis, soll sie einst lachend zitiert haben, in einem Augenblick, der sich durch seine Andeutungen unschwer vorstellen läßt: »Besinne dich. Es war etwas von Pfirsichpflaum, und ich sagte noch ›man fühl' ihn ordentlich‹. Und du fandst es auch und stimmtest mit ein...« (Oben S. 72) Das meint in nackten Worten: Van der Straaten fühlt beim Streicheln des nackten, schönen Hinterteils seiner Frau, die damit scherzhaft kokettiert, das Distichon rezitierend, die Flimmerhärchen ihrer Pfirsichhaut. Auch wenn das eindeutige Distichon nicht zitiert wird: Über die Stichworte »Venus Kallipygos« und Melanies »Pfirsichpflaum« läßt sich für die Kaffeehausgesellschaft die nämli-

---

3 Ernest Bornemann: Das Patriarchat. Ursprung und Zukunft unseres Gesellschaftssystems. Frankfurt am Main 1975, S. 234.
4 Abbildung u. a. in: Lexikon der Antike. Herausgegeben von Johannes Irmscher u. a. 10., durchgesehene und erweiterte Auflage. Leipzig 1990, S. 281 (zum Stichwort »Kallipygos«).
5 Siehe Bornemann, S. 234 ff.

che Szene erschließen. Von daher wird verständlich, daß Melanie, so getroffen, daß sie »die Farbe wechselte« (oben S. 72), »scharf« auf sofortigen Abbruch des Gesprächs und zum Aufbruch drängte und die Begründung Rubehn gegenüber auf der Rückfahrt nachliefert: »Denn es war zuviel, dieser ewige Hinweis auf Dinge, die nur unter vier Augen gehören, und das kaum.« (Oben S. 77) Wobei die Formulierung »ewiger Hinweis« verrät, daß solche Indiskretion keinen Einzelfall darstellte!

Merkmale gründerzeitlicher Damenmode verstärken den Hintersinn der Szenerie im Kaffeehaus: Der künstliche Cul de Paris betonte, ungleich voluminöser und unnatürlicher als noch die antike Gesäßbinde, grotesk das Hinterteil – mit seinem Kissen, das am Rücken unterhalb der Taille auf einem vogelbauerähnlichen Drahtgestell angebracht war, über das die entsprechenden Stoffmassen drapiert waren. Was Wilhelm Busch spöttisch reimen ließ:

> »Wie sie schauen, wie sie grüßen,
> Dort die zierlichen Musjöhs,
> Hier die Damen mit den süßen
> Himmlisch hohen Prachtpopös!«

Die modische Überbetonung der weiblichen Hinterpartie macht die kallipygischen Phantasien erst verständlich. Zur vorherrschenden französischen Mode indes gesellt sich die orientalische, passend zum Treibhaus-Exotismus des Kommerzienrats und dem Orient-Tick der Gründerzeit. »Die Herren konnten sich als eine Art Pascha fühlen, der eine Sklavin besaß.«[6] Melanie hüllt sich, der Abendkühle wegen, in einen »schwarz und weiß

---

6 Kramer, S. 158.

gestreiften Burnus«, läßt die »Seidenpuscheln« der »kokett« hochgeschlagenen »Kapuze« in die Stirn hängen und sieht dadurch »reizender aus als zuvor« (oben S. 70). Durch die modische Drapierung und die literarische Anspielung wird die Figur der Melanie in einen hintergründigen Verweisungszusammenhang gestellt: als eine schöne und aufreizende Hetäre und Sklavin, über die verfügt werden kann, deren Besitz aber wegen ihrer Schönheit immer durch Nebenbuhler bedroht ist.

Van der Straatens aggressive Absicht ist unverkennbar: Melanie wird durch die Anspielung auf intime Zweisamkeiten über die Reizworte »Venus Kallipygos« und »fühlbarer Pfirsichpflaum« coram publico bloßgestellt. Die Anspielung auf »obszöne Worte zwingt... die angegriffene Person [wie auch die Zuhörer] zur Vorstellung des betreffenden Körperteils oder der Verrichtung und zeigt ihr, daß der Angreifer selbst sich solches vorstellt«[7]. Das Distichon, das er bezeichnenderweise im Wortlaut vergessen hat, von dessen Botschaft er aber besessen ist, verrät das Ausmaß seiner Verdrängung und seine Angst, Melanie, der er die Lustbereitschaft einer Hetäre unterstellt, könne einem anderen zu Willen sein als ihm, der sie doch als verschuldete Sklavin, um im Bildbereich zu bleiben, aus ihren desolaten Verhältnissen herausgekauft hat. Der heimliche Adressat der Anspielung ist Rubehn: Ihm signalisiert er seine sexuelle Verfügungsgewalt über Melanie, gleichzeitig aber auch seine noch vorbewußte Besorgnis, seine Frau an ihn zu verlieren. Melanies verlegene gestische Reaktion auf van der Straatens Ungeniertheit ist entlarvend, heißt es doch, daß »sie mechanisch ihren Sonnenschirm auf- und zumachte« (oben S. 72). An einem klassischen phallischen Symbol der Psychoanalyse, dem Schirm, de-

---

7 Sigmund Freud: Der Witz und seine Beziehung zum Unbewußten. Frankfurt am Main 1963 (= Fischer-Bücherei. 193), S. 79.

monstriert Melanie das Mechanische und Gefühllose van der Straatenscher Liebesbezeugungen, aber, so man will, auch, da der Schirm seit alters als Attribut des Herrschers gilt, daß ihr fortan Macht zukommen wird.

In einer späteren Szene, kurz vor der Liebesszene im Palmenhaus, werden van der Straatens Ängste, Melanie zu verlieren, erneut manifest, verschlüsselt in der Geschichte vom Unfall im Aquarium, die er witzig wie zweideutig erzählt: »alle Schrecken der Tiefe zappeln um uns her, und ein großer Hecht umschnopert Melanies Fußtaille mit allersichtlichster Vernachlässigung Tante Riekchens. Offenbar also ein Kenner. Und in einem Anfalle wahnsinniger Eifersucht hab' ich ihn schlachten lassen und seine Leber höchst eigenhändig verzehrt.« (Oben S. 85) Wiederum ist der Adressat Rubehn: in der Geschichte der große Raubfisch, der seiner Melanie kennerisch auf den Leib rückt, vermenschlicht schon deshalb, weil das eher unattraktive Riekchen keine Beachtung findet, ganz zu schweigen von der phallischen Bedeutung des Fischs im Zusammenhang mit dem Signalwort der Taille, die Rubehn kurz darauf auch erobern wird. Van der Straatens Reaktion auf die Bedrohung durch den Rivalen im Kampf um das Weibchen trägt archaische Züge: Der Nebenbuhler wird aus Eifersucht geschlachtet, seine, wohl rohe, Leber verzehrt, die seit alters als Sitz der Lebenskraft und Leidenschaft gilt – »Sie, sie ist unser Gott, der uns zum Lieben treibet«, dichtet Paul Fleming im 17. Jahrhundert. Durch den Verzehr der Leber soll die Lebens- und Liebeskraft des Getöteten auf den Essenden übergehen, darin liegt der Hintersinn der Geschichte, wobei es eher unwichtig ist, ob van der Straaten derlei in seiner Phantasie so pointiert ausschmückte oder ob es realiter so passierte. Präsentiert aber wird vom Inhalt her keine singuläre Geschichte, darauf ist abzuheben, versichert doch der Erzähler, daß van der Straaten »seit längerer Zeit ähnliche Exkurse« (oben S. 85) unternommen habe.

Der Mangel an sexueller Identität zerstört letztlich die Ehe. Als Melanie noch zwischen ihrem Liebhaber und ihrem Gatten sich zu entscheiden versucht, greift van der Straaten »in der Hauptsache« fehl, weil er »durch Zärtlichkeit« seine Frau zu »besiegen« gedenkt: »Und das entschied über ihn und sie.« (Oben S. 104f.) Zärtlichkeiten werden eher wie Aktien emittiert, nur fehlt hier die Deckung. Melanie aber erhebt, wie ihr Verhalten zeigt, einen Anspruch auf Leidenschaft, den sie mit van der Straaten nicht verwirklichen kann. Wenn er im Abschiedsgespräch bekennt: »Ich will keine Leidenschaft« (oben S. 113), dann verkennt er gerade diesen Anspruch. Van der Straatens Leidenschaft läßt sich, psychoanalytisch auf den Begriff gebracht, als abgeleitet beschreiben: Seine Erotik lebt sich aus in Schaulust und Sammlertätigkeit. Gemäldegalerie, Treibhaus und Obstzucht werden libidinös besetzt. Er sei, so der Erzähler, »ein noch leidenschaftlicherer Obstzüchter als Bildersammler« (oben S. 47). Wörter werden neben Sachwerten erotisiert. Erotik verkommt zu verbalerotischen Schlüpfrigkeiten, oft versteckt in tendenziösen Witzen, deren Skala er souverän beherrscht: wie »den entblößenden oder obszönen, den aggressiven (feindseligen), den zynischen (kritischen, blasphemischen)«[8]. Worte und Witze müssen entgelten, was realiter nicht mehr vollzogen wird, Frivolitäten müssen die erotisch defizitäre Bilanz ausgleichen. Die Witztechnik, von Freud überzeugend entwickelt, ermöglicht ein gewisses Maß an sexueller Befriedigung. Da sich aus van der Straatens bevorzugten Witz-Objekten, den Frauen, der Liebe und der Ehe, direkt keine Lust mehr ziehen läßt, wird sie aus Witzen darüber gezogen, deren aggressiver Impuls sich gegen die Frauen richtet, präziser: hauptsächlich gegen Melanie, um

---

8 Freud, S. 93.

darin »unzugänglich gewordene Lustquellen [zu] eröffnen«[9]. Wenn Sexualität sich verbal erfüllen soll, wird schlüssig, daß van der Straaten sich in seiner Männlichkeit getroffen fühlen muß, wenn Melanie versucht, solchen Schlüpfrigkeiten Einhalt zu gebieten, kommt dies doch einer Verweigerung gleich: ganz körperlich der ihren wie der, den männlichen Trieb ausleben zu können. »Kupierungen« (oben S. 38) nennt van der Straaten börsensprachlich die ihm angetane Schmach – nicht zu überhören jedoch die geläufigere Bedeutung des Begriffs aus der Tierzucht, wo Körperteile gestutzt und beschnitten werden.

Van der Straaten verweigert, was als Anspruch seine Berechtigung hat: Die Frauen, so bürstet er sie sarkastisch ab, irrten, wenn sie einforderten, daß ein Mann seine Frau »*verstehen*« müsse, »sonst sei die Ehe mehr als niedrig« (oben S. 69). Ohne gegenseitiges Verständnis aber kann es keine Verständigung geben – und umgekehrt. Und diese Verständigung, die über Gespräche erfolgen kann, bleibt aus, da zwar viel geredet, aber wenig gesagt wird, alles in Unverbindlichkeit sich auflöst. Bonmots sollen Gespräche ersetzen, paradiert wird mit Bildungspartikeln, geblendet mit Gedankenblitzen und -blitzchen, die Ohren betäubt mit dem Trommelfeuer aus der Waffenkammer des »Büchmann«. Bestechend in der Leichtigkeit, doch ausschließlich und als Lebensform betrieben, reimt's eben nur auf Seichtigkeit. Gespräche geraten in die Nähe von Geselligkeitsformen in den Millionärskreisen der Gründerzeit, wie sie Zeitgenossen anschaulich beschrieben und kritisiert haben: »Der Ton ist ungezwungen, die Form auch... Man spricht sehr laut, zuweilen zankt man; man reißt Kalauer oder macht Witze, die zur Not in einer Herrengesellschaft durch-

---

9 Freud, S. 83.

gehen können. Immer finden sich Angehörige des schönern Teils der Menschheit..., die mitlachen, ja vielleicht am Gespräch sich beteiligen. Man nennt sie dann ›geistreich‹ oder ›pikant‹. Hat man... eine solche ›ungezwungene Gesellschaft‹ mitgemacht, dann scheidet man mit dem angenehmen Bewußtsein, daß eine kleine gemütliche Sündflut nicht einmal so ganz unangebracht wäre.«[10]

So werden Gespräche nie persönlich: Ihr spielerischer Witz, ihre Ironie, ihr Sarkasmus und Zynismus lassen sich als Desinteresse, als Abwehrhaltung und Flucht vor einer verbindlichen Zwiesprache deuten. Konflikte werden nicht angegangen, sondern umgangen, nicht auf-, sondern zugedeckt. Wenn van der Straaten, wie im Abschiedsgespräch, einmal so persönlich wird, daß sogar Melanie »tief erschüttert« ist (oben S. 115), destruiert er's wieder im gleichen Atemzug. Er nimmt nichts ernst, also auch nicht seine Frau, die er wie ein verwöhntes Kind hält und die auf das Rollenspiel eingeht und ihn gar »Papchen« (oben S. 24) nennt; so heißt es: Er sei »nie (!) glücklicher« gewesen, »wie wenn Melanie sich eine Blöße gab oder auch klugerweise nur so tat« (oben S. 23). Gratifikationen werden in väterlicher Herablassung ausgeteilt, sei's für akzeptable Urteile – »Brav, brav« (oben S. 35) –, sei's für Wohlverhalten: »Und zur Belohnung...« (Oben S. 17)

Wenn Melanie im Abschiedsgespräch bekennt, daß es die »Treue« (oben S. 117) war, die sie in ihrer Ehe vermißt habe, dann versteht sie darunter nicht die körperliche Treue – nirgends wird, anders als bei der historischen Bezugsfigur Ravené, darauf angespielt, daß van der Straaten sie betrogen habe. »Treue« heißt: um Verständigung und Verständnis bemüht zu sein, sie ernst zu nehmen, sie nicht öffentlich andauernd verbal

---

10 Leixner, S. 44.

zu prostituieren. Doch nicht zu vergessen: Sie hat jahrelang ihre Rolle, die van der Straaten ihr abverlangte, so bereitwillig und gut gespielt, seinen unverbindlichen Konversationston so perfekt getroffen, daß es schwer fällt, Rolle und Person zu trennen. Die Vehemenz ihrer plötzlichen Empörung und Scham ist ein Indiz dafür, daß sie auf ihren Gatten verschiebt, was auch ihr eigenes Verhalten betrifft. Doch sie wird dazulernen. Als Rubehn sie später auch geheimnisvoll anschweigt und ablenkt – »Denn das rechte Wort wurde nicht gesprochen...« (oben S. 147) –, zwingt sie ihn zur alles erlösenden Aussprache. Ihr Anspruch auf »das rechte Wort« wird zur Voraussetzung von Glück.

### »So zu steigen und zu fallen und dann wieder zu steigen«

Das »Behagen«, das die erste Szene zwischen Melanie und van der Straaten »atmen« soll (vgl. oben S. 10), mag allenfalls vordergründig als stimmig erscheinen. Der spielerisch-scherzhafte Ton vermag nicht zu verdecken, was an Unbehagen, an unausgesprochenen Wünschen, an zwanghaften Vorstellungen und versteckten Verletzungen offenbar wird oder sich erschließen läßt. Recht unvermittelt, nach oberflächlichem Ballnachtgeflüster, thematisiert van der Straaten ihren Altersunterschied. »Das Beste, was einer jungen Frau wie dir passieren kann, ist doch immer die Witwenschaft...« (Oben S. 11) Als er seine ehemalige Pariser Wirtin als Urheberin dieser Weisheit preisgibt und Melanie nach deren Alter fragt, antwortet er: »Fünfzig. Die Liebe fällt nicht immer auf ein Rosenblatt...« (Oben S. 12) Während ihrer knappen Replik steht Melanie auf, mag sein, weil sie, zitatkundig, auch die unausgesprochene derbe zweite Hälfte kennt:

»...sie fällt auch mal auf Kuhscheiße.«[1] Sie tritt ans Fenster – versinnlicht dadurch gestisch, was sie auch später vollzieht: sich von van der Straaten zu entfernen, der sich just in jenen Fünfzigern befindet – auch ihre Liebe als Siebzehnjährige ist ja auf kein Rosenblatt gefallen. Das »Fensterbild«[2] »des bunten Treibens eines Markttages« zerfällt in ikonographische Elemente, die, kaum merklich, stichwortartig auf zentrale Augenblicke und Gegebenheiten im späteren Verlauf der Erzählung vorausdeuten: Die Ärmlichkeit weist auf sozialen Abstieg, das Mütterchen, das arbeitet, auf Melanie, die Mutter, die zuverdienen muß, das kleine Mädchen aufs Aninettchen, »das erfrorene Gesicht in einer Kapuze« (oben S. 12) verborgen, ein Rotgesichtchen also, was wiederum, als Ensemble von Kopfbedeckung und Gesichtsfarbe, zu Melanies Geburtsnamen de Caparoux, also Rotmützchen, sich fügt, die sich aus dem nämlichen »roten Wollfaden« stricken läßt wie dem, der die Honiggläser umschließt. Die Schäfchen, die das Kind verkauft, werden als Motiv wieder aufgenommen, als van der Straaten auf Bertuchs populäres Kinderlied vom »Lämmchen« »weiß wie Schnee« anspielt und Melanie »zum ersten Male« sich seiner schämt (oben S. 71). Und schließlich verweist die zeitliche Wendung »wie zur Weihnachtszeit« auf jene zentrale Bedeutung, welche die Weihnachtszeiten im Erzählverlauf als gliederndes Handlungselement einnehmen werden. Die dingliche Nennung der »Kirchentür« deutet voraus auf Melanies Besuch des Armengottesdienstes in der Nikolaikirche (oben S. 149 ff.), bezeichnenderweise inmitten von Waisenhaus*mädchen* und *alten Frauen* – zum Ostermontag, an dem Melanie ihre Krise mit Rubehn meistern wird, nach einem Ostersonntag, der den absoluten Tiefpunkt ihrer Bezie-

---

1 Karl Friedrich Wander: Deutsches Sprichwörter-Lexikon. Bd. 3. Leipzig 1873, Spalte 135 (Stichwort: »Liebe«, Nr. 132).
2 Ich übernehme diesen schönen Begriff von Jung, S. 122.

hung darstellt (vgl. oben S. 148), im Fensterbild präludiert durch die aufgehängten sechs toten, zur Strecke gebrachten (Oster-) Hasen in der Bude des Wildhändlers. Auf die ikonographischen Elemente von Mütterchen, Mädchen, Wild, Wildhändlerbude, Honig und die Signalfarbe Rot wirft sich der schwache Abglanz vom Inventar des »Rotkäppchen«-Märchens: die Großmutter, das kleine Rotkäppchen, der Wolf, der Jäger, Wein und Kuchen als Stärkungsmittel.

Melanies inhaltlich unbestimmte »Sehnsuchtsanwandlung« gilt dem Tanz der Schneeflocken: »als müsse es schön sein, so zu steigen und zu fallen und dann wieder zu steigen.« (Oben S. 12) Die gedachte scherzhafte Selbstpersiflierung unterbleibt, gerät doch der Rollwagen ins Fensterbild, der, durch die Menge hindurch, das kommerzienrätliche Haus ansteuert, die noch unerkannte, in der Kiste verpackte Tintoretto-Kopie der »Ehebrecherin« »als ein einziges Kolli« auf der Ladefläche. Der Kutscher aber ist es, der Melanie in Bann schlägt. »Wie schön diese Leute sind... Und so stark. Und dieser wundervolle Bart! So denk' ich mir Simson. Oder Wieland den Schmied.« (Oben S. 13) Im Steigen und Fallen der tanzenden Schneeflocken bildet sich Melanies Schicksal ab: aufgestiegen zur Frau Kommerzienrat, gefallen als Ehebrecherin und wiederum aufsteigend, in ihrer neuen Verbindung. Die federleichten Schneeflocken verbildlichen den Leichtsinn, der ihr als »Schwäche« des »französischen Wesens« zugeschrieben wird (oben S. 9). Auch die Passivität, die einen Teil ihres Wesens kennzeichnet, ist hier ins Bild gehoben: So wie der Luftzug (oben S. 12) die Schneeflocken treibt und erst zum Tanzen bringt, läßt sich auch Melanie treiben: »Wohin treiben wir?« heißt denn auch ein folgenreiches Kapitel. Und in jenem Bertuch-Liedchen, das van der Straaten spöttisch zitiert und fortspinnt, zu Melanies Entsetzen und Rubehns Mißfallen, wird das Schneebild variiert: »Aber sei weiß wie Schnee und weißer noch. Ach, die Verleumdung trifft dich doch.« (Oben S. 71) Die unendliche Abfolge von Steigen – Fallen – Steigen ist durch den Kontext eindeutig erotisch bestimmt. Zwar mag sie als Signatur für jeglichen Lebenslauf taugen, vorzugsweise sind es aber Lebensläufe von Liederlichen, Damen der Halbwelt etwa, die solche Abläufe aufweisen, deren Darstellung sich auch bevorzugt die Künstler vornehmen, Zola etwa in »Nana«, 1880, kurz vor »L'Adultera« erschienen, und Hogarth, der fürs 18. Jahrhundert stehen soll, in seiner berühmten Kupferstichfolge »A Harlot's Progress« (»Der Weg der Buhlerin«, in Lichtenbergs Übertragung).[3] Melanie wird vom Erzähler in einer Pose eingeführt, die eben auf die Kokotten-Tradition verweist: Sie spricht ihren ersten Satz, »während sie mit ihrem linken Morgenschuh kokettisch hin- und herklappte« (oben S. 10). Auch der sich anschließende Dialog speist sich aus dem Reservoir dieser Tradition – seine Stichworte: Ballgeflüster, die neue »Robe«, die »Maywald« als Melanies »Rivalin« oder die eindeutig zweideutige »Pariser Wirtin« (oben S. 11). Die zeitgenössische Modezeichnung hat »ein geradezu ›physiognomisches‹ Interesse für die ›langage des pieds‹ bezeugt«[4]. Die sexualmetaphorische Bedeutung des Schuhs als weibliches Genitale erklärt sich durch dessen Hohlraum, in den der Fuß hineinschlüpft. Daß es der Morgenschuh ist, der Pantoffel also, stößt den alternden Gemahl in die Nachbarschaft des Pantoffelhelden, den sie sitzen lassen wird. Das Hin- und Herklappen findet später eine gestische Entsprechung im Auf- und Zuklappen des Schirms, das, wie gezeigt, gleichfalls erotisch grundiert sich verstehen läßt. Daß es der »linke« Morgenschuh ist, läßt sich ethisch ausdeuten: Rechts kann für den Weg des Rechts stehen,

3 Vgl. hierzu Werner Hofmann: Nana. Mythos und Wirklichkeit. 2., verbesserte Auflage. Köln 1974.
4 Ebenda S. 109, mit Abbildungen auf S. 80f.

links für den des Unrechts.⁵ Der Wunsch zu steigen vermag unvermittelt einzuleuchten, der zu fallen nur vermittelt. Die Lust, sich fallen zu lassen, sich ohne jegliche Rücksichten auszuleben, wird als Wunschtraum manifest: »Ihre Deutung unterliegt bei Frauen keiner Schwierigkeit, da sie fast regelmäßig die symbolische Verwendung des Fallens akzeptieren, welches die Nachgiebigkeit gegen eine erotische Verführung umschreibt.«⁶ Daß die Erregungskurven des Liebesaktes selbst seit je mit den Begriffen von Steigen und Fallen, von Spannung und Lösung bezeichnet werden, fügt sich in diesen Kontext. Die Szene endet überdies mit Melanies Gang ins Schlafzimmer, zu dem sie allein emporsteigt (vgl. oben S. 17). Später wird sie gemeinsam mit Rubehn in die Kuppel des Palmenhauses steigen und sich dort, hinschmelzend, fallen lassen. Der selbstironische Kommentar zu ihrer unspezifischen »Sehnsuchtsanwandlung« unterbleibt, genauer, wird ersetzt durch deren zwiefache Spezifizierung: das »L'Adultera«-Gemälde von Tintoretto und das Mannsbild von Kutscher. Das Bild der Ehebrecherin bleibt vorerst der Öffentlichkeit und dem Leser verborgen. Van der Straaten weiß, was in der Kiste liegt, und eröffnet es Melanie. Später ist es umgekehrt: Melanie enthüllt van der Straaten den Ehebruch. Doch bevor das Bild ausgepackt und im nachhinein auf das Fensterbild sich beziehen läßt, rückt der Kutscher ins Zentrum, den Melanie anstaunt und der die (verpackte) Ehebrecherin von der Kutsche herunter in »seine zwei Riesenhände« nimmt (oben S. 13) – auf der Flucht wird Rubehn »die geliebte Last« seiner Melanie aus der Kutsche heben (oben S. 120). Vor ihr steht das Urbild eines Mannes, schön und kräftig, dessen niedere Herkunft sie sofort biblisch und mythologisch überhöht, zuerst mit Simson, dann

5 Sigmund Freud: Die Traumdeutung. Frankfurt am Main 1961 (= Fischer-Bücherei. 428/9), S. 297 (im Kapitel VI. E).
6 Ebenda S. 326 (im Kapitel VI. E. 12).

mit Wagner und Wieland dem Schmied, um von ihren erotischen Sehnsüchten abzulenken, in denen sich zeittypische Vorstellungen von der ausufernden Sinnlichkeit »dieser Leute« (oben S. 13) aus den unteren Volksklassen verbergen.[7] Gleichzeitig wird zum ersten Mal als Mißakkord ihr Dissens über Wagner angeschlagen. Melanie aber hat, genau besehen, van der Straaten beleidigt. »Wie schön diese Leute sind« läßt sich verstehen als ein: »Du aber nicht« – denn van der Straaten ist weder ein Schönling noch eine Kraftnatur.

Das geheime Ziel von Melanies Sehnsüchten trifft sich mit den geheimen Ängsten ihres Mannes. Da er direkt nicht darüber zu sprechen vermag, braucht er das Bild der »Adultera« als teuren Vermittler. Das Gespräch wird persönlich, was Melanie sofort registriert, »weil alles eine viel persönlichere Richtung nahm als bei früheren Gelegenheiten« (oben S. 18). Doch auch darin liegt eine grobe Verletzung. Wird doch Melanie unterstellt, was noch gar nicht passiert ist: der Ehebruch! Bloßgestellt coram publico, soll doch das Bild an einem Pfeiler im Wohn- und Arbeitszimmer ursprünglich seinen Platz finden. Die Begründung ist seltsam: Das Bild der Ehebrecherin dient nicht als Abwehrzauber, es soll ihn immunisieren, wenn's ihm zustößt, vergleichbar einem »Memento mori« – als ob der unausweichliche Tod mit dem ausweichlichen Ehebruch ineins gesetzt werden könnte.

Van der Straatens Betroffenheit im Angesicht des Bildes mag nicht nur in der Figur der Ehebrecherin, ihrer Jugend und ihrer Schönheit liegen. Es gibt genügend alte und häßliche Männer auf dem Bild, mit denen sich van der Straaten identifizieren könnte, auch wenn im Johannes-Evangelium (8, 3–14) nur die Schriftge-

---

7 Vgl. hierzu Peter Gay: Die zarte Leidenschaft. Liebe im bürgerlichen Zeitalter. München 1987, S. 397 u. a.

lehrten und Pharisäer genannt werden, nicht aber der Ehegatte. Mag sein, mit dem fast Glatzköpfigen, Häßlichen en profil, neben der Ehebrecherin im Vordergrund. Herausgetrieben wird auf dem Gemälde der Kontrast zwischen Alter und Jugend, Schönheit und Häßlichkeit! Nicht Christus erscheint im Zentrum des Bildes: Im Schnittpunkt der Bilddiagonalen erstrahlt die Ehebrecherin in voller Sinnlichkeit, selbstsicher und überlegen. Schon Jacob Burckhardt hat festgestellt, daß man ihr anmerke, daß sie den gemeinen Christus nicht respektiere.[8]

Die Sinnlichkeit der Frauen jagt den Männern Angst ein, die sich als Angst vorm Bruch der Ehe durch die Frau äußert: »Un so was is jetzt alle Tage.« (Oben S. 90) Um so mehr, wenn sich Sinnlichkeit mit Überlegenheit und Selbstbewußtsein verbindet, an dem selbst Christus an Grenzen stößt. Jeder Mann scheint sein »Bild« vom Ehebruch im Kopf zu tragen. Erzählt wird von verschiedensten männlichen Abwehrformen, die aber ein gemeinsames Ziel haben: der Frauen Herr zu werden und zu bleiben! Zwölf Abwehrformen im Schnellverfahren. Abwehrform 1: Eheverzicht. Kagelmann, der Gärtner der van der Straatens, rechtfertigt seine Junggesellenschaft am Beispiel der Flatows, wo das junge »Madamchen« mit einem »Gelbschnabel« durchging und den alten Flatow »mit seine drei Würmer« sitzen ließ. Obschon neugierig auf die Ehe – »hübsch muß es ja sind« – entsagt er, denn: »besser is besser« (oben S. 90). Abwehrform 2: Kontrolle, Gebote, Verbote. Gryczinski gängelt seine Jacobine, weil ihr »auch so was im Blut spuke« wie ihrer Schwester – »ihr seid wie Zwillinge«. Widerstand und Widerspruch werden erfolgreich unterdrückt. »Und Du weißt, daß ich nicht den Mut

---

8 Dies nach: Erasmus Weddigen: Theodor Fontane und Jacopo Tintoretto. Anmerkungen zum Roman »L'Adultera«. In: Neue Zürcher Zeitung vom 3. September 1972, Nr. 410 (Fernausgabe Nr. 242); mit einer Abbildung des Gemäldes – diese auch bei Jung, S. 245, Abb. 1.

habe, ihm zu widersprechen.« (Oben S. 135) Abwehrform 3: Hörigkeit. Gryczinski versteht es, so viel wird angedeutet, seine Frau auch in sexueller Abhängigkeit zu halten. So muß Jacobine bekennen, »sie habe nicht gern den Mann einbüßen« wollen (oben S. 30), er habe »doch entschieden *das*, was uns Frauen gefällt« (oben S. 141) und sei, von Reisen zurück, »immer so zärtlich« (oben S. 136). Abwehrform 4: Verwöhnung, Präsente. Abwehrform 5: Ortswechsel. Hulda, die Frau des reichen Kommerzienrats Vernezobre, wird zur Kur geschickt und vergißt ihren Geliebten (oben S. 109). Abwehrform 6: Verkindlichung, Entmündigung, Entsexualisierung. Van der Straaten, anfangs auch Rubehn betrachten Melanie aus der Erwachsenenperspektive – »du warst immer ein Kind, und du bist es auch in diesem Augenblicke noch. Ein verwöhntes und ein gutes, aber doch ein Kind« (oben S. 153). Abwehrform 7: Mutterschaft. Sind Kinder da, bleibt die Frau, so hofft der Mann. Abwehrform 8: Treueprobe. Rubehns Einquartierung durch van der Straaten. Abwehrform 9: Witze, Zoten, Anzüglichkeiten. Solche verbalen, häufig angewandten Mittel sind gleichfalls Zeichen von Angst. Melanie: »Wenn du die Dinge *so* siehst, so weiß ich nicht, warum du mich nicht heut' oder morgen einmauern läßt.« Van der Straaten: »An dergleichen hab' ich auch schon gedacht.« (Oben S. 16) Die mögliche Abwehrform der Kasernierung wird nur als beziehungsreicher Witz aufgegriffen. Abwehrform 10: Mystifikation, Okkultismus. Die Prädestinationslehre, das alte »Hausgesetz« (oben S. 114) der van der Straatens, muß dafür herhalten, daß unabänderlich sein soll, was doch abänderlich sein könnte. Abwehrform 11: Flucht nach vorn. Der Tintoretto soll demonstrativ den Ehebruch als Bild präsent sein lassen, privat und in geselliger Öffentlichkeit, um ihn zu verhindern oder sich an die Vorstellung zu gewöhnen. Das Gemälde dient der offenen Aussprache; es treibt van der Straaten dazu, »angesichts dieses Bildes einmal (!) aus sich herauszugehn« (oben S. 16). Abwehrform 12: Verdrängen. Bis zur Aussprache aber hat van der Straaten seine elementare Angst verdrängt, und als passiert, was »von jedem andern erkannt worden wäre« (oben S. 98), verdrängt und verkennt er wiederum die Situation.

Alle Abwehrformen, ob bewußt, halbbewußt oder unbewußt vollzogen, verraten die uralten Ängste der Männer vor der unstillbaren Lust der Frauen, die, einmal entflammt, sich männlicher Macht und Kontrolle entzieht. Nichts anderes als eine klassische Männerphantasie wird offenbar: die frei flutende, ausufernde und verschlingende Sinnlichkeit der Frauen. Doch auch eine klassische Projektion läßt sich erkennen: Eigene problematische und gebilligte Verhaltensweisen werden auf die Frauen übertragen und dort problematisiert und mißbilligt. »...die Ehemänner, die in Rücksicht auf ihre Karriere selten vor dem 35. Lebensjahr heiraten konnten, hatten ihre ›Leidenschaft‹ in den zahlreichen Bordellen oder mit einigen Mätressen befriedigt und betrachteten die Ehe nur als ein gesellschaftliches Aushängeschild, ohne von ihren durch Gewohnheit vergröberten Junggesellenmanieren abzustehen.«[9] Die Ängste der Männer verraten aber gleichzeitig ihre bedrohte und erschütterte gesellschaftliche Machtstellung. Sobald die Frauen aus ihrer Verfügungsgewalt ausbrechen, verlieren sie ihre angemaßte, gesellschaftlich sanktionierte Überlegenheit – das Patriarchat bekommt Risse. Der von den Frauen bewußt vollzogene, reflektierte und durchgestandene Bruch einer Ehe, die weibliche Identität verhindert, statt sie zu befördern, kann zu einer Widerstandsform gegen patriarchalische Zwänge werden und jenen Frauen die Neurose ersparen, die, zutiefst unglücklich, meinen, im Käfig einer ge-

---

9 Richard Hamann und Jost Hermand: Epochen deutscher Kultur von 1870 bis zur Gegenwart. Bd. 2: Naturalismus. München 1972, S. 99.

scheiterten Ehe ausharren zu müssen. Ohne die Existenz von Rubehn allerdings hätte Melanie sich nicht von van der Straaten getrennt: Sie wechselt die Männer, nicht aber ihre Rollen als Gattin und Mutter.

Melanie und van der Straaten werden exponiert als ungleiches Paar: als schöne, arme Junge und als häßlicher, reicher Alter – ein klassisches Motiv in komischen Genres, bei dem es darum geht, daß der Alte als Bewerber nicht zum Zuge kommt oder als Gatte zu Recht verlassen wird und die Junge ihren jugendlichen Liebhaber ehelicht oder mit ihm durchbrennt. In beiden Fällen obsiegt die Schadenfreude der Gesellschaft über den Abgeblitzten oder Gehörnten. Kagelmann, der notorische Junggeselle, bringt es auf den Punkt: »Aber sechzig in dreißig jeht nich. Und da sagt denn die Frau: borg' ich mir einen.« (Oben S. 89) Und Christel hat erlauscht, was »Madamchen« Vernezobre ihrem Kommerzienrat vorgehalten hat: »Un sie dächte gar nicht dran, ihn zu lieben. Und es wär' eijentlich bloß zum Lachen.« (Oben S. 109) Die Figur des van der Straaten steht in der literarischen Tradition des Ehetölpels, der weiß, daß ihm die Hahnreischaft droht, der dagegen Vorsichtsmaßnahmen ergreift, um sicherzugehen, und der als einziger nicht mitkriegt, was alle anderen schon ahnen oder wissen: daß die Frau ihren Liebhaber hat. Er gleicht den verlachten und gehänselten, übriggebliebenen Spielfiguren jener Paarspiele, die bei den hintergründigen Lustbarkeiten auf der Stralauer Wiese so intensiv betrieben werden (oben S. 62 f.). Rubehn und nicht er bekommt den Ball, wie eine »Blindekuh« sieht er nichts, wie der »Gänsedieb« bleibt er beim Paarspiel übrig – »Da steht der Gänsedieb, / Den hat kein Mensch mehr lieb«, so wird er von den Paaren ausgelacht –, und wie beim »Bäumchen, Bäumchen, verwechselt euch« hat er das Nachsehen.[10]

---

10 Vgl. hierzu die Anmerkungen zu S. 63.

Was van der Straaten mitkriegt, wird mißdeutet: Rubehn wird eine andere, »ewige Braut« (oben S. 63 u. a.) beharrlich angedichtet, schließlich sogar Anastasia. Aus dem Gefälle von kommerzienrätlicher Unwissenheit und der Allwissenheit der Leserschaft kann zusätzlich Komik entstehen: etwa wenn Melanie und Rubehn, gerade zurück aus der Palmenkuppel, von van der Straaten, gerade zurück vom Minister, mit den Worten begrüßt werden: »Melanie, wir haben heut' einen guten Schritt vorwärts getan... von diesem Tag an datiert sich eine neue Ära des Hauses van der Straaten.« (Oben S. 95) Am Schluß, da sich die Gesellschaft mit Melanie und Rubehn wieder zu versöhnen beginnt, verlacht sie den Alten schadenfroh als Hahnrei: »›Wie kam er nur dazu? Sie war siebzehn!...‹ Und dann lachten sie und freuten sich, daß es so gekommen, wie es gekommen.« (Oben S. 158)

Das literarisch-komische Motiv des gehörnten, zu alten Ehemanns wird zwar aufgegriffen, aber vertieft. Natürlich ist van der Straaten kein grobgeschnitzter komischer Tolpatsch, dazu ist er psychologisch zu differenziert gezeichnet, dazu ist er viel zu sehr auch Subjekt und nicht Objekt von Komik, davon entheben ihn seine immer wieder gepriesenen Tugenden von »Nachsicht und Milde« (oben S. 158), dafür erhebt er sich zu glaubhaft und souverän hoch übers wankelmütige und niedere »Urteil der Menschen« (oben S. 158), das er ironisch zerfetzt.

Schließlich wird das Erzählte aufgehoben in einem allumfassenden Lachen, wie es nur Melanie lachen konnte, dessen Apotheose der verliebte Erzähler, der vor Begeisterung fast aus der Rolle fällt, feierlich zelebriert: »Ach, wem *dies* Lachen wurde, dem bleibt es, und wenn es schwand, so kehrt es wieder. Und es überdauert alle Schuld und baut uns Brücken vorwärts und rückwärts in eine bessere Zeit.« (Oben S. 121)

Doch zurück zum Tintoretto: Melanies Reaktion ist bezeichnend. Sie erfindet, nachempfindend, eine Vorgeschichte: Die

Ehebrecherin habe gewiß geweint, weil man ihr immer wieder vorgehalten habe, wie schlecht sie sei, doch ihr Herz könne das nicht finden: »Es ist so viel Unschuld in ihrer Schuld...« (Oben S. 14) Die Deutung ist eine vorweggenommene Selbstdeutung und Selbstrechtfertigung. Auch sie wird viele Tränen weinen, auch ihr werden Vorhaltungen und Vorwürfe gemacht, auch sie wird sich im Abschiedsgespräch auf ihr Herz berufen und eine Schuld von sich weisen: »Ich habe nur ein ganz äußerliches Schuldbewußtsein, und wo mein Kopf sich unterwirft, da protestiert mein Herz. Ich nenn' es selber ein störrisch Herz...« (Oben S. 117) Christi Aufforderung: »Wer unter euch ohne Sünde ist, der werfe den ersten Stein auf sie« begreift sie als »was Ermutigendes«; Tintoretto, »dieser Schelm«, habe es »auch ganz in diesem Sinne genommen« (oben S. 14). Nebenbei auch eine Raffinesse des »Schelmen« Fontane: Melanie wird einen besonderen Stein treffen – Ebenezer, hebräisch »Stein«, den Geliebten und Ehebrecher. Christi Aufforderung und Christi Milde – »So verdamme ich dich auch nicht; gehe hin und sündige hinfort nicht mehr« – erweisen sich als Vorboten und Garanten des versöhnlichen Ausgangs. Auch wenn van der Straaten »keinen Gott und keinen Glauben« hat (oben S. 115): Im Abschiedsgespräch gleichen seine Worte denen Christi. Melanies Fehltritt wird relativiert. Durch Historisieren: das Alte Testament als unmoralischer »Sensationsroman« (oben S. 115). Durch Vergegenwärtigung: Überall wird heute gesündigt. Durch Selbstkritik: Er habe kein Recht, ihr »Moral zu predigen. Was liegt nicht alles hinter mir!« (Oben S. 114) Er verdammt seine Frau nicht, will ihr verzeihen, bittet sie, bei ihm zu bleiben. Melanie mißtraut diesem »Gnadengeschenk« (oben S. 116). Daß eine weitere gemeinsame Zukunft nach allem Geschehenen nicht vorstellbar ist, versteht sich von selbst. »L'Adultera«, daran kann kein Zweifel sein, erzählt auch das Drama des alternden Mannes.

Der Schluß des Romans ruft das Tintoretto-Gemälde des Anfangs wieder ins Gedächtnis, hintersinnig und mit erzählerischem Raffinement wird das Erzählte gerundet! Aus einem großen Gemälde wird ein kleines Medaillon-Bildchen, aus einem Kunstwerk ein Schmuckstück, aus einer offenen Präsentation eine verschlossene. Das Delikt des Ehebruchs wird miniaturisiert und relativiert und als verkleinerte Kopie einer Kopie auf Distanz gesetzt. Wie sehr sich Melanie aber betroffen fühlt, zeigt ihre Reaktion, da das Medaillon ihrer Hand entfällt. Wie wenig sich Rubehn getroffen fühlt desgleichen, da er es als Uhrgehänge tragen möchte. Van der Straatens Schicksalsbild mutiert zur Trophäe seines Nebenbuhlers. Noch einmal rücken van der Straatens Leidenschaften ins Schlußtableau: als Obstzüchter – der Gravensteiner Apfel –, als Bildersammler – das Tintoretto-Bildchen – und als Liebender – Melanie, der alles zugedacht ist. Doch auch sein Hang zum Schwindel wird humorvoll-versöhnend inszeniert: Der Apfel ist seiner Eigenschaft als Apfel beraubt, die er nur glänzend vortäuscht. Anstelle des Kerngehäuses birgt er das Medaillon. Kein Paradiesapfel mehr, mit dem sich's verführen läßt, trotzdem aber im Kern für Melanie ein Apfel der Erkenntnis, da ihre Augen aufgetan werden: »Und es soll mich erinnern und mahnen... jede Stunde...« (Oben S. 161) Auch zur Abwehr neuer Versuchung? ist man fast zu fragen versucht.

### *Rechte Frage:*
### *»und wem es eigentlich ähnlich ist?«*

Eine verheiratete Frau und Mutter zweier Töchter schläft mit dem Hausfreund, dazwischen auch noch mit ihrem Ehemann, wird schwanger, bekennt dem Gatten die Tatsache der Schwangerschaft, schwankt eine Zeitlang, ob sie bei ihm bleiben oder mit ihrem Liebhaber fliehen soll, entscheidet sich zur Flucht, teilt dem Gatten am Trennungsabend mit, daß er nicht der Vater des werdenden Kindes sei, und verläßt ihn: Das ist, nüchtern und ernüchternd berichtet, was Fontane in Anspielungen kunstvoll verdeckt erzählt.

Die vielfältigen eingestreuten Zeitangaben ermöglichen es, den Verlauf und Ablauf des Ehebruchs recht genau zu rekonstruieren. Hier die Chronologie der Ereignisse, wie sie sich aus dem verdeckt Erzählten herauspräparieren lassen:

Die Land- und Wasserpartie mit dem Besuch von Löbbekes Kaffeehaus mit der ersten Annäherung, als Rubehn ihre fiebernde Hand nimmt, erfolgt im hochsommerlichen August (vgl. oben S. 57), in der Woche vor dem von van der Straaten erwähnten »Stralauer Fischzug«, der immer am 24. August gefeiert wurde, von dem van der Straaten bemerkt, daß er in »acht Tagen« stattfinde (oben S. 58). Da die Partie am Tag darauf beginnt, muß dies der 17. August gewesen sein, in der Zeit der »Sternschnuppennächte« (oben S. 70), die im Sommer um den 11. August herum einzutreffen pflegen.

Rubehn hat sich danach erst »eine Woche« bzw. »fast eine Woche« (oben S. 78f.), so Melanie, nicht blicken lassen und müßte sie demnach am 23. oder am 24. August besucht haben. Noch am Abend des gleichen Tages passiert es: die Verführungs- und Liebesszene in der Kuppel des Palmenhauses.

Die Tage darauf bringen »viel Besuch« (oben S. 95), der unbefangene Ton früherer Wochen stellt sich fast wieder ein, Ende September steht der Umzug aus der Sommerresidenz, der Tiergartenvilla, zurück in das Stadthaus an, unmittelbar davor erscheint Rubehn aus geschäftlichen Gründen nicht mehr bei den Tischgesellschaften, in den Oktoberwochen werden seine Besuche seltener, und im November hören sie beinahe ganz auf, auch deshalb, weil die männlichen Mitglieder der Tischgesellschaft (van der Straaten und die beiden Malerfreunde ausgenommen) ihm mit »ablehnender Kühle begegnen«, was sich nur so deuten läßt, daß sie von seinem Verhältnis zu Melanie etwas ahnen (oben S. 96).

Berichtet wird von »häufigen Besuchen« Rubehns in der Wohnung von Anastasia, und es wird deutlich, daß er sich dort mit Melanie insgeheim zu treffen pflegt. Als Zeitraum werden die »Winterwochen« angegeben (oben S. 98).

Am Weihnachtsabend wird die schwindelig gewordene Melanie von van der Straaten aufgefangen und in ihr Zimmer getragen: Hier offenbart sie ihm ihre Schwangerschaft, verschlüsselt und in indirekter Rede vom Erzähler mitgeteilt: »Es sei nichts…, wobei der Arzt ihr helfen könne. Und dann sagte sie, was es sei.« (Oben S. 100)

Am 26. Dezember geht sie in die Stadt und trifft beim Weggehen Rubehn, der »von ihrem Unwohlsein gehört hatte« und kam, um sich nach ihrem Befinden zu erkundigen. Obschon allein, erfolgt die Anrede in der Sie-Form. Es ist der erste direkte Dialog zwischen den beiden, der nach der Szene im Palmenhaus mitgeteilt wird. Sein Ablauf und Inhalt machen es wenig wahrscheinlich, daß Rubehn von der Schwangerschaft weiß, und schon gar nicht, daß er der Vater sein soll. Melanies isolierte Äußerung: »Wir wollen die bösen Zungen nicht vor der Zeit herausfordern« (oben S. 102), muß sich für ihn auf ihr Verhältnis beziehen.

Nach Silvester fällt Melanie in Schwermut: »Sie war reizbar, heftig, bitter. Und was schlimmer, auch kapriziös.« (Oben S. 104) »Grollte« mit Rubehn, »wie mit jedem«. Klar wird, daß sich Melanie bis zu diesem Zeitpunkt noch nicht entschieden hat, wie und mit wem sie weiterleben will. Erst als van der Straaten ihre »Caprice« mit »Zärtlichkeit« zu »besiegen« sich anschickt, heißt es endgültig: »Und das entschied über ihn und sie.« (Oben S. 104 f.) Sie bedrängt Rubehn, ihr zu helfen, weil sie dieses »Lügenspiel nicht mehr ertragen könne«, es gehe um Leben und Tod. Als Anrede wird jetzt zum ersten Mal die Du-Form vernehmbar.

Als Fluchttag wird der frühe Morgen des 31. Januar festgelegt, Melanie läßt sich um drei Uhr wecken. Nach dem Gespräch mit Christel, der Dienerin, erfolgt die zentrale Aussprache mit van der Straaten, aus der, ohne daß es direkt angesprochen würde, doch hervorgeht, daß er bis zu diesem Zeitpunkt davon ausgeht, der Vater des Kindes zu sein. »Wenn du *jetzt* gehst... Du weißt, was ich meine. Du kannst jetzt nicht gehen; nicht *jetzt*.« Und Melanie antwortet: »Eben deshalb geh' ich, Ezel... Es soll klar zwischen uns werden. Ich habe diese schnöde Lüge satt.« (Oben S. 114) Erst von diesem Zeitpunkt an kennt van der Straaten die volle Wahrheit, seine Reaktion verrät die Erschütterung: »und einen Augenblick war es ihm, als schwänden ihm die Sinne.« (Oben S. 114)

Gegen Ende Februar treffen Melanie und Rubehn in Rom ein, um dort »das Osterfest abzuwarten«, ebenso »Nachrichten aus der Heimat«, im Klartext die Mitteilung der Ehescheidung, die länger ausbleibt als erwünscht. Die bis dahin so präzisen Zeitangaben werden ab diesem Zeitpunkt vage; wann genau die Nachricht eintrifft, bleibt unscharf; nachdem sie aber eingetroffen ist, erfolgt am nächsten Morgen bereits die Hochzeit und anschließend, »nach monatelangem Eingeschlossensein in der Stadt«, der Ausflug in die »Krokus- und Veilchenpracht«. Am gleichen Abend schreibt Melanie, gewärmt vom »hohen Kaminfeuer« (alle Zitate oben S. 120 f.) ihrer Schwester.

Bedenkt man diese direkten und indirekten zeitlichen Hinweise, dann könnte der ereignisreiche Hochzeitstag Ende April erfolgt sein. Danach umfängt Melanie ihre »frühere Melancholie«, es »vergingen trübe Wochen« (oben S. 125), der Aufenthalt in Rom wird abgebrochen und, in Etappen, Venedig erreicht, wo sie von einer Tochter entbunden wird. Erst als sie von der schweren Geburt genesen ist, verlassen sie Venedig Anfang Herbst. Über den Aufenthalt in Venedig wird an Ereignissen nur noch die gewitterumtobte, erste Lido-Fahrt rückblickend mitgeteilt (vgl. oben S. 128), wohl noch vor der Geburt unternommen. Der genaue Zeitpunkt der Geburt läßt sich nur schwer bestimmen, ihn zu bedenken ist aber notwendig, um das Verhalten von Melanie in der Konzeptionsphase rekonstruieren und bewerten zu können.

Gewichtet man sämtliche, hier vorgetragenen zeitlichen Hinweise, so lassen sich verschiedene Konzeptionszeitpunkte markieren, immer unter der Voraussetzung, Fontane habe alle Zeitangaben auch widerspruchsfrei vorgenommen. Hätten es Melanie und Rubehn bereits im Treibhaus getrieben und wäre so die Zeugung schon am 23. August unter Palmen erfolgt, einem uralten Fruchtbarkeitssymbol überdies, müßte die Geburt im Jahr darauf Ende Mai erfolgt sein, zu einem Zeitpunkt, der sich vom chronologischen Ablauf her gerade noch als nicht völlig unwahrscheinlich halten ließe; das würde aber auch, recht fragwürdig, bedeuten, daß Melanie ihre Schwangerschaft erst im vierten Monat zu Weihnachten bekennen würde, als sich ihr Unwohlsein einstellt, was sich, bekanntlich, eher davor einzustellen pflegt. Der früheste mögliche Zeitpunkt der Konzeption läßt sich exakt bestimmen, der späteste nur ungefähr: im November, als sich die Liebenden in Anastasias Wohnung treffen.

Bedeutungsträchtig sind solche Überlegungen deshalb, weil das hieße, daß Melanie auch mit ihrem Mann geschlafen haben muß, während sie schon ein intimes Verhältnis zu Rubehn unterhielt. Woher aber kann sie dann so genau wissen, wer der Vater ihres Kindes ist? Noch in den Januarwochen nach der Silvesterfeier schwankt sie, ob sie bei van der Straaten bleiben oder zu Rubehn gehen soll – erst der Zärtlichkeitsvergleich bringt die Entscheidung zugunsten Rubehns, nicht aber die Tatsache ihrer Schwangerschaft, deren Urheber zu sein Rubehn wohl erst nach dieser Entscheidung erfährt. Anders ließe sich der eher förmliche Ton beim nachweihnachtlichen Einkaufsbummel nicht erklären, und auch der vom Erzähler anschließend mitgeteilte innere nüchterne Monolog Rubehns macht deutlich, daß er Melanie, bei aller Liebe, für keinen Engel hält. Von ihm, als zukünftigem Vater, aber kein Gedanke. Kaum vorstellbar übrigens, daß van der Straaten sich nicht wenigstens in deutlichen, freilich nicht erzählten Anspielungen über seine werdende Vaterschaft stolz öffentlich ausgelassen hat. Melanie bieten sich als Handlungsalternativen an: Sie weiß tatsächlich nicht, wer von beiden der Vater ist, und kann sich diesen somit aussuchen. Oder sie weiß doch genau, wie auch immer, daß es von einem der beiden ist, was aber nicht heißt, daß damit ihre Entscheidung für diesen Vater auch gefallen ist, kann sie sich doch überlegen, ob es sich nicht je dem anderen unterschieben läßt. Melanies Fähigkeit zu lebenslangem Rollenspiel wird vom Erzähler eigens betont: Sie sei eine »stolze und siegessichere Frau, die mit dem Manne, dessen Spielzeug sie zu sein schien und zu sein vorgab, durch viele Jahre hin immer nur ihrerseits gespielt hatte« (oben S. 105). Und dieses Rollenspiel wird fortgesetzt, als sie Anastasia später rückblickend bekennt, sie habe »nie gelogen und geheuchelt« (oben S. 139).

Erst nach Melanies Entscheidung für den Geliebten erfolgt, um es zu wiederholen, die vertrauliche Du-Anrede, und Rubehn, der sonst so Beherrschte, vergießt plötzlich »glückliche Tränen« (oben S. 105). Das Aussehen des Kindes läßt auch keinerlei Rückschlüsse auf den Vater zu. Jacobines Neugier, wem das Kleine »eigentlich ähnlich ist« (oben S. 135), läßt sich verdächtig wie unverdächtig auslegen. Desgleichen van der Straatens Reaktion, als er erfährt, wie das Kind heißt, und Vreni berichtet, daß er sich »verfärbt« habe, um schließlich festzustellen, daß es in seiner Schönheit der Mutter gleiche (oben S. 159), wobei ihm Duquede, gewiß gewohnheitsmäßig, heftig widerspricht. Auch Lydia, als van der Straatens Tochter, sieht der Mutter ähnlich.

Nach alldem kann als Befund formuliert werden: Gewißheit läßt sich in der Vaterschaftsfrage keine erlangen. Es bleibt ein begründeter Verdacht, und der Erzähler unternimmt alles, daß keine Gewißheit sich einstellt und der Verdacht sich nicht ausräumen läßt.

## *Rechtsfragen*

Im historischen wie erzählten Skandal geht es um nämliche Rechtsfragen, die im »Allgemeinen Landrecht für die Preußischen Staaten« kodifiziert sind. Die realiter unklare Vaterschaftsfrage ist juristisch klar geregelt, Ravené bzw. van der Straaten gelten als Väter. Im Abschnitt »Von ehelichen Kindern« heißt es: »§ 1. Die Gesetze gründen die Vermuthung, daß Kinder, die während einer Ehe erzeugt, oder geboren werden, von dem Manne erzeugt sind. § 2. Gegen diese gesetzliche Vermuthung soll der Mann nur alsdann gehört werden, wenn er überzeugend nachweisen kann, daß er der Frau in dem Zwischenraume, vom dreihundert zweiten bis zweihundert zehnten Tage vor der Geburt des Kindes, nicht ehelich beigewohnt habe.« Und: »§ 40. Wird die Ehe durch richterlichen Ausspruch getrennt, so hat das nachgeborene Kind die Rechte eines ehelichen, wenn es bis zum dreihundert und zweiten Tage nach rechtskräftig erkannter Scheidung zur Welt gekommen ist.« Entscheidend aber: »§ 5. Der bloße Nachweis, daß die Mutter um die Zeit, da das Kind gezeugt worden, Ehebruch getrieben habe, ist noch nicht hinreichend, dem Kinde die Rechte der ehelichen Geburt zu entziehen.«[1] Doch nur wenn gesichert ist, »daß die Zeugung durch den Ehemann außer Zweifel sein muß«, gilt der § 596: »Wenn ein Schwängerer die Geschwächte, auch ohne Prozeß und Erkenntnis, wirklich heirathet, so erlangt das aus dem unehelichen Beischlafe erzeugte Kind, eben dadurch... die Rechte und Verbindlichkeiten des ehelichen.«[2] Die am 6. Juli 1875 geborene Olga Eveline Minna wurde zunächst wegen »des durch Abwesenheit verhinderten ehelichen Vaters« als Tochter von Ravené ins Geburtsbuch eingetragen, danach wird sie, als Therese und Gustav geheiratet hatten, »gemäß Erkenntnißes des Königlichen Stadtgerichtes zu Berlin vom 13. März 1876... für außerehelich geboren erklärt« und schließlich am 4. August des gleichen Jahres durch Simon »als von ihm erzeugt anerkannt«[3]. Obwohl solche Rechtsgeschäfte notwendig zum Erzählten dazugehören – nicht zuletzt geht es dabei ja um Erb- und Vermögensfragen –, spart Fontane sie aus, wohl um das Rätsel der Vaterschaft gerade nicht zu lösen.

Die Grundzüge des geltenden Rechtes aber zu kennen verhilft zum besseren Textverständnis, wird doch gleich mehrfach gegen Gesetze und Konventionen verstoßen. Rechtlich liegt die Brisanz des Falls in der Massierung und Kombination von Delikten wie Ehebruch plus (uneheliche) Schwangerschaft plus Flucht vor dem Ehemann plus Heirat des Ehebrechers nach außerdeutschem Recht unter Verletzung der Wartepflicht bei Neuverheiratung. Der § 670 des Eherechts bestimmt, daß bei

---

[1] Allgemeines Landrecht für die Preußischen Staaten. Herausgegeben mit Kommentar in Amerkungen. 8. Auflage. Bd. 3. Berlin und Leipzig 1886, S. 310, 312f., 318, 314.
[2] Ebenda S. 422 (mit Amerkung 8).
[3] Wagner-Simon, S. 101–103.

»Ehebruch, dessen sich ein Ehegatte schuldig macht« nur der unschuldige Teil berechtigt sei, auf Scheidung zu klagen.[4] Ohne Ravenés und van der Straatens Zustimmung konnte die Ehe gar nicht geschieden werden. Auch die Flucht verstößt gegen geltendes Recht: »§ 685. Verläßt die Frau den Mann ohne dessen Einwilligung oder rechtmäßigen Grund der Entfernung, so muß sie der Richter zur Rückkehr anhalten.«[5] Auch die Heirat mit dem Ehebrecher ist juristisch untersagt. In den »Zusätzen« zum § 145 heißt es im § 33: »Die Ehe ist verboten ... zwischen einem wegen Ehebruchs Geschiedenen und seinem Mitschuldigen«, allerdings ist »Dispensation zulässig«[6], die aber nur vom Justizminister höchstselbst erteilt werden kann.[7] Und auch die Wartefrist bei Wiederverheiratung ist so bemessen, daß eine mögliche Vaterschaftsfrage sich klarer beantworten läßt: »Frauen dürfen erst nach Ablauf des zehnten Monats seit Beendigung der früheren Ehe eine weitere Ehe schließen.«[8] Gustav heiratet Therese anderthalb Jahre nach der Flucht; das Scheidungsverfahren hatte sich entsprechend hingezogen, Fontane rafft und läßt es nach wenigen Monaten schon geschehen, entgegen aller Rechtswirklichkeit. Die problemlose Wiederverheiratung garantiert in beiden Fällen die anglikanische Kirche: Gustav und Therese heiraten »in Helgoland oder gar in England«[9], Melanie und Rubehn in »einer kleinen englischen Kapelle«, getraut von einem »alten Reverend« (oben S. 120).

Daß, um mit Melanie zu sprechen, »nicht alles Tragödie zu sein braucht« (oben S. 137), verdankt sich der Großherzigkeit

4 Allgemeines Landrecht, Bd. 3, S. 235.
5 Ebenda S. 240.
6 Ebenda S. 69.
7 Ebenda S. 71 (Anmerkung 94).
8 Ebenda S. 71, § 35 der »Zusätze« zu § 145.
9 Wagner-Simon, S. 24.

ihres vielgeschmähten und verlassenen Ehemannes, der keine der möglichen Rechtsmittel ausschöpft. Er hätte die Scheidung beliebig lange verweigern und verlangen können, daß Melanie erst einmal zurückkehrt – und vor allem: Er hätte ihr, als gesetzlicher Vater, das Kind entziehen können. Verfügen die Bestimmungen doch: »Sind die Ältern geschieden worden, so müssen die Kinder der Regel nach bei dem unschuldigen Theil erzogen werden«[10] – wie bei Liddi und Heth selbstverständlich geschehen (und den Ravené-Kindern desgleichen). Da aber nur seine Gesprächsstrategien auf Eskalierung angelegt sind, seine Handlungen jedoch auf De-Eskalierung, wird ein versöhnliches Ende überhaupt erst möglich.

Im scherzhaften Geplänkel wird, gleich zu Anfang des Romans, gestreift, wie mannhaft sich Beleidigungen und Schmach auch außerrechtlich zur Bismarckzeit lösen ließen: im Duellieren. Van der Straaten zu Melanie über »ihn«, den Ballberichterstatter: »Oder verlangst du, daß ich ihn fordern sollte? Pistolen und zehn Schritt Barriere?« Melanie lacht: »Nein, Ezel, ich stürbe, wenn du mir totgeschossen würdest.« (Oben S. 11) Van der Straaten schlägt aus, was Innstetten in »Effi Briest« noch sieben Jahre nach der Entdeckung des Ehebruchs kaltblütig vollzieht: Crampas, den Rivalen, zum Duell zu fordern, ihn totzuschießen und sich scheiden zu lassen. Die verführte Gattin reichte vollauf, sich in »Form geregelter Selbsthülfe« Recht zu verschaffen, um den Fleck auf der Ehre zu tilgen. »Die Verführung einer Gattin oder Tochter erheischt also unter allen Umständen die wirksamste Genugtuung. Diese Genugtuung sich zu holen ist ein Akt der Moralität.«[11] Van der Straaten jedoch bittet Melanie, trotz allem, was geschehen ist, bei ihm zu bleiben. Er

---

10 Allgemeines Landrecht, Bd. 3, § 92 (im 2. Titel), S. 331.
11 Albrecht von Boguslawski: Die Ehre und das Duell. Berlin 1896, S. 2 ff.

opfert gerade nicht dem preußischen Ehrenkultus, mag sein, daß er sich, obzwar getaufter Jude, talmudischer Ethik noch verpflichtet fühlt, die eben »keine vergeltende Reaktion des Beschämten vorsieht« und sich darin von der »preußischen Kavaliersethik« unterscheidet.[12] Van der Straatens Haltung ist um so höher zu bewerten, als sein weiterer gesellschaftlicher Aufstieg als »Mitglied einer Enquêtenkommission« (oben S. 83), den er zielstrebig betreibt, gerade jene aggressive Kavaliersethik erfordert hätte. Weil er stillhält, kommt auch seine Karriere zum Stillstand, hat er doch, nach herrschendem Maßstab, seine Ehre nicht verteidigt und sie deshalb verloren. Gryczinski, der Karrierist und Opportunist, der keine Lust hat, »um solcher Allotria willen beiseite geschoben zu werden«, und deshalb über Jacobine und Melanie eine Kontaktsperre verhängt, kommentiert sarkastisch das Verhalten seines Schwagers und droht unmißverständlich, falls Jacobine es ihrer Schwester gleichtue: »Ich bin aber nicht van der Straaten und führe keine Generositätskomödien auf. Am wenigsten auf meine Kosten.« (Oben S. 135)

## »Topp«

Als das Bankhaus Rubehn Konkurs anmelden muß, geht Melanie arbeiten. Der Vergleich mit ihrer historischen Bezugsfigur, Therese Ravené, erhellt die Bedeutsamkeit dieses Schritts. Therese, so bezeugt das dokumentarisch Verbürgte, sah sich nicht genötigt, vor und nach ihrer Verehelichung mit dem Bankier Simon je außer Haus dauerhaft um Lohn zu arbeiten, war doch Vermögen vorhanden. In Königsberg zählten die Simons zu den einflußreichsten Familien der Stadt; lediglich in der Zeit davor,

---

12 Wagner-Simon, S. 70.

als Simon eine Sägemühle in Reuschenberg bei Küpperstädt in Hessen übernommen hatte, gab es »zunächst finanziell magere Jahre«. Doch »Thereses Tatkraft« bewährt sich, bezeichnenderweise, innerhalb, nicht außerhalb der Familie: »Es wird berichtet, daß sie sogar aus Gustavs alten Uniformen Kleidungsstücke schneiderte.«[1] Durch diese Abweichung vom historischen Fall rückt Fontane ein aktuelles und brisantes Thema ins Zentrum des Romans, das, quer durch die Gesellschaft der Bismarck-Zeit, kontrovers diskutiert wurde: die Lohnarbeit von Frauen.

Um Melanies Tätigkeit einschätzen zu können, muß zurückgerechnet werden. 1875 setzt der Roman ein, zehn Jahre ist Melanie schon verheiratet, mit siebzehn hat sie geheiratet, das heißt: Sie wurde 1848 geboren, ihre Ausbildung wird sie in der Zeit ab 1854/55 teils im Kanton Genf erhalten haben, teils in Berlin, als ihr Vater dort Generalkonsul war (vgl. oben S. 9). Die Möglichkeiten der schulischen Mädchenausbildung verbesserten sich erst allmählich in den siebziger Jahren[2], davor war sie eher trostlos, auch wenn Melanie ihre Ausbildung in einer der zahlreichen Töchterschulen genossen haben dürfte[3] – mit dem Schwerpunkt auf religiöser Unterweisung, versteht sich, was sich bei Melanie in ihrer stupenden Bibelkenntnis zeigt, siehe die Exegese des Namens »Rubehn« (oben S. 80–82).

So ist es verständlich, daß Melanie bekennt: »Ich habe nichts gelernt...« (Oben S. 155) Doch nicht nur durch ihre frühe Hei-

---

1 Wagner-Simon, S. 73.
2 Vgl. hierzu: Emilie Benz: Der Stand der Frauenbildung in der Schweiz. In: Handbuch der Frauenbewegung. Herausgegeben von Helene Lange und Gertrud Bäumer. Vier Teile. Teil III: Der Stand der Frauenbildung in den Kulturländern. Berlin 1902, S. 207 ff.
3 Vgl. Lisbeth und Robert Wilbrandt: Die deutsche Frau im Beruf. In: Handbuch der Frauenbewegung. Teil IV, S. 318.

rat waren ihr eventuelle weitere Ausbildungsmöglichkeiten versperrt, eingeschränkt genug ohnehin, wäre doch, wie im Preußen der sechziger Jahre, allenfalls die Ausbildung zur Volksschullehrerin möglich gewesen. »Tausende von Töchtern des mittleren und höhern Bürgerstandes« trieb es »auf dieses ihnen einzig offenstehende Arbeitsfeld«[4]. Melanies adlige Abkunft ist es, die jede Arbeit um Lohn blockiert und damit auch jede Ausbildung sinnlos macht: »Der Frau aus dem Adel oder aus dem Besitzbürgertum war nur die Betätigung in kirchlichen, karitativen oder vaterländischen Vereinen, in der Kranken-, Armen- und Waisenpflege erlaubt.«[5] Auf die »Damen« und ihre Tätigkeit, Kriegsverletzte im Lazarett zu pflegen, spielt Rubehn im ersten Gespräch mit Melanie an (vgl. oben S. 53), den Deutsch-Französischen Krieg 1870/71 noch frisch im Gedächtnis – Therese Ravené, nebenbei, tat hier als Rotkreuzschwester Dienst[6]. Beschäftigungen, die Mädchen aus wohlhabenden Familien zufielen, waren: »Klavierklimpern, Staub wischen, Tapisserie stikken, Wasser auf Tee gießen und die Überwachung des Schlüsselkörbchens.«[7]

»Bildungsschwindel« diagnostizierten die Berliner Zeitgenossen: »nirgendwo ist die Gattung der ›höheren Töchter‹ in so unleidlichen Vertreterinnen zu finden wie hier bei uns. Sie weiß alles, d. h. sie besitzt einen großen Vorrat von auswendig gelernten Urteilen und Redewendungen, die, im Gespräch richtig ver-

---

4 Gertrud Bäumer: Geschichte und Stand der Frauenbildung in Deutschland. In: Handbuch der Frauenbewegung. Teil III, S. 99.
5 Kramer, S. 152.
6 Wagner-Simon, S. 20, 36 (Abbildung als Rotkreuzschwester S. 39).
7 Hedwig Dohm: Die Eigenschaften der Frau. (1876) In: Zur Psychologie der Frau. Herausgegeben von Gisela Brinker-Gabler. Frankfurt am Main 1978 (= Die Frau in der Gesellschaft. Frühe Texte. Fischer Taschenbuch. 2045), S. 42.

teilt, den Eindruck riesiger Gelehrsamkeit – auf Ungelehrte zu machen imstande sind.«[8]

Kurzum: Gelernt hat Melanie nichts, lernen konnte und durfte sie nicht, verwöhnt und gehätschelt wie ein herausgeputztes »King-Charles-Hündchen« hat sie »gelebt wie im Märchen von Tischlein, decke dich« (oben S. 153). Um so höher ist zu bewerten, daß Melanie unter solchen Voraussetzungen mutig den Schritt in die eigene Erwerbstätigkeit überhaupt wagt, begünstigt sicher durch eine private musikalische Ausbildung, die höheren Töchtern bisweilen als kulturelle Mitgift zur Erhöhung ihrer Reize auf dem umkämpften Heiratsmarkt gewährt wurde. Ihre Französisch-Kenntnisse als Genferin und »mehr noch ihr glänzendes musikalisches, auch nach der technischen Seite hin vollkommen ausgebildetes Talent hatten es ihr leicht gemacht, eine Stellung zu gewinnen, und zwar in ein paar großen schlesischen Häusern« (oben S. 155). Daß sie keiner exklusiven und lukrativen Beschäftigung nachgeht, die sich gegen eine massierte Konkurrenz durchzusetzen hat, belegt die Berliner Sozialgeschichte: Da das Mädchen und die Frau aus einer wohlhabenden Familie »keinerlei Berufsausbildung genoß, sondern sich allenfalls einige musikalische oder – vielleicht im Auslande – sprachliche Fertigkeiten angeeignet hatte, war Berlin überschwemmt mit Sprach- und Klavierlehrerinnen. Dieses Überangebot drückte natürlich die Preise... Schon für 25 Pfennige kann man Nachhilfestunden haben, für 25 bis 50 Pfennige Unterricht in Sprachen oder im Klavierspiel erhalten. Wenn eine solche Lehrerin das ›Glück‹ hat, sechs bis acht solcher Stunden zu gewinnen, meist in verschiedenen Stadtteilen zerstreut, so kann sie im besten Falle 3 bis 4 Mark einnehmen. Viele aber bringen es nur auf 2 oder 1 Mark täglich«[9].

8 Leixner, S. 107.
9 Lange, S. 569f.; vgl. auch Wilbrandt: Handbuch der Frauenbewegung. Teil IV, S. 331f.

Melanies Zuverdienen löst nicht nur die ökonomische Krise des familialen Haushalts, sondern auch ihre private mit Rubehn. Als sie ihn zwingt, über die Ausweglosigkeit seiner Arbeit zu sprechen, ist die Krise gemeistert. Der Augenblick wird erzählt als existenzentscheidend: »Und sie sah nun, daß der Augenblick da war, wo sich's entscheiden müsse. Und sie sprang auf und lief auf ihn zu und warf sich vor ihm nieder...« (Oben S. 151) Fontane legt diese Szene auf den Ostermontag und bringt sie dadurch in Bezug zur Auferstehung Jesu. Vordergründig und körperlich: Als sie den wahren Grund von Rubehns befremdlichem Verhalten durchschaut, »hatte sie sich schon in einem wahren Freudenjubel erhoben« (oben S. 152). Hintergründig und übertragen: Die Möglichkeit, selbst zu arbeiten, wird für Melanie zu einer Form der Auferstehung. Auch ihre Sprache ist biblisch eingefärbt, gemahnt an Jesu Verlassenheit: »Sieh, die Menschen haben mich aufgegeben, und meine Kinder haben sich von mir abgewandt.« (Oben S. 151) Der entscheidende Augenblick verweist, allein durch die identische Formulierung, auf jenen früheren, nicht minder gewichtigen, als, um es zu wiederholen, van der Straaten »in der Hauptsache« fehlgriff, da er Melanies Capricen durch »Zärtlichkeit« zu »besiegen« trachtete: »Und das entschied über ihn und sie.« (Oben S. 104f.) Um diese beiden erzählten, entscheidenden Augenblicke zentriert Fontane den Roman: Der eine handelt von Liebe, der andere von Arbeit. Doch erst gemeinsam ergeben sie, was, nach Freud, menschliche Identität idealiter auszeichnet: ein ausbalanciertes Verhältnis von Liebe *und* Arbeit.[10]

Erst über die eigene Erwerbstätigkeit findet Melanie ihre volle, ihre erwachsene Identität. »Identität ist dort am gesichert-

---

10 Vgl. Erik H. Erikson: Identität und Lebenszyklus. Drei Aufsätze. Frankfurt am Main 1966, S. 116.

sten, wo sie in Aktivität begründet ist.«[11] Ihre Mitarbeit am Familieneinkommen, mit »Topp« (oben S. 155) und Handschlag geschäftsmäßig-heiter besiegelt, festigt erst das Glück ihrer Ehe, verleiht ihm Beständigkeit und wird zur Voraussetzung des »neuen Lebens« (oben S. 154). Nichts deutet darauf hin, daß Melanie ihre Arbeit einstellen möchte, wenn Rubehn wieder besser verdient. Die Teilhabe an der Arbeit des anderen, der Austausch darüber und der gemeinsame tägliche Weg zur Arbeitsstelle, vom Erzähler liebevoll ausgemalt, sind Ausdruck der erweiterten Dimension ihrer Beziehung. Es ist ein langer Weg, verfolgt man ihn auf der Stadtkarte: von der billigeren, neuen Wohnung auf der »Wilmersdorfer Feldmark« (also zum Regierungsbezirk Potsdam gehörig) über ihre alte Wohnung am Westende des Tiergartens, über den Tiergarten selbst hin zum Zentrum Berlins (vgl. oben S. 156). Die traditionelle Familienstruktur hat sich verändert: Die Frau arbeitet mit, und, nicht zu vergessen, der Mann gestattet ihr auch mitzuarbeiten, durchbricht insofern jene gesellschaftlich verbindliche Norm, die es Männern von Stand untersagt, ihre Ehefrauen arbeiten zu lassen. Ängste der Männer, an Macht über ihre Frauen einzubüßen, stecken dahinter. Denn mit jedem Stückchen Lohnarbeit emanzipiert sich die Frau ein wenig von der Abhängigkeit vom Mann.

Auch wenn Rubehn anfangs noch an der Arbeitswilligkeit seiner jubelnden Frau zweifelt, der Erzähler, sonst in seiner Parteinahme zurückhaltend, jubelt sofort mit: »Aber wie sehr hatte er sie verkannt, sie, die viel, viel mehr war als ein bloß verwöhnter Liebling der Gesellschaft...« (Oben S. 152) Im Jubel unterläuft Melanie ein bezeichnender Versprecher, der, wie ihre an-

---

11 Erik H. Erikson: Dimensionen einer neuen Identität. Frankfurt am Main 1966, S. 119.

deren Fehlleistungen auch, was zu zeigen sein wird, aber durchaus seinen Sinn hat: »Und mit Toussaint L'Ouverture fangen wir an, nein, nein, mit Toussaint-Langenscheidt...« (Oben S. 155) Dieser Versprecher verrät, womit sich Melanie in ihrer Lage insgeheim zu identifizieren scheint. Toussaint L'Ouverture (1743–1803), als »schwarzer Spartakus«, »schwarzer Napoleon«, ja »schwarzer Messias« in den haitianischen Freiheitskriegen berühmt geworden, wurde als Sklave in Haiti geboren, las sich als Autodidakt durch die Bibliothek seines Herrn, des Grafen Noé, und organisierte die Aufstände der Sklaven wider die spanische und französische Kolonialmacht, mit dem Ziel, die staatliche Unabhängigkeit und die Abschaffung der Sklaverei zu erkämpfen. In der französischen Kolonie Saint Domingue wurde die erste freie schwarze Republik der Welt durch die siegreichen Sklavenaufstände unter seiner Führung ausgerufen. 1804 wurde, nach seinem Tod in französischer Gefangenschaft, die Republik Haiti proklamiert, nachdem sich die Aufständischen gegen die napoleonischen Invasionstruppen hatten behaupten können.[12] Die ungewöhnliche Lebensgeschichte dieses außergewöhnlichen Mannes ist im 19. Jahrhundert mehrfach beschrieben worden.[13] Dieser geschundene Außenseiter, der als Sklave gehalten wurde, der sich als Autodidakt lern- und wißbegierig emporgearbeitet hatte, mit Mut und aus eigener Kraft: Er wird ihr zur geheimen, vorbildhaften Bezugsfigur.

Die märchenhaften Züge des Romans, der Umstand, daß die Familie Rubehn trotz ihrer finanziellen Schieflage keine Not lei-

12 Vgl. hierzu: Hans Christoph Buch: Die Scheidung von San Domingo. Wie die Negersklaven von Haiti Robespierre beim Wort nahmen. Berlin 1976.
13 Etwa von Saint-Remy (1850), Gragnon-Lacoste (1877) oder im Rahmen von Heinrich Handelmann: Geschichte der Insel Hayti (1856); vgl. auch: Emil H. Maurer: Der schwarze Revolutionär. Toussaint Louverture. Meisenheim am Glan 1950.

det, ihr Diener und Dienerin zur Verfügung stehen und daß Fontane dazu neigt, ärmliche Verhältnisse zu idyllisieren – all dies ändert nichts daran, daß hier eine folgenreiche Geschichte erzählt wird, in der, um es zu verallgemeinern, der Frauen Glück sich letztlich erst durch die Voraussetzung selbständiger Erwerbstätigkeit einstellt und ausbildet! Zwar trägt die Teilnahme der Frauen am Erwerbsleben, insbesondere in der industriellen Produktion, zur Lohnsenkung für die Männerarbeit bei, zum Zerfall der Familie, zum Verlust mütterlicher Fürsorge für die Kinder, zur Doppelbelastung der Frau durch Beruf und Haushalt – solche Befunde und Klagen finden sich, seit es berufliche Frauenarbeit gibt. Um diesen schmerzlichen Preis aber haben die Frauen die entscheidende »funktionelle Selbständigkeit auf dem Gebiete der Ökonomie erhalten«[14]. Denn: »Nur durch die Teilhabe am Erwerbsleben entgeht die Frau der ökonomischen Abhängigkeit vom Mann, wodurch sie auch der sozialen Abhängigkeit von ihm jede Grundlage entzieht.«[15] Doch nicht genug: Erst die Basis wachsender ökonomischer Selbständigkeit ermöglicht es den Frauen, standfest und selbstbewußt auch um politische Rechte erfolgreich zu kämpfen. Gleiche Pflichten erheischen gleiche Rechte.

Vereinfacht, doch eingelöst scheint im Finale von »L'Adultera«, was Marx, an Hegel anknüpfend, doch entspiritualisiert, so präzis analysiert: daß Arbeit das Wesen des Menschen ausmache, des »gegenständlichen... wahren, weil wirklichen Menschen«, der sich durch Arbeit, verstanden als Selbsttätigkeit,

---

14 Jürgen Kuczynski: Die Geschichte der Lage der Arbeiter unter dem Kapitalismus. Bd. 18: Studien zur Geschichte der Lage der Arbeiterin in Deutschland von 1700 bis zur Gegenwart. Berlin 1963, S. 138.
15 Jutta Menschik: Gleichberechtigung oder Emanzipation. Die Frau im Erwerbsleben der Bundesrepublik. Frankfurt am Main 1971, S. 80.

»vergegenständlicht«, »verwirklicht« und »entäußert«[16]. Wie schon die Frühsozialisten bricht er mit der Tradition, in der Arbeit einen Fluch zu sehen. Falsch sei es, »Nicht-Arbeit als ›Freiheit und Glück‹« im Gegensatz zur Arbeit als »äußerer Zwangsarbeit« zu begreifen. Bereits in der materiellen Produktion, im »Reich der Notwendigkeit«, begreift er Arbeit als »Selbstverwirklichung, Vergegenständlichung des Subjekts, d. h. reale Freiheit, deren Aktion eben Arbeit« sei, sicherlich immer eingedenk der Tatsache, daß die konkreten »historischen Formen der Arbeit als Sklaven-, Fronde-, Lohnarbeit« in ihrer entfremdeten Form Zwangscharakter hätten, nicht aber die Arbeit schlechthin, als unentfremdet gedachte.[17]

### »Ja, sich so liebe«

Ebenezer Rubehn wird als Kontrastfigur zu van der Straaten entwickelt: Jugend steht gegen Alter, Ruhe gegen Unruhe, Takt gegen Taktlosigkeit. »Er kannte nur Rücksicht; keine Mißstimmung, keine Klage...« (Oben S. 125) Diese »Tugenden« (ebenda) dürfen nicht darüber hinwegtäuschen, daß auch er in seinen Schwächen gezeichnet wird. Sein Versagen liegt weniger im »Vertrauens- und Hausfriedensbruch« (oben S. 98), dem Mißbrauch der großherzigen Gastfreundschaft van der Straatens. Vielmehr verwundert, daß er sich, ob aus Feigheit oder Überheblichkeit (gar als Gedienter dem Zivilisten gegenüber?), einer direkten Auseinandersetzung mit dem Betrogenen entzieht und allein Melanie diesen Part überläßt, sie dabei im Stich läßt. Nicht einmal indirekt, etwa brieflich, wird ein Versuch unternommen,

16 MEW. Ergänzungsband 1, S. 574.
17 Karl Marx: Grundrisse der Kritik der politischen Ökonomie (Rohentwurf) 1857–1858. Berlin 1953, S. 504 ff.

van der Straaten gegenüber Rechenschaft abzulegen oder ihn gar um Verzeihung zu bitten für das, was er, Rubehn, ihm und auch den Kindern angetan hatte. Durch solche, indirekt erzählten und erschließbaren Unterlassungen werden jene direkt erzählten Meinungen bekräftigt, die Rubehn als »zu kalt« einschätzen, versehen mit einem Selbstbewußtsein, das als »amerikanisch« qualifiziert wird (oben S. 75). Schon seine Namen aus dem Alten Testament verraten die Zwiespältigkeit seiner Figur: »Ebenezer«, der Name des Steins, den Samuel zwischen Mizpa und Sen setzen läßt (vgl. 1. Samuel 7, 12), weist auf Kälte und als »Stein der Hilfe« (so seine Übersetzung aus dem Hebräischen) doch auch auf seine rettende Funktion. Desgleichen »Rubehn«, der als Ruben zwar die Absicht seiner Brüder vereitelt, Josef, ihren Bruder, zu töten (vgl. 1. Mose 37, 21/22), trotzdem aber mit Bilha, der Nebenfrau seines Vaters Jakob, blutschänderisch schläft (vgl. 1. Mose 35, 22).

Sein Handeln ist zunächst das eines berechnenden Verführers, der sich ein bequemes erotisches Abenteuer im Schutze vertraulicher Gastfreundschaft sucht, ohne auch nur einen Gedanken daran zu verschwenden, in welche Rolle er Melanie bringt, ebenso die Kinder – »Über Lydia sah er fort« (oben S. 56), heißt es bezeichnend gleich bei der ersten Begegnung. Der kalkulierte Verführungsakt verläuft in mehreren Etappen: Nach dem Eklat in Löbbekes Kaffeehaus nutzt er Melanies Betroffenheit aus und ergreift zum ersten Mal im treibenden Boot, als sie sich allein übersetzen lassen, ihre Hand (oben S. 77). Melanies Scham über die Schamlosigkeit ihres Gatten jedoch wird erst dadurch geweckt, als sie gewahr wird, daß es Rubehn »mißfiel«, worauf van der Straaten anspielte: auf Pilotys Gemälde »Thusnelda im Triumphzug des Germanicus«, Hamlets Fluch zur Aussteuer für Ophelia – »sei so keusch wie Eis, so rein wie Schnee, du wirst der Verleumdung nicht entgehen« – und das

Kinderlied vom »Lämmchen, weiß wie Schnee« (oben S. 71). Daß diese Mixtur aus Anspielungen Rubehn mißfällt, zeigt, daß sie auch ihn, ungewollt, getroffen hat, er sich ertappt fühlen muß: Seine Absichten sind weder keusch noch rein, Hamlets Hochzeitsverwünschungen sind kein gutes Omen, und die Moral des Liedes vom Lämmchen, das sich, trotz Warnung, beim Sprung über einen Stein (!) ein Bein bricht, heißt: »Die Freuden, die man übertreibt, / Verwandeln sich in Schmerzen«[1] – und auch von Kindern, geborenen und ungeborenen, handelt der Kontext (oben S. 71). Nach dem Vorstoß mit der ergriffenen Hand, der ihm Klarheit verschafft, wie ergriffen Melanie ist, macht Rubehn sich rar, bleibt eine Woche kommentarlos fort, erhöht das Verlangen – und dann passiert's auch gleich in der Kuppel des Palmenhauses, als er verhindert, daß Melanie sich, ihrer Sinne kaum mehr mächtig, erhebt und er sie festhält (oben S. 94). Als er schließlich sein Ziel erreicht hat und mit Melanie ein Verhältnis pflegt, gibt er in nichts zu erkennen, daß er sie heiraten möchte – Melanie ist es, die ihn zu Flucht und Heirat bestimmen muß. Am Ende gar, denn doch ein Mißton in den Versöhnungsharmonien, will er sich, wie ein alter Schürzenjäger, das Medaillon des Rivalen mit der Miniatur von »L'Adultera« wie eine Trophäe an die Uhrkette hängen.

Doch keine Mißverständnisse: Melanie ist kein armes Opfer, sondern ihrerseits Täterin, nur allzu bereit läßt sie sich auf das Spiel ein. Zwei Fehlleistungen verraten Melanies frühe Zuneigung: die erste, als sie nach Betrachten seines Bildes vom »Hausfreund« spricht, den van der Straaten sogleich in einen »Hausgenossen« verbessert (oben S. 23), die zweite, als sie auf der Stralauer Wiese ihrem Mann den Ball zuwerfen möchte, je-

---

[1] Siehe die Anmerkungen zu S. 71 mit den vollständigen Kontextzitaten.

doch Rubehn anwirft, der denn auch fängt (oben S. 62).[2] Schon das Portrait-Foto des Mannes (wiederum eine Variante des Kopie-Motivs) hat ausgereicht, sich in es zu verlieben.

Die drei Lieder, die auf dem Wasser erklingen, »Long, long ago«, »O säh' ich auf der Heide dort« und »Schön-Rohtraut«, sind allesamt Liebeslieder[3], die Melanies Sehnsüchte nach einer großen und einzigen Liebe, nach Schutz und Geborgenheit überpersönlich im Medium volkstümlicher Kunst aufgreifen, erzählen, brechen und kommentieren – zeitlich verankert in Vergangenheit, Gegenwart und Zukunft, erlauscht auf dem treibenden Boot als bekannter Allegorie für eine vergängliche Lebensfahrt, unternommen unterm Leuchten ewiger Sterne, deren Spiegelungen auf dem Wasser sie zaubrisch umfunkeln. Als Erinnerung werden alle drei Lieder unter der Kuppel des Palmenhauses durch Rubehn beschworen, doch erst beim Signalwort »Rohtraut« (oben S. 94) erfüllt sich die Liebe. Dieses letzte Lied nach einem Text von Mörike verrät seine Bedeutung schon durch den genannten Titel des »Schön-Rohtraut«, der auf die Verwandtschaft mit der schönen Melanie verweist, deren Geburtsname ja »Caparoux«, übersetzt also »Rotkäppchen«, lautet und die gleichfalls »traut«, also lieb, und »roh«, also hart, sein kann, verläßt sie doch ihre Kinder. Schön-Rohtraut, des Königs Töchterlein, fordert den schmachtenden Jäger niederen Standes, der wie toll in sie verliebt ist, auf, sie doch zu küssen. Er wagt's und glaubt in diesem Augenblick höchsten Entzückens, daß er es überleben würde, selbst wenn

---

[2] Freud hat die Ball-Szene als Beispiel fürs »Fehlgreifen« in seine Schrift »Zur Psychopathologie des Alltagslebens. Über Vergessen, Versprechen, Vergreifen, Aberglaube und Irrtum« (Frankfurt am Main 1965. Fischer-Bücherei. 68) aufgenommen, um zu zeigen, »daß die Dichter Fehlleistungen ebenso sinnvoll und motiviert auffassen, wie wir es hier vertreten« (S. 151).
[3] Siehe die Anmerkungen zu S. 76 und 78 mit dem vollständigen Wortlaut.

man die so Geküßte heute noch einem Kaiser zugesprochen hätte. Der entsagende, klagende, sich bescheidende Refrain »Schweig stille, mein Herze!« – den Melanie später zur Selbstbeschwichtigung wieder aufnimmt (vgl. oben S. 134) –, gesprochen vom lyrischen Jäger-Ich, wird von Rubehn, der Melanie nachsetzt, in wörtlicher Rede aufgenommen, aber gerade nicht als entsagende Selbstbeschwichtigungsformel, sondern fortgesponnen als Frage: »Soll es?« (Oben S. 78) Melanies Schweigen ist beredt genug, so daß Rubehn unter den Palmen des Gewächshauses, vergleichbar dem Eichenbaum, unter dem Schön-Rohtraut und der Jäger im Liede ruhten, die Frage mit »Nein!« so beantwortet, daß er ihren zaghaften Widerstand bricht und jetzt auch Melanie im Liebesgestammel sich verströmt (oben S. 94).

Liebe ist über Musik vermittelt: Schon bei ihrem ersten Treffen finden sich beide in ihrer Vor-Liebe für die Opern Richard Wagners. Ein Kontrast der Interessen: Van der Straaten polemisiert gegen Wagner, liebt seine Bildergalerie und inszeniert darüber sein Gesprächstheater, Melanie ist von Wagner entzückt und macht sich nichts aus Bildern. Wagner und die Musik: Die Gleichheit der Interessen verbindet Melanie und Rubehn und wird zu einer der Voraussetzungen ihrer wachsenden Liebe. Figurenkonstellationen und Handlungsabläufe aus Wagners Opern grundieren in vielfältigen Verweisungszusammenhängen die Dreiecksgeschichte zwischen van der Straaten, Melanie und Rubehn.[4]

Die Ankunft Rubehns wird eingeleitet durch »Wotans Abschied« in der »Walküre« (vgl. oben S. 54), der als Vater seine Lieblingstochter Brünnhilde klagend verliert, die später von Siegfried erobert wird. Unschwer erkennbar, was Roman und

---

4 Vgl. hierzu vor allem Jung, S. 117–148.

Oper im figuralen Grundriß verbindet: die Frau zwischen dem väterlichen Mann, der sie verliert, und dem jugendlichen Liebhaber, der sie gewinnt. Das Bekenntnis ihrer Liebe im Palmenhaus steht im Zeichen von »Tristan und Isolde«, direkt vorbereitet durch van der Straatens Frage, ob der »Tristan« beim privaten, abendlichen Programm anstünde (vgl. oben S. 84). Die exotische Szenerie ist vergleichbar der 2. Szene im 2. Aufzug, da Tristan und Isolde in einer mit »Baumgang« und »Blumenbank« hergerichteten Kulisse sich in Liebesbezeugungen ergehen, hingegossen: »Tristan zieht Isolde sanft zur Seite auf eine Blumenbank nieder, senkt sich vor ihr auf die Knie und schmiegt sein Haupt in ihren Arm.« Und: »Tristan und Isolde versinken wie in gänzlicher Entrücktheit, in der sie, Haupt an Haupt auf die Blumenbank zurückgelehnt, verweilen.« Der Wirkung des Liebestrankes entspricht, platt übertragen, die aphrodisische Wirkung des Orchideenduftes, Brangäne als Hüterin Anastasia, die ja später ihre Wohnung als Liebesnest zur Verfügung stellt, und dem König Marke, dessen Vertrauen Tristan und Isolde gebrochen haben, van der Straaten. Isoldes Frage »Wie ertrug ich's nur? / Wie ertrag ich's noch?« wird Melanie zur Leit- und Leidfrage werden.[5]

In Stichworten nur die Bezüge zu weiteren Wagner-Opern, auf die direkt oder indirekt angespielt wird: Rubehns Schwärmereien über den »Zaubergarten«, in dem Melanie lebt (oben S. 55), erinnern an die Szenerie im Venusberg des »Tannhäuser«, so daß Melanie mit Venus-Qualitäten bedacht wird; die Flucht nach Italien an Tannhäusers Pilgerfahrt und Heilsuche – »mitunter ist es mir, ... als käm' uns jedes Heil und jeder Trost aus Rom und nur aus Rom« wird Melanie an Jacobine schreiben

---

[5] Zitate aus II, 2 aus: Richard Wagners Musikdramen. Herausgegeben von Edmund E. F. Kühn. Bd. 1. Berlin o. J., S. 207–218.

(oben S. 125); die Erklärung der »Meistersinger« zur Lieblingsoper (vgl. oben S. 56) weist auf die Möglichkeit der »Versöhnung« hin, die im Roman so häufig beschworen wird und mit der das Schlußkapitel überschrieben ist: Die Konflikte um Sachs, Eva und Stolzing werden untragisch aufgelöst.

Solche Analogien von Lied- und Opernzitat mit der erzählten Wirklichkeit dürfen nicht darüber hinwegtäuschen, was sie von ihren musikalischen Bezugsmustern trennt. Die Ergriffenheit von der Macht der Musik, und was sie an Liebes-Geschichten melodiös-grandios überhöht, darf nicht mißdeutet werden: Es wird mit solchen Mustern ernsthaft gespielt, auch wenn man sich in ihnen bisweilen verfängt, sie werden aber gemischt, variiert und vor allem durchbrochen, also nicht als Leitbild und Lebensersatz mißverstanden! Melanie ist nicht Isolde, Frau Venus oder Evchen, Rubehn nicht Tristan, Tannhäuser oder Stolzing, van der Straaten nicht Wotan, König Marke oder Hans Sachs. Am Beispiel der Isolde: Melanie braucht den »tückischen Tag«, den Tristan und Isolde verfluchen, braucht das »Licht«, um sie selbst zu sein (vgl. oben S. 93), auch wenn sie nach der Liebesszene weit fort, »auf hoher See« sich wähnt (oben S. 95), was wieder an den 1. Akt des »Tristan« erinnert, da das Liebespaar sich auf dem Meer befindet.

Kurzum: Es wird zwar auch gelitten, doch nicht tragisch entsagt, getötet und gestorben, sondern fröhlich geliebt. Wagner, der Meister, bietet auch biographisch die Entsprechung: in seinem Verhältnis zu Mathilde Wesendonk, Gattin eines vermögenden Kaufmanns und Wagner-Mäzens, und vor allem zu Cosima von Bülow, Gattin des Wagner-Dirigenten, die Wagner später heiratete. Ein hübscher Schnörkel Fontanes überdies: Wagner, der Virtuose des Leitmotivs, wird selber eines.

Allein die Art und Weise, wie Melanie sich die Namen von

Mann und Geliebtem zurechtmacht, zeigt, auf wessen Seite die Liebes- und Lebenskraft liegt. Aus Ezechiel »kondensiert« (oben S. 80) sie sich einen »Ezel«; nach dem gleichen Verfahren, so müßte sie es versucht haben, würde aus Ebenezer ein »Eber«, also ein »männliches Schwein« werden, was sie als anzüglich verwerfen muß. Hier der »Ezel«, der wie »Esel« nachklingt, da der »Eber« als Urbild der Potenz. Erst durch Rubehn findet Melanie ihre sexuelle Identität, denn es sind die Zärtlichkeiten, die »entscheiden« (vgl. oben S. 105), die zahlreichen Umarmungen und Küsse belegen es.

Da den bürgerlichen und adligen Frauen der Bismarckzeit Vergleichsmöglichkeiten in der Liebe fehlen, ihre Erfahrungen patriarchalisch beschnitten sind, muß für Glück gehalten werden, was so scheint. So kann der Erzähler anfangs schreiben, die Ehe der van der Straatens habe »zehn glückliche Jahre, glücklich für beide Teile« gedauert (oben S. 9). Solcher Schein verblaßt, sobald verglichen werden kann. Darauf wird mehrfach angespielt, etwa wenn Jacobine im Brief an ihre Schwester bekennt: »daß eine sonderbare [sie meint: sinnliche] Neugier in mir steckt... Elimar sagte mal zu mir: ›Das Hübscheste sei doch das Vergleichenkönnen.‹ Er meinte, glaub' ich, in der Kunst. Aber die Frage beschäftigt mich seitdem, und ich glaube kaum, daß es sich auf die Kunst beschränkt.« (Oben S. 135) Melanie kann, im Unterschied zu Jacobine, vergleichen, und erst jetzt kann Glück bezeichnet werden: »Ich habe nun mein Glück, ein wirkliches Glück.« (Oben S. 132) Aufgehoben ist damit der alte, vergleichslose Glücksbegriff. Rubehn: »Ich habe dein Glück gestört (*wenn* es ein Glück war).« (Oben S. 105) Im »Schubertschen Liede« »Der Wanderer«, an das sie sich vor ihrem Entschluß, miteinander zu fliehen, erinnern, sich wiederum zunächst übers musikalische Vor-Bild verständigend, heißt es resignativ am Schluß: »Da, wo du *nicht* bist, ist das Glück« (oben S. 102), wobei beide das »nicht« betonen.[6] Durch ihr Handeln wird es aber pragmatisch durchbrochen und umfunktioniert in ein: »Da, wo du bist, da, wo wir beide sind, da ist das Glück!« Als ihr »Glück« in die Krise gerät und Rubehn sich Melanie entzieht, ist sie außerstande, zu mutmaßen oder gar zu erkennen, daß er beruflich in Schwierigkeiten stecken könnte. Bezeichnend sind ihre Gedankenspiele: »Es ist nicht Eifersucht, was mich quält. Ich könnte keine Stunde mehr leben, wär' es *das*.« Und Rubehn Mißtrauen unterstellend: »Ist es der Gedanke an das alte ›Heute dir und morgen mir‹?« (Oben S. 151) Körperliche Treue und Untreue sind die Dominanten ihres Bewußtseins, und mit Selbstmord wird gedroht, wenn »*das*« je eintreten sollte.

Selbstbestimmt ist sie am Ende, fremdbestimmt war sie zu Anfang des Romans – und reichlich oberflächlich. Die Grenzen ihrer Figur werden im Verlauf des Erzählten immer mehr aufgehoben, doch nie so, daß sie idealisch überhöht wird. Ihr fällt ab dem Zeitpunkt, da sie die Ehe gebrochen hat, nichts zu: Was sie tut, ist erkämpft und erlitten, bis an die Schwelle des Todes, von Selbstzweifeln erschüttert, geklärt durch verarbeitete Erfahrung. Ohne daß sie sich anpaßt, gelingt ihr, der Ausgestoßenen, und ihrem Mann, der, auch das eine Entwicklung, »alles Amerikanische... abgestreift« hatte (oben S. 130), schließlich die Rehabilitierung. Durch das vorgelebte Glück, das sich in Liebe und Arbeit erfüllt, vollzieht sich ein Wandlungsprozeß im allerdings wenig beständigen Urteil der Gesellschaft: Man bequemte »sich jetzt, sich mit dem hübschen Paare zu versöhnen, ›das so glücklich und so gescheit sei und nie klage und sich so liebe‹. Ja, sich so liebe. *Das* war es, was doch schließlich den Ausschlag gab...« (oben S. 157). Die Erklärung, man habe es, in Anspielung auf Goethes Roman, mit »Wahlverwandtschaften« zu tun, weil,

---

[6] Siehe die vierte Anmerkung zu S. 102 mit dem vollständigen Wortlaut.

ganz naturwissenschaftlich, das stärkere und deshalb berechtigtere Element das schwächere verdrängt habe (oben S. 158), entlarvt die Deuter als Bildungsschwindler, die Wahlverwandtschaften mit plumpem Darwinismus und seinem »struggle for life« und dem »survival of the fittest« verwechseln.

Präzise setzt Fontane am Ende, wie am Ostermontag schon, die Auferstehungsmetapher: Einst »tot für die Gesellschaft« (oben S. 136), »ließ« man »sie gesellschaftlich wieder aufleben« (oben S. 157).

## »Die trivialsten Sätze sind immer die richtigsten«

»Aber während die Augen der Mutter immer lachten, waren die der Tochter ernst und schwermütig, als sähen sie in die Zukunft.« (Oben S. 10) »Alle lachten. Aber Lydia ging in das Haus zurück, und in ihrem großen Auge stand eine Träne.« (Oben S. 56) »Aber Lydia warf ihr einen Blick bitteren Hasses zu, riß das Kind am Achselbande zurück und sagte: ›Wir haben keine Mutter mehr.‹« (Oben S. 144) Isoliert wirken solche Sätze – und es ließen sich deren viele noch beibringen – in ihrer raunenden Zukunftsgewißheit und ihrem platt sentimentalisierenden stilistischen Zuschnitt irgendwelchen trivialen Liebesromanen oder -erzählungen entnommen, wie sie zuhauf etwa in der »Gartenlaube«, der meistgelesenen Wochenschrift des 19. Jahrhunderts, erschienen sind, der Feder einer Heimburg, Marlitt, Werner (und der vieler anderer) entflossen. Kontrastiert und relativiert aber werden solche Stellen stets durch nächste, nahe und entferntere Kontexte, in denen ihnen das aufgetragene triviale Pathos ausgetrieben wird.[1] Durch diesen »Trick« schafft es Fon-

---

[1] Vergleiche hierzu Peter Wessels: Konvention und Konversation. Zu Fonta-

tane, »zwei verschiedene Leserschichten gleichzeitig zu bedienen: die Leser(innen) der sentimentalen Liebesromane und die ›Kenner‹«[2]. Die als klischiert erzählte und als kitschig abgetane Liebesszene unter der Palmenhauskuppel hat, in genauer Entsprechung der Einzelheiten, jenes komische unmittelbare »Präludium«, das sie ironisiert: als Melanie sich übermütig ausmalt, wie Kagelmann ebendort heiratet.[3] Die Kenner(innen) aber müssen dieses Spiel mit Spiegelungen und Kontrafakturen durchschauen, können ihrerseits zusätzlichen Lesegenuß hieraus ziehen, der aber, wie bei diesem Beispiel, auch noch dadurch potenziert werden kann, daß sie das Spiel mit leitmotivischen Bildungsversatzstücken – Stichwort Wagner, »Tristan und Isolde«, Stichwort Goethe mit den »Wahlverwandtschaften«, Stichwort Exotik und Décadence – erkennen und in den Verweisungszusammenhang des gesamten Romans als Finessen einzuordnen vermögen.

Ein kleiner Seitenblick auf Fontanes späteren Roman »Quitt« kann erhellen, wie ein gefilterter Fontane-Roman ausschaut, wenn man den Vorabdruck in der »Gartenlaube« von 1890 mit der Buchausgabe von 1891 vergleicht. Die Redaktion der »Gartenlaube« streicht den Roman auf die Bedürfnisse der Leserschaft zurecht, stutzt Gespräche und Szenen, kappt das Finale, so daß Fontane, der's um des guten Honorares willen dort veröffentlicht hatte, sich nur noch beklagen kann: »Und so glaube ich denn, daß bei den starken Streichungen auch alle meine Finessen gefallen sind.« (An Georg Friedlaender, 2. Mai 1890)[4]

Versatzstücke des Trivialen sind in »L'Adultera« eher kunst-

---

nes »L'Adultera«. In: Dichter und Leser. Studien zur Literatur. Herausgegeben von Ferdinand van Ingen u. a. Groningen 1972, S. 171.
2 Ebenda.
3 Vgl. ebenda S. 170 f.
4 Dichter über ihre Dichtungen. Bd. 2, S. 405.

voll, selten derb plazierte Köder, Leser(innen), die keine Kenner(innen) sind, anbeißen und nicht mehr von der Erzähl-R(o)ute zu lassen. Selbst eine Lektüre an der Oberfläche wird nicht umhin können einzuräumen, daß vertraute triviale Erzählelemente der Schemaliteratur fehlen oder ganz anders, ja konträr gefügt sind. Solche Elemente sind etwa: die klare Ingroup-Outgroup-Scheidung in feststehende, nicht entwicklungsfähige Gruppen guter und schlechter Figuren, deren Zuordnung schon durchs Äußere und beim ersten Auftreten zweifelsfrei möglich ist; die passiv duldende Heldin, die bloß reagiert, nie agiert, der alles zufällt, die sich tugendsam emporgelitten hat, die ihre Unterordnung masochistisch bis zur Selbstaufgabe kultiviert, mit stets überdimensioniertem Opfer; der Mann, um den sich letztlich alles dreht; die Heirat, auf die allein hingesteuert wird, die einzige Ehe als höchste Lebensform; Entwicklungen und Lösungen, die ausschließlich nach dem Prinzip von Strafe für unbotmäßiges und Belohnung für botmäßiges Verhalten erfolgen; Erotik und Sexualität, die als Tabus ausgeklammert und durch Prüderie ersetzt werden – Trockenlegung des Schlüpfrigen; moralische Standards, die nie hinterfragt werden; gesichts- und geschichtslose Handlungen; Politik und Gesellschaft, die kaum je, konkret zeitlich und räumlich fixiert, funktionell in die Darstellung eingehen.

Wie anders dagegen Fontane: psychologisch abschattierte Zeichnung der Figuren, die allesamt »gemischte Charaktere« sind (um einen Ausdruck Lessings aufzugreifen) und sich auch zu entwickeln vermögen; Panorama jenes »Berliner Lebens- und Gesellschaftsbildes« in der Gründerzeit Mitte der siebziger Jahre; die Aufhebung der Grenzen zwischen der gesellschaftlichen und der privaten Ebene: Beide Ebenen werden funktionell aufeinander bezogen; die Enttabuisierung gewagter Themen wie Ehebruch mit Schwangerschaft, Scheidungsbegehren der

Frau und Mutter, Durchbrennen mit dem Liebhaber, anstößige Redeweisen – und derart Skandalöses nicht in irgendwelchen Niederungen der Gesellschaft, sondern in den höchsten Kreisen spielend.

Entgegen aller (trivial-)literarischen Konvention bleibt die Ehebrecherin und Mutter, die ihren Gatten und ihre Kinder verläßt, ungestraft am Leben – bisher nur möglich in komischen Genres, utopischen Entwürfen oder Erotika. Allein der Umstand, daß Melanie in der Abschiedsszene sich weigert, ihre Kinder noch einmal zu sehen, auch, daß die spätere Versöhnung mit ihnen mißlingt, widerlegt den Vorwurf des Trivialen. »Du willst die Kinder sehen!« hofft van der Straaten, doch Melanie »bezwang sich und schüttelte nur den Kopf und ging...« (Oben S. 118) Ibsen sah sich gezwungen, den Schluß seines skandalisierten Dramas »Nora« (»Ein Puppenheim«) für Aufführungen im deutschen Kaiserreich umzuschreiben und trivial versöhnlerisch zu verwässern. Nora, die ihren Gatten Helmer am Ende mit ungewisser Zukunft verläßt, ohne einen Blick auf die Kinder zu werfen, wirft ihn jetzt und sich auf die Knie:

»HELMER. Nun denn – gehe! (Faßt sie am Arm.) Aber erst sollst du deine Kinder zum letztenmale sehen!

NORA. Laß mich los. Ich *will* sie nicht sehen! Ich kann es nicht!

HELMER (zieht sie gegen die Türe links). Du *sollst* sie sehen! (Öffnet die Tür und sagt leise:) Siehst du; dort schlafen sie so sorglos und ruhig. Morgen, wenn sie erwachen und rufen nach ihrer Mutter, dann sind sie – mutterlos.

NORA (bebend). Mutterlos –!

HELMER. Wie du es gewesen bist.

NORA. Mutterlos! (Kämpft innerlich, läßt die Reisetasche fallen und sagt:) O, ich versündige mich gegen mich selbst, aber ich *kann* sie nicht verlassen. (Sinkt halb nieder vor die Türe.)

HELMER (freudig, aber leise.) Nora!
(Der Vorhang fällt.)«[5]

An der Schlafstatt der schlummernden Kleinen verstehen sich plötzlich die Großen wieder, wohlbekannter finaler Topos aus der trivialen Rührstückdramatik des 18. Jahrhunderts, wo das heiße Eisen ehelicher Zerrüttung zwar aufgegriffen, aber bis zur Unkenntlichkeit verbogen wird.

Auch daß Melanie am Ende arbeiten geht und auf ihrer Erwerbstätigkeit besteht, widerspricht trivialer Handlungsdramaturgie, die stets so inszeniert wird, daß die endlich frisch nach oben Eingeheiratete ihre (bescheidene) Erwerbstätigkeit aufgibt (wenn sie überhaupt eine hat) und auf Gattin total macht. Am Ende von »L'Adultera« fängt aber »ein neues Leben« (oben S. 154), das sich auf gemeinsamer Arbeit gründet, glückhaft erst an.

Triviale und geläufige Register werden gezogen, aber unerhört aufgelöst, darin liegt die geheime Raffinesse des erzählerischen Verfahrens: Van der Straaten ist häßlich, aber keineswegs ein Bösewicht, Melanie schön, aber alles andere als ein Engel; sie liegt, hochschwanger, auf den Tod, kommt aber nicht nur mit dem Leben davon, wird nicht wenigstens siech, sondern erblüht wieder zu voller Gesundheit; Rubehn, der in die Ehe einbricht, wird auch nicht durch Unfall, Krankheit oder Tod abgestraft, lediglich durch den Konkurs seiner Familienbank, der aber wird zur Voraussetzung einer tieferen Beziehung der beiden; Aninettchen, wenn es denn ein Kind der Sünde ist, stirbt auch nicht.

Genug der Beispiele, das heißt: Fontane treibt das Erzählte immer auf Situationen zu, in denen sich der Fortgang der Handlung verzweigen könnte: hin zum oder weg vom Trivialen. Da-

---

[5] Zitiert nach: Henrik Ibsen: Nora (Ein Puppenheim). Herausgegeben von Aldo Keel. Stuttgart 1990 (= Reclams Universal-Bibliothek. 8185. Erläuterungen und Dokumente), S. 44.

durch öffnen sich kleinere und größere Spannungsbögen, die sich mit vielfältigen Fragen markieren lassen, etwa: Bleiben Melanie und Rubehn trotz dieses »Vergehens« am Leben und gesund? Wie wird Schuld gesühnt? Entsagen sie sich gar, stirbt der eine nach dem Ehebruch? Lenkt Melanie vor der geplanten Flucht, psychisch überbelastet, noch ein, oder büßt sie am dritten Ort, einem Kloster beispielsweise? Legt van der Straaten Rechtsmittel ein und eskaliert die Situation? Findet der betrogene und verlassene Ehemann ein neues Glück oder zerbricht er? Verkraftet Melanie den Weggang von ihren Kindern und das spätere Wiedersehen? Belegt sie die Gesellschaft ewig mit ihrem Bann usw.? Geschlossen aber werden diese kleinen und großen Spannungsbögen immer gegenläufig zu trivialen Schemata. Selbst ein herausragendes Kompositionsmerkmal trivialer Unterhaltungsromane greift Fontane spielerisch auf: »im Schlußsatz des letzten Kapitels« vieler solcher Romane »wird der Titel bekräftigend wiederholt, gleichsam als Beweis dafür, wie säuberlich die Regeldetri des Schicksals nach Ansicht dieser ›Dichter‹ verfährt.«[6] Nicht im Schlußsatz, aber am Schluß des letzten Kapitels wird der Titel »L'Adultera« aufgenommen – mit allem Raffinement, wie gezeigt: Das gleichnamige große Gemälde ist zu einem kleinen Medaillon-Bildchen geschrumpft und aus der Ehebrecherin selbst eine neue, glückliche Ehefrau geworden.

Nicht affirmativ wie Trivialliteratur, sondern innovativ ist die Tendenz des Romans. Bestehende gesellschaftliche und private Verhältnisse, ihre Normen mit Ge- und Verboten werden gerade nicht bestätigt oder verklärt. Melanie vollzieht, mit allen schmerzlichen Konsequenzen, die nicht verschwiegen werden, wovon all jene Leserinnen nur träumen, denen der Sinn auch

---

[6] Die Gartenlaube als Dokument ihrer Zeit. Zusammengestellt und mit Einführungen versehen von Magdalene Zimmermann. München 1967 (= dtv 435), S. 48 (mit ein paar Beispielen, S. 49).

nach Ausbruch und Flucht steht, die ebenfalls in Zwängen leben, an die sie sich aber, weil scheinbar unabänderlich und unveränderlich, vorschnell und resignativ angepaßt haben. Ihre Haltung steht konträr zur geläufigen Einstellung, die Christel, ihre Dienerin, ihr vor der Flucht samt Fallgeschichte von den Vernezobres anbietet, um sie zum Bleiben zu bewegen: »Jott, der Mensch jewöhnt sich an alles.« (Oben S. 108) Der Mensch, zum Teufel, soll sich gerade nicht an alles gewöhnen, davon wird erzählt! Daß es sich auszubrechen lohnt, wenn die große Liebe sich einstellt, deren Glück aber erst in gemeinsamer Arbeit seine Überhöhung erfahren muß, wobei nur der Einsatz der ganzen »Existenz« (oben S. 115) den Bruch mit der Norm legitimieren kann – das sind die Ausbruchsbedingungen. Melanie sagt Sätze, in denen Sprengkraft steckt, die schon die zeitgenössischen moralisierenden Kritiker aufschreckte, Sätze, in denen das tradierte Rollenverständnis der Frauen zerschlagen wird. Etwa: »man kann auch treu sein, wenn man untreu ist. Treuer als in der Treue.« (Oben S. 109) Oder: »Wer aus der Ehe fortläuft und aus keinem andern Grund als aus Liebe zu einem andern Manne, der begibt sich des Rechts, nebenher auch noch die zärtliche Mutter zu spielen.« (Oben S. 140) Und: »Unsere Scham ist unsere Schuld.« (Oben S. 87)

Solche aufrührerischen, ja an die Leserinnen gerichteten Botschaften widerlegen all jene Kritiker, die »L'Adultera« als »Kitsch-Roman«[7] verrissen haben. Allein die Figur des van der Straaten wurde in solchen Verrissen ausgenommen, doch da diese im letzten Drittel des Romans keine Rolle mehr spiele, sei es besonders schlecht. Als Intellektuelle lassen sie sich durch den so blendend geistreichelnden van der Straaten, der sich zur Iden-

---

7 Immer mal wieder und nachwirkend Peter Demetz in seinen Arbeiten (siehe die bibliographischen Hinweise 6).

tifikation offen anbietet, den Blick auf Melanie verstellen. Hinter den Verrissen von »L'Adultera« könnte das angstbesetzte Bestrafungsbedürfnis der Interpreten einer Frau gegenüber lauern, die sich zum selbständigen Handeln anschickt, eine Ehe bricht, die so schlecht nicht war, und die Figur, mit der sie sich identifiziert haben und die auch so schlecht nicht ist, einfach sitzen läßt, samt den Kindern, und mit einem Liebhaber abzieht, der auch so gut nicht ist, dessen zurückhaltende Art und unaufdringliche Lebensklugheit zur Umorientierung und Neu-Identifikation aber ausgeschlagen werden.

Van der Straaten, den Interpreten für die hohe Literatur retten wollen, und Melanie, die an die niedere verloren gegangen sein soll – beide glossieren die Idiosynkrasie vor dem Trivialen. Van der Straaten: »Aber die trivialsten Sätze sind immer die richtigsten.« (Oben S. 17) Und Melanie: »Ihr habt hier ein Sprichwort: ›wenig mit Liebe.‹ Und die Leute lachen darüber. Aber über das Wahrste wird immer gelacht.« (Oben S. 107) Selbst diese simple Lebensweisheit hat es in sich. Vordergründig meint sie: Der Mensch braucht nicht viel an Besitz, wenn er nur Liebe hat! Das zielt auf Rubehn und Melanie. Oder wörtlich: Mit der Liebe ist es nichts! Das meint van der Straaten und Melanie: »also nichts von Liebe.« Hintergründig läßt sie sich lesen, wenn der Verdacht sich bestätigt, daß die zweite Hälfte des »Sprichworts« hier fehlt, was vollständig so lauten könnte: »Wenig mit Liebe, viel mit Kolben.«[8] Klar, daß darüber gelacht wird, kann der Kolben doch als Knüttel für Gewalt stehen oder als »Meister Iste« einer lustvolleren Tätigkeit nachkommen.

Von einem heiter-glücklichen Ende, und wie es dazu kommen kann, wird in »L'Adultera« erzählt und nicht von Entsa-

8 Karl Friedrich Wander: Deutsches Sprichwörter-Lexikon. Bd. 3. Leipzig 1873, Spalte 160 (Stichwort: »Liebe«, Nr. 724). Über die Bedeutung des »Kolbens« belehrt das »Deutsche Wörterbuch« der Brüder Grimm.

gung, Krankheit und Sterben, die das Ende der späteren Berliner Romane Fontanes ausmachen. »So gut schließt es nicht immer ab. Ja der Frau-Ravené-Fall ist ein Ausnahmefall.« (An Georg Friedlaender, 28. März 1889) Aber nicht vergessen: Jede Regel hat einmal als Ausnahme angefangen!

# Zeittafel zu Fontane

1819–32 *Neuruppin und Swinemünde.*
1819 30. Dezember: Henri Théodore (Theodor) Fontane als erstes Kind des königlich privilegierten Apothekers Louis Henri Fontane und Emilie Fontanes, geborener Labry, in Neuruppin geboren.
1827 Übersiedlung der Eltern nach Swinemünde, wo der Vater die »Adlerapotheke« erworben hatte. Besuch der Stadtschule sowie Privatunterricht.
1832 Ostern: Eintritt in die Quarta des Gymnasiums in Neuruppin.
1833–41 *Berlin.*
1833 1. Oktober: Eintritt in die Friedrichswerdersche Gewerbeschule von F. K. Klödens.
1835 Fontane lernt Emilie Rouanet-Kummer kennen, seine spätere Frau.
1836 März/April: Abgang von der Gewerbeschule und Beginn der mehrjährigen Ausbildung zum Apotheker in Berlin, Magdeburg (1840), Leipzig (1841), Dresden (1842), Letschin (1843–46).
1838 Der Vater erwirbt die Apotheke in Letschin.
1839 Dezember: Im »Berliner Figaro« erscheint die Versnovelle »Geschwisterliebe«, das erste gedruckte Werk Fontanes.
1840 Januar–März: zwölf Gedichte im »Berliner Figaro«. Sommer: »Du hast recht getan!« (Roman) und »Heinrichs IV. erste Liebe« (Novelle), beide nicht überliefert. »Burg«, satirisches Epos.

1841 Januar–März: Krankheit, danach bei den Eltern in Letschin.
1841/42 *Leipzig und Dresden.*
Veröffentlichungen in Leipziger Zeitungen und Zeitschriften, zum Teil sozialkritische Lyrik.
1843–52 *Berlin und Letschin.*
1843 23. Juli: Bernhard von Lepel bringt Fontane als Gast in den Berliner Dichterkreis »Tunnel über der Spree«. Ab 1843 weitere Gedicht- und Balladenproduktion, Veröffentlichungen im Cottaschen »Morgenblatt« sowie in anderen Zeitungen und Zeitschriften.
1844 1. April: Beginn des Militärjahres, Eintritt als Einjährig-Freiwilliger in das Gardegrenadierregiment »Kaiser Franz« in Berlin. 25. Mai – 10. Juni: erste Reise nach London. 29. September: Aufnahme in den »Tunnel«.
1845 1. April: in der väterlichen Apotheke in Letschin. 8. Dezember: Verlobung mit Emilie Rouanet-Kummer.
1847 2. März: Staatsexamen. Approbation als »Apotheker erster Klasse«. Sommer: Trennung der Eltern ohne Scheidung. Mutter und Tochter ziehen nach Neuruppin.
1848 18. März: Beteiligung an den Barrikadenkämpfen. Juni: als pharmazeutischer Ausbilder im Krankenhaus Bethanien (bis 30. September). August–November: publizistisches Debüt mit vier Artikeln in der täglich erscheinenden »Berliner Zeitungshalle«. Um die Jahreswende: »Karl Stuart«, Drama (Fragment geblieben).
1849 Oktober: Aufgabe der Apothekerlaufbahn, »freier Schriftsteller«. November–April 1850: Korrespondent der »Dresdner Zeitung«. Fontane veröffentlicht dort 29 politische Korrespondenzen und stellt schließlich seine Tätigkeit wegen unregelmäßiger Honorarzahlung ein. Dezember: erste Buchpublikationen: »Männer und Hel-

den. Acht Preußen-Lieder« (Balladen), »Von der schönen Rosamunde. Gedicht« (Romanzenzyklus).
1850 August: Lektor im »Literarischen Kabinett« der preußischen Regierung bis zu dessen Auflösung am 31. Dezember. 16. Oktober: Heirat.
1851 Mai: erste Buchausgabe der »Gedichte«. Ablehnung des Gesuchs um Gewährung einer Poetenpension durch König Friedrich Wilhelm IV. wegen »fragwürdiger« politischer Gesinnung. Eröffnung einer Schülerpension. Ausbildung als Englischlehrer, Erteilung von Privatunterricht, auch in den folgenden Jahren. 14. August: Geburt des ersten Kindes, George Emile. 1. November: Wiedereintritt in das »Literarische Kabinett«, umbenannt in »Zentralstelle für Presseangelegenheiten«.
1852 Frühjahr: »Deutsches Dichter-Album«, herausgegeben von Fontane.
1852 *London.*
23. April – 25. September: als Korrespondent der »Zentralstelle« Reportagen, Berichte für Berliner Tageszeitungen. Erste Theaterberichte.
1852–55 *Berlin.*
1853 Entlassung aus der »Zentralstelle«. »Unsere lyrische und epische Poesie seit 1848« (Aufsatz).
1854 Juli: »Ein Sommer in London« (erstes Reisebuch). Gründung des »Belletristischen Jahrbuchs ›Argo‹«. 3. Dezember: erster Vortrag der Ballade »Archibald Douglas« im »Tunnel«.
1855–59 *England.*
1855 1. September: Ankunft in London. Aufbau einer deutsch-englischen Pressekorrespondenz im Auftrag der preußischen Regierung. Reportagen, Feuilletons, Theaterkritiken u. a. für deutsche und englische Zeitungen und Zeitschriften.

1856 Ende März: Die »Pressekorrespondenz« wird eingestellt. Fontane bleibt halbamtlicher Presse-Agent. 3. November: Geburt des zweiten Kindes, Theodor, in Berlin.
1857 Emilie Fontane zieht mit den beiden Söhnen nach London.
1858 August: Reise mit Lepel durch Schottland. 2. Dezember: Fontane gibt seine Stellung nach dem Sturz des Ministeriums Manteuffel auf.
1859–98 *Berlin.*
1859 17. Januar: Ankunft in Berlin. Vergeblicher Versuch, Redakteur der »Preußischen Zeitung« zu werden. 18.–23. Juli: mit Lepel erste märkische Wanderungen.
1860 21. März: Geburt des dritten Kindes, Martha (»Mete«). 1. Juni: Eintritt in die Redaktion der »Kreuz-Zeitung« (bis 20. April 1870). »Aus England. Studien und Briefe über Londoner Theater, Kunst und Presse.« »Jenseits des Tweed. Bilder und Briefe aus Schottland.« Ende 1860: erste Buchausgabe der gesammelten »Balladen«.
1861 Ende: Der erste Band der »Wanderungen durch die Mark Brandenburg« erscheint; bis 1882 vier Bände.
1864 5. Februar: Geburt des vierten Kindes, Friedrich. Mai und September: Reisen auf den dänischen Kriegsschauplatz.
1865 August/September: Sommerfrische mit Emilie am Rhein und in der Schweiz. Ende 1865: erstes Kriegsbuch: »Der Schleswig-Holsteinsche Krieg im Jahre 1864.«
1866 Reisen auf die böhmischen und süddeutschen Kriegsschauplätze.
1867 5. Oktober: Tod des Vaters.
1869 13. Dezember: Tod der Mutter.
1870 Juni: Theaterrezensent der »Vossischen Zeitung«. 27. September: Reise zu den Kriegsschauplätzen nach Frankreich. 5. Oktober: Festnahme und Kriegsgefangenschaft.

5. Dezember: Rückkehr nach Berlin. »Der deutsche Krieg von 1866«, Band 1; Band 2 erscheint 1871.
1871 April–Mai: »Osterreise« durch Nordfrankreich, Ende November als Buch erschienen »Aus den Tagen der Okkupation. Eine Osterreise durch Nordfrankreich und Elsaß-Lothringen«, 2 Bände. »Kriegsgefangen. Erlebtes 1870.«
1872 Juli–September: Essays über Willibald Alexis.
1873 »Der Krieg gegen Frankreich 1870–71« (2 Bände), 1873/75.
1874 November: Reise mit Emilie nach Italien. Zweite, vermehrte Auflage der »Gedichte«.
1875 August/September: Reise in die Schweiz und nach Oberitalien. Rückkehr über Wien.
1876 6. März: ständiger Sekretär der Akademie der Künste in Berlin. Ende Mai Rücktrittsgesuch. 2. August: Entlassung.
1878 »Vor dem Sturm. Roman aus dem Winter 1812 auf 13.«
1880 »Grete Minde. Nach einer altmärkischen Chronik.«
1881 »Ellernklipp. Nach einem Harzer Kirchenbuch.«
1882 März: »L'Adultera«, Novelle. Ende November: »Schach von Wuthenow. Erzählung aus der Zeit des Regiments Gensdarmes.« Nach Vorabdruck (Juli/August).
1884 »Graf Petöfy«, Roman. Sommer: Beginn der Korrespondenz mit Georg Friedlaender.
1885 »Unterm Birnbaum«, Roman. »Christian Friedrich Scherenberg und das litterarische Berlin von 1840 bis 1860.«
1887 April: »Cécile«, Roman. 24. September: Tod des Sohnes George.
1888 Ende Januar: »Irrungen, Wirrungen«, Roman. Nach Vorabdruck (Juli/August 1887). Oktober: Der Sohn Friedrich gründet einen eigenen Verlag, in dem Fontane fast alle seine Werke veröffentlicht.

1889 »Fünf Schlösser. Altes und Neues aus der Mark Brandenburg.« April: »Stine«, Roman. 2. Juni: Fontane beendet seine Tätigkeit als Theaterkritiker der »Vossischen Zeitung«. »Gedichte«, dritte, vermehrte Auflage.

1890/91 Erste Gesamtausgabe der erzählenden Werke in zwölf Bänden.

1891 »Quitt«, Roman. »Unwiederbringlich«, Roman. 26. Dezember: »Die gesellschaftliche Stellung der Schriftsteller«, Aufsatz.

1892 März–September: Gehirnanämie. Oktober: »Frau Jenny Treibel«, Roman. Nach Vorabdruck (Januar–April). »Gedichte«, vierte, vermehrte Auflage.

1893 »Von, vor und nach der Reise. Plaudereien und kleine Geschichten.« November: »Meine Kinderjahre. Autobiographischer Roman«; erster großer Erfolg als Erzähler.

1894 8. November: Ehrendoktor der philosophischen Fakultät der Berliner Universität auf Vorschlag Erich Schmidts und Theodor Mommsens.

1895 Oktober: »Effi Briest«, Roman. Nach Vorabdruck (Oktober 1894 – März 1895).

1896 November: »Die Poggenpuhls«, Roman.

1897 »Gedichte«, fünfte, vermehrte Auflage.

1898 Juni: »Von Zwanzig bis Dreißig. Autobiographisches.« 20. September: Tod Fontanes. Ende 1898: »Der Stechlin«, Roman. Nach Vorabdruck (Oktober–Dezember 1897).

1905 »Causerien über Theater«, herausgegeben von Paul Schlenther.

1905–11 »Gesammelte Werke«, drei Serien, 22 Bände.

1907 »Aus dem Nachlaß«, herausgegeben von Josef Ettlinger.

1914 »Mathilde Möhring«, nachgelassener Roman. Nach Vorabdruck in der »Gartenlaube« (November/Dezember 1906). Erstausgabe in: »Aus dem Nachlaß«, 1907.

*Anmerkung:* Berücksichtigt wurden, wo möglich, die tatsächlichen Erscheinungsdaten der Werke. Einige Werke wurden – eine oft geübte Verlegerpraxis – jeweils auf das nächste Jahr vorausdatiert, wenn sie gegen das Jahresende erschienen.

# Anmerkungen

Zu »L'Adultera« liegen in den Fontane-Ausgaben des Aufbau-, Hanser- und Reclam-Verlages zum Teil umfänglichere wissenschaftliche Apparate vor, die auch Erläuterungen enthalten (siehe die bibliographischen Hinweise unter 2: Ausgaben). Zitiert mit A (für die Ausgabe im Aufbau-Verlag), H (für die Hanser-Ausgabe, als erweiterter Taschenbuchnachdruck bei Ullstein) und R (für die Ausgabe im Reclam-Verlag), wurden sie dankbar benutzt und zitiert. Ebenso wie die hilfreichen Hinweise in den Arbeiten vor allem von Jung (»Bildergespräche«, 1990), doch auch Plett (»Die Kunst der Allusion«, 1986) und Meyer (»Das Zitat in der Erzählkunst«, 1967); siehe die bibliographischen Hinweise unter 6: Spezielle Sekundärliteratur.

Seite

3 *L'Adultera:* (ital.) Die Ehebrecherin.

7 *Kommerzienrat:* Handelsrat; Titel, der bis 1919 an verdiente Kaufleute aus Handel und Industrie verliehen wurde. Der nächsthöhere Titel war: »Geheimer Kommerzienrat.«

*van der Straaten:* Der Name findet sich als Manasse Vanderstraaten in Karl Gutzkows (1811–78) viel gespieltem Trauerspiel »Uriel Acosta« (1847), einem Drama, das Fontane kannte und mehrfach rezensiert hatte. Angesichts von van der Straatens schlüpfrigen Redeweisen doch auch ganz wörtlich zu verstehen: »von der Straße«.

*Große Petristraße 4:* Es existiert nur eine, verhältnismäßig kurze, Petristraße in der Nähe der Petrikirche; diese Pe-

tristraße aber ist unzweifelhaft gemeint, was aus späteren, lokal exakten Angaben hervorgeht.
*Hauptstadt:* Berlin.
*Börse:* Ecke Burgstraße und Neue Friedrichstraße, rund 1 km (Luftlinie) von der Wohnung van der Straatens entfernt, also bequem zu erreichen. Die Börse eröffnete offiziell um 12 Uhr und schloß um 15 Uhr. Besucher konnten das Treiben von der Galerie gegen Entgelt verfolgen.
*alteriert:* (frz.) nachteilig verändert.
*»geflügelte Worte«:* Titel von Georg Büchmanns populärem, vielfach fortgesetzten »Citatenschatz des deutschen Volkes«, 1882 in 13. Auflage (1. Auflage 1864), der zurückgeht auf Homer: »Worte, die vom Munde des Redenden zum Ohr des Hörers fliegen.« Der Roman ist getränkt mit »geflügelten Worten« (die hier in den Anmerkungen nachgewiesen werden): Der verbale Schlagabtausch mit beliebig kombinierbaren, punktuellen Zitaten ist nicht als Bildung mißzuverstehen, sondern, verstanden als Kritik einer bloßen »Büchmann«-Bildung, »fragwürdig. Die Bildung wird nicht mehr, wie noch in der Goethezeit, als der dynamische Prozeß organischer Persönlichkeitsentfaltung verstanden, sondern eher als ein fester Zustand oder genauer noch als ein fester Vorrat, aus dem man beliebig schöpfen kann« (Herman Meyer: Das Zitat in der Erzählkunst. 2. Auflage. Stuttgart 1967, S. 172).
*Observanz:* (lat.) Herkommen, Herkunft.
*»aus seinem Herzen keine Mördergrube zu machen«:* Bibelzitat aus Matthäus 21, 13, da Jesus die Verkäufer und Händler aus dem Tempel wirft: »Mein Haus soll ein Bethaus heißen: Ihr aber habt eine Mördergrube daraus gemacht.« Auch eingegangen in Büchmanns »Geflügelte Worte«, 18. Auflage, Berlin 1895, S. 61.

8 *Konventikler:* (lat.) Mitglied einer Religionsgemeinschaft, das sich von der Landeskirche getrennt hat; die sogenannten Stillen im Lande, die sich zum Zwecke der Erbauung und der Andacht zur häuslichen Zusammenkunft (Konventikel) einfinden.

*um den Teufel auszutreiben, werde Beelzebub zitiert:* den Teufel mit Beelzebub austreiben, sprichwörtliche Redensart: einen Mißstand durch einen noch schlimmeren Mißstand beseitigen. Sie geht auf Matthäus 12, 24. 27 und Lukas 11, 15. 18. 19 zurück und ist auch in Büchmanns »Geflügelte Worte« eingegangen: 18. Auflage, Berlin 1895, S. 58.

*»O rühret, rühret nicht daran«:* Zitat aus Emanuel Geibels (1815–84) Gedicht »Rühret nicht daran«, des im 19. Jahrhundert so populären Lyrikers. Aufschlußreich für wichtige Handlungsmotive u. a. auch der lyrische Kontext des Zitats (vgl. hierzu Jung: Bildergespräche. Stuttgart 1990, S. 43–48), der in diesen Anmerkungen immer vollständig wiedergegeben wird, sofern das indirekte Zitat Bedeutung erlangen könnte.

                Rühret nicht daran.

    Wo still ein Herz voll Liebe glüht,
    O rühret, rühret nicht daran!
    Den Gottesfunken löscht nicht aus!
    Fürwahr, es ist nicht wohlgetan.

    Wenn's irgend auf dem Erdenrund
    Ein unentweihtes Plätzchen gibt,
    So ist's ein junges Menschenherz,
    Das fromm zum ersten Male liebt,

O gönnet ihm den Frühlingstraum,
In dem's voll ros'ger Blüten steht!
Ihr wißt nicht, welch ein Paradies
Mit diesem Traum verloren geht.

Es brach schon manch ein starkes Herz,
Da man sein Lieben ihm entriß,
Und manches duldend wandte sich
Und ward voll Haß und Finsternis;

Und manches, das sich blutend schloß,
Schrie laut nach Lust in seiner Not
Und warf sich in den Staub der Welt;
Der schöne Gott in ihm war tot.

Dann weint ihr wohl und klagt euch an;
Doch keine Träne heißer Reu'
Macht eine welke Rose blühn,
Erweckt ein totes Herz aufs neu'.
(Zitiert nach Jung, S. 44 f.)

*Berolinismen:* berlinische Redensarten.
*Repartis:* (frz.) schlagfertige Erwiderungen.
*Gutzkowschen Vanderstraaten:* Siehe die zweite Anmerkung zu S. 7.
*Ezechiel:* Hesekiel, hebräischer Vorname (»Gott ist stark«/ »Der durch Gott Starke«); israelitischer Prophet, der 597 v. Chr. nach Babylonien verbannt wurde.
*Bischof Roß:* Wilhelm Johann Gottfried Roß (1772–1854), seit 1836 Bischof an der Berliner Nikolaikirche.
9 *Honneurs... machen lassen:* (frz.) die Gäste bewillkommnen.

*Judith:* Tochter des jüdischen Vanderstraaten in Gutzkows »Uriel Acosta« (1847).
*Melanie:* Name aus Gutzkows Roman »Die Ritter vom Geiste« (1850f.).
*Caparoux:* (frz.) »Rotmützchen«; vgl. hierzu auch Duquedes' Äußerung: »Rotkapp oder Rotkäppchen? Das ist ein Märchenname, aber kein Adelsname.« (Oben S. 45)
*Debets über Debets:* (lat.) Schulden über Schulden.
*Ezel:* in der deutschen Heldensage Name des Hunnenkönigs Attila, der als zweiter Gatte von Kriemhild und gütiger Fürst auf der Etzelburg residiert. Der Atli in der nordischen Sage ist grausam: Er erschlägt die Brüder seiner Frau Gudrun, die ihn daraufhin umbringt.

10 *Tiergartens:* Berliner Stadtbezirk, der sich vom Brandenburger Tor bis Charlottenburg erstreckt, auf der rechten, nördlichen Seite begrenzt vom linken Spreeufer, auf der linken, südlichen von der Tiergartenstraße und weiterhin vom Landwehrkanal.
*Subskriptionsball:* Gesellschaftsball im Opernhaus, dessen Teilnehmer im voraus für einen größeren Geldbetrag auf einer Subskriptionsliste verbindlich zeichneten.
*hochpaneelierten:* mit Holz getäfelten.
*Petrikirchturme:* der 96,35 Meter hohe Turm (plus 33,58 Meter hoher eiserner Spitze) der 1853 eingeweihten, in Form eines griechischen Kreuzes erbauten Petrikirche.
*Stutzuhr:* eine Uhr, die auf einem Tisch oder Schrank unter einem Gehäuse steht und deren Pendel und Gewichte daher nicht lang herunterhängen, sondern gestutzt, also gekürzt sind.
*Tort:* (frz.) Ärger.

11 *Er schreibt* zu *gut:* Anspielung auf Ludwig Pietsch (1824–1911), Fontanes Bekannten, der in der »Vossischen

Zeitung« über gesellschaftliche Ereignisse so amüsant zu berichten wußte, daß Fontane sich als den »wahrscheinlich größten Pietsch-Schwärmer, der existiert« bezeichnete (an Otto Neumann-Hofer, 30. Januar 1895). Vgl. auch das Nachwort, oben S. 173.

*vestalisch-priesterlicher Unnahbarkeit:* Die Priesterinnen der Vesta (Vestalinnen), der Göttin des Herdfeuers, hatten in Rom das heilige Feuer zu hüten und sich während ihres dreißigjährigen Dienstes zur Keuschheit zu verpflichten. Verletzten sie dieses Gelübde, wurden sie lebendig begraben.

*sakrosankt:* (lat.) hochheilig.

*Ambassaden:* (frz.) Gesandtschaften.

*Sieht doch die Katz' den Kaiser an:* Redensart, mit der sich jemand zu entschuldigen pflegt, der wegen seiner Dreistigkeit getadelt wird. Ihr Grundgedanke: »wenn der Ermahnte meint: ›Mein Anschauen ist harmlos, sieht doch die hexenartige Katze vermessenerweise sogar so bedeutende Personen wie Kaiser oder Bischof an, und doch schadet es ihnen nichts.‹« (Lutz Röhrich: Lexikon der sprichwörtlichen Redensarten. 2 Bände. Freiburg im Breisgau 1973; Stichwort: »Katze«)

*fordern sollte:* zum (verbotenen) Duell fordern, mit dem sogenannte Ehrenhändel ausgetragen wurden.

*Barriere:* (frz.) Abstand beim Zweikampf.

12 *Die Liebe fällt nicht immer auf ein Rosenblatt:* die erste Hälfte eines Sprichwortes, dessen zweite Hälfte durchaus van der Straatens Witzverständnis entspricht: »Die Liebe fällt nicht immer uf a Rosenblad, se fällt och amol uf an Kuhkat.« (Nach Karl Friedrich Wander: Deutsches Sprichwörter-Lexikon. Ein Hausschatz für das deutsche Volk. 5 Bände. Bd. 3. Leipzig 1873, Spalte 135 (Stichwort: »Liebe«, Nr. 132) (Neudruck: Aalen 1963)

*Kanevas:* (frz.) Gitterleinwand als Grundlage für Stickereien.

*Brüderstraße:* Straße, die nördlich auf die Petrikirche bzw. die Petristraße zuläuft.

13 *Kolli:* (ital.) Kollo: Frachtstück.

*Simson:* israelitischer Held mit außergewöhnlicher Körperkraft (Altes Testament, Richter 13–16); Delila raubt ihm durch das Scheren des Haupthaares seine Stärke.

*Wieland den Schmied... Amboß:* der erste der vielen ironischen Seitenhiebe van der Straatens auf Richard Wagner, der, darauf spielt die Wagner-Schwärmerin Melanie an, 1850 einen gleichnamigen Dramenentwurf skizziert hatte und am Schluß seiner programmatischen Schrift »Das Kunstwerk der Zukunft« (1850) die germanische Sage (abweichend von der überlieferten) als Beispiel deutscher Größe erzählt: wie Wieland, der kunstreiche Schmied, die Schwanenjungfrau kämpfend zum Weib gewinnt, König Neiding ihn entführt, ihn für sich arbeiten läßt, ihm die Fußsehnen durchschneidet, um ihn an der Flucht zu hindern, wie sich der Verkrüppelte aus der Not Flügel schmiedet, sich an Neiding rächt und durch die Lüfte dahin fliegt, wo er seine Geliebte wiederfindet. Wagner beschließt die Schrift mit: »O einziges, herrliches Volk! Das hast du gedichtet, und du selbst bist dieser Wieland! Schmiede deine Flügel und schwinge dich auf!« (Sämtliche Dichtungen und Schriften. Volks-Ausgabe, 6. Auflage. Band 3. Leipzig o. J., S. 177)

*Kontoristen:* ein in der Schreibstube (Kontor) arbeitender Handlungsgehilfe.

*Salviati:* Antonio Salviati (1816–90), Industrieller, der die alte Glasfabrikation Venedigs, besonders die Herstellung von Glasmosaiken in der alten Technik, wiederbelebte und auch venezianische Glasgefäße des 16. und 17. Jahrhunderts perfekt zu imitieren verstand. Er gründete 1860 auf Murano bei Venedig eine Fabrik und fusionierte später mit Elster in Berlin zur Herstellung von Mosaiken. Führte auch die Mosaiken im Unterbau der Siegessäule aus; vgl. die siebente Anmerkung zu S. 42.

14 *perorierte:* (lat.) eine Rede hielt bzw. zum Schluß brachte.
*Tintoretto:* Beiname (ital.: das Färberlein) des venezianischen Malers Jacopo Robusti (1518–94). Die biblische Erzählung der Ehebrecherin vor Christus hat Tintoretto mehrfach gemalt. Das Bild, das van der Straaten sich hat kopieren lassen, ist jedoch, wie später herausgefunden wurde, gar nicht von Tintoretto (vgl. Erasmus Weddigen: Theodor Fontane und Jacopo Tintoretto. Anmerkungen zum Roman »L'Adultera« [mit Abbildung]. In: Neue Zürcher Zeitung, 1. Januar 1971 [Neujahrs-Fernausgabe Nr. 1]). Abbildungen auch bei Jung, Bildergespräche, S. 245, Abb. 1.
*Lorgnon:* (frz.) einfaches Vergrößerungsglas mit Stiel.
*Wer unter euch ohne Sünde ist...:* Jesus richtet die Worte an die Pharisäer, die eine Ehebrecherin steinigen wollen (»Wer unter euch ohne Sünde ist, der werfe den ersten Stein«; Johannes 8, 7).
*alles wie vorherbestimmt:* Anspielung auf die Prädestinationslehre des Genfer Reformators Johann Calvin (1509–64), die auch Fontane beeindruckte.

15 *Galerie:* die private Gemäldegalerie van der Straatens. Louis Ravené jun., sein historisches Vorbild, besaß eine der bedeutendsten privaten Gemäldesammlungen Berlins.
*medisieren:* (frz.) geistreich plaudern, lästern, klatschen; eine Lieblingsvokabel in Fontanes auf Dialog gerichteten Romanen.

*Suboff... Kaiser Paul:* Die Brüder Plato und Nikolaus Subow zählten zu den Verschwörern gegen den geisteskranken russischen Zaren Paul (1754–1801), der ermordet wurde, weil er nicht bereit war abzudanken.
*König Ezel:* Siehe die sechste Anmerkung zu S. 9.

16 *heute rot und morgen tot:* beruht auf Sirach 10, 12: »Heute König, morgen tot.« Auch eingegangen in Büchmann: Geflügelte Worte. 18. Auflage. Berlin 1895, S. 50.
*Memento mori:* (lat.) Gedenke, daß du sterben mußt. Wahlspruch verschiedener Mönchsorden (nicht aber der Kapuziner, eines Zweigs der Franziskaner, die zu den größten katholischen Orden zählen, barfuß in Sandalen laufen, angetan mit brauner Wollkutte samt Schulterkragen und Kapuze).
*einmauern läßt... ›Melanie die Nonne‹:* Anspielung auf die bekannte eingemauerte Nonne des Klosters Heiligengrabe (Ostprignitz).

17 *Zeit gewonnen, alles gewonnen... den Teufel nicht an die Wand malen:* zwei weitverbreitete Redensarten; vgl. K. F. Wander: Deutsches Sprichwörter-Lexikon. Bd. 5 und Bd. 4. Leipzig 1880, Spalte 55 (Stichwort: »Zeit«, Nr. 684) und 1876, Spalte 1111 (Stichwort: »Teufel«, Nr. 1227).
*c'est tout:* (frz.) das ist alles.
*Sein oder Nichtsein:* Anspielung auf den Beginn des berühmten Monologs von Hamlet, (3. Akt, 1. Szene) aus Shakespeares Trauerspiel »Hamlet, Prinz von Dänemark«: »Sein oder Nichtsein, das ist hier die Frage.«

18 *Logierbesuch:* logieren (frz.), jemanden beherbergen, bei sich wohnen lassen.
*die ›gestrengen Herren‹:* die Eisheiligen, die Tagesheiligen des 12. bis 14. Mai (Pankratius, Servatius, Bonifatius), in manchen Gegenden auch noch der 11. und 15. Mai (Ma-

mertus und »kalte Sophie«), mit ihren möglichen Kälterückschlägen.
*Comptoir:* (frz.) Kontor, Handelsbüro, Handelshaus.
19 *Courtoisien:* (frz.) Höflichkeiten.
*Revers:* (frz.) Kehrseite.
*Fauteuil:* (frz.) Sesselstuhl, Armstuhl.
*eine ganz besondere Beichte:* Der Aufbau des folgenden Gesprächs zeigt »in Mitteln und Motiven« Anklänge an die Unterhaltung von Eduard und Charlotte in Goethes »Wahlverwandtschaften«, Teil 1, Kapitel 1 (vgl. Jürgen Kolbe: Goethes »Wahlverwandtschaften« und der Roman des 19. Jahrhunderts. Berlin und Köln 1968, S. 173f.).
20 *Volontär:* (frz.) Freiwilliger; jemand, der ohne (oder nur gegen eine geringe) Vergütung sich einer beruflichen Ausbildung unterzieht.
21 *Eh bien... Faisons le jeu:* (frz.) Nun gut... Machen wir das Spiel.
*Konspirationen:* (lat.) Verschwörungen.
*Accent grave:* (frz.) Zeichen für schwere Lautbetonung.
*suspekt:* (lat.) verdächtig.
*Ebenezer:* (hebräisch) »Stein der Hilfe«; Ort in Palästina, Schlachtfeld in den Philisterkriegen (vgl. 1. Samuel 4, 1 ff.); ein heiliger Stein bei Mizpa (vgl. 1. Samuel 7, 12).
*Rubehn... alle zwölf Söhne Jakobs... Flügelmann:* Ruben war der älteste Sohn Jakobs; Anspielung auf die jüdische Herkunft von Rubehn (siehe auch oben Seite 80–82).
*Rubens:* Peter Paul Rubens (1577–1644), flämischer Maler.
22 *Krugs Garten:* Ausflugslokal am Lützowplatz.
*Distinguiertes:* (frz.) Vornehmes.
*Ehrenlegion:* höchster französischer Orden; das rote Ordensbändchen wird im Knopfloch getragen.

*bei den fünften Dragonern:* Dragoner (als Teil der Kavallerie) hatten im preußisch-deutschen Heer leichtere Pferde als z. B. Kürassiere und Ulanen und konnten im Notfall auch zu Fuß fechten. Das Dragoner-Regiment Freiherr von Manteuffel (rheinisches) Nr. 5, 1860 gegründet, war 1867–75 zum Teil in Frankfurt am Main stationiert, also ziemlich jung und noch ohne Tradition. (Vgl. Edeltraud Ellinger: Das Bild der bürgerlichen Gesellschaft bei Theodor Fontane. Würzburg 1970 [Phil. Diss.], S. 127.)

*Chartres und Poupry:* Orte heftiger Kämpfe im Deutsch-Französischen Krieg 1870/71.

*verpönte Klangformen einer anderen:* Poupry-pupen-furzen – eine der vielen van der Straatenschen Zweideutigkeiten?

23 *Charge:* (frz.) Dienstgrad.

›*Die Mohrenwäsche*‹: populäres Gemälde von Karl Joseph Begas (1794–1854); im Zentrum ein weißes nacktes Mädchen, das mit einem Schwamm eine Negerin weiß zu waschen versucht. Abbildung und Deutung in: Jung: Bildergespräche, S. 254, Abb. 10; das Bild zählte zur Privatsammlung der Ravenés.

*Simplicitas:* (lat.) Einfalt.

24 *wie heißt die schönste Frau im Land?:* Anspielung auf die Frage der bösen Stiefmutter im »Sneewittchen«-Märchen der Brüder Grimm: »Spieglein, Spieglein an der Wand, / Wer ist die Schönste im ganzen Land?«

*Die »drei gestrengen Herren«:* Siehe die zweite Anmerkung zu Seite 18.

25 *Alsenstraße:* Straße, die das Kronprinzenufer mit dem Königsplatz, die Bismarckstraße kreuzend, verbindet.

*Generalstabs-Rot:* Ein karminroter Kragen und rote Streifen an den Hosen kennzeichneten die Uniformen der Generalstabsoffiziere.

*Übergang über die Beresina:* Beim Passieren des rechten Nebenflusses des Dnjepr vom 26. bis 28. November 1812 erlitten die Reste der Großen Armee Napoleons I. auf ihrem Rückzug große Verluste.

*großer Chef... Schweiger:* Helmuth Graf von Moltke (1800–91), 1858–88 Chef des Generalstabs der Armee, seit 1867 konservativer Reichstagsabgeordneter, war wegen seiner Schweigsamkeit bekannt.

*über Gerechte... scheinen ließ:* Anspielung auf das Bibelzitat »Er läßt seine Sonne aufgehen über die Bösen und über die Guten und läßt regnen über Gerechte und Ungerechte« (Matthäus 5, 45); auch eingegangen in Büchmanns »Geflügelte Worte«, 18. Auflage, Berlin 1895, S. 54.

*Legationsrat:* Botschaftsrat; Amtstitel für höhere Beamte, die einem Gesandten beigegeben sind; auch Titel für vortragende Räte im Auswärtigen Ministerium.

26 *Bismarck:* Otto Fürst von Bismarck (1815–98), Gründer des Deutschen Reiches von 1871, der neunzehn Jahre lang als Reichskanzler und preußischer Ministerpräsident die deutsche Politik bestimmte. In allen Berliner Romanen spielt Bismarck, den Fontane, hin- und hergerissen, bewunderte und ablehnte, als Gesprächsgegenstand eine wichtige Rolle. Vgl. u. a.: Walter Müller-Seidel: Fontane und Bismarck. In: Benno von Wiese und Rudolf Henß (Herausgeber): Nationalismus in Germanistik und Dichtung. Berlin 1967, S. 170–201.

*seit 66:* seit 1866, dem Ende des sogenannten Verfassungskonfliktes, womit Bismarck auf lange Zeit das Übergewicht der Krone gegenüber dem Parlament hatte durchsetzen können.

*Koloniefranzosen:* Nachfahren der gegen Ende des 17. Jahrhunderts ihres calvinistischen Glaubens wegen aus

Frankreich vertriebenen Hugenotten, die sich auch in Brandenburg und Berlin niedergelassen und eigene Wohnkolonien gegründet hatten.

*Admiral Duquesne:* Abraham Duquesne (1610–88), französischer Seeheld, von Ludwig XIV. wegen seiner Verdienste zum Marquis erhoben.

*Genremaler:* Maler von Alltagsszenen.

27 *zu der alleinseligmachenden Musik:* ironische Analogiebildung zur »alleinseligmachenden Kirche«, mit der van der Straaten auf den pseudo-religiösen Kult der Wagnerianer um die Musik des Meisters abzielt.

28 *»Hochzeit zu Cana«:* Gemälde des italienischen Malers Paolo Veronese (1528–88) von 1563 mit der Szene aus Johannes 1, 1–12, sein wohl berühmtestes Tafelszenen-Bild. »Aus der biblischen Szene macht Veronese ein venezianisches Fest.« (Jung: Bildergespräche, S. 88; Abbildung ebenda, S. 146, Nr. 2)

*Cöllnischen Fischmarkt:* einer der zahlreichen Berliner Wochenmärkte, der in Cölln an der Spree, gegenüber Alt-Berlin, abgehalten wurde.

29 *Das ist Tells Geschoß:* Gesslers zum geflügelten Wort gewordener Ausruf aus Schillers »Wilhelm Tell«, als ihn der tödliche Pfeil des Titelhelden niederstreckt (4. Akt, 3. Szene); vgl. Büchmann: Geflügelte Worte. 18. Auflage. Berlin 1895, S. 176.

*Montefiascone:* Muskatwein aus der gleichnamigen Stadt in der Provinz Rom.

*binnen heut' und drei Monaten haben wir Krieg:* »Anspielung auf die Krieg-in-Sicht-Krise... Bismarck nahm das im März 1875 von der französischen Nationalversammlung erlassene Militärgesetz zum Anlaß, eine Pressekampagne gegen die französische Wiederaufrüstung, die man als Bedrohung für Deutschland betrachtete, anzuregen. Am 9. April 1875 erschien in der ›Post‹ der Artikel ›Ist der Krieg in Sicht?‹, der Frankreich beschuldigte, einen Revanchekrieg vorzubereiten.« (A, S. 568)

30 *Karlsbad und Teplitz:* beliebte Kur- und Badeorte im westlichen bzw. nordwestlichen Böhmen.
*Irgendwas Benedettihaftes:* Vincent Benedetti (1817 bis 1900), 1864-70 französischer Botschafter in Berlin, der mit König Wilhelm I. in Bad Ems über die spanische Thronkandidatur eines Hohenzollers beriet, was Napoleon III. ablehnte. Obwohl Prinz Leopold von Hohenzollern-Sigmaringen auf die Thronkandidatur verzichtet hatte, forderte Napoleon III. aus Prestigegründen eine Garantie des Verzichts. Das Telegramm des Geheimrates Abeken über die Verhandlungen und deren Abbruch, das er am 13. Juli 1870 an Bismarck sandte (»Emser Depesche«), veröffentlichte Bismarck einen Tag darauf in gekürzter Fassung, doch ohne ein Wort zu ändern oder hinzuzusetzen. Die königliche Ablehnung der französischen Forderung wurde durch diese trickreiche und provokative Kürzung, die keine Fälschung, aber eine Verfälschung darstellte, so verschärft, daß Napoleon III. Deutschland am 19. Juli den Krieg erklärte.
*Stelle, wo Rußland und England... ihre große Schlacht schlagen werden:* Anspielung auf die Krisensituation auf dem Balkan in den 1870er Jahren, die später zum Russisch-Türkischen Krieg 1877/78 führen sollte. Die Beziehung zu England, das im Krimkrieg (1853-56) auf Seiten der Türkei kämpfte, war seitdem gespannt.
*Seine Durchlaucht, den Fürsten:* Otto von Bismarck (1815-98), Graf seit 1865, Fürst seit 1871.

*von ganzem Herzen und von ganzem Gemüte:* Anspielung auf das biblische Gebot: »Du sollst den Herrn, deinen Gott, liebhaben von ganzem Herzen, von ganzer Seele, mit allem Vermögen.« (5. Mose 6, 5)

*Kruppsche Monstregeschütz:* die größte Kanone der Firma Krupp aus Essen, die Geschosse vom Kaliber 46 cm verschießen konnte.

*Hazardieren:* (frz.) wagen, aufs Spiel setzen.

31 *Doppelschatz... triplierte 70:* Anspielung auf die sich steigernden Vermögenswerte, die Bismarck nach den erfolgreichen Kriegen gegen Dänemark (1864), Österreich (1866) und Frankreich (1870/71) erhielt. Doublieren: (frz.) verdoppeln; triplieren: (frz.) verdreifachen.

*sixe-le-va:* (frz.) fehlerhaft für six-et-le-va, das Sechsfache des Einsatzes beim Pharao (oder Pharo), einem Glücksspiel mit französischen Karten, das sich gewinnen läßt, wenn der Spieler den dreifachen Gewinn aus dem ersten Einsatz auf einer Karte fürs nächste Spiel stehen läßt (Paroli spielen) und damit auch seinen ersten Einsatz und Gewinn aufs Spiel setzt.

*Märchen vom ›Fischer un sine Fru‹:* Anspielung auf das niederdeutsche Märchen »Von dem Fischer un syner Fru« (nicht »sine«, wie der sprachlich wiederum unsichere Polizeirat annimmt) aus der Märchensammlung der Brüder Grimm. Isebill, des Fischers Frau, verliert durch immer maßloseres Wünschen alles durch den Butt Erfüllte (zuletzt möchte sie gar »as de lewe Gott« werden) und sitzt schließlich wieder in ihrem ärmlichen »Pißputt«.

*Wer alles gewinnen will, verliert alles:* Anlehnung an ähnliche, aber nicht gleiche Redensarten, die in K. F. Wander: Deutsches Sprichwörter-Lexikon, Bd. 1, Leipzig 1867, zum Stichwort »gewinnen« nachgewiesen werden.

*stupendes:* (lat.) erstaunliches, verblüffendes.

32 *Bildsäulen und Denkmäler sind bereits da:* Anspielung auf die vermehrten nationalen Standbilder und Monumente (auch solche von Bismarck) nach dem gewonnenen Deutsch-Französischen Krieg von 1870/71.
*Plagiatorisches:* (lat.) geistig Gestohlenes.
*Exmittierung Österreichs:* Ausschluß Österreichs aus dem Deutschen Bund nach dem Deutschen Krieg von 1866, dem Entscheidungskrieg zwischen Preußen und Österreich um die Vorherrschaft in Deutschland.
*Aufbau des Deutschen Reiches:* Bismarck gilt als Gründer des Deutschen Reiches von 1871.
*Ekrasierung Frankreichs:* Sieg über Frankreich im Deutsch-Französischen Krieg 1870/71; ekrasieren: (frz.) zerquetschen, zermalmen, vernichten.
*Dethronisierung des Papstes:* Ende der weltlichen Herrschaft des Papstes im Kirchenstaat (1870). Anspielung auf Bismarcks »Kulturkampf« wider die Macht der katholischen Kirche, den er seit 1870 geführt hatte, dessen scharfe Gesetze und Verordnungen aber um 1880 schrittweise in »Friedensgesprächen« zurückgenommen werden mußten.
*ihm feindlichen Partei... Schlachtruf genommen:* die Nationalliberale Partei, 1867 gegründet, deren Schlachtruf des »Kulturkampfs« gegen den Katholizismus Bismarck für seine Interessen einzusetzen verstand, dem es aber um machtpolitische Ziele ging. Der Begriff stammt aus einer Rede von Rudolf Virchow (1821–1902) vom 17. Januar 1873, dem Gründer und Führer der Fortschrittspartei.
*Umsatz- und Wechselgeschäft:* Siehe das Nachwort oben S. 191–202.
*Rohes und Brutales, etwas Dschingiskhanartiges:* Dschingis-Chan (um 1155 oder 1167–1227), einer der größten Feldherrn und Staatsgründer der Geschichte, Begründer

des mongolischen Weltreiches, das vom Chinesischen Meer bis an die Grenze Europas reichte. Der Vorwurf des »Rohen« und »Brutalen« seiner Eroberungskriege unterschlägt seine religiöse Toleranz den Unterworfenen gegenüber.

33 *Glücks-Tempelherrn:* Wortspiel aus »Tempeln«, einem Kartenglücksspiel, und »Tempelherrn (Templer)«, dem Mitglied eines 1119 entstandenen geistlichen Ritterordens.
*Jesuiten aus dem Lande geschafft:* 1872 wurde im Zuge des »Kulturkampfes« durch das »Jesuitengesetz« der Jesuitenorden im Deutschen Reich verboten.
*Die Bösen... geblieben:* leicht variiertes Zitat aus Goethes »Faust« I: »Den Bösen sind sie los, die Bösen sind geblieben.« (Vers 2509) Damit hat Duquede Bismarck als Teufel dargestellt.

34 *Murillo... Madonnen... Immaculatas und Conceptiones... Brütofen von Heiligkeit:* Bartolomé Esteban Murillo (1617–82), spanischer Maler, »gilt als Meister in der Darstellung der unbefleckten Empfängnis (Immaculata Conceptio), eines Madonnentypus, der etwa um 1500 Eingang in die religiöse Malerei gefunden hat und das katholische Glaubensdogma veranschaulicht, nach dem Maria als Gottesmutter von der Erbsünde frei ist... Murillos Madonnen sind keusch und sinnlich zugleich. Der Maler hat ihnen die ›mädchenhaft unschuldigen Züge der jungen Sevillanerinnen gegeben und umgab sie mit Seraphim und anderen Engeln, in denen man mühelos kleine Gassenjungen des Stadtviertels Santa Cruz wiedererkennen konnte‹ (Joaquin Vaquero Palacios)« (Jung: Bildergespräche, S. 106f.; Abbildungen S. 247f., Nr. 3 und 4).
*elfer Rheinwein:* 1811, ein besonders guter und durch sein Alter kostbarer Weinjahrgang.

*A la bonne heure:* (frz.) Das lass' ich mir gefallen, vortrefflich.
*magnifique:* (frz.) großartig.
*Diversion:* (lat.) Ablenkung.
35 *tizianischen... gemäßigte Temperatur:* Tizian (1476/77 oder 1489/90–1576), italienischer Maler der Hochrenaissance, dessen klassische Madonnendarstellungen sich durch das »zentrale Merkmal ihrer Distanz zum Betrachter« auszeichnen. »Da Tizian seine Bilder stark durchkonstruierte und besondere Freude an der perspektivischen Ausgestaltung des Raumes hatte, kann seine Darstellungsweise den barocken Bildern Murillos mit Recht als ›kühler‹ entgegengestellt werden.« (Jung: Bildergespräche, S. 109 f.; Abbildungen S. 149 f., Nr. 5 und 6)
*Schwurbibel:* Der Eid, dessen Formel mit den Worten endet: »So wahr mir Gott helfe«, wurde auf die Bibel geleistet.
*Pomuchelskopf:* Pomuchel, Dorsch, »niederdeutsche Bezeichnung für Kartoffelkopf« (H), ein schwerfälliger Mensch. Anspielung auf den Rittergutsbesitzer Herrn von Pomuchelskopp in Fritz Reuters (1810–74) Roman »Ut mine Stromtid« (1864).
*Allons, enfants:* (frz.) Vorwärts, Kinder (des Vaterlandes). Beginn der Marseillaise, der französischen Nationalhymne.
*Mouet:* französischer Champagner.
*bei den Gebeinen des unsterblichen Roller:* Anspielung auf den Schwur, den Karl Moor seiner Bande in Schillers Drama »Die Räuber« (1781) leistet: »Bei den Gebeinen meines Rollers! Ich will euch niemals verlassen!« (II/3)
*Renommage:* (frz.) eitle Prahlerei.
*Spitzgläsern:* kleine Trinkgläser, die nach unten spitz zulaufen und dadurch weniger Volumen haben.

*Einzel-Amor... des tizianischen roten Ruhebetts... grüner Damastgardine... Spitzentaschentuch:* »In van der Straatens Ausführungen addieren sich die von ihm genannten Details nicht zu einem bestimmten Gemälde Tizians.« Sie »belegen als ikonographische Muster zwei verschiedene Darstellungen der Venus, die Tizian in verschiedenen Variationen mehrfach gemalt hat«: die »Venus von Urbino« (1538) und die »Venus mit dem Perlhuhn« (1545). »Als Verkörperung eines bestimmten Frauenideals steht Venus auf diesen Bildern eher für sinnliche Leidenschaft als für das Bündnis der Ehe.« (Jung: Bildergespräche, S. 113; Abbildungen S. 251f., Nr. 7 und 8)

36 *superbe:* (frz.) vortrefflich, herrlich.

*Suum cuique:* (lat.) Jedem das Seine; Cicero-Zitat. »Friedrich der I. von Preußen wählte das ›Suum cuique‹ zur Inschrift vieler Medaillen und Münzen und zum Motto des am 17. Januar 1701 gestifteten Ordens vom Schwarzen Adler, und seitdem blieb es Preußens Wahlspruch.« (Georg Büchmann: Geflügelte Worte. 18. Auflage. Berlin 1895, S. 323)

37 *Orakulosen und Mirakulosen:* (lat.) Zeichenhaften und Wunderhaften.

*Götterdämmerung:* Anspielung auf Richard Wagners Oper »Die Götterdämmerung« (1874), die letzte der Opern aus dem »Ring des Nibelungen«.

*Casta diva:* (ital.) keusche Göttin; die Mondgöttin Luna. »Mit der Anspielung auf die berühmte Arie ›Casta diva‹ (›Keusche Göttin im silbernen Glanze‹) aus Vincenzo Bellinis Oper ›Norma‹ (1831) greift van der Straaten Melanies Entscheidung für die ›temperierten‹ Madonnen Tizians als Fehleinschätzung an, denn Bellinis Druidenpriesterin liebt trotz ihres Keuschheitsgelübdes den römischen Feldherrn Pollione.« (Jung: Bildergespräche, S. 119)

*Ritter von Bayreuth:* Richard Wagner lebte seit 1871 in Bayreuth, wo 1876 die ersten Festspiele mit seinen Opern stattfanden.

*Tannhäuser und Venusberg-Mann:* Anspielungen auf Wagners Oper »Tannhäuser« (1845), deren Titelheld im Hörselberg die Liebe der Göttin Venus genossen hat.

*die Voggenhuber:* Vilma von Voggenhuber (1844–88), Sängerin an der Berliner Hofoper, berühmt durch ihre Wagner-Rollen. Sie sang am 20. März 1876 die Isolde in der ersten Aufführung von »Tristan und Isolde« am Königlichen Opernhaus zu Berlin. Wagner hatte die Proben selbst geleitet und war auch bei der Premiere mit seiner Frau Cosima zugegen. (Vgl. Richard Wagners Musikdramen. Herausgegeben von Edmund E. F. Kühn. Bd. 1. Berlin o. J., S. 181.)

*Permission:* (lat.) Erlaubnis.

*alles Jacke...:* Redensart, die vollständig lautet: »Das ist Jacke wie Hose« (Das macht keinen Unterschied) und deren letzter Teil übertönt wird, um das für Damen unerhörte Wort »Hose« nicht hören zu lassen.

38 *Schall und Rauch:* Anspielung auf Goethes »Faust« I: »Gefühl ist alles; / Name ist Schall und Rauch, / Umnebelnd Himmelsglut.« (Vers 3456–58)

*kupiere Kupons:* Siehe das Nachwort oben S. 191–202.

*reprimandieren:* (frz.) verweisen, tadeln, schelten.

39 *»Friede sei ihr erst Geläute«:* Schlußvers aus Schillers populärem Gedicht »Lied von der Glocke« (1800).

*Lacrimae Christi:* (lat.) Tränen Christi; feuriger italienischer Süßwein aus der Gegend um den Vesuv.

*nur Chimäre:* Zitat aus der Oper »Robert der Teufel« (1831), »(Ja) das Gold ist nur Chimäre« (siehe auch Büchmann: Geflügelte Worte, 1895, S. 240), von Giacomo Meyerbeer (1791–1864), den Wagner »überwunden« hat.

*ich liebe Nonnen, die tanzen:* Anspielung auf eine Szene in »Robert der Teufel«. »In der berühmten Beschwörungsszene des 3. Aktes tanzen auf einem nächtlichen Friedhof die vom Teufel beschworenen verstorbenen Nonnen einen verführerischen Tanz, den man besonders in Deutschland als lasziven Sinnenkitzel verstand.« (Jung, Bildergespräche, S. 114)

40 *Equipage:* (frz.) Kutsche, Kutscher und Pferde.
*Filettuch:* Filet (frz.), mit der Filetnadel gesticktes Netzgewebe.

41 *Fritz Reuterschen Gegenden:* aus Mecklenburg; siehe auch die dritte Anmerkung zu S. 35.
*Präliminarien:* (lat.) diplomatische Vorverhandlungen.
*Spittelmarkte:* Platz in der Nähe der Wohnung der van der Straatens.
*en Jüdscher:* ein Jude.
*Landwehr:* ursprünglich das Aufgebot aller wehrfähigen Männer zur Verteidigung des Vaterlandes. Die preußische Landwehr-Verordnung von 1813 erfaßte alle aus dem Heer Entlassenen vom 17. bis zum 40. Lebensjahr, die nicht dem stehenden Heer angehörten, um sie für militärische Aufgaben innerhalb der Feldarmee bzw. als Besatzung der Festungen zu verwenden. Die Wehrfähigkeit wurde durch periodische Einberufungen frisch gehalten.
*Wallstraßenportal... Opernplatz:* zwischen dem Opernhaus und dem Schloß gelegen.

42 *Fond:* (frz.) Hintersitz.
*Palais:* Palais von Wilhelm I. (1797–1888), Deutscher Kaiser (1871–88) und König von Preußen (1861–88). Die Hauptfront des Gebäudes lag nach der Straße Unter den Linden zu.
*Friedrichsmonumente:* Reiterdenkmal Friedrichs des Großen, zwischen dem Palais Wilhelms I. und der Universität,

am Anfang der Lindenpromenade gelegen, geschaffen von Christian Daniel Rauch (1777–1857), einem der bedeutendsten Bildhauer des deutschen Klassizismus, und seinen Schülern Wolff und Bläser, 1851 enthüllt. Gesamthöhe: 13 Meter, davon 5,65 Meter Reiter und Pferd.
*Allerloyalsten:* loyal (frz.), aufrichtig, gesetzestreu, untertänig.
*des Eckfensters:* Dahinter lag das Arbeitszimmer des Kaisers. Eines der Fenster wies auf die Straße Unter den Linden, das andere nach dem Opernplatz. Wilhelm I. pflegte von dort um 12 Uhr das Aufziehen der Wache zu beobachten.
*Brandenburger Tore:* Mit dem Pariser Platz und dem Brandenburger Tor schließt die Straße Unter den Linden nach Westen ab. Das Tor, das einzige in Berlin verbliebene, wurde 1789–93 unter Friedrich Wilhelm II. durch Carl Gotthard Langhans (1732–1808) erbaut.
*Siegesdenkmal:* Die Siegessäule, auf welche die Friedensallee vom Brandenburger Tor schräg zuläuft, wurde von Heinrich Strack (1805–80) als Denkmal der preußischen Siege von 1864, 1866 und 1870/71 erbaut und 1873 enthüllt. Allein die Höhe bis zur Aussichtsplatte betrug rund 50 Meter.

43 *Potsdamer Tor:* »Das Potsdamer Tor auf dem Leipziger Platz gab es um 1875 nicht mehr, lediglich die beiden Wachhäuser standen noch.« (A, S. 571)
*Pferdebahngeklingel:* Pferdebahn, die von Pferden auf Schienen, die in die Straße eingelassen waren, gezogenen Waggons, Vorläufer der Straßenbahn.
*Bellevuestraße:* Sie läuft nordwestlich vom Leipziger Platz auf den Kemperplatz zu, wo Reiff und Duquede nach links in die Tiergartenstraße einbiegen.

*sollte sich die Hörner abgelaufen haben:* Redensart. Sich die Hörner noch nicht abgelaufen haben: »noch im Jugendübermut stecken, noch keine Erfahrungen (bes. in der Liebe) gesammelt haben.« (Lutz Röhrich: Lexikon der sprichwörtlichen Redensarten. 2 Bände. Freiburg im Breisgau 1973; Stichwort: »Horn«)

*Durchgänger:* Pferd, das leicht scheut und durchgeht.

44 *der »Große Mann«:* Bismarck.

45 *auf den Erlkönig:* auf die Kenntnis von Goethes gleichnamiger Ballade als Zeichen von Bildung.

*Air:* (frz.) Ansehen.

*Mesalliance:* (frz.) Mißheirat, eheliche Verbindung zwischen Personen sehr unterschiedlichen Standes.

*Stoffel:* Eugène George Henri Céleste Baron de Stoffel (1823–1907), 1866–70 französischer Militärattaché in Berlin, dessen Informationen über den hohen Stand des preußischen Militärapparates und dessen Aufrüstung von der französischen Regierung nicht beachtet wurden.

46 *Courmacher:* die Cour machen (frz.), einer Dame den Hof machen.

*großen Reichsbaumeister:* Bismarck.

*konsolidierte Fonds:* Wertpapiere, die durch Staatsgarantie gedeckt sind; vgl. auch das Nachwort oben S. 192 f.

*Bendlerstraße ... Von-der-Heydt-Brücke ... Hofjägerallee:* Reiff biegt in die links in südlicher Richtung von der Tiergartenstraße abzweigende Bendlerstraße ein, die auf die Von-der-Heydt-Brücke zuläuft, die über den Landwehr-Kanal führt (August von der Heydt, 1801–74, preußischer Staatsminister, 1863 in den erblichen Freiherrenstand erhoben); Duquede geht die Tiergartenstraße in westlicher Richtung weiter, bis sie auf die Hofjägerallee stößt, die nördlich auf den Großen Stern zuläuft.

48 *als Dames d'honneur installiert:* (frz.) als Ehrendamen bestallt, eingestellt.
49 *Cramerschen Klavierschule:* Johann Baptist Cramer (1771–1858), Komponist, Pianist, Musikverleger und Klavierpädagoge. Von seinen Unterrichtswerken sind vor allem die »84 Klavier-Etüden opus 81« und die »Schule der Fingerfertigkeit opus 100« immer wieder aufgelegt worden.
*Aloen:* (frz.) Liliengewächsgattung mit fleischigen, dornigen Blättern.
*Bosquets:* (frz.) Blumen- oder Baumgruppen, Gebüsche.
*Glaskugeln:* als Gartenschmuck.
*Bassins:* (frz.) Wasserbecken, Brunnen.
*jaloux:* (frz.) eifersüchtig.
50 *Himmelpfort:* »altes Kloster in der Uckermark.« (H)
51 *Batisttuch:* sehr feines, leinwandartiges Gewebe.
*(Firma Jakob Rubehn und Söhne):* ironische Anspielung Fontanes auf Jakob und seine Söhne aus dem Alten Testament; vgl. auch oben S. 80–82 mit den entsprechenden Anmerkungen.
52 *Lieutenant:* (frz.) Leutnant.
*Reserve:* (frz.) Beurlaubtenstand. Bei einer Mobilmachung treten die Reserveoffiziere in ihren alten Truppenteil ein. In einem Brief an Georg Friedlaender vom 3. Oktober 1893 bezeichnet Fontane den »Reserve-Offizier« als »das Hauptidol«, den »Vitzliputzli des preußischen Cultus«.
*Mais à la guerre, comme à la guerre:* (frz.) Aber im Krieg ist es wie im Krieg.
53 *Und wo nichts ist, hat:* Das abgebrochene Sprichwort könnte sich so fortsetzen: »Wo nichts ist, hat der Kaiser sein Recht verloren« oder: »...da kann man nichts nehmen« oder: »...da können die Soldaten nichts nehmen.«

54 *Wotans Abschied:* Schlußszene aus Wagners Oper »Die Walküre« (1856 in der Partitur abgeschlossen, 1870 die erste Aufführung), in der Wotan beklagt, daß er seine Lieblingstochter Brünnhilde verliert, die es durch ihren Ungehorsam verwirkt hat, weiterhin Walküre zu sein, und einst einem Mann angehören wird, der sie später am Walkürefelsen finden und wecken wird: »Leb wohl, du kühnes, herrliches Kind! / Du meines Herzens heiligster Stolz.«
*Pontarlier:* Im Deutsch-Französischen Krieg wurde der Vorfriede von Versailles am 26. Februar 1871 abgeschlossen. Die neugebildete Südarmee unter General von Manteuffel hatte General Bourbaki gezwungen, am 1. Februar 1871 bei Pontarlier in die Schweiz überzutreten.

55 *Zaubergarten:* Anklang an den Venusberg in Wagners »Tannhäuser«, womit Melanie in die Nähe der Frau Venus gerückt wird; siehe auch Nachwort oben S. 248.
*Tauben... Markusplatz:* Wahrzeichen Venedigs.
*Montecchi... Capuleti:* Anspielung auf die feindlichen Veroneser Familien Montague und Capulet in Shakespeares »Romeo und Julia«.
*tout à fait:* (frz.) gänzlich, ganz und gar.
*kleinen Gemeinde:* der Wagner-Schwärmer.

56 *Meistersingern:* Wagners Oper »Die Meistersinger von Nürnberg« (1868 uraufgeführt).
*Au revoir:* (frz.) auf Wiedersehen.

57 *Stralauer Wiese:* Stralau, 3 km oberhalb Berlins an der Spree gelegenes Fischerdorf und beliebtes Ausflugsziel.
*Cabriolet:* (frz.) leichter Wagen, einspänniger Gabelwagen mit zwei Rädern.

*mit von der Schiffsmannschaft des Fliegenden Holländers zu sein:* das heißt zu schweigen. Auf dem Schiff des »Fliegenden Holländers« in Wagners gleichnamiger Oper (1843 uraufgeführt) herrscht gespenstische Stille.
*Siegfried und Brunhilde:* Figuren aus Wagners »Ring des Nibelungen«.
*Tristan und Isolde:* aus Wagners gleichnamiger Oper (uraufgeführt 1865).

58 *Treptow:* gegenüber Stralau gelegenes Fischerdorf.
*Stralauer Fischzug:* Volksfest, alljährlich am 24. August gefeiert.
*Dobremontschen Feuerwerkstage:* Dobremont, »Theaterfeuerwerker; am 18. August 1843 brach nach der Abendvorstellung im Opernhaus durch einen glimmenden Gewehrpfropfen ein Brand aus, wobei Dobremont vermutlich eine Rolle spielte« (H, S. 176f.).
*superiore:* (lat.) vornehme.

59 *Crayon:* (frz.) Bleistift.
*der ewige Vergleich vom »Meltau«:* Mehltau (oder Meltau): mehlstaubähnlicher Belag, welcher die davon befallenen Pflanzen schwer schädigt. Hier übertragen auf Duquedes Eigenart, jede Lebensfreude zum Absterben zu bringen. Auch als politische Anspielung zu verstehen, verwendet in Auseinandersetzungen mit politischen Gegnern: »Bismarck spricht im übertragenen Sinn einmal vom ›ersten Mehltau, der auf meine Hoffnungen fiel‹; auch vom ›Mehltau der Entmutigungen‹.« (Trübners Deutsches Wörterbuch. Bd. 4. Berlin 1943, S. 591 (Stichwort: »Me(h)ltau«)
*Eskorte:* (frz.) Bedeckung, Begleitung, Gefolge.
*insinuieren:* (lat.) beliebt machen.

*per Rohrpost avertieren:* avertieren (frz.), benachrichtigen. Berlin besaß seit 1876 eine unter dem Straßenpflaster befindliche moderne Rohrpostanlage, mit der Post, verpackt in Stahlblechbüchsen, durch Luftdruck minutenschnell an die nächsten Zustellämter verschickt werden konnte. 1876 gab es hierfür 15 Stationen, das Netz wies eine Gesamtlänge von 26 km auf und wurde ständig erweitert. Der Adressat erhielt die durch Eilboten zugestellte Post eine halbe bis eine Stunde nach Aufgabe.

*Löbbekes:* möglicher Anklang an das existierende bekannte Lokal »Tübbecke«.

60 *Teplitz und Karlsbad:* Kurbäder im nordwestlichen bzw. westlichen Böhmen.

*konfidentiell:* (frz.) vertraulich.

*lieb' Vaterland, kannst ruhig sein:* Refrain aus dem populären Lied »Die Wacht am Rhein«: »Lieb Vaterland, magst ruhig sein, / Fest steht und treu die Wacht am Rhein.« Text: Max Schneckenburger (1819–49). Melodie: Karl Wilhelm (1815–73). Es entstand 1840, als eine französische Besetzung des linken Rheinufers drohte. Nationallied wurde es 1870/71 durch die Vertonung.

*»Wir satteln nur um Mitternacht«:* Zitat aus der Ballade »Leonore« (1773) von Gottfried August Bürger (1747–94): »Wir satteln nur um Mitternacht. / Weit ritt ich her von Böhmen...« (Beginn der 15. Strophe.)

*konvulsivisch:* (lat.) zuckend, krampfhaft.

61 *Pendule:* (frz.) eine Wanduhr, gewöhnlich Stutz- oder Standuhr.

*Droschke zweiter Klasse:* In Berlin gab es Droschken erster und zweiter Klasse, deren Unterschiede sich an den Uniformen der Kutscher erkennen ließen.

*Trakehnern:* Pferde aus dem ostpreußischen Gestüt Trakehnen.

*wie das Pfefferkuchenhaus im Märchen:* Anspielung auf das Hexenhaus in »Hänsel und Gretel« aus den »Kinder- und Hausmärchen« der Brüder Grimm.
*Ship-Hotel:* (engl.) Schiffshotel.
*Ciceroneton:* Cicerone (ital.), Fremdenführer, besonders in italienischen Städten, wegen ihrer Redefertigkeit halb spöttisch nach Cicero, dem berühmtesten römischen Redner, benannt.

62 *Maultrommel:* Gemeint ist die Mundharmonika, nicht die Maultrommel, auch Mundharfe und Brummeisen genannt, ein hufeisenförmig gebogener Stahl, der zwischen die Zähne genommen und von der Hand in Schwingung versetzt wird, wobei der Mund als Resonanzraum dient.
*monsieur-herkules-artig:* Anspielung auf die Berliner Posse »Monsieur Herkules« (1863) von Georg Belly (1836–75), deren Titelheld ein Akrobat ist.
*intrikaten:* (lat.) spitzfindigen, verfänglichen.

63 *Blindekuh:* Jemand werden die Augen verbunden, der alsdann jemand erhaschen und festhalten muß, der dann seinerseits zur blinden Kuh wird. Ein Spiel mit erlaubtem Körperkontakt; wer sich fangen lassen oder festhalten möchte, kriegt das leicht hin. Van der Straaten gleicht der blinden Kuh, die nicht sieht, was sich vor ihr abspielt.
*Gänsedieb:* Zweierlei Spielvarianten sind hier möglich: (a) Der »Herr« fordert die entfernten »Gänschen« auf, rasch nach Hause zu ihm zu kommen, obwohl ein »Dieb«, der sich zwischen dem Herrn und den Gänsen befindet, ihnen auflauert. Wer auf dem Hinlauf gefangen wird, ist im nächsten Spiel der Dieb. (Vgl. Gg. Schlipköter: Was sollen wir spielen? 380 der beliebtesten Jugend-, Turn- und Volksspiele für Schule, Haus, Vereine und Gesellschaftskreise. 2. Auflage. Hamburg 1910, S. 14.)

(b) Es bildet sich ein Kreis aus einer ungeraden Personenzahl, der die Volksweise singt:
»Wer meine Gans gestohlen hat, der ist ein Dieb,
Und wer sie mir dann wiederbringt, den hab ich lieb.«
Bei »...lieb« müssen sich schnell tanzende Paare bilden. Der Gänsedieb bleibt übrig, wird ausgelacht, muß in die Kreismitte und wird tanzend ausgesungen:
»Da steht der Gänsedieb,
Den hat kein Mensch mehr lieb!«
Hiervon gibt es wiederum eine Variante: Gesungen wird im laufenden Kreis, bei »...lieb« steht der Kreis still. Der Gänsedieb hat sich schon jemanden ausgeguckt, läuft auf ihn zu, um ihn zu erhaschen; das Opfer ergreift die Flucht, eilt um den Kreis herum und versucht, an seinen alten Platz zu kommen. Wenn es ihm nicht gelingt, muß es seinerseits den Gänsedieb abgeben, wenn doch, muß der vorherige Gänsedieb nochmals diese Rolle einnehmen und wird geneckt mit »Da steht der Gänsedieb« (ohne weitere Zeile). (Vgl. Schlipköter, S. 125 f.)
In allen Varianten geht's um Körperkontakt und Diebstahl, in der vorletzten erneut um ein Paarspiel. Van der Straaten wird verlacht übrigbleiben, den, gleich dem Gänsedieb, kein Mensch mehr lieb hat. Rubehn, der eigentliche Dieb, hat Melanie, das Gänschen, lieb.
*Bäumchen, Bäumchen, verwechselt euch:* Paare stehen sich an Bäumen gegenüber, eine Person bleibt übrig. Auf den Ruf »Bäumchen, Bäumchen, wechsle dich« müssen die Bäume gewechselt werden. Der oder die Alleinstehende versucht, ebenfalls einen freien Baum zu erreichen und einen Paarpartner abzulösen, der dann allein dasteht und sich nach neuen Bindungen umsehen muß. Dadurch bilden sich immer neue Paare. – Als Redensart geläufig geworden für

wechselnde Partnerschaften. Wie bei allen Paarspielen mit ungerader Personenzahl muß einer übrigbleiben. Übrig bleibt schließlich van der Straaten.
*Tete:* (frz.) Spitze.

64 *quirilierten:* (frz.) zwitscherten.
*Attention:* (frz.) Achtung.
*Türjoch:* Querbalken der Tür.
*»Schapp«:* (niederdeutsch) Regal.

65 *à tout prix:* (frz.) um jeden Preis.
*Schloßkuppel:* Gemeint ist das Königliche Schloß, zwischen Lustgarten und Schloßplatz gelegen. »In seiner jetzigen Gestalt unter Kurfürst Friedrich III. und König Friedrich Wilhelm I. 1699–1716 durch den berühmten Andreas Schlüter (um 1660–1714), durch Eosander von Goethe und Böhme erbaut... die mit Kupfer gedeckte und mit goldenem Kreuz gezierte Kuppel der Schloßkapelle, deren Bau 1845 begonnen wurde« maß »bis zur Spitze des Kreuzes... 78 m. Zu Seiten der großen Kuppel zwei neuerbaute kleinere Kuppeln...« (Berlin, Potsdam und Umgebungen. Praktischer Wegweiser. 46., neu bearbeitete Auflage. Berlin 1902 [= Griebens Reisebücher. Bd. 6], S. 63 f.)
*Santa Maria Saluta:* Santa Maria della Salute, ein Wahrzeichen Venedigs.

66 *prätendiere:* (lat.) prätendieren, behaupten, vorgeben.
*der alte Sprachkardinal:* Giuseppe Mezzofanti (1774 bis 1849), Kardinal und Kustos der Vatikanischen Bibliothek, soll 58 Sprachen beherrscht haben.
*Salus, salutis:* (lat.) das Heil, des Heils.
*Luna... keusch hinter Wolkenschleiern:* »ironische Anspielung auf die Lyrismen der zahlreichen Mondgedichte, die die ersten poetischen Versuche Fontanes (der späten 1830er und frühen 40er Jahre) beeinflußt haben.« (R)

*Direktiven:* (frz.) Verhaltensmaßregeln.
*proponier' ich:* (lat.) schlage ich vor.
67 *im Lande Kanaan... wo Kaleb die große Traube trug:* biblische Anspielung auf 4. Mose 13, wo Kaleb und andere junge Männer von ihrem Erkundungszug durch Kanaan eine große Weintraube mitbringen, als Zeichen für die Fruchtbarkeit des Landes.
*kühle Blonde:* helles Bier, Weißbier.
*Kein Geld, kein Schweizer:* geflügeltes Wort »schon zu Beginn des 18. Jahrhunderts. Unter dieser Parole soll die 1493 von Karl VIII. von Frankreich errichtete Schweizergarde 1513 von Ludwig XII. abgefallen sein« (H).
*Anisette:* (frz.) Anislikör.
68 *Firma Leander... Boyton:* Nach der griechischen Sage schwamm Leander aus Abydos jede Nacht über den Hellespont (Dardanellenstraße, rund 1300 Meter) zu seiner Geliebten Hero, der Priesterin der Aphrodite in Sestos. Er ertrank, als in stürmischer Nacht das Licht der wegweisenden Leuchte auf dem Turm der Wohnung von Hero erlosch. Hero stürzte sich am nächsten Morgen zum Leichnam ihres Geliebten hinab. Der Sagenstoff wurde von Ovid, Schiller, Grillparzer u. a. behandelt. Der englische Dichter Lord Byron (1788–1824) schwamm die Strecke 1810 in Erinnerung daran in 70 Minuten. Der Amerikaner Paul Boyton (1848 geboren), »Erfinder des damals vollkommensten Schwimmapparates, eines Anzuges aus wasserdichtem Stoff mit angebrachten Luftschläuchen« (H), schwamm später ebenfalls diese Strecke.
*Heine:* Heinrich Heine (1797–1856), deutscher Dichter, als dessen Schüler sich van der Straaten in seiner anti-heroischen, ironisch-distanzierenden, auch zynischen Haltung bekennt.

*Fant:* ein junger, läppischer Mensch.
*Docke:* zusammengedrehter Garnstrang.
*Adorante:* (ital.) Anbeter, in der bildenden Kunst ein anbetender Jüngling mit erhobenen Händen.

69 *enfin:* (frz.) endlich, mit *einem* Wort.
*Expektoration:* (lat.) Auswurf; Herzensergießung, Erklärung.
*Replik:* (frz.) Erwiderung.
*Weißbierstangen:* Stange: zylinderförmiges, hohes Glas.
*Burnus:* orientalisches Mantelgewand mit Kapuze. Vgl. auch das Nachwort oben S. 207f.

70 *neue katilinarische Verschwörung:* »Der durch die Reden Ciceros... berühmt gewordene Versuch Catilinas und seiner Mithelfer, die Staatsgewalt in Rom an sich zu bringen (Nov. 63 v. Chr.), hatte durch die Rede Bismarcks am 30. September 1862 vor der Budgetkommission des preußischen Abgeordnetenhauses eine aktuelle Auslegung erfahren (›...im Lande gibt es eine Menge catilinarischer Existenzen‹) und wurde seitdem zur Diffamierung oppositioneller Bestrebungen im Staate wiederholt benutzt.« (H)
*Sternschnuppennächte:* Um den 11. August herum kommt es zu den bedeutendsten sommerlichen Sternschnuppen-Schwärmen. – »Wagen« und »Großer Bär« sind identisch!

71 *Germanicus:* Gaius Julius Caesar Germanicus (15 v. Chr. bis 19 n. Chr.), römischer Feldherr.
*Thusnelda:* die Frau des Arminius, der sie ihrem Vater, dem Cheruskerfürsten Segestes, entführt hatte, in dessen Gewalt sie aber später wieder geriet, wurde von ihm 15 n. Chr. an Germanicus ausgeliefert, der sie 17 n. Chr. mit ihrem in der Gefangenschaft geborenen Sohn Thumelicus zu Rom im Triumphzug mitführte. Van der Straaten irrt, wenn er Thumelicus »als Werdenden« bezeichnet; auf dem

Gemälde ist er, historisch korrekt, als im Laufalter stehend bei seiner Mutter zu sehen.

*Piloty-Schwärmer:* Karl von Piloty (1826–86), deutscher Historienmaler, auf dessen Gemälde »Thusnelda im Triumphzug des Germanicus« (1873) sich van der Straaten bezieht. (Abbildung und Deutung bei: Jung: Bildergespräche, S. 255, Abbildung Nr. 11.)

*sei weiß wie Schnee... Verleumdung trifft dich doch:* Anspielung auf die an Ophelia gerichteten Worte Hamlets in Shakespeares gleichnamigem Drama: »Wenn du heiratest, so gebe ich dir diesen Fluch zur Aussteuer: sei so keusch wie Eis, so rein wie Schnee, du wirst der Verleumdung nicht entgehn.« (III/1) »Indem Fontane ›rein wie Schnee‹ in ›weiß wie Schnee‹ ändert, schafft er zugleich einen Anklang an ein damals sehr bekanntes Kinderlied, ›Das Lämmchen‹ von Friedrich Justin Bertuch (1747–1822).« (H)

### Das Lämmchen

Ein junges Lämmchen, weiß wie Schnee,
Ging einst mit auf die Weide;
Mutwillig sprang es in dem Klee
Mit ausgelaßner Freude.

Hopp, hopp! ging's über Stock und Stein
Mit unvorsicht'gen Sprüngen.
Kind, rief die Mutter, Kind, halt ein,
Es möchte dir mißlingen.

Allein das Lämmchen hüpfte fort,
Berg auf, Berg ab, in Freuden;
Doch endlich mußt's am Hügel dort
Für seinen Leichtsinn leiden.

Am Hügel lag ein großer Stein,
Den wollt' es überspringen;
Seht da, es springt und – bricht ein Bein;
Aus war nun Lust und Springen!

O liebe, muntre Kinder! schreibt
Dies tief in eure Herzen:
Die Freuden, die man übertreibt,
Verwandeln sich in Schmerzen.

Die Verse stammen aus Joachim Heinrich Campe: Sämmtliche Kinder- und Jugendschriften. Bd. 2 (Kleine Kinderbibliothek. 1). Braunschweig 1830, S. 30f. (zitiert nach: Kindheit im Gedicht. Deutsche Verse aus acht Jahrhunderten. Gesammelt, herausgegeben und kommentiert von Dieter Richter. Frankfurt am Main 1992, S. 600; Richter nennt als Vertonung eine von Reichardt).

72 *Das Wasser rauscht, das Wasser schwoll:* Zitat des Anfangsverses der ersten und letzten Strophe von Goethes Ballade »Der Fischer«, in der eine Nixe den bezauberten Fischer hinab in ihr Reich zieht (»Halb zog sie ihn, halb sank er hin«).
*Venus Spreavensis:* (lat.) Spree-Venus (Anspielung auf die Geburt der Aphrodite [Venus], der Göttin der Liebe, aus dem Schaum des Meeres).
*Venus Kallipygos:* Kallipygos (griech.), mit schönem Hinterteil, ein Beiname der Venus.
*Kallipygos-Epigramms:* Epigramm (griech.), geistvoll pointierter, knapper Sinnspruch, häufig in Form des antiken Distichons, eines reimlosen Zweizeilers, der aus Hexameter und Pentameter besteht, einem antiken Vers aus sechs bzw. fünf Füßen. Van der Straaten spielt auf ein Di-

stichon von Paul Heyse (1830–1914) in seinen »Versen aus Italien. Skizzen, Briefe und Tagebuchblätter« (1880) an. H. Meyer konnte es Heyse über einen handschriftlichen Vorentwurf dieser Szene zuordnen, da dort dessen Name vermerkt war. Heyse hat das Epigramm nicht in seine spätere Gedichtsammlung aufgenommen. (Vgl. H. Meyer: Das Zitat in der Erzählkunst, S. 165.) Es lautet:

»Göttliches Weib.« – »O pfui, die Hetäre!« – »Warum so entrüstet?
  Hast du doch selbst wohl schon ›göttliche Pfirsich‹ gesagt!«

Siehe auch das Nachwort, oben S. 205–207.

73 *Aspirationen:* (lat.) Hoffnungen, Bestrebungen.
*Prätensionen:* (lat.) Ansprüche, Anmaßungen.
*Eierhäuschen:* beliebtes Ausflugslokal in Treptow.

75 *Milchsatten:* Satte, tiefes Gefäß zum Stehenlassen der Milch, damit diese sauer wird.

76 *Long, long ago:* (engl.) Lang, lang ist's her. Refrain eines Liedes des Iren Thomas Haynes Bayly (1797–1839). Es »wurde in der Übersetzung so populär, daß es den Charakter eines deutschen Volkslieds gewann...:

Lang, lang ist's her

Sag' mir das Wort, das dereinst mich hat betört,
Sing' mir das Lied, das ich einst so gern gehört.
Lang, lang ist's her.
Lang, lang ist's her.
Dich und mein Glück all' du wieder mir gibst,
Weiß ja nicht mehr, wie lang du ausbliebst,
Weiß ja nur noch, daß du einst mich geliebt!
Lang ist es her, lang ist's her.

Denk an dein Leid, das du scheidend mir geklagt.
Weißt du das Wort, das ich weinend dir gesagt?
Lang, lang ist's her.
Lang, lang ist's her.
Kehre, o kehre zu mir bald zurück.
Bei dir allein, ach bei dir ist mein Glück.
Weißt du ja noch, daß du einst mich hast geliebt!
Lang ist es her, lang ist's her«.

(Zitiert nach: Jung: Bildergespräche, S. 165 f.)

*O säh' ich auf der Heide dort:* Anfangsvers eines zweistrophigen Gedichts von Robert Burns (1759–96), übersetzt von Ferdinand Freiligrath (1810–76), vertont von Felix Mendelssohn-Bartholdy (1809–47) und von Robert Franz (1815–92):

> O, säh ich auf der Heide dort
> Im Sturme dich, im Sturme dich,
> Mit meinem Mantel vor dem Sturm
> Beschützt' ich dich, beschützt' ich dich!
> O, wär' mit seinen Stürmen dir
> Das Unglück nah, das Unglück nah,
> Dann wär' dies Herz dein Zufluchtsort,
> Gern teilt' ich ja, gern teilt' ich ja.
>
> O wär' ich in der Wüste, die
> So braun und dürr, so braun und dürr,
> Zum Paradiese würde sie,
> Wärst du bei mir, wärst du bei mir!
> Und wär' ein König ich, und wär'
> Die Erde mein, die Erde mein,

>  Du wärst an meiner Krone doch
>  Der schönste Stein, der schönste Stein.

(Zitiert nach Freiligraths Werken in sechs Teilen. Herausgegeben von Julius Schwering. 5. Teil. Übersetzungen II. Berlin u. a. o. J., S. 50; siehe auch Jung: Bildergespräche, S. 166.)

78 *Rohtraut, Schön-Rohtraut:* »Schön-Rohtraut« (1838), Gedicht von Eduard Mörike (1804–75), vertont von Robert Schumann (1810–56) und Hugo Wolf (1860–1903):

> Wie heißt König Ringangs Töchterlein?
>   Rohtraut, Schön-Rohtraut.
> Was tut sie den ganzen Tag,
> Da sie wohl nicht spinnen und nähen mag?
>   Tut fischen und jagen.
> O daß ich doch ihr Jäger wär!
> Fischen und jagen freute mich sehr.
>   – Schweig stille, mein Herze!

> Und über eine kleine Weil,
>   Rohtraut, Schön-Rohtraut,
> So dient der Knab auf Ringangs Schloß
> In Jägertracht und hat ein Roß,
>   Mit Rohtraut zu jagen.
> O daß ich doch ein Königssohn wär!
> Rohtraut, Schön-Rohtraut lieb ich so sehr.
>   – Schweig stille, mein Herze!

> Einstmals sie ruhten am Eichenbaum,
>   Da lacht Schön-Rohtraut:
> Was siehst mich an so wunniglich?

> Wenn du das Herz hast, küsse mich!
>     Ach! erschrak der Knabe!
> Doch denket er: mir ist's vergunnt,
> Und küsset Schön-Rohtraut auf den Mund.
>     – Schweig stille, mein Herze!
>
> Darauf sie ritten schweigend heim,
>     Rohtraut, Schön-Rohtraut;
> Es jauchzt der Knab in seinem Sinn:
> Und würdst du heute Kaiserin,
>     Mich sollt's nicht kränken:
> Ihr tausend Blätter im Walde wißt,
> ich hab Schön-Rohtrauts Mund geküßt!
>     – Schweig stille, mein Herze!

(Zitiert nach: Eduard Mörike: Sämtliche Gedichte. Herausgegeben von Heinz Schlaffer. München 1984 [= Goldmann Klassiker. 7624], S. 50f.)

79 *Präzeptor und Regente:* (lat.) Lehrer bzw. Herrscher.
*Enquête:* (frz.) amtliche Ermittlung, Untersuchung, Prüfung. Anspielung auf die Bismarckschen Finanz- und Wirtschaftsreformen um 1878, den innenpolitischen Kurswechsel hin zu Schutzzoll, Konservativismus, staatlicher Sozialpolitik.

80 *Causerie:* (frz.) Unterhaltung, Plauderei.
*au fond:* (frz.) unter dem folgenden Wort, im Grunde.
*Aaron:* älterer Bruder des Mose, der erste Hohepriester Israels (vgl. 2. Mose 4, 14).
*Ruben:* Siehe die sechste Anmerkung zu S. 21.

81 *Mesquinerie:* (frz.) Knauserei, Kleinlichkeit.
*sechs Halblegitimen:* die vier (nicht sechs, wie Melanie sich irrt) Söhne Jakobs aus der Verbindung mit seinen Mägden

Silpa und Bilha: Dan, Naphthali, Gad und Asser (vgl. 1. Mose 35, 25 f.).

*Nestküken... Muttersöhnchen:* die Söhne Jakobs aus der Verbindung mit Rahel: Josef und Benjamin (vgl. 1. Mose 35, 24).

*die spätere ägyptische Exzellenz:* Josef, der von seinen Brüdern in den Brunnen geworfen, dann an ismaelitische Kaufleute verkauft wurde, die ihn wiederum an Potifar, den Kämmerer des Pharao, verkauften, dessen engster Vertrauter er wurde (vgl. 1. Mose 37).

*enfant terrible:* (frz.) Schreckenskind; in uneigentlicher Bedeutung ein Mitglied einer Gemeinschaft, das diese gefährdet und in Angst hält.

*der Jüngste:* Benjamin.

*vier alten Grognards von der Lea her:* Grognard (frz.), mürrischer Mensch, Brummbär. Jakob hatte aus der Verbindung mit Lea vier Söhne: Ruben, Simeon, Levi und Juda.

*Meriten:* (frz.) Verdienste.

*Levi... Levit:* Nach Levi, dem von Jakob im sogenannten Jakobssegen (vgl. 1. Mose 49) wegen seines heftigen Zorns enterbten Sohn, ist der israelitische Stamm der Leviten benannt. Trotz Jakobs Verfluchung war Levis Stamm zu priesterlichen Aufgaben bestimmt.

*Juda:* Stammvater des Stammes Juda in Südpalästina.

*Illoyalität:* (frz.) Ungehorsam, Untreue.

*Eh bien:* (frz.) Nun gut.

*Simeon... ans Leben:* Daß Simeon einer der ersten gewesen sein muß, die Josef nach dem Leben trachteten, ergibt sich aus 1. Mose 42, 24, da Josef ihn vor allen anderen Brüdern binden ließ.

82 *da trat Ruben dazwischen:* Ruben verhinderte die Absicht seiner Brüder, Josef zu töten, und schlug vor, ihn in einen Brunnen zu werfen, aus dem er ihn aber zu erretten gedachte, um ihn seinem Vater wiederzubringen (vgl. 1. Mose 37, 21–22).
*was Schwäche war:* Als Jakob, sein Vater, abwesend war, schlief Ruben mit dessen Nebenfrau Bilha (vgl. 1. Mose 35, 22).
*die Fehler seiner Tugenden:* »von Fontane meist französisch zitiert: ›Les défauts de ses vertus‹, eine der George Sand zugeschriebene Redewendung.« (H)
*Refus:* (frz.) abschlägige Antwort, Widerrede.
*Ruben-Esche:* Anspielung auf die bedeutende Rolle der Esche in der nordischen Mythologie (z. B. als Weltenbaum Yggdrasil), die auch der von beiden angehimmelte Richard Wagner in seiner Oper »Walküre« räumlich in den Mittelpunkt setzt: Im Innern der Wohnung von Hunding steht der Stamm einer mächtigen Esche, um welche der Wohnraum gebaut ist.
*Gig:* (engl.) ein einspänniger, zweirädriger offener Wagen.
*au sein de sa famille:* (frz.) im Schoß seiner Familie. Anspielung auf in den Büchmann eingegangene Worte »aus Marmontels (1723–99) am 5. Januar 1769 zuerst aufgeführtem, von Grétry komponiertem Lustspiel ›Lucile‹«: »Où peut-on être mieux / Qu'au sein de sa famille? ... Wo kann man besser weilen als im Schoße seiner Familie?« (Büchmann: Geflügelte Worte. 18. Auflage. Berlin 1895, S. 235).
*Sarotti:* Berliner Schokoladenfabrik, gegründet 1868.
83 *Vornehmheitsallüren:* Allüren (frz.), Benehmen.
*halben Oberzeremonienmeister:* scherzhafte Übertreibung, trotz des »halben«, denn solche Ämter wurden von Hofbeamten aus dem Adel bekleidet. In Preußen standen

unter dem Minister des königlichen Hauses (Hausministerium) die Hofchargen, die in oberste, Ober- und einfache Hofchargen unterteilt waren. Oberhofchargen waren: der Obermundschenk, der Oberschloßhauptmann und Intendant der königlichen Gärten, der Oberhof- und Hausmarschall, der Oberstallmeister, der Oberzeremonienmeister, der Obergewandkämmerer, der Oberjägermeister, die Vize-Oberhofchargen. Zu den einfachen Hofchargen zählten die Zeremonienmeister, deren Vorgesetzter der Oberzeremonienmeister war. Sie waren verantwortlich für alle Fragen des Hofzeremoniells bzw. der Hofetikette bei feierlichen Handlungen ebenso wie bei alltäglichen Abläufen. (Vgl. hierzu: Meyers Konversations-Lexikon. 5. Auflage. Bd. 8. Leipzig und Wien 1895, S. 886f., Stichwort: »Hof«.)
*Sechswochenschaften:* Anspielung auf die 6–8 Wochen nach der Niederkunft, in denen die Frau als Wöchnerin bezeichnet wird.
*Charge:* (frz.) Amt, Ehrenstelle.
*Gut Ding... Rom... gebaut:* zwei populäre Redensarten mit gleichem Sinn; vgl. K. F. Wander: Deutsches Sprichwörter-Lexikon. Bd. 1 und Bd. 3. Leipzig 1867, Spalte 638 (Stichwort: »Ding«, Nr. 867) und 1873, Spalte 1716 (Stichwort: »Rom«, Nr. 52).
*divertieren:* (frz.) belustigen, ergötzen, vergnügen.
*ziepsig:* voller Fäden.
*Stiltonkäse:* englischer Weichkäse, benannt nach dem Dorf Stilton in Huntingdonshire.

84 *Tristan:* Siehe die fünfte Anmerkung zu S. 57.
*Legion:* (lat.) hier: eine große, unbestimmte Anzahl.
*freireichsstädtischen:* Frankfurt am Main war bis 1866 Freie Reichsstadt und kam danach zu Preußen.
*überseeischen:* Anspielung auf Rubehns Zeit in Amerika.

85 *Füsiliersäbel:* Füsilier: ursprünglich der unter Ludwig XIV. mit dem neuen Steinschloßgewehr (frz.: fusil) bewaffnete Soldat. Säbel als lange Hiebwaffen messen nicht unter 90 cm.
*umschnopert:* schnopern: schnuppern.
86 *Unter Palmen:* Siehe die Anmerkung zu S. 94.
*opulenter:* (lat.) reichhaltiger.
*Orchard:* (engl.) Obstgarten.
*Velocipède:* (frz.) Fahrrad mit zwei oder drei Rädern.
*rückseitige Drapierung... kleine Verlegenheit... Unsere Scham ist unsere Schuld:* Auch wenn hier ein kleines Mädchen mit flatternden Röcken radelt, wird auf die Probleme radfahrender Frauen angespielt. Radfahren galt um diese Zeit als »unweiblich« und »sittenlos«. Die ersten Radfahrerinnen in Berlin um 1890 wurden »teils mit Hohngelächter und Bemerkungen unzweideutigster Art begrüßt«, »Hunderte von Menschen« scharten sich zusammen, »die Sache war das reinste Spießrutenlaufen« (Frau A. Rother: Das Damenfahren. In: Der Radfahrsport in Bild und Wort. Herausgegeben von Paul Salvisberg. München 1897 [= Olms Reprint 1980], S. 112).
*avenueartiger:* Avenue (frz.), eine mit Bäumen gesäumte Straße.
*Kew:* Dorf in der englischen Grafschaft Surrey, rechts an der Themse gelegen, berühmt durch seinen botanischen Garten, der im 18. Jahrhundert angelegt worden war. Der eigentliche botanische Garten umfaßte eine Fläche von 30 Hektar, ein Baum(lehr)garten 109 Hektar mit Gewächs- und Treibhäusern; dazu Bibliothek, Herbarium, botanische Museen und eine Gemäldegalerie.
88 *verblakte:* (niederdeutsch) verrußte; siehe auch die erste Anmerkung zu S. 92
*simplig:* simpel, einfach, unvernünftig.

89 *Gebrüder Benekens:* das Beinpaar. »Jebrüder Beeneke«, Berliner Redensart, vgl. Otto von Leixner: 1888 bis 1891. Soziale Briefe aus Berlin. Berlin 1891, S. 53. Die Formulierung ist versteckt witzig insofern, als später der Anfang eines Liedes zitiert wird, das von Friedrich Ludwig Beneken vertont wurde; vgl. die zweite Anmerkung zu S. 91.
*Cohn und Flatow:* »nicht im Berliner Adreßbuch 1877 und 1884.« (H)
*ins mittelste Zelt:* An den Zelten, Kaffee- und Bierhäuser im Tiergarten, der Spree zu gelegen, die ihren Namen aus dem Jahre 1760 noch beibehalten haben. Bei schönem Wetter konnte der Kaffee im Freien unter kleinen Zelten eingenommen werden. Sie lagen an der Zeltenallee, die, vom Kurfürstenplatz sich erstreckend, die Siegesallee schnitt, etwa auf der Höhe des Denkmals von Kaiser Wilhelm I.
*Rathnow:* Rathenow, im Regierungsbezirk Potsdam gelegene Stadt.

90 *lieber bewahrt als beklagt:* Besser bewahrt als beklagt. (K. F. Wander: Deutsches Sprichwörter-Lexikon. Bd. 1. Leipzig 1867, Spalte 367 [Stichwort: »Bewahren«, Nr. 1])
*Thuja:* (frz.) Lebensbaum, zypressenartiges Nadelgehölz.
*Metier:* (frz.) Gewerbe, Beruf.

91 *'s is bestimmt in Gottes Rat:* volkstümliches Lied von Ernst Freiherrn von Feuchtersleben (1806–49), vertont von Arnold Mendelssohn (1855–1933):

> Es ist bestimmt in Gottes Rat,
> Daß man, was man am liebsten hat,
> Muß meiden,
> Wiewohl nichts in dem Lauf der Welt
> Dem Herzen, ach! so sauer fällt
> Als Scheiden, ja Scheiden!

So dir geschenkt ein Knösplein was,
So tu' es in ein Wasserglas;
Doch wisse:
Blüht morgen dir ein Röslein auf,
Es welkt wohl noch die Nacht darauf:
Das wisse! ja wisse!

Und hat dir Gott ein Lieb beschert
Und hältst du sie recht innig wert,
Die Deine:
Es werden wohl acht Bretter sein,
Da legst du sie, wie bald! hinein;
Dann weine! ja weine!

Nun mußt du mich auch recht versteh'n,
Ja, recht versteh'n,
Wenn Menschen auseinandergeh'n,
So sagen sie auf Wiederseh'n!
Ja Wiederseh'n!

(Zitiert nach: Hermann Kluge: Auswahl Deutscher Gedichte. Im Anschluß an die Geschichte der deutschen National-Litteratur. 7., verbesserte und vermehrte Auflage. Altenburg 1899, S. 74.)

*Wie sie so sanft ruhn:* »Lied von August Cornelius Stockmann (1751–1821), im Leipziger Musenalmanach 1780, S. 214, unter dem Titel ›Der Gottesacker‹, komponiert von Friedrich Ludwig Beneken, 1786.« (H)

Wie sie so sanft ruhen, alle die Seligen,
zu deren Wohnplatz jetzt meine Seele eilt!

Wie sie so sanft ruhen in den Gräbern,
tief zur Verwesung hinabgesendet.

Mel. Fr. Burck. Beneken.

»Der heidnische Text ist wohl kaum in ein evangelisches Gesangbuch aufgenommen worden. Er wird aber mit der obigen sentimentalen Melodie oft an Gräbern von Christen gesungen. Die Melodie wird von Hofmann dem Chr. Gottl. Neefe zugeschrieben, von Erk (1848) dagegen dem oben genannten Beneken. Sie ist jedenfalls schon im 18. Jahrhundert entstanden, ich kenne aber ihre früheste Quelle nicht.« (Johannes Zahn: Die Melodien der deutschen evangelischen Kirchenlieder. 2. Bd. Gütersloh 1890, S. 602, Nr. 4105 [= Reprographischer Nachdruck Hildesheim 1963])

92 *Backsteinöfen:* Die Palmenhäuser mußten beheizt werden, deshalb ist auch Kagelmanns Brille so »verblakt«.
*Drakäen:* Drachenbäume aus der Gattung der Liliengewächse, palmenartig, mit schwertförmigen Blättern.
*Riesenfarren:* Farren: Farne. Baumfarne können 20 Meter hoch werden.

93 *Ribben:* Rippen, die sich kreuzenden Bögen in einem gotischen Gewölbe.

94 *Man wandelt nicht ungestraft unter Palmen:* Zitat aus Goethes Roman »Die Wahlverwandtschaften«, 2. Teil, 7. Kapitel (1809), das Büchmann auch in seine »Geflügelten Worte« aufnahm: »›Es wandelt niemand ungestraft unter Palmen‹ (d. h. in der Region der Ideale), steht im Tagebuche Ottiliens.« (18. Auflage. Berlin 1895, S. 139)

95 *Zeitung:* Nachricht.
*von diesem Tag an:* »nach Goethes bekanntem Ausspruch nach der Kanonade von Valmy: ›Von hier und heute geht

eine neue Epoche der Weltgeschichte aus...‹« (H), aus seiner »Campagne in Frankreich« (1822), womit er den Rückzug der Preußen unter dem Herzog von Braunschweig kommentierte, der am 20. September 1792 vergeblich die französische Stellung beschießen ließ, anstatt das französische Revolutionsheer unter Kellermann anzugreifen.

96 *Reunions:* (frz.) gesellige Zusammenkünfte.
97 *Schraubereien:* fortgesetzte Neckereien und Foppereien.
*Konfidenten:* (frz.) Vertraute.
98 *soupçonnösen:* (frz.) argwöhnischen, mißtrauischen.
99 *Ihr Weiber hört ja das Gras wachsen:* »›Das Gras wachsen hören‹: sehr scharf hören, dann: sich äußerst klug dünken. Die Redensart wird abschätzig und ironisch auf einen Überklugen bezogen.« (Lutz Röhrich: Lexikon der sprichwörtlichen Redensarten. 2 Bände. Freiburg im Breisgau 1973, Stichwort: »Gras«)
*Souterrain:* (frz.) Kellergeschoß.
*Rolle mit Steinkasten und Mangelholz:* Vorrichtung zum Glätten der Wäsche, die, auf ein Rundholz aufgewickelt, unter einem schweren Kasten gerollt wird, der gezogen oder durch Umdrehung einer Welle bewegt werden kann.
100 *schwedischen Punsch:* Schwedenpunsch, ein kalter, das heißt leicht gefrorener Punsch aus Arrak (oder Rum), Wasser und Zucker.
*Madame Guichard... Jägerstraße:* »Das Berliner Adreßbuch von 1877 nennt ›A. Guichard, Handelsfrau, Rosmarinstraße 8‹; also unweit der Jägerstraße.« (H)
101 *Confektions:* (frz.) umfassendes Angebot von Modeartikeln.
*Kastorhütchen:* ein Hut aus Biberhaaren; Kastor: Biber.
*Granatblüten:* scharlachrote, strahlige, reich gegliederte Blüten des Granatapfelbaums.

102 *Direktrice:* (frz.) Vorsteherin.

*née:* (frz.) geborene.

*Madame... France:* (frz.) Die gnädige Frau ist Französin! ...Ah, unser schönes Frankreich.

*in dem Schubertschen Liede:* Anspielung auf das von Franz Schubert (1797–1828) 1816 vertonte Gedicht »Der Wanderer« von Georg Philipp Schmidt von Lübeck (1766–1849):

> Ich komme vom Gebirge her,
> Es dampft das Tal, es braust das Meer.
> Ich wandle still, bin wenig froh,
> Und immer fragt der Seufzer: wo?
> Immer: wo?
>
> Die Sonne dünkt mich hier so kalt,
> Die Blüte welk, das Leben alt,
> Und was sie reden, leerer Schall,
> Ich bin ein Fremdling überall.
>
> Wo bist du, mein geliebtes Land?
> Gesucht, geahnt und nie gekannt!
> Das Land, das Land, so hoffnungsgrün,
> Das Land, wo meine Rosen blühn,
>
> Wo meine Freunde wandeln gehn,
> Wo meine Toten auferstehn,
> Das Land, das meine Sprache spricht,
> O Land, wo bist du?
>
> Ich wandle still, bin wenig froh,
> Und immer fragt ein Seufzer: wo?
> Immer: wo?

Im Geisterhauch tönt's mir zurück:
»Dort, wo du nicht bist, dort ist das Glück.«

(Nach: Texte deutscher Lieder. Ein Handbuch. Herausgegeben von Dietrich Fischer-Dieskau. München 1968 [= dtv. 3091], S. 137; vgl. auch: Jung: Bildergespräche, S. 202 f.) – Das Gedicht ist auch eingegangen in Büchmanns »Geflügelte Worte« als »›Des Fremdlings Abendlied‹, das Schmidt von Lübeck 1808 im ›Taschenbuch zum geselligen Vergnügen‹ veröffentlichte, in dieser Form: ›Da, wo du nicht bist, ist das Glück!‹ Zelter komponierte das Lied und dann Schubert, der es aber veränderte und ›Der Wanderer‹ betitelte. Bei ihm schließt es: ›Dort, wo du nicht bist, dort ist das Glück!‹« (18. Auflage. Berlin 1895, S. 236 f.) Melanie und Rubehn zitieren also die originale bzw. abgeleitete Büchmann-Variante.

103 *Ulanenfigur:* Ulanen: mit Lanzen bewaffnete Reiterei; siehe auch die erste Anmerkung zu S. 144.

*Ohlauer kaffeebraunen Husaren:* Ohlau: Stadt im preußischen Regierungsbezirk Breslau. Husaren, ursprünglich vom ungarischen König Siegmund im 15. Jahrhundert aufgestellte Reiterei, zählten in Preußen zur leichten Kavallerie. »Das 1. Schlesische Husaren-Regiment, Nr. 4, war in Ohlau... stationiert.« (H)

*Steeplechasereiter:* steeple (engl.) Kirchturm; chase (engl.) Jagd. Wett- und Hindernisrennen zu Pferde, bei dem ein Kirchturm zum Ziel bestimmt wird, der auf dem geradesten Weg über allerlei Hindernisse zu erreichen ist.

*kräpscher:* streitbarer, reizbarer, widerborstiger.

*Regiment Zauche-Belzig:* Zauch-Belzig: Kreis im preußischen Bezirk Potsdam mit der Hauptstadt Belzig. »Regionale Bezeichnungen als Namen von Regimentern waren in der damaligen preußischen Armee nicht in Gebrauch. Es handelt sich vielleicht um eine bewußte Mystifizierung, mittels derer der wenig sympathische ›Leutnant Tigris‹ – auch der Familienname scheint sehr eigenwillig erfunden – gleichsam neutralisiert werden sollte.« (H)

*attachiert:* (frz.) beigegeben, zugeordnet.

*Libertin:* (frz.) Lüstling, zügelloser Mensch.

*ridikül:* (frz.) lächerlich.

104 *Pincenez:* (frz.) Nasenklemmer mit Brille.

*Herzogin von Mouchy... die Beauffremont:* »Angehörige des französischen Hochadels.« (A)

*Un teint de lis et de rose, et tout à fait distinguée:* (frz.) eine Gesichtsfarbe wie Lilien und Rosen und vollendet vornehm.

*mon cher:* (frz.) mein lieber.

*Beauté:* (frz.) Schönheit.

*Caprice:* (frz.) Laune, Grille, Störrigkeit.

106 *Vernezobres:* Name einer »Hugenottenfamilie wie die Ravenés« (H).

107 *»wenig mit Liebe«:* Melanie meint, wenig besitzen, aber groß lieben; so zitiert wirkt dieses »Sprichwort« aber unvollständig. Wander bietet an: »Wenig mit Liebe, viel mit Kolben.« Dies könnte erklären, warum darüber gelacht wird – der Kolben kann für Gewalt (Knüttel) stehen, hat aber auch eine sexuelle Nebenbedeutung; vgl. K. F. Wander: Deutsches Sprichwörter-Lexikon. Bd. 3. Leipzig 1873, Spalte 160 (Stichwort: »Liebe«, Nr. 724).

108 *In jedes Haus is 'n Gespenst:* Anlehnung an die Redensarten »Jedes Haus hat seine Risse«, »Jedes Haus hat sein Kreuz« u. a.; vgl. K. F. Wander: Deutsches Sprichwörter-Lexikon. Bd. 2. Leipzig 1870, Spalte 410 (Stichwort: »Haus«, Nr. 300 und 301).

*Saatwinkel... Pichelsberg:* Berliner Ausflugsorte am Tegeler See bzw. an der Havel.
*Hulda:* »Der Name kam im 19. Jh. in Mode, wurde dann aber als komisch gemieden; allgemein bekannt durch den Schlager: ›Ist denn kein Stuhl da / für meine Hulda?‹« (R)
109 *nach's Bad:* in ein Kurbad.
*kajolierte:* (frz.) liebkoste, schmeichelte, hätschelte.
*Neu-Cölln ans Wasser:* die Straße Neu-Kölln am Wasser. Gegenüber, auf der anderen Seite der Spree, das holländische Glockenspiel von 37 Glocken im 66 Meter hohen Turm der Parochialkirche (1695–1715 erbaut) in der Klosterstraße.
*Üb immer Treu und Redlichkeit:* »Zum Repertoire der Parochialkirche gehörte das von Fontane hier genannte ›Üb immer Treu und Redlichkeit‹ seinerzeit nicht, hingegen ertönte es seit 1797 zu jeder halben Stunde vom Turm der Potsdamer Garnisonskirche.« (H) Eingegangen in Büchmanns »Geflügelte Worte« (18. Auflage. Berlin 1895, S. 124), entstammt es einem Gedicht von Ludwig Hölty (1748–76), »Der alte Landmann an seinen Sohn«, und ist durch die Melodie nach der Arie des Papageno in Mozarts Oper »Die Zauberflöte« populär geworden. Die erste von acht Gedichtstrophen, in denen tugendhaftes und lasterhaftes Leben kontrastiert werden, lautet:

> Üb immer Treu' und Redlichkeit
> Bis an dein kühles Grab
> Und weiche keinen Fingerbreit
> Von Gottes Wegen ab;
> Dann wirst du wie auf grünen Au'n
> Durchs Pilgerleben geh'n;
> Dann kannst du sonder Furcht und Grau'n
> Dem Tod ins Auge seh'n.

(Zitiert nach: Hermann Kluge: Auswahl Deutscher Gedichte. Im Anschluß an die Geschichte der deutschen National-Litteratur. 7., verbesserte und vermehrte Auflage. Altenburg 1899, S. 242.)

110 *dumm. Wie 'n Haubenstock:* »steht oft bildlich für einen dummen, hohlköpfigen Menschen... Der Haubenstock ist ein rundlicher Klotz, auf den man die Haube setzt, damit ihre Form erhalten blieb.« (Lutz Röhrich: Lexikon der sprichwörtlichen Redensarten. 2 Bände. Freiburg im Breisgau 1973; Stichwort: »Haube«)
*Färberei, türkischrot:* »ein mit Krapp oder Alizarin auf Baumwolle hergestelltes, sehr schönes und dauerhaftes Rot.« (Meyers Konversations-Lexikon. 5. Auflage, Leipzig und Wien 1897; Stichwort: »Türkischrot«)
*Wedding:* nördlicher Berliner Stadtteil mit hohem Arbeiteranteil, in dem neue Fabriken entstanden.

112 *vom »besten Ruhekissen« am langweiligsten:* »Ein gutes Gewissen, ein sanftes Ruhekissen.« (K. F. Wander: Deutsches Sprichwörter-Lexikon. Bd. 1. Leipzig 1867, Spalte 1669 [Stichwort: »Gewissen«, Nr. 98])
*Vabanquespielen:* (frz.) alles aufs Spiel setzen.
*Bourgeois:* einer aus der Klasse der Vermögenden, Besitzenden, Neureichen, von den Sozialdemokraten im Gegensatz zu den Arbeitern abschätzig so benannt.
*Geck:* eitler Mensch.

113 *Leone Leoni:* Anspielung auf den venezianischen Abenteurer im gleichnamigen Roman von George Sand (1804–76).
*Abstraktion:* (lat.) Abstammung.
*Regards:* (frz.) Rücksichten, Scheu.

114 *Gottes Mühlen mahlen langsam:* »Gottes Mühlen mahlen langsam, mahlen aber trefflich klein.« Geflügeltes Wort nach Friedrich von Logaus (1604–55) »Sinngedichten«

(1654). (Büchmann: Geflügelte Worte. 18. Auflage. Berlin 1895, S. 309)
*hol' die Pest alle feigen Memmen:* Anspielung auf die Worte des Falstaff in Shakespeares Drama »König Heinrich IV.«: »Hol' die Pest Kummer und Seufzen! Es bläst einen Menschen auf wie ein Schlauch.« (2. Akt, 4. Szene) Auch eingegangen in Büchmanns »Geflügelte Worte«. 18. Auflage. Berlin 1895, S. 247.
*Nachmittagsprediger der Weltgeschichte:* »Ich habe die Angewohnheit, dann und wann, um 6 Uhr abends, in eine der alten gotischen Kirchen unserer Stadt zu gehen... dann tritt ein Kandidat auf und spricht, was er vorher auswendig gelernt hat... die Frauen schlafen, die Kinder kichern... Das sind Nachmittagspredigten.« (Fontane anläßlich einer Besprechung der Aufführung von Goethes »Iphigenie auf Tauris« am 9. Mai 1874)

115 *Paten Ezechiel:* Siehe die siebente Anmerkung zu S. 8.
*als Adam grub und Eva spann:* »Der Spruch ›Als Adam grub und Eva spann, / Wo war denn da der Edelmann?‹ zeigt keine direkte Übernahme aus der biblischen Erzählung... Literarisch tritt der Spruch zuerst in England auf, und zwar anläßlich des von Wat Tyler geführten Bauernaufstandes von 1381... In Deutschland bringt [die Redensart] der Bauernkrieg von 1525 wieder in Erinnerung... Der schwer bedrängte Bauernstand berief sich im Anschluß an die theologischen Bewegungen des 14. Jahrhunderts auf einen sozialen Urzustand der Gleichheit aller Menschen.« (Lutz Röhrich: Lexikon der sprichwörtlichen Redensarten. 2 Bände. Freiburg im Breisgau 1973, Stichwort: »Adam«)
*Geheimnisse von Paris:* Anspielung auf den überaus populären, zehnbändigen Reißer von Eugène Sue (1804–57) »Les mystères de Paris« (1842/43, »Die Geheimnisse von

Paris«), der als erster französischer Roman im Feuilleton einer Tageszeitung erschien.

116 *büßende Magdalena:* Maria Magdalena, der Sünderin, von der die Bibel u. a. in Lukas 7, 37 ff. berichtet, wird von Jesus vergeben: »Ihr sind viele Sünden vergeben, darum sie mir so viel Liebe erzeigt hat; wem aber wenig vergeben wird, der liebt wenig. Und er sprach zu ihr: Dir sind deine Sünden vergeben... Dein Glaube hat dir geholfen; gehe hin in Frieden!« Als Büßerin in der christlichen Legende und Kunst dargestellt, besonders häufig in der Wüste (etwa auf den Bildern von Correggio, Tizian, Rubens, van Dyck und Batoni).

118 *Brüderstraße:* Straße, die in südlicher Richtung vom königlichen Schloß (siehe auch die zweite Anmerkung zu S. 65) auf die Petrikirche hinführt, auf deren Platz auch die Petristraße mündet; in dieser wohnen die van der Straatens.

*Brücke zu, die nach dem Spittelmarkte führt:* Die Gertraudenstraße führt von der Petrikirche in südwestlicher Richtung zum Spittelmarkt.

119 *Nachtdroschke... Klock elwe nichts in 'n Leib:* also seit Dienstantritt. Die Nachtdroschken verkehrten vom 1. Oktober bis zum 31. März zwischen 23 und 8 Uhr.

*lange Straße hinunter... letzte Querstraße:* Vom Spittelmarkt führt die langgezogene Leipzigerstraße zum Potsdamer Bahnhof, von dem aus höchstwahrscheinlich abgereist wird; die letzte Querstraße wäre dann die Wilhelmstraße; auch dann, wenn Melanie den etwas weiter weg gelegenen Anhalter Bahnhof hätte anfahren lassen. Von beiden Bahnhöfen aus verkehrten Fernzüge.

120 *Perron:* (frz.) Bahnsteig.

*Della Salute:* Siehe die dritte Anmerkung zu S. 65.

*»Nach Süden!«:* Titel eines Gedichts von Nikolaus Lenau (1802–50) über zwei Liebende, die sich nacheinander sehnen, doch nicht zueinander kommen können. Ein Verweisungszusammenhang wie bei den anderen (indirekten) lyrischen Zitaten ist hier nicht zu erkennen. Das Gedicht bezieht sich geographisch auf Ungarn und beginnt:

> Dort nach Süden zieht der Regen,
> Winde brausen südenwärts,
> Nach des Donners fernen Schlägen,
> Dort nach Süden will mein Herz.
>
> Dort im fernen Ungarlande...

(Lenaus Werke. Herausgegeben von Carl Hepp. Band 1. Leipzig und Wien o. J., S. 9 [= Meyers Klassiker-Ausgaben])

*Brenner:* Der 1370 Meter hohe Alpenpaß ist der niedrigste Übergang über die Alpenkette und die kürzeste Verbindung zwischen der Osthälfte Deutschlands und Italien. Die Brennerbahn wurde 1867 eröffnet und verband Innsbruck mit Bozen.

*kleine englische Kapelle:* Kapelle der anglikanischen Kirche; vgl. das Nachwort, oben S. 233.

*Reverend:* (engl.) »Hochwürden«, Titel der englischen Geistlichen.

121 *Villa d'Este:* Renaissancegebäude, das 1551 mit malerischen Parkanlagen für den Kardinal Ippolito d'Este in Tivoli bei Rom erbaut wurde.

*Via catena:* die Via della Catena am Palazzo Spada alla Regola, auf der östlichen Seite des Tiber gelegen, etwa auf der Höhe der westlich gelegenen Villa Farnesina; vgl. K. Baedeker: Italien. Handbuch für Reisende. 2., verbesserte und vermehrte Auflage. 2. Teil: Mittel-Italien und Rom. Coblenz 1869.

*Farnesina:* die Villa Farnesina an der Via Longara im römischen Trastevere, 1511 von Baldassare Peruzzi (1481 bis 1536) erbaut. Ursprünglich das Landhaus des Bankiers und Kunstsammlers Agostino Chigi (1465–1520) – insofern Ravené und van der Straaten vergleichbar –, der es von Raffael, Giulio Romano, Sebastiano del Piombo und Peruzzi mit Fresken ausstatten ließ.

*Amor und Psyche:* Raffael und seine Schüler haben die Fresken der antiken Sage von Amor und Psyche in der Villa Farnesina geschaffen. Lucius Apuleius (um 125 n. Chr.) erzählt die Sage in seinen »Metamorphosen« (auch: »Der goldene Esel«) als allegorische Prüfungsgeschichte: Venus neidet der Königstochter Psyche deren Schönheit und will sie durch ihren Sohn Amor bestrafen lassen, der sich aber in sie verliebt, anstatt sie in den verächtlichsten aller Menschen verliebt zu machen. Er bringt sie in seinen Palast und besucht sie ungesehen und unerkannt nur im Dunkel der Nacht. Obwohl Psyche weiß, daß sie ihn nur so lange besitzen kann, wie sie auf seinen Anblick verzichtet, mißachtet sie seine Warnung und entzündet eine Lampe, worauf Amor sie verläßt. Durch unzählige Leiden und Prüfungen, die ihr Venus auferlegt hat, bewährt sie sich, erhält Amor wieder zurück und wird in den Kreis der unsterblichen Götter aufgenommen.

122 *Steinige, steinige:* Siehe die vierte Anmerkung zu S. 14.

*Kirche, wo Kaiser Max begraben liegt:* In der Franziskaner- oder Hofkirche zu Innsbruck, 1553–63 im Renaissancestil erbaut, findet sich das prunkvolle Grabdenkmal Maximilians I. (1459–1519), der jedoch in Wiener-Neustadt beigesetzt ist.

*von der Martinswand her:* Kaiser Maximilian hatte sich bei der Jagd in die steile Martinswand bei Innsbruck so hoch verstiegen, daß es einem Bergknappen erst nach drei Tagen gelang, ihn zu retten.
*Luthers Zeiten... sehr alter Herr:* 1517, zur Zeit des Lutherschen Thesenanschlags, war Maximilian achtundfünfzig Jahre alt.
*Anastasius Grün:* Pseudonym von Anton Alexander Graf Auersperg (1806–76), auf dessen Romanzyklus »Der letzte Ritter« (1830) sich Melanie bezieht.
*Bildnis Andreas Hofers:* An der linken Seitenwand der Hofkirche, dem Grabdenkmal des Kaisers gegenüber, befindet sich seit 1834 das marmorne Grabdenkmal Andreas Hofers (1767–1810), des volkstümlichen Tiroler Freiheitshelden, der 1823 feierlich in der Hofkirche beigesetzt wurde. Hofer führte 1809 die Bauern zum Kampf gegen die Franzosen, die Tirol von Österreich getrennt und an Bayern angeschlossen hatten. Er wurde durch Verrat gefangengenommen, nach Mantua gebracht und dort auf Befehl Napoleons hingerichtet. Er weigerte sich, sich bei der Exekution die Augen verbinden zu lassen und niederzuknien, kommandierte selbst »Feuer!«, und erst der dreizehnte Schuß soll seinem Leben ein Ende gesetzt haben.

123 *altrömische Theater:* das hervorragendste, gut erhaltene antike Baudenkmal von Verona, der Hauptstadt der gleichnamigen Provinz, wahrscheinlich um 100 n. Chr. erbaut, von ovaler Form, 152 Meter lang und 123 Meter breit, außen mit zwei Arkaden-Stockwerken versehen, im Inneren 45 Sitzreihen mit etwa 22000 Plätzen.
*»Cascinen«:* der große, von den Flüssen Arno und Mugnone umflossene Stadtpark von Florenz, der Hauptstadt

der gleichnamigen Provinz, in dem jeden Abend die Korsofahrten stattfanden.
*Budenbrücke:* die belebteste der vier steinernen Brücken, die über den Arno führen, vergleichbar der Rialto-Brücke über den Canal Grande in Venedig: der Ponte Vecchio von 1345 mit den Buden der Goldschmiede.

124 *Herzogspalast:* der Palazzo Pitti, am linken Ufer des Arno auf einer Anhöhe gelegen, den man über den Ponte Vecchio erreicht; seit 1549 Residenz der Großherzöge von Toscana. Er gilt als beispielhaft für den florentinischen Palaststil.
*Wer in die Mühle geht, wird weiß:* »Wer in die Mühle geht, der wird bestaubt.« (K. F. Wander: Deutsches Sprichwörter-Lexikon. Bd. 3. Leipzig 1873, Spalte 755 (Stichwort: »Mühle«, Nr. 92)

126 *Umbrien:* Landschaft in Mittelitalien.

127 *»zwischen den Seen«:* Interlaken, von lateinisch »inter lacus« (»zwischen Seen«), ursprünglich ein Augustinerkloster, jetzt Bezirkshauptort im schweizerischen Kanton Bern, mit dem lieblichen Tal »Bödeli«, dessen Klima besonders für Brust- und Nervenschwache heilsam ist.
*»Jungfrau«:* Gipfel der Finsteraarhorngruppe, 4158 Meter hoch.
*Rousseau-Insel:* um 1790 angelegte Insel in den Gewässern des Tiergartens, benannt nach dem französischen Schriftsteller und Philosophen Jean-Jacques Rousseau (1712–78). Im Winter gab es dort eine viel besuchte Eisbahn, abends auch bengalische Beleuchtung.
*Mansarde:* (frz.) Dachgeschoßwohnung, unterm Mansardendach, einem Steildach, benannt nach dessen Erfinder Mansard (gestorben 1666).
*beinah Wand an Wand mit Duquede:* Siehe die vierte Anmerkung zu S. 46.

128 *Samum:* ein zum Ersticken heißer, trockener Wüstenwind.
*Lido:* das Ufer der Insel Malamocco, die die Lagunen Venedigs vom Adriatischen Meer trennt.
129 *sanguinischen Gemüts:* Bezeichnung aus der Temperamenten-Lehre. Sanguiniker: ein blutvoller, leichtblütiger, lebhafter, hoffnungsvoller und schwärmerischer Mensch, leicht empfänglich für heitere und traurige Stimmungen.
130 *Rigorismus:* (lat.) Starrheit.
131 *Devotion:* (lat.) Ehrerbietung, Ergebenheit.
132 *mais il faut payer... notre bonheur:* (frz.) Aber wir müssen für alles bezahlen und doppelt für unser Glück.
133 *Attachement:* (frz.) Anhänglichkeit, Zuneigung.
›*c'est mon métier*‹: (frz.) ›Das ist mein Beruf.‹
›*Die Fackeln des Nero*‹: Kolossalgemälde des polnischen Historienmalers Henryk Siemiradzki (1843–1902) mit dem Titel »Die Leuchter des Christentums« (1876), »das auch unter dem reißerischen Titel ›Die lebenden Fackeln Neros‹ bekannt war... Das Gemälde wurde in zahlreichen bedeutenden europäischen Städten... ausgestellt. Im Januar 1877 machte es auf einer Separatausstellung im Oberlichtsaal des Berliner Industriegebäudes Furore« (Jung: Bildergespräche, S. 227f., Abbildung auf S. 258, Nr. 14). Es zeigt die grauenerregende Szene, da Nero die in Pechlappen eingewickelten Christen zu lebenden Fackeln präparieren läßt.
*was man oben nicht will:* Anspielung auf den von Bismarck geführten Kulturkampf wider die katholische Kirche, der, nebenbei, auch durch das Gemälde »Die Fackeln des Nero« ironisch gebrochen wird. Siehe auch die sechste Anmerkung zu S. 32.
135 *jetzt preußisch:* schon seit 1866.
*Allotria:* (griech.) Unfug, Nebensachen.
*Generositätskomödien:* Generosität (lat.): Edelmut, Großmut.

*Druväpfel:* Traubenäpfel, halb gelb, halb rot.

*de haut en bas:* (frz.) von oben herab.

136 *Generalstabsreise:* Generalstab: ein Offizierskorps, das die kriegerischen Tätigkeiten der Armee vorbereitet und die Heerführung unterstützt.

*Blaubart ist er überhaupt nicht:* Dies meint, daß er seine Frau nicht grausam umbringt, wenn sie sein Verbot übertritt, wie jener Blaubart aus der französischen Märchensammlung von Charles Perrault (1628–1703), der die Neugierde seiner Frauen dadurch prüfte, daß er ihnen den Schlüssel zu einem Zimmer gab, das sie nicht betreten sollten.

*»Mit meinem Mantel... beschütz ich dich«:* Zitat aus dem Lied von Burns; siehe die zweite Anmerkung zu S. 76.

*»Cheer up, dear!«:* (engl.) »Kopf hoch, Liebes!«

137 ›*it is a nine-days-wonder*‹: (engl.) ›Es ist ein Neun-Tage-Wunder.‹

138 *Sankt Matthäi:* die Matthäuskirche, eine der zahlreichen von Friedrich Stüler (1800–65) unter Friedrich Wilhelm IV. (1795-1861) erbauten Berliner Kirchen, zwischen Potsdamer Straße und Tiergartenstraße gelegen.

139 ›*Wer nie sein Brot mit Tränen aß*‹: eines der Lieder des Harfenspielers aus Goethes Roman »Wilhelm Meister« (1795), von Robert Schumann, Franz Liszt u. a. vertont:

> Wer nie sein Brot mit Tränen aß,
> Wer nie die kummervollen Nächte
> Auf seinem Bette weinend saß,
> Der kennt euch nicht, ihr himmlischen Mächte.
>
> Ihr führt ins Leben uns hinein,
> Ihr laßt den Armen schuldig werden,

Dann überläßt ihr ihn der Pein:
Denn alle Schuld rächt sich auf Erden.

(Zitiert nach: Texte deutscher Lieder. Ein Handbuch. Herausgegeben von Dietrich Fischer-Dieskau. München 1968 [= dtv 3091], S. 235. – Auch in: Büchmann: Geflügelte Worte. 18. Auflage. Berlin 1895, S. 134.)

140 *das Herz sitzt an der richtigen Stelle:* Anspielung auf die Redensart »Das Herz auf dem richtigen Fleck haben«, ein tüchtiger, uneigennütziger Mensch sein.

141 *Billett:* (frz.) Briefchen.

*Landesvermessungen... hohen, dreibeinigen Gestelle:* Der Große Generalstab (siehe die erste Anmerkung zu S. 136) hatte einen »Hauptetat« und einen »Nebenetat« ausgebildet, zu deren unterschiedlichen Abteilungen auch trigonometrische Sektionen (für die Netzlegung), topographische (für die Landesaufnahme) und kartographische (Anfertigung und Aktualisierung von Karten) zählten. Bei der Landeskartierung wird das Land in Dreiecke oder Polygone geteilt und hierbei durch Stein- oder Holzpyramidensignale bezeichnet.

142 *Gundermann:* Gundelrebe, Katzenminze; würziges, kleinstaudiges und kleinblättriges Heilkraut mit veilchenblauen Blüten.

*»Kleinen Königsplatz«:* im Unterschied zum benachbarten großen »Königsplatz«, von dem die Siegesallee südlich ausgeht.

143 *Matinee:* (frz.) Vormittagsveranstaltung im Theater.

144 *Garderegiments... Ulanen:* »In Berlin war das 2. Garde-Ulanen-Regiment stationiert.« (H) Siehe auch die erste Anmerkung zu S. 103.

*»Wir haben keine Mutter mehr«:* Siehe das Nachwort, oben S. 178.

145 *Nikolaikirche:* die älteste Kirche Berlins (aus dem 13. Jahrhundert), 1817 nach Karl Friedrich Schinkels (1781–1841) Angaben im Innenraum verändert, 1879/80 renoviert und mit zwei Türmen versehen; in der Nähe des Molkenmarktes gelegen.
*embarras de richesse:* (frz.) »›Embarras de richesses‹, Reichtumsnot, ist der Titel einer Komödie des Abbé d'Allainval (gest. 1753).« (Büchmann: Geflügelte Worte. 18. Auflage. Berlin 1895, S. 231)

146 *A shadow of a shadow:* (engl.) Ein Schatten eines Schattens.
*ist viel Wasser den Rhein hinuntergelaufen:* Bis dahin läuft noch viel Wasser den Berg (Bach, Rhein, Main usw.) hinunter; das heißt: »es wird noch viel Zeit vergehen, bis das Erwartete eintritt.« (Lutz Röhrich: Lexikon der sprichwörtlichen Redensarten. 2 Bände. Freiburg im Breisgau 1973. Stichwort: »Wasser«)
*metteurs en scène:* (frz.) Regisseure.

147 *Großinquisitor… genferischen Schlages:* Großinquisitor: der oberste Ketzerrichter in Spanien. Anspielung auf die Strenge und Zucht, die Johann Calvin (1509–64), der Begründer der reformierten Kirche, und seine Anhänger in Genf ausübten.
*Rückschlagstheorie:* ein Begriff aus der Abstammungslehre von Charles Darwin (1809–82): Rückschlag zur Ahnenähnlichkeit (Atavismus), Wiedererscheinen von körperlichen und geistigen Merkmalen und Eigenschaften entfernter Vorfahren.
*Servet:* Michael Servet, eigentlich Miguel Serveto (1509/11–53), Arzt, Theologe und Naturwissenschaftler, wurde auf Betreiben Calvins als Gotteslästerer auf dem Scheiterhaufen verbrannt, weil er in seinen Schriften wider die Lehre der Dreieinigkeit (»De trinitatis erroribus« [»Von

den Irrtümern der Dreieinigkeit, 1531], »Dialogi de trinitate« [»Gespräche über die Dreieinigkeit«, 1532]) und in seinem theosophischen Hauptwerk »Christianismi restitutio« (»Die Wiederherstellung des Christentums«, 1553) sich die katholischen und protestantischen Theologen zu unversöhnlichen Feinden gemacht hatte.

*perhorresziere:* perhorreszieren (lat.): etwas verabscheuen, verwerfen, von sich weisen.

149 *Einsegnungstag:* Konfirmation, mit der in der protestantischen Kirche, zumeist an einem der letzten Sonntage vor Ostern, die jugendlichen Gläubigen zwischen dreizehn und fünfzehn Jahren feierlich in die Gemeinde aufgenommen werden.

*es war weit... große Petristraße... Nikolaikirchhof:* Da Melanie am Westende des Tiergartens wohnt, muß sie in die entgegengesetzte Richtung laufen – über die Tiergartenstraße, die Bellevuestraße, die Leipzigerstraße, den Spittelmarkt, an ihrer alten Wohnung in der Petristraße vorbei, über die Mühlendammbrücke, die die Spree überquert, links in die Poststraße, die auf den Nikolaikirchhof und die Nikolaikirche zuführt.

150 *Spittelfrauen:* Spittel, Spital, hier: Waisenhaus.

»*Du lebst... nicht versagen*«: »die vier ersten Verse der vorletzten Strophe des Chorals ›Ich weiß, daß mein Erlöser lebt‹ (nach dem Buch Hiob 19, 25) von Karl August Döring (1783-1844).« (H)

151 »*Heute dir und morgen mir*«: »›Heute mir, morgen dir‹ stammt wohl aus Sirach 38, 23: ›Gedenke an ihn, wie er gestorben, so mußt du auch sterben. Gestern war es an mir, heute ist es an dir.« (Büchmann: Geflügelte Worte. 18. Auflage. Berlin 1895, S. 51)

153 *»Tischlein, decke dich«:* Anspielung auf »Tischlein, deck dich, Goldesel und Knüppel aus dem Sack« in den »Kinder- und Hausmärchen« der Brüder Grimm.
*King-Charles-Hündchen:* (engl.) Karlshund, zur Familie der Zwergspaniels gehörend, die wegen ihrer Munterkeit als Stuben- und herausgeputzte Schoßhunde beliebt sind, benannt nach König Karl II. von England (1630–85), zu dessen Lieblingshunden sie zählten.
*Poetenhütte… Raum… glücklich liebend Paar:* Anspielung auf den Schluß von Schillers Gedicht »Der Jüngling am Bache«:

> Raum ist in der kleinsten Hütte
> Für ein glücklich liebend Paar.

Als Zitat eingegangen in: Büchmann: Geflügelte Worte. 18. Auflage. Berlin 1895, S. 173.
*Armut ein bittres Brot:* »Armut ißt a saures Brot.« (K. F. Wander: Deutsches Sprichwörter-Lexikon. Bd. 5 [Ergänzungen]. Leipzig 1880, Spalte 817 [Stichwort: »Armut«, Nr. 259])
*Muß eine harte Nuß:* »›Muß ist eine harte Nuß‹ lautet ein Sprichwort.« (Lutz Röhrich: Lexikon der sprichwörtlichen Redensarten. 2 Bände. Freiburg im Breisgau 1973, Stichwort: »Nuß«)

154 *die Kinder… hätten immer recht:* Abwandlung des Sprichworts: »Kinder, narren vnd volle leut [also Betrunkene] sagen gern die warheyt.« (K. F. Wander: Deutsches Sprichwörter-Lexikon. Bd. 2. Leipzig 1870, Spalte 1292 [Stichwort: »Kind«, Nr. 489])
*Vertiko:* eleganter kleiner Schrank mit konsolenartigem Aufsatz.

155 *Trumeau:* (frz.) Fensterwandspiegel, Pfeilerspiegel zwischen zwei Fenstern.

*Bronzen:* kunstgewerbliche Gegenstände aus Bronze, einer Kupferlegierung, zum Beispiel Beleuchtungskörper, die in der an prunkvollen historischen Vorbildern sich orientierenden Gründerzeit ab 1871 im Stile der Renaissance, des Barock und des Rokoko nachgeahmt wurden.

*Toussaint L'Ouverture:* 1743–1803, als Sklave in Haiti geboren, autodidaktisches Genie, das sich durch die Bibliothek seines Herrn, des Grafen Noé, las. Führer der aufständischen Schwarzen, schlug sich zwischen den rivalisierenden Spaniern und Franzosen erst auf die Seite der Spanier, dann der Franzosen, wurde schließlich zum Obergeneral aller Truppen auf Haiti ernannt, setzte sich 1800 als Präsident auf Lebenszeit ein. 1801 von den Franzosen zur Übergabe gezwungen, starb er als Gefangener im Fort Joux bei Besançon. Sein Leben beschrieben u. a.: Saint-Remy: Mémoires du géneral Toussaint L'Ouverture, écrits par lui-même, Paris 1850, und Gragnon-Lacoste, 1877 – Lebensgeschichten, die Melanie gekannt haben könnte.

*Touissant-Langenscheidt:* Sprachlehrmethode, entwickelt von Gustav Langenscheidt (1832–95) und Charles Toussaint (1813–77) in ihrem populären und immer wieder aufgelegten Lehrbuch »Französische Unterrichtsbriefe zum Selbststudium« (1856ff.).

156 *Wilmersdorfer Feldmark:* Die neue, preiswertere Wohnung von Melanie und Rubehn liegt auf der Gemarkung von Wilmersdorf, das zum Regierungsbezirk Potsdam gehört; an der alten kommen sie vorbei, wenn sie, über den Tiergarten, dem Berliner Zentrum zugehen.

*Königsdenkmal:* Denkmal von König Friedrich Wilhelm III. (1770–1840), 1850 geschaffen von Friedrich Drake (1805–82), am südlichen Rand des Tiergartens.

*Louiseninsel:* benannt nach der Königin Luise (1776 bis 1810), der Frau Friedrich Wilhelms III.; mit ihrem Denkmal, geschaffen von Erdmann Encke (1843–96), das allerdings erst nach der Handlungszeit des Romans, 1880, enthüllt wurde.

157 *Steuerdefraudanten:* Defraudant: (lat.) Betrüger.

»*Nemesis*«: (griech.) das Zuteilen (des Gebührenden); griechische Göttin, die Glück wie Unglück gerecht verteilt und ausgleicht, Frevel und besonders Übermut bestraft.

»*Finger Gottes*«: bildhafte Formulierung für die Allmacht Gottes. »›Der Finger Gottes‹ beruht zunächst auf 2. Mose 8, 19, wo die Zauberer zu Pharao sprechen: ›Das ist Gottes Finger‹, weil Aaron Läuse aus dem Staub entstehen lassen konnte. Luk. 11, 20 spricht Jesus vom Austreiben der Teufel ›durch Gottes Finger‹.« (Büchmann: Geflügelte Worte. 18. Auflage. Berlin 1895, S. 9)

*Indignation:* (lat.) Mißfallen, Entrüstung.

*die »Inséparables«:* (frz.) die »Unzertrennlichen«.

158 *Esoterischer:* (griech.) Esoteriker, Eingeweihter, mit den Geheimnissen einer Wissenschaft usw. Vertrauter.

*Wahlverwandtschaften:* Siehe die Anmerkung zu S. 94. In Goethes »Wahlverwandtschaften« wird ein Begriff des schwedischen Naturwissenschaftlers Torbern Bergman aufgegriffen (»De attractionibus electivis«, 1775), mit dem die Eigenschaften chemischer Elemente bezeichnet werden, Verbindungen miteinander einzugehen und zugunsten anderer Elemente wieder aufzulösen. Im Roman werden solche Vorgänge reflektiert und auf menschliche Beziehungen übertragen.

*Lion:* (frz.) Löwe, hier: Salonlöwe.

*wenn dem »Löwen« zu wohl wird:* Abwandlung des Sprichwortes »Wenn dem Esel zu wohl ist, so gumpet er«

(K. F. Wander: Deutsches Sprichwörter-Lexikon. Bd. 1. Leipzig 1867, Spalte 401 [Stichwort: »Esel«, Nr. 401]).
159 *das Brückle:* »Löwenbrücke«, die von Löwen getragen wird, eine der Sehenswürdigkeiten im westlichen Teil des Tiergartens am Neuen See.
*Altweibersommer, der will di einspinne:* Anspielung auf die Spinnfäden, die, im Nachsommer von jungen Spinnen erzeugt, vom Wind fortgetragen werden.
*auf der Wipp:* in der Schwebe, so in etwa; bildlich für schwankenden, unsicheren Standort.
*übertax:* übertreibe.
*Pätschle:* Händchen.
160 *Parlamentieren:* (frz.) Verhandeln.
*»Julklapp«:* ein Scherzgeschenk, das mit dem Ruf »Julklapp« ins Zimmer geworfen wird; es geht auf das germanische Julfest mit seinen besonderen, in Skandinavien und Norddeutschland geübten Bräuchen zurück und wurde später mit dem christlichen Weihnachtsfest verschmolzen.
*Gravensteiner Apfels:* Apfelsorte aus Gravenstein im preußischen Regierungsbezirk Schleswig.
*»Ah, voilà«:* (frz.) »Ah, sieh da.«
161 *en miniature:* (frz.) im kleinen, verkleinert.
*King Ezel in all his glories:* (engl.) König Ezel in all seiner Herrlichkeit.
*Berloque:* (frz.) Schmuckanhängsel an der Uhrkette.

# Bibliographische Hinweise

## 1. Handschrift und Entwürfe

»Die ›L'Adultera‹-Handschrift befindet sich im Märkischen Museum zu Berlin. Für die Kapitel 1–4 gibt es außer einer stark korrigierten Fassung und verschiedenen Vorarbeiten auch die Reinschrift des Autors, Kapitel 5–12 liegen nur in einer stark korrigierten Fassung vor..., für die Kapitel 13–22 existiert außer der korrigierten Fassung eine Reinschrift von Emilie, mit Korrekturen Fontanes. Für das Manuskript hat Fontane zum größten Teil die leeren Rückseiten bereits abgeschlossener Arbeiten (›Grete Minde‹, ›Ellernklipp‹, Katte-Aufsatz u. a.) und früherer Entwürfe für ›L'Adultera‹ verwendet... Die stark korrigierte Fassung ist wohl als die erste Niederschrift anzusehen.« (Aufbau-Ausgabe, S. 540–542)

## 2. Ausgaben

L'Adultera. Novelle. In: Nord und Süd. Eine deutsche Monatsschrift. Herausgegeben von Paul Lindau. Band 13, Heft 39 (1880) S. 299–349 (Kapitel 1–11) – »Mit einem Portrait in Radierung: Theodor Fontane« – und Band 14, Heft 40 (1880) S. 47–95 (Kapitel 12–22). Jeweils als linker Kolumnentitel: Theodor Fontane in Berlin.

L'Adultera. Novelle. Breslau (auf dem Titelblatt noch: »und Leipzig«): S. Schottländer 1882, 223 S. Schmucklose broschierte Ausgabe. Auf der Vorderseite: Titel und Autor rot gedruckt. Schwarz-rote Umrandung mit Ornamenten. Auf der Rückseite: Reklame für weitere Titel aus dem Verlag. Fontane über die Buchausstattung: »Darf ich bei dieser Gelegenheit gleich bemerken, daß ich erwartet hatte, ›Melanie‹ würde mehr van der Straaten- als rubehnhaft gekleidet erscheinen, – ihr Gewand ist sehr einfach.« (An Salo Schottländer, 2. Januar 1882)

L'Adultera. Roman. Neue Ausgabe. Berlin: F. Fontane & Co. 1890 (Plattennachdruck der 1. Auflage)

L'Adultera. Roman. Berlin: S. Fischer 1908. 168 S. (1. Bd. des 1. Jahrgangs [Oktober 1908 – September 1909] von Fischers »Bibliothek zeitgenössischer Romane«. »Jeden Monat erscheint ein Band zum Preise von 1 Mark für das gebundene Exemplar.«)

Sämtliche Werke. Herausgegeben von Edgar Groß, Kurt Schreinert u. a. Bd. III. München: Nymphenburger Verlagshandlung 1959

Romane und Erzählungen in acht Bänden. Herausgegeben von Peter Goldammer, Jürgen Jahn und Gotthard Erler. Bd. 3, bearbeitet von Anita Golz und Gotthard Erler. Berlin und Weimar: Aufbau 1969. 4. Auflage 1993

Werke, Schriften und Briefe. Herausgegeben von Walter Keitel und Helmuth Nürnberger. 19 Bände in 4 Abteilungen. München 1962 ff. I. Abteilung: Sämtliche Romane, Erzählungen, Gedichte, Nachgelassenes. Herausgegeben von W. K. und H. N. »L'Adultera«: Bd. 2. 2., revidierte und in den Anmerkungen erweiterte Auflage. München: Hanser 1970. (Nachdruck als Taschenbuchausgabe: Bd. 7. Ullstein-Buch. 4514)

»The Woman Taken in Adultery« and »The Poggenpuhl Family«, translated with notes, by Gabriele Annan, with an introduction by Erich Heller. Chicago und London: University of Chicago Press 1979 (erste englische Übersetzung)

L'Adultera. Novelle. Nachwort und Anmerkungen von Frederick Betz. Stuttgart 1983. (= Reclams Universal-Bibliothek. 7921)

L'Adultera. Translated by Lynn R. Eliason. Bern, Frankfurt am Main u. a. 1990. (Rezension von Michael Fleming in: Fontane-Blätter 1994, Heft 57, S. 105–109)

L'Adultera. Traduit de l'allemand par Madith Vuaridel. Aubier 1991

### 3. Stoffgeschichte

Konrad Beck: Die Ravenés. In: Mitteilungen des Vereins für die Geschichte Berlins 81 (1985) Heft 3, S. 310–313

Emil Dominik: Die Geschichte des Hauses Ravené. In: Königlich privilegirte Berlinische Zeitung von Staats- und gelehrten Sachen. Vossische Zeitung, 1. Juni 1879 (Nr. 153)

Walter Keitel: Therese – makartrot. Noch ein Fontane-Kapitel. In: Neue Zürcher Zeitung, 15. September 1970 (Fernausgabe Nr. 254)

Therese Wagner-Simon: »Allwieder det Lila!« Zum Urbild von Theodor Fontanes »Adultera«. In: Neue Zürcher Zeitung, 3. September 1972 (Nr. 410, Fernausgabe Nr. 242) S. 49/50

Therese Wagner-Simon: Das Urbild von Theodor Fontanes »L'Adultera«. Berlin 1992 (Darin auch die Nachdrucke der beiden vorherigen Titel aus der Neuen Zürcher Zeitung)

### 4. Briefe, Tagebücher

Theodor Fontane: Briefe an Wilhelm und Hans Hertz 1859 bis 1898. Herausgegeben von Kurt Schreinert und Gerhard Hay. Stuttgart 1972

Der Briefwechsel zwischen Theodor Fontane und Paul Heyse. Herausgegeben von Gotthard Erler. Berlin und Weimar 1972
Dichter über ihre Dichtungen. Theodor Fontane. 2 Bände. Herausgegeben von Richard Brinkmann. München 1973 (Auch als dtv-Taschenbuch 6073/74)
Theodor Fontane: Briefe. Herausgegeben von Otto Drude u. a. 5 Bände. München 1976–94. (= Werke, Schriften und Briefe. Abteilung IV)
Theodor Fontane. Tagebücher. Band 1: 1852, 1855–1858. Herausgegeben von Charlotte Jolles unter Mitarbeit von Rudolf Muhs. Band 2: 1866–1882, 1884–1898. Herausgegeben von Gotthard Erler unter Mitarbeit von Therese Erler. Berlin 1994. (= Große Brandenburger Ausgabe)

## 5. Monographien, Gesamtdarstellungen, Forschungsbericht

Helmut Ahrens: Das Leben des Romanautors, Dichters und Journalisten Theodor Fontane. Düsseldorf 1985
Kenneth Attwood: Fontane und das Preußentum. Berlin 1970
Hugo Aust: Literatur des Realismus. 2., durchgesehene und ergänzte Auflage. Stuttgart 1981. (= Sammlung Metzler. 157)
Richard Brinkmann: Theodor Fontane. Über die Verbindlichkeit des Unverbindlichen. München 1967
Roy C. Cowen: Der poetische Realismus. Kommentar zu einer Epoche. München 1985. (= Winkler Kommentare)
Otto Drude: Theodor Fontane. Leben und Werk in Texten und Bildern. Frankfurt am Main und Leipzig 1994
Hans Ester: Die Fontane-Forschung im Wandel der Zeiten. In: Duitse Kroniek 40 (1990, 3/4) Seite 19–32
Theodor Fontane. 1819/1969. Stationen seines Werkes. Eine Ausstellung des Deutschen Literaturarchivs im Schiller-Na-

tionalmuseum Marbach a. N. Ausstellung und Katalog von Walther Migge. Stuttgart 1969. (= Sonderausstellungen des Schiller-Nationalmuseums. Katalog Nr. 20)

Theodor Fontane: Dichtung und Wirklichkeit. (Ausstellung vom 5. September bis 8. November 1981.) Herausgegeben vom Verein zur Erforschung und Darstellung der Geschichte Kreuzbergs e. V. und dem Kunstamt Kreuzberg. Berlin 1981

Theodor Fontane im literarischen Leben seiner Zeit. Beiträge zur Fontane-Konferenz vom 17. Juni bis 20. Juni 1986 in Potsdam. Mit einem Vorwort von Otfried Keiler. Berlin 1987. (= Beiträge aus der Deutschen Staatsbibliothek. 6)

Theodor Fontane. Herausgegeben von Heinz Ludwig Arnold. München 1989. (= Text + Kritik. Sonderband)

Theodor Fontane – Märkische Region und europäische Welt. Katalog zur Ausstellung in Bonn vom 20. Oktober bis 16. November 1993

Gerhard Friedrich: Fontanes preußische Welt. Armee – Dynastie – Staat. Herford 1988

Christian Grawe: Führer durch die Romane Theodor Fontanes. Ein Verzeichnis der darin auftauchenden Personen, Schauplätze und Kunstwerke. Frankfurt am Main u. a. 1980. (= Ullstein-Buch. 4603)

Charlotte Jolles: Theodor Fontane. 4., überarbeitete und erweiterte Auflage. Stuttgart 1993. (= Sammlung Metzler. 114)

Carin Liesenhoff: Fontane und das literarische Leben seiner Zeit. Eine literatursoziologische Studie. Bonn 1976. (= Abhandlungen zur Kunst-, Musik- und Literaturwissenschaft. 28)

Georg Lukács: Der alte Fontane. In: G. L.: Werke. Band 7. Neuwied 1964, Seite 452–498. (Nachgedruckt auch in rowohlts deutsche enzyklopädie. 276, Seite 120–159)

Fritz Martini: Deutsche Literatur im bürgerlichen Realismus. 1848 bis 1898. 4., erweiterte Auflage. Stuttgart 1981

Walter Müller-Seidel: Theodor Fontane. Soziale Romankunst in Deutschland. 3. Auflage. Stuttgart 1994

Helmut Nürnberger: Theodor Fontane. 20. Auflage. Reinbek bei Hamburg 1994. (= rowohlts monographien. 145)

Wolfgang Paulsen: Zum Stand der heutigen Fontane-Forschung. In: Jahrbuch der Deutschen Schillergesellschaft 25 (1981) S. 474–508

Wolfgang Paulsen: Im Banne der Melusine. Theodor Fontane und sein Werk. Bern u. a. 1988

Hans-Heinrich Reuter: Fontane. 2 Bände. München 1968

Hans-Heinrich Reuter: Theodor Fontane. Grundzüge und Materialien einer historischen Biographie. Leipzig 1976. (= Reclams Universal-Bibliothek. 372)

A. R. Robinson: Theodor Fontane: An Introduction to the Man and his Work. Cardiff 1976

Hans Scholz: Theodor Fontane. München 1978. (= Kindlers literarische Portraits)

Gustav Sichelschmidt: Theodor Fontane. Lebensstationen eines preußischen Realisten. München 1986. (= Heyne-Biographien. 141)

Ulrike Tontsch: Der »Klassiker« Fontane. Ein Rezeptionsprozeß. Bonn 1977

Ekkehard Verchau: Theodor Fontane. Individuum und Gesellschaft. Frankfurt am Main u. a. 1983. (= Ullstein-Buch. 4604)

Conrad Wandrey: Theodor Fontane. München 1919

»Was hat nicht alles Platz in eines Menschen Herzen...« Theodor Fontane und seine Zeit. Beiträge einer Tagung der Evangelischen Akademie Baden vom 14. bis 16. Februar 1992 in Bad Herrenalb. Karlsruhe 1993

Edda Ziegler und Gotthard Erler: Theodor Fontane. Lebensraum und Phantasiewelt. Eine Biographie. Berlin 1996

William L. Zwiebel: Theodor Fontane. New York 1992

## 6. Spezielle Sekundärliteratur

Pierre Bange: Ironie et dialogisme dans les romans de Theodor Fontane. Grenoble 1974

Eva D. Becker: »Zeitungen sind doch das beste«. Bürgerliche Realisten und der Vorabdruck ihrer Werke in der periodischen Presse. In: Gestaltungsgeschichte und Gesellschaftsgeschichte. Literatur-, kunst- und musikwissenschaftliche Studien. Herausgegeben von Helmut Kreuzer. Stuttgart 1969, S. 382–408

Dieter Borchmeyer: Das Theater Richard Wagners. Idee – Dichtung – Wirkung. Stuttgart 1982

Diethelm Brüggemann: Fontanes Allegorien. In: Neue Rundschau 82 (1971), S. 290–310 und 486–505

Hugo Caviola: Zur Ästhetik des Glücks. Theodor Fontanes Roman »L'Adultera«. In: Seminar 26 (1990) S. 309–326

Else Croner: Fontanes Frauengestalten. Berlin 1906

Agni Daffa: Gesellschaftsbild und Gesellschaftskritik in Fontanes Roman »L'Adultera«. Gießen 1994

Peter Demetz: Formen des Realismus: Theodor Fontane. Kritische Untersuchungen. München 1964 (auch als Ullstein-Buch. 2983)

Peter Demetz: Theodor Fontane als Unterhaltungsautor. In: Trivialliteratur. Herausgegeben von Annamaria Rucktäschel und Hans Dieter Zimmermann. München 1976, S. 190–204. (= Uni-Taschenbücher. 637)

Marianne C. Devine: Erzähldistanz bei Theodor Fontane: Untersuchungen zur Struktur seiner tragischen Gesellschaftsromane. University of Connecticut 1974 (Phil. Diss.)

Klaus Dieckhoff: Romanfiguren Theodor Fontanes in andragogischer Sicht. Untersuchungen zur Geschichte des Erwachsenseins. Frankfurt am Main u. a. 1994. (= Helicon. Beiträge zur deutschen Literatur. 15)

Marion Doebeling: Eine Gemäldekopie in Fontanes »L'Adultera«: zur Destabilisierung traditioneller Erwartungs- und Sinngebungsraster. In: The Germanic Review 68 (1993) Nr. 1, S. 2–10. [»Es handelt sich hierbei um eine Erweiterung und Umarbeitung eines Kapitels meiner Dissertation, die den Titel trägt: »Theodor Fontane im Gegenlicht«, S. 9]

Heide Eilert: Im Treibhaus. Motive der europäischen Décadence in Theodor Fontanes Roman »L'Adultera«. In: Jahrbuch der Deutschen Schillergesellschaft 22 (1978) S. 496 bis 517

Edeltraud Ellinger: Das Bild der bürgerlichen Gesellschaft bei Theodor Fontane. Würzburg 1970 (Phil. Diss.)

Susanne Förster: »Man wandelt nicht ungestraft unter Palmen.« Ehe und Ehebruch in Theodor Fontanes »L'Adultera«. Gießen 1988 (Magisterarbeit)

Formen realistischer Erzählkunst. Festschrift für Charlotte Jolles. In Honour of her 70th Birthday. Herausgegeben von Jörg Thunecke u. a. Nottingham 1979

Gerhard Friedrich: Das Glück der Melanie van der Straaten. Zur Interpretation von Theodor Fontanes »L'Adultera«. In: Jahrbuch der Deutschen Schillergesellschaft 12 (1968) S. 359–382

H. B. Garland: The Berlin Novels of Theodor Fontane. Oxford 1980

Mary-Enole Gilbert: Das Gespräch in Fontanes Gesellschaftsroman. Leipzig 1930

Lore Grages: Frauengestalten bei Theodor Fontane. Heppenheim 1931

Stefan Greif: Ehre als Bürgerlichkeit in den Zeitromanen Theodor Fontanes. Paderborn u. a. 1992. (= Schriften der Universität – Gesamthochschule Paderborn. Reihe: Sprach- und Literaturwissenschaften. 12)

Vincent J. Günther: Das Symbol im erzählerischen Werk Fontanes. Bonn 1967. (= Bonner Arbeiten zur deutschen Literatur. 16)

Karl S. Guthke: »Jott, Frau Rätin, Palme paßt immer«: Aspekte des Exotischen in Fontanes Erzählwerk. In: Fontane-Blätter (1993) Heft 55, S. 91–111; auch unter dem Titel »Wer bin ich?« Fontanes Exoten. In: K. S. G.: Die Entdeckung des Ich. Studien zur Literatur. Tübingen und Basel 1994. (= Edition Orpheus. 8), S. 123–145

Antje Harnisch: Keller, Raabe, Fontane. Geschlecht, Sexualität und Familie im bürgerlichen Realismus. Frankfurt am Main u. a. 1994. (= Forschungen zur Literatur- und Kulturgeschichte. 46)

Gertrud Herding: Theodor Fontane im Urteil der Presse. Ein Beitrag zur Geschichte der literarischen Kritik. München 1945 (Phil. Diss.)

Hans-Otto Horch: Judenbilder in der realistischen Erzählliteratur. Jüdische Figuren bei Gustav Freytag, Fritz Reuter, Berthold Auerbach und Wilhelm Raabe. In: Herbert A. Strauss und Christhard Hoffmann (Herausgeber): Juden und Judentum in der Literatur. München 1978, S. 140–171

Hans-Otto Horch: Ansichten des 19. Jahrhunderts. Theodor Fontanes Verhältnis zu Richard Wagner und dem Wagnerismus. In: Fontane-Blätter 6 (1986) Heft 3, S. 311–324

Patricia Howe: The Child as Metaphor in the Novels of Fontane. In: Oxford German Studies 10 (1979) S. 121–138

Wilhelm Jensch: Th. Fontane: Wanderungen durch die Mark. Bd. 4. »Ellernklipp.« – »L'Adultera.« Zwei Novellen. In: Magdeburgische Zeitung, 11. Januar 1882

Winfried Jung: Bildergespräche. Zur Funktion von Kunst und Kultur in Theodor Fontanes »L'Adultera«. Stuttgart 1990

Cordula Kahrmann: Idyll im Roman: Theodor Fontane. München 1973

Barbara E. Kienbaum: Die Frauengestalten in Theodor Fontanes Berliner Romanen. Michigan State University 1978 (Phil. Diss.)
Gerhard R. Kaiser: »Das Leben, wie es liegt« – Fontanes »L'Adultera«. Realismuspostulat, Aufklärung und Publikumserwartung. In: Text, Leser, Bedeutung. Untersuchungen zur Interaktion von Text und Leser. Herausgegeben von Herbert Grabes. Großen-Linden 1977, S. 99–119
Manfred E. Keune: Das Amerikabild in Theodor Fontanes Romanwerk. In: Amsterdamer Beiträge zur neueren Germanistik 2 (1973) S. 1–25
Hartmut Kiltz: Das erotische Mahl. Szenen aus dem europäischen Gesellschaftsroman des 19. und beginnenden 20. Jahrhunderts. Bonn 1982 (Phil. Diss.)
Werner Kohlschmidt: Fontanes Weihnachtsfeste. Eine Motiv- und Strukturuntersuchung. In: Literaturwissenschaftliches Jahrbuch 23 (1982) S. 117–141
Jürgen Kolbe: Goethes »Wahlverwandtschaften« und der Roman des 19. Jahrhunderts. Stuttgart, Berlin und Köln 1968
Rainer Kolk: Beschädigte Individualität. Untersuchungen zu den Romanen Theodor Fontanes. Heidelberg 1986. (= Probleme der Dichtung. Studien zur deutschen Literaturgeschichte. 19)
Hans-Joachim Konieczny: Fontanes Erzählwerk in Presseorganen des ausgehenden 19. Jahrhunderts. Eine Untersuchung zur Funktion des Vorabdruckes ausgewählter Erzählwerke in den Zeitschriften »Nord und Süd«, »Westermanns illustrierte Monatshefte«, »Deutsche Romanbibliothek«, »Über Land und Meer«, »Die Gartenlaube« und »Deutsche Rundschau«. Paderborn 1978 (Phil. Diss.)
Susanne Konrad: Die Unerreichbarkeit von Erfüllung in Theodor Fontanes »Irrungen, Wirrungen« und »L'Adultera«.

Strukturwandel in der Darstellung und Deutung intersubjektiver Muster. Frankfurt am Main u. a. 1991. (= Europäische Hochschulschriften. Reihe I. Deutsche Sprache und Literatur. 1265)

Gottfried Kricker: Theodor Fontane. Von seiner Art und epischen Technik. Berlin 1912

Jutta Sigrid Leheis: Zauber des Evatums. Zur Frauenfrage bei Theodor Fontane. University of Massachusetts 1974 (Phil. Diss.)

Gudrun Loster-Schneider: Der Erzähler Fontane. Seine politischen Positionen in den Jahren 1864–1898 und ihre ästhetische Vermittlung. Tübingen 1986. (= Mannheimer Beiträge zur Sprach- und Literaturwissenschaft. 11)

Dirk Mende: Frauenleben. Bemerkungen zu Fontanes »L'Adultera« nebst Exkursen zu »Cécile« und »Effi Briest«. In: Fontane aus heutiger Sicht. Herausgegeben von Hugo Aust. München 1980, S.183–213

Herman Meyer: Das Zitat in der Erzählkunst. Zur Geschichte und Poetik des europäischen Romans. 2. Auflage. Stuttgart 1967

Hanni Mittelmann: Die Utopie weiblichen Glücks in den Romanen Theodor Fontanes. Bern, Frankfurt am Main und Las Vegas 1980

Ingrid Mittenzwei: Die Sprache als Thema. Untersuchungen zu Fontanes Gesellschaftsromanen. Berlin und Zürich 1970. (= Frankfurter Beiträge zur Germanistik. 12)

Sharon Moyse: Die Gesellschaft als Handlungselement in drei Romanen Fontanes: »L'Adultera«, »Cécile«, »Effi Briest«. Ottawa 1975. (= Canadian Theses on Microfiches. 20189)

Bettina Plett: Die Kunst der Allusion. Formen literarischer Anspielungen in den Romanen Theodor Fontanes. Köln und Wien 1986. (= Kölner Germanistische Studien. 23)

Bettina Plett: »L'Adultera«. »...kunstgemäß (Pardon)...« – Typisierung und Individualität. In: Fontanes Novellen und Romane. Herausgegeben von Christian Grawe. Stuttgart 1991. (= Reclams Universal-Bibliothek. 8416) S. 65–91

Renate Rauch-Maibaum: Zum »Frauen«- und »Männerbild« in Romanen Theodor Fontanes. Vergleichende Untersuchungen zu ausgewählten Romanen. Köln 1991 (Phil. Diss.)

Karl Richter: Resignation. Eine Studie zum Werk Theodor Fontanes. München 1966

Karl Richter: Poesie der Sünde – Ehebruch und gesellschaftliche Moral im Roman Theodor Fontanes. In: Formen realistischer Erzählkunst, S. 44–55

Wolfgang E. Rost: Örtlichkeit und Schauplatz in Fontanes Werken. Berlin und Leipzig 1931. (= Germanisch und Deutsch. Studien zur Sprache und Kultur. 6. Heft)

Käthe Scherff-Romain: »›N. N.‹ ist nicht Gottfried Kinkel, sondern Richard Wagner.« In: Fontane-Blätter 5 (1982) Heft 1, S. 27–50

Heinz Schlaffer: Das Schicksalsmodell in Fontanes Romanwerk. In: Germanisch-Romanische Monatsschrift. Neue Folge 16 (1966) Heft 4, S. 392–402

Peter Klaus Schuster: Theodor Fontane. Effi Briest, ein Leben nach christlichen Bildern. Tübingen 1978. (= Studien zur deutschen Literatur. 55)

Tony Tanner: Adultery in the Novel. Contract and Transgression. Baltimore and London 1979

Victor Turner: Process, Performance and Pilgrimage: A Study in Comparative Symbology. New Delhi 1979

Carol Hawkes Velardi: Techniques of Compression and Prefiguration in the Beginnings of Theodor Fontane's Novels. Bern u. a. 1992. (= German Studies in America. No. 65)

Lieselotte Voss: Literarische Präfiguration dargestellter Wirklichkeit bei Fontane. Zur Zitatstruktur seines Romanwerks. München 1985

Erasmus Weddigen: Theodor Fontane und Jacopo Tintoretto. Anmerkungen zum Roman »L'Adultera«. In: Neue Zürcher Zeitung, 1. Januar 1971 (Neujahrs-Fernausgabe Nr. 1)

Peter Wessels: Konvention und Konversation. Zu Fontanes »L'Adultera«. In: Dichter und Leser. Studien zur Literatur. Herausgegeben von Ferdinand van Ingen u. a. Groningen 1972, S. 163–176

Kurt Wölfel: »Man ist nicht bloß ein einzelner Mensch.« Zum Figurenentwurf in Fontanes Gesellschaftsromanen. In: Zeitschrift für deutsche Philologie 82 (1963) Heft 2, S. 152–171

Gottfried Zeitz: Die poetologische Bedeutung des Romans »L'Adultera« für die Epik Theodor Fontanes. Frankfurt am Main 1977 (Phil. Diss.)

## 7. Verfilmung

»Melanie van der Straaten«. Spielfilm nach Fontanes Roman »L'Adultera«
Ein Film des Fernsehens der DDR (1982)
Dauer: 120 Minuten
Szenarium: Anne Habeck
Regie: Thomas Langhoff
Dramaturg: Albrecht Görner
Kamera: Jürgen Heimlich
Darsteller:
Melanie van der Straaten — Laurence Calame
Ezechiel van der Straaten — Kurt Böwe
Ebenezer Rubehn — Christian Steyer

| | |
|---|---|
| von Gryczinski | – Dieter Mann |
| Jacobine Gryczinski | – Swetlana Schönfeld |
| Aloysia Friederike Sawatzki | – Monika Lennartz |
| Reiff | – A. P. Hoffmann |

*8. Literatur zur Verfilmung
und über Literaturverfilmungen*

(Anonym:) Dreharbeiten für »Melanie«. In: Brandenburgische Neueste Nachrichten, 13. Mai 1982

(Anonym:) »Melanie van der Straaten« oder Heimweh nach dem Glück. Thomas Langhoff verfilmte Fontanes Roman »L'Adultera«. In: Mitteldeutsche Neueste Nachrichten vom 21. Dezember 1982; siehe auch: Norddeutsche Zeitung vom 3. Januar 1983, Tagesspiegel vom 28. Februar 1983, Freie Presse vom 31. Dezember 1982, Freiheit vom 28. Dezember 1982, Volksstimme vom 30. Dezember 1982, Nationalzeitung vom 29. Dezember 1982

Wolfgang Gast: Fontane, Plenzdorf, Goethe – sehen oder lesen? Literaturverfilmungen sind besser als ihr Ruf. In: Diskussion Deutsch 12 (1981) S. 432–453

Literaturverfilmungen. Herausgegeben von Franz-Josef Albersheimer und Volker Roloff. Frankfurt am Main 1989. (= Suhrkamp-Taschenbuch. 2093)

Joachim Paech: Literatur und Film. Stuttgart 1988. (= Sammlung Metzler. 235)

Jürgen Wolff: Einführung in den Problembereich Literaturverfilmungen. Ein Literaturbericht. In: Mitteilungen des Deutschen Germanistenverbandes (1980) Heft 2, S. 10–21

## 9. Arbeiten zur Kulturgeschichte

Aspekte der Gründerzeit 1870–90. Katalog der Ausstellung in der Akademie der Künste. Berlin 1974

August Bebel: Die Frau und der Sozialismus. 162. Auflage. Berlin 1973

Deutsche Sozialgeschichte. Dokumente und Skizzen. Herausgegeben von G. A. Ritter und J. Kocka. Band 2: 1870–1914. München 1974. (= Beck'sche Sonderausgaben)

Eduard Fuchs: Illustrierte Sittengeschichte. Band 3: Das bürgerliche Zeitalter. München 1912

Hermann Glaser: Die Kultur der wilhelminischen Zeit. Topographie einer Epoche. Frankfurt am Main 1984

Richard Hamann und Jost Hermand: Gründerzeit. 2. Auflage. München 1974. (= Epochen deutscher Kultur von 1870 bis zur Gegenwart. Bd. 1)

Richard Hamann und Jost Hermand: Naturalismus. 2. Auflage. München 1973. (= Epochen deutscher Kultur von 1870 bis zur Gegenwart. Bd. 2)

Karl Heinrich Höfele: Geist und Gesellschaft der Bismarckzeit 1870–1890. Göttingen 1967. (= Quellensammlung zur Kulturgeschichte. 18)

Hans Kramer: Deutsche Kultur zwischen 1871 und 1918. Frankfurt am Main 1971. (= Handbuch der Kulturgeschichte. Neu herausgegeben von Heinz Kindermann. 1. Abteilung: Zeitalter deutscher Kultur)

Annemarie Lange: Berlin zur Zeit Bebels und Bismarcks. Zwischen Reichsgründung und Jahrhundertwende. Berlin 1972

Otto von Leixner: 1888 bis 1891. Soziale Briefe aus Berlin. Mit besonderer Berücksichtigung der sozialdemokratischen Strömungen. Berlin 1891

Preußen: Versuch einer Bilanz. Eine Ausstellung der Berliner Festspiele GmbH. Katalog in 5 Bänden. Reinbek bei Hamburg 1981

Hans Rosenberg: Große Depression und Bismarckzeit. Wirtschaftsablauf, Gesellschaft und Politik in Mitteleuropa. Frankfurt am Main 1976. (= Ullstein-Buch. 3239)

Fritz Stern: Gold und Eisen. Bismarck und sein Bankier Bleichröder. Reinbek bei Hamburg 1988. (= rororo-Taschenbuch. 12379)

Hans-Ulrich Wehler: Das deutsche Kaiserreich 1871–1918. 2. Auflage. Göttingen 1975 (= Kleine Vandenhoeck-Reihe. 1380)

# GOLDMANN KLASSIKER MIT ERLÄUTERUNGEN
Deutschsprachige Autoren

### Friedrich Nietzsche (1844 – 1900)

Also sprach Zarathustra. Ein Buch für alle und keinen. Nachwort, Zeittafel zu Nietzsche, Erläuterungen und bibliographische Hinweise: Professor Dr. Peter Pütz, Universität Bonn. (7526)

Der Antichrist. Fluch auf das Christentum – Ecce Homo. Wie man wird, was man ist – Dionysos-Dithyramben. Nachwort, Zeittafel zu Nietzsche, Erläuterungen und bibliographische Hinweise: Professor Dr. Peter Pütz, Universität Bonn. (7511)

Der Fall Wagner. Ein Musikanten-Problem – Götzen-Dämmerung, oder: Wie man mit dem Hammer philosophiert – Nietzsche contra Wagner. Aktenstücke eines Psychologen. Nachwort, Zeittafel zu Nietzsche, Erläuterungen und bibliographische Hinweise: Professor Dr. Peter Pütz, Universität Bonn. (7650)

Die fröhliche Wissenschaft. »La gaya scienza«. Nachwort, Zeittafel zu Nietzsche, Erläuterungen und bibliographische Hinweise: Professor Dr. Peter Pütz, Universität Bonn. (7557)

Die Geburt der Tragödie aus dem Geiste der Musik. Nachwort, Zeittafel zu Nietzsche, Erläuterungen und bibliographische Hinweise: Professor Dr. Peter Pütz, Universität Bonn. (7555)

Jenseits von Gut und Böse. Vorspiel einer Philosophie der Zukunft. Nachwort, Zeittafel zu Nietzsche, Erläuterungen und bibliographische Hinweise: Professor Dr. Peter Pütz, Universität Bonn. (7530)

Menschliches, Allzumenschliches. Ein Buch für freie Geister. Nachwort, Zeittafel zu Nietzsche, Erläuterungen und bibliographische Hinweise: Professor Dr. Peter Pütz, Universität Bonn. (7596)

# GOLDMANN KLASSIKER MIT ERLÄUTERUNGEN
Deutschsprachige Autoren

Morgenröte. Gedanken über die moralischen Vorurteile. Nachwort, Zeittafel zu Nietzsche, Erläuterungen und bibliographische Hinweise: Professor Dr. Peter Pütz, Universität Bonn. (7505)

Unzeitgemäße Betrachtungen. Inhalt: David Strauß, der Bekenner und der Schriftsteller – Vom Nutzen und Nachteil der Historie für das Leben – Schopenhauer als Erzieher – Richard Wagner in Bayreuth. Nachwort, Zeittafel zu Nietzsche. Erläuterungen und bibliographische Hinweise: Professor Dr. Peter Pütz, Universität Bonn. (7638)

Zur Genealogie der Moral. Eine Streitschrift. Nachwort, Zeittafel zu Nietzsche, Erläuterungen und bibliographische Hinweise: Professor Dr. Peter Pütz, Universität Bonn. (7556)

### Eduard von Keyserling (1855 – 1918)

Abendliche Häuser. Roman. Nachwort: Professor Dr. Helmut Bachmaier, Universität Konstanz. Zeittafel zu Keyserling, Erläuterungen und bibliographische Hinweise: Martin Vosseler, München. (7604)

Beate und Mareile. Eine Schloßgeschichte. Nachwort, Zeittafel zu Keyserling, Erläuterungen und bibliographische Hinweise: Professor Dr. Heide Eilert, Universität Leipzig. (7647)

### Frank Wedekind (1864 – 1918)

Erdgeist – Die Büchse der Pandora. Tragödien. Nachwort, Zeittafel zu Wedekind, Erläuterungen und bibliographische Hinweise: Professor Dr. Hartmut Vinçon, Fachhochschule Darmstadt. (7534)

# GOLDMANN KLASSIKER MIT ERLÄUTERUNGEN
## Deutschsprachige Autoren

Frühlings Erwachen. Eine Kindertragödie. Nachwort, Zeittafel zu Wedekind, Erläuterungen und bibliographische Hinweise: Dr. Thomas Medicus, Berlin. (7674)

Der Marquis von Keith. Schauspiel. Nachwort, Zeittafel zu Wedekind, Erläuterungen und bibliographische Hinweise: Professor Dr. Burghard Dedner, Universität Marburg. (7590)

Gedichte und Chansons. Nachwort, Zeittafel zu Wedekind, Erläuterungen und bibliographische Hinweise: Professor Dr. Leander Petzoldt, Universität Innsbruck. (7585)

### Ludwig Thoma (1867 – 1921)

Der Münchner im Himmel. Satiren und Humoresken. Nachwort: Dr. Reinhard Baumann, München. Zeittafel zu Thoma, Erläuterungen und bibliographische Hinweise: Martin Vosseler, München. (7608)

### Franziska zu Reventlow (1871 – 1918)

Von Paul zu Pedro. Amouresken. Nachwort, Zeittafel zu Franziska zu Reventlow, Erläuterungen und bibliographische Hinweise: Professor Dr. Heide Eilert, Universität Leipzig. (7635)